Bernulf Kanitscheider
**Die Materie und ihre Schatten**

Bernulf Kanitscheider

# Die Materie und ihre Schatten

Naturalistische Wissenschaftsphilosophie

**Alibri Verlag**
Aschaffenburg

2007

Bernulf Kanitscheider, geboren 1939, Professor für Philosophie der Naturwissenschaft an der Universität Gießen (Zentrum für Philosophie und Grundlagen der Wissenschaft); Mitherausgeber der Zeitschrift *Philosophia naturalis*. Zahlreiche Publikationen u. a.: *Kosmologie* (1991) *Auf der Suche nach dem Sinn* (1995), *Von Lust und Freude* (2000).

Bei der Erstellung des Manuskriptes für dieses Buch haben mich meine Mitarbeiter am Zentrum für Philosophie tatkräftig unterstützt. Allen voran möchte ich meinem Assistenten, Herrn Johannes Röhl für zahlreiche Verbesserungsvorschläge und die akribische Durchsicht des Textes danken. Ebenfalls bin ich meiner Sekretärin, Frau Anette Breustedt, für ihre Geduld am Computer, mit der sie die immer wieder neuen Varianten und Ergänzungen des Textes geschrieben hat, zu Dank verpflichtet.

**Alibri Verlag**
www.alibri.de
Aschaffenburg
Mitglied in der Assoziation Linker Verlage (*aLiVe*)

1. Auflage 2007

Copyright 2007 by Alibri Verlag, Postfach 100 361, 63703 Aschaffenburg

Alle Rechte, auch die des auszugsweisen Nachdruckes, der photomechanischen Wiedergabe, der Herstellung von Mikrofilmen, der Einspeicherung in elektronische Systeme sowie der Übersetzung vorbehalten.

Umschlaggestaltung: Claus Sterneck, Hanau
Druck und Verarbeitung: GuS Druck, Stuttgart

**ISBN 3-86569-015-7**

# Inhaltsverzeichnis

Vorwort ............................................................................................. 9
Einleitung ........................................................................................ 11

## Theoretische Philosophie

**I. Analytische und Synthetische Philosophie** ........................... **35**
   1. Die Grenzen der Analytischen Philosophie ............................. 35
   2. Der synthetische Ansatz ........................................................... 47

**II. Zankapfel Naturalismus** ........................................................ **56**
   1. Zur Begrifflichkeit ..................................................................... 56
   2. Vorläufer ..................................................................................... 63
   3. Starker und schwacher Naturalismus ..................................... 67
   4. Der methodologische Status des Naturalismus ..................... 76
   5. Naturalismus und Kritik ........................................................... 81
   6. Normativer Naturalismus ......................................................... 91

**III. Reichweite des Naturerkennens – Einheit des Wissens** ........ **98**
   1. Ignorabimus? ............................................................................. 98
   2. Reduktionismus ...................................................................... 111

**IV. Von der Fremd- zur Selbstorganisation –
philosophische Hintergründe des Chaos** ...... **122**

    1. Der mythische Ursprung der Entstehung von Ordnung ......... 122

    2. Organologisches Weltbildung und Planung ............................ 126

    3. Ordnungsentstehung in der klassischen Physik ..................... 130

    4. Ordnung, Organisation und Chaos in der sozialen Realität ...... 138

**V. Virtuelle Realität – eine ontologischer Neuankömmling?** ....... **145**

    1. Das Mögliche ................................................................. 145

    2. Traumwelten .................................................................. 149

    3. Drogenwelten ................................................................ 153

    4. Physikalische Virtualitäten ............................................... 156

    5. Synthetische Welten ....................................................... 159

    6. Schnittflächen ............................................................... 163

**VI. Endzeit und Sinnversprechen** ..................................... **176**

    1. Antike Vorstellungen ...................................................... 176

    2. Offene Zeit ................................................................... 181

    3. Vertrauen in die Natur ................................................... 187

    4. Neugierde und Wahrheit ................................................ 189

    5. Transzendenz-Skepsis .................................................... 193

    6. Entwicklungsideen ......................................................... 195

    7. Sinnperspektiven ........................................................... 201

    8. Die Gleichförmigkeit der Welt ......................................... 202

    9. Kränkungen .................................................................. 206

    10. Den Tag nützen .......................................................... 210

# Praktische Philosophie

**I. Wie sollen wir leben?** .................................................... **217**

    1. Materialismus und die Lust .................................... 217

    2. Individualität und Selbstsorge ................................ 232

    3. Weltangst und Weltflucht ...................................... 237

    4. Musik als Refugium des Hedonismus? ................... 245

    5. Die Ambivalenz der Tugenden .............................. 251

    6. Natur und Mechanik .............................................. 255

**II. Gestaltungsmöglichkeiten für unsere Lebenswelt** ........ **268**

    1. Drogenkonsum und Lebensfreude .......................... 268

    2. Perspektiven für den Hedonismus .......................... 272

Literaturverzeichnis ............................................................ 274
Personenregister .................................................................. 289
Sachregister ......................................................................... 293

La volupté et la philosophie font le bonheur de l'homme sensí.
Il embrasse la volupté par goux, il aime la philosophie par
raison.

*Therèse Philosophe* (1748)

# Vorwort

Auch wenn das Wort *Materialismus* aus einer gewissen historischen Scheu heraus gerne vermieden wird, hat sich in allen Bereichen der Wissenschaft die Überzeugung durchgesetzt, dass die tragende Grundsubstanz aller Prozesse die Materie ist. Selbst in den umstrittenen Problembereichen wie der Welt der Quanten, des Lebens, der Seele, des Geistes und der Kultur macht niemand mehr Gebrauch von unstofflichen Größen, die keine Beziehung zur Natur der Materie besitzen.

Will man nicht so sehr die Stofflichkeit, sondern den gesetzesartigen Charakter betonen, der der gesamten Realität innewohnt, so spricht man von *Naturalismus*. Es ist nur Sache der historischen Perspektive, ob man die Gesamtheit des Wirklichen Natur oder Universum nennt. Entscheidend ist die Regularität und die strukturelle Verfassung des Kosmos mit all seinen Untersystemen bis hinein in jene Größenordnung, wo das Erkennen und die Reflexion über das Wissen von der Welt stattfindet. Naturalistische Verfasstheit meint dabei die Existenz einer grundsätzlich erkennbaren Gesetzesstruktur, die alle Bereiche des Kosmos von den Tiefen des Weltraums über die Vielfalt der komplexen Welt bis hinein in das Ultramikroskopische der Subquantenwelt überdeckt.

In dieser einfachen Form scheint die philosophische Annahme einer materiellen Ontologie der Welt allen Untersuchungen in den verschiedensten Wissensgebieten zugrunde zu liegen. Dennoch gibt es eine erhebliche Zahl von Grenzgebieten, wo diese ontologische Hypothese sich keineswegs beim ersten Hinsehen aufdrängt, ja noch mehr, anscheinend dieser sogar widerspricht. In den höheren Komplexitätsschichten des Universums tauchen Phänomene auf, deren Einordnung in einen konsequenten Naturalismus zweifelhaft erscheint. Diese Produkte der stofflichen Basis sind mit dem Ausdruck „Schatten" gemeint. Der Schatten, den ein Objekt im Sonnenlicht wirft, scheint etwas zu sein, das kein Nichts und kein Etwas ist, eine abgeschwächte Realitätsstufe und somit einen ontologischen Status besitzt, der nicht sofort eindeutig klassifizierbar ist. Das Ziel des ersten Teiles dieses Buch soll es sein, die Natur dieser Schatten zu klären, um den Verdacht zu zerstreuen, dass es doch Bereiche gibt, wo die Schulweisheit nicht hinreicht.

Der zweite Teil ist in praktischer Absicht geschrieben. Der Mensch lebt nicht vom Wissen allein, ja er strebt von Natur aus gar nicht dorthin, sondern zu seinem Glück, das nur zum sehr kleinen Teil aus Erkenntnis besteht. Nicht nur das Denken, sondern noch mehr das Erleben, das Handeln und das Erfahren berühren den Kern seiner Existenz. Wenn die im ersten Teil des Buches vorgestellte Weltauffassung zugrunde gelegt wird, lassen sich eine Reihe von praktischen Grundsätzen für die Bewältigung der Probleme des Alltags und für das Ziel eines gelungenen Lebens ins Auge fassen. Diese haben natürlich nicht die Strenge der theoretischen Überlegungen, aber sie sind doch verfasst im Geiste einer rationalen Plausibilität. Diese Ideen zu einer vernunftgeleiteten philosophischen Lebensgestaltung orientieren sich an dem Gedanken der Eudämonie der griechischen Antike, jener Vorstellung, wonach es das Wichtigste im Leben ist, die kurze Spanne von Zeit, die uns vergönnt ist, sinnvoll zu gestalten.

Bersrod, im Februar 2007

# Einleitung

Wohl jeder kommt in späteren Jahren dazu, sich zu fragen, auf welchem Weg er zu seiner Weltsicht gelangt ist, und auch die Leser mag es interessieren, die Denkwege eines Autors nachzuvollziehen und zu verstehen, welche Lebensumstände ihn zu seinen Anschauungen bewogen haben. Zumeist waren es die prägenden Eindrücke der frühen Kindheit, die die ersten Orientierungen vorgegeben haben. Meine Jugendzeit ist vom Kriege und den Nachkriegswirren nachhaltig geformt worden. Die ersten Erinnerungen bilden die tagelangen massiven Angriffe der alliierten Bombergeschwader auf meine Geburtsstadt Hamburg. Die zu Kriegsende einsetzende und sich in der Nachkriegszeit verstärkende Hungersnot, der tägliche Kampf um Nahrung, die alle moralischen Grundsätze überschreitenden Organisationsstrategien zur Gewinnung von Lebensmitteln waren die persönlichkeitsbildenden Faktoren meiner Hamburger Jugendzeit. In der Retrospektive werden diese bleibenden Erinnerungen zum Kondensationskern von Überlegungen, speziell über das Verhältnis von Individuum und Kollektiv, über den Interessenkonflikt zwischen den Wünschen des einzelnen Bürgers, der ganz unideologisch ein gutes Leben verbringen möchte, und den Zielen der Herrschenden, die ihre Sonderstellung ausnützen, um in ihrem Hunger nach Macht politischen Zielen nachzujagen, die für die Untertanen nur Unglück bedeuten.

Die Extremsituation des Krieges, wenngleich man sie nur als Kind passiv in Form eines Hagels von Brand- und Splitterbomben erlebt hat, fordert im Nachhinein zum Nachdenken heraus: Welches Ausmaß an existenzieller Bedrohung kann einem Bürger von den Volksführern eigentlich zugemutet werden, ehe er moralisch berechtigt ist, das Weite zu suchen und sein Land zu verlassen? Gedanken werden wach über die Tragik der sozialen Bindung, über die schuldlose Verstrickung des Einzelnen in globale Wirren, die mit den eigenen Ideen, Intentionen und Wünschen nichts zu tun haben. Mit den Bildern der Zerstörung von brennenden Häuserzeilen und rauchenden Fabriken im Hinterkopf gehen einem immer wieder Fragen nach über die Schicksalhaftigkeit, mit der eine kleine Familie an ein Volk gekettet ist. Mein Vater hatte wesentlich wissenschaftliche Interessen, meine Mutter besaß neben intellektuellen auch musische Neigungen. Ich, das Kind, verstand die Wirren nicht und merkte nur, dass es im Haus kälter wurde, weil Holz und Kohle fehlten, und es immer weniger zu essen gab.

Zu den Folgen des großen Krieges gehörte es auch, dass zuerst die Mutter meine geistige Führerin wurde, weil der Vater im fernen Frankreich seinen Dienst als Meteorologe tun musste. Die Mutter hat mich lange, bis in das Studium hinein, intellektuell begleitet, sie war auch meine erste kammermusikalische Partnerin am Klavier, als ich begann, Geige zu lernen. Vom Vater habe ich später viel aufgenommen über Wolken, Wind und Wetter, über unsere neun Planeten und das Magnetfeld der Erde. Gelernt habe ich aber auch aus seinen Schilderungen, wie er sich geschickt durch die Gefahren der späten Kriegsjahre, durch Gefangenschaft und die erste trostlose Hungerzeit gerettet hat. Er war ein Meister der Lebenspraxis und hat sich nie durch grundsätzliche Überlegungen verleiten lassen, sich in Gefahr zu begeben. Von ihm habe ich gelernt: Gefahren, die man sich nicht selbst ausgesucht hat, darf man moralisch gerechtfertigt umgehen. Jeder hat das Recht, sich einen riskanten oder einen sicheren Lebensstil auszusuchen, woraus folgt, dass jede Form von Wehrpflicht unmoralisch ist. Die Lebensführung ist nicht der Ort des Prinzipiellen, sondern in turbulenten Zeiten sind situative Pragmatik und weise Diplomatie angesagt. Jeder ethische Rigorismus kann *dort* nur Schaden stiften. Ich sollte später – in analogen, wenngleich viel weniger dramatischen Situationen – Gelegenheit haben, das strategische Denken zu üben. Die Zeiten eines historischen Umbruchs sind für das Individuum immer ambivalent. Im Phasenübergang der Werte gibt es – wie bei der Umpolung des Magnetfeldes – keine eindeutige Nord-Süd-Richtung. Ein Wertekanon löst den anderen ohne jede rationale Brücke ab, was vor Tagen noch galt und Wert erschien, wird übergangslos zur Untat. In diesem grundsatzlosen Interregnum der Werte zählt nur der persönliche Lebensinstinkt.

Meine Schulzeit, die 1945 begann, war so von Nahrungsmangel gekennzeichnet, dass unsere Lehrerinnen zuweilen vor Hunger und Entkräftung in der Klasse ohnmächtig wurden. Unterricht gab es tageweise mit dem Effekt großer Versäumnisse und so schlechter Ausbildung, dass später gewünschte anspruchsvollere Schulzweige nicht angestrebt werden konnten. Der Krieg hat somit für viele, weit in die Nachkriegszeit hinein,

Einleitung 13

Weichenstellungen in den Lebensläufen hervorgebracht. Mein Vater war 1938 aus Österreich als Meteorologe an die Deutsche Seewarte berufen worden. Nach unserer Repatriierung in das nun wieder selbstständige Österreich begann ein Schulleben, das durch die Doppelgleisigkeit von musischen und kognitiven Interessen gekennzeichnet war. Die Geige faszinierte mich zwar, es begann sich aber auch die Begeisterung für die Philosophie durchzusetzen und sie bestimmte dann in der Folge meinen Berufsweg.

In den 1950er Jahren waren Tiroler Schulen Stätten katholischer Restauration. Man wollte nach den Jahren der Herrschaft nationalsozialistischer, völkischer Ideologie ein Bollwerk gegen diese Ideologie aufbauen, das man aber nicht in kritischer Aufklärung, sondern in einer antagonistischen metaphysischen Weltanschauung sah. So waren die Schulen Tirols Orte konservativen Geistes und klerikal induzierter Neo-Traditionalität. Philosophieunterricht bei Hans Windischer – späterer Ordinarius an der Universität Innsbruck und dann sechs Jahre mein Vorgesetzter, als ich bei ihm Assistent war – bestand in kritikloser Verherrlichung christlich-abendländischer Geistigkeit augustinischer Prägung. Skeptische Kritik und Aufklärung, speziell im ethischen Bereich, waren absolut tabuisiert. Nietzsche, Stirner oder Feuerbach konnten nur im Geheimen unter den Schülern der Lehrerbildungsanstalt kursieren. Nicht zu reden davon, dass das Thema Sexualität mit der höchsten Geheimhaltungsstufe belegt war und alle Beziehungen zur Weiblichkeit in der reinen Knabenklasse höchst verdeckt ablaufen mussten. Man war seinerzeit im erzkatholischen Tirol der Meinung, gefährlichen Liberalismen gleich in den Anfängen wehren zu müssen und die Sexualität barg damals wie heute die Dimension der Subversivität in sich.

Mir fiel ein unerhörter Kontrast zur offiziellen Schulideologie auf, als ich im häuslichen Bücherbestand August Messers *Geschichte der Philosophie* und Walter Kranz' *Griechische Geistesgeschichte* vorfand; zwei Werke, die mir eine neue Welt eröffneten. Besonders das letztgenannte Werk hatte es mir angetan, ich begegnete darin der unglaublichen Weite und Offenheit des Denkens der griechischen Antike. Pluralismus und Toleranz in der Vielfalt der Strömungen dieser Epoche beeindruckten mich zutiefst; die Tatsache, dass Atheismus und Materialismus hier offen gedacht werden konnten, stand in krassen Gegensatz zur weltanschaulichen Schulsituation.

Ich muss allerdings gestehen, dass es mir wie wohl vielen anderen Novizen der Philosophie erging und auch ich am Anfang dem *Idealismus* erlag. Logisch und semantisch ungeschult, verführte mich der Sog des Absoluten. Das Pathos des Seins, die Feierlichkeit hypostasierter Adjektive und der Orgelklang des Mythos verfehlten nicht ihre Wirkung auf den begeisterungsfähigen Adepten der Philosophie. Später wurde mir klar, womit ich mir die Anerkennung meines Professors erworben hatte, als ich einmal einen Seminarvortrag über Hegels *Phänomenologie des Geistes* hielt. Ich hatte einfach instinktiv den Sokal-Trick[1] angewendet, nämlich die Wortmusik des Hegelschen Jargons imitierend einen dem Original ähnlichen Text verfasst, ohne irgendetwas verstanden zu haben, ohne wirklich logische Analysen vorzulegen. Vielleicht half mir meine mittlere musikalische Begabung etwas dabei, die idealistischen Worthülsen emphatisch vorzutragen, aber im Nachhinein bin ich davon überzeugt, dass der anschließende Dialog über meinen Hegelvortrag ein „diálogo de besugos" war, wie man im Spanischen zu sagen pflegt, ein Gespräch, bei dem jeder an jedem vorbeiredet, ohne es zu merken.

Etwa im dritten Semester trat in meiner intellektuellen Orientierung eine dramatische Wende ein. Ich stieß im Philosophischen Institut auf die Bände der „Erkenntnis" der Vorkriegszeit und darin zuerst auf Carnaps vernichtende Analyse von Heideggers Antrittsvorlesung *Was ist Metaphysik?* Carnaps Entlarvung von Heideggers linguistischen Konfusionen – die ja prototypisch für das gesamte Genre metaphysischer Dichtung standen – erweckte mich aus meinem idealistischen Schlummer. Kurz zuvor war Wolfgang Stegmüller von dem Institut, in das ich nun – zuerst als Hilfskraft, dann als Assistent – eintrat, nach München gegangen, hatte aber eine Fülle von Literatur über Logik und Wissenschaftstheorie in der Bibliothek hinterlassen. Stegmüller trat seinen Weg zu Weltberühmtheit außerhalb von Tirol an, dort war für den liberalen kritischen Geist kein natürlicher Ort gegeben. Obwohl auch in Tirol rationale Denker wie Richard Strohal und der philosophierende Psychologe Theodor Ehrismann tätig gewesen waren, hatte sich zu meiner Zeit eine skurrile Mischung aus deutschem Idealismus und christlicher Existenzphilosophie breitgemacht, die keinen Raum für nüchterne begriffliche Untersuchungen ließ. Philosophische Seminare waren keine Orte der gedanklichen Durchdringung von Texten, sondern Weihestunden, in denen die heiligen Schriften der Klassi-

---

[1] Alan Sokal hat es geschafft, die Gutachter einer angesehenen soziologischen Zeitschrift mit einem nicht ernst gemeinten Artikel über die transzendentale Hermeneutik der Quantengravitation durch eine geniale Imitationsrhetorik zu täuschen.

ker zelebriert wurden. Viele Seminarstunden hätten auch in einer Kirche stattfinden können. Argumentationen waren eigentlich unerwünscht, Begründungen hatten die Form von Autoritätsverweisen, wenn man ein Augustinus-Zitat für eine Behauptung vorweisen konnte, dann überwog dieses jede logische Denkfigur.

Die bevorzugte Gesprächsform war der *Dialog* und nicht die *Diskussion*. Dialogisches Reden über Metaphysik hatte den Charakter eines harmonischen Informationsflusses, bei dem jeder Beteiligte seine inneren Intuitionen ausbreiten konnte, ohne fürchten zu müssen, auf Denkfehler hingewiesen zu werden. Die Diskussion war unbeliebt, weil sie auf Kritik, Fehlersuche und Elimination von unhaltbaren Thesen ausgerichtet war. Zudem wäre bei einem logischen Diskurs die Gefahr vorhanden gewesen, dass ein Institutsvorstand den unerwünschten Einwänden fortgeschrittener Studenten und Assistenten nicht hätte entschieden genug entgegentreten können.

Eine Sonderstellung in meiner intellektuellen Entwicklung nahm *Kant* ein. Niemand, der sich ernsthaft mit Philosophie auseinandersetzt, kann an diesem Monolithen vorübergehen. Allen – selbst den modernen Analytikern – nötigt Kant Hochachtung ab, auch wenn sie seiner transzendentalen Wende nicht folgen können. Kants Philosophie birgt in sich den Keim zur rationalen, wissenschaftlichen Philosophie, aber auch zum verhängnisvollen, obskuren (spekulativen) romantischen Idealismus. Die kopernikanische Kehre von Kants Erkenntnislehre hat die Subjektivierung und Spiritualisierung der Welt mit sich gebracht, die erst in der Mitte des 19. Jahrhunderts durch den Eingriff der Naturwissenschaft wieder rückgängig gemacht wurde, wobei diese realistischen und empiristischen Naturphilosophen durchaus an den vorkritischen Kant anschließen konnten. Immerhin bereitete Kant mit seiner Kritik der apriorischen Metaphysik den Boden für die spätere, weit grundsätzlichere, logische Analyse reiner, d. h. nichtempirischer Wirklichkeitserkenntnis durch den Logischen Empirismus. Mich faszinierte damals das Bemühen Kants um Erkenntnisfundierung und seine Sorgfalt bei der Freilegung von Begründungsstrukturen, obwohl mich der umständliche – „packpapierene" (Heine) – Stil seiner Bandwurmsätze oft ratlos ließ. Durch das Studium von Schopenhauer und Nietzsche lernte ich dann aber, dass man durchaus scharfsinnig klar und zugleich brillant schreiben kann, wenn man sich entsprechend Mühe gibt. Mir wurde damals klar, dass das schwankende Charakterbild der Philosophie in hohem Maße auf ihren elitären Jargon zurückgeht, wobei es gar nicht offensichtlich ist, dass dieser zum Ausdruck der fundamentalen Einsichten wirklich gebraucht wird. Über Jahrhunderte hat sich diese Wissenschaft irgendwo zwischen Mythos, Dichtung und rationaler Spekulation postiert. Deshalb wurde sie von den einen verehrt und von den anderen verachtet. Lange Zeit verzichtete sie auch auf ihre Autonomie und betätigte sich als Wasserträgerin und Zulieferin der jeweiligen Landesreligion, wie Schopenhauer es ausdrückt. Erst mit ihm hat die Philosophie wirklich jene Selbstständigkeit wiedergewonnen, die sie in griechischer Zeit – da es keine institutionalisierte Theologie gab – innehatte. Was die Religionskritik anbelangt, so haben wohl die französischen Aufklärer die Vorarbeit geleistet, aber erst Schopenhauer und Nietzsche haben alle Vorsicht fahren lassen und mit Emphase die irrationalen Wurzeln der Religion freigelegt. Dennoch waren beide mehr Psychologen. Die eigentliche, logisch-systematische Kritik an der transzendenten Metaphysik haben dann Bertrand Russell und die neueren Analytiker durchgeführt. Damit hat die Philosophie auch den deutlichsten Bruch mit aller Ideologie vollzogen. Indem sie alle ihre Sätze der kritischen Prüfung aussetzte, eingeschlossen ihre Methodologie, und somit die Selbstanwendung akzeptierte, wurde sie erst zur Wissenschaft.

Am damaligen Lehrstuhl für Philosophie in Innsbruck wusste man um die Gefahr des Logischen Positivismus und Kritischen Rationalismus für die traditionelle Seinsmetaphysik. An die Ausarbeitung eines Dissertationsthemas aus dem Bereich der analytischen Philosophie war da nicht zu denken. Wenn man nicht völlig mit dem Strom des christlichen Existenzialismus mitschwimmen wollte, musste man sich ein neutrales Terrain suchen, wo man ohne Anstoß Meinungen äußern konnte, die zur Kontroverse zwischen „Existenzial-Irrationalismus" und analytischem Rationalismus windschief lagen – z. B. die asiatische Philosophie. Der Buddhismus in seiner Mahayana-Form ließ Spielraum für Überlegungen, die kaum Konfliktpotential mit den abendländischen Querelen enthielten. Auf der anderen Seite war es sogar möglich, die Beziehung zwischen Mystik und Logik in einer unkonventionellen Weise zu behandeln, derart, dass ich später an Untersuchungen von Bertrand Russell (*Mystik und Logik*) und Ludwig Wittgenstein (*Tractatus*) anknüpfen konnte. Die buddhistische Zen-Philosophie ist vielleicht die einzige Strömung, die dem Paradoxon aller Mystik ausweichen kann, letztlich das Unsagbare doch noch sagen zu wollen. Durch den Übergang zur nonverbalen Kommunikation vermeidet der Zen-Buddhist alle Ungereimtheiten, die sich ergeben, wenn man in mystischen Texten auf der deskriptiven oder argumentativen Funktion der Sprache beharrt. Wenn man wie der Buddha-Schüler Kasyapa auf die

Frage nach der Buddha-Natur hin nur eine Blume hochhält, kann man vielleicht etwas sagen, ohne sich in linguistischen Fallstricken zu verheddern.

Für mich war der Einblick in die indische, chinesische und japanische Philosophie, den ich bei der Ausarbeitung meiner Dissertation erlangte, ein Gewinn, den ich bis heute schätze, obwohl ich später mit Ausnahme einiger Aufsätze diese Gedankenlinie nicht weiter verfolgt habe.

Um den Konnex zur abendländischen Philosophie herzustellen, hatte ich in meiner Dissertation versucht, eine Beziehung zwischen der Suche nach der Buddha-Natur und dem Begriff des unglücklichen Bewusstseins bei Hegel herzustellen, womit dieser die Spaltung zwischen erkennendem Subjekt und erkanntem Objekt bezeichnet. Aufgrund der schon früher erwähnten Zweifel in Bezug auf das mögliche Verständnis von Hegelschen Texten würde ich heute für eine solche riskante transkulturelle Analogie nicht mehr die Hand ins Feuer legen. Als später die Esoterik sich der orientalischen Philosophie bemächtigte, wurde der Markt mit einer Fülle von West-Ost-Homologien überschwemmt, die, wie ich später erkannte, alle nicht tragfähig waren, sondern nur vage Assoziationen stifteten.

Aus der Zen-Philosophie ergibt sich allerdings ein interessanter, systematischer Aspekt: Kann man eigentlich geordnet und vernünftig auch noch über die Grenzen der Rationalität reflektieren, ohne sich in Zirkularitäten oder Widersprüche zu verwickeln? Kann man in der wichtigsten Grundlagenfrage der Wissenschaft, nämlich der Entscheidung zur Rationalität, noch gute Gründe anbringen oder handelt es sich einfach um eine durch die Pragmatik diktierte Wahl? Gerade die Zen-Philosophie führt dazu, darüber nachzudenken, ob der rationale Zugang zur Welt möglicherweise nichts anderes ist als eine irrationale Entscheidung. Erst als ich später Gelegenheit hatte, intensiv mit William Bartley über diese Frage zu diskutieren, wurde mir klar, dass die Wendung von der Begründungsidee zum konsequenten Kritizismus hier neue Möglichkeiten eröffnet. Wenn man sich einmal von der Begründungsphilosophie und speziell von der Idee der Letztbegründung getrennt hat und nur mehr konsequent auf den Kritizismus setzt, muss die Wendung zur Vernunft auch nicht mehr als irrationaler Schritt gefasst werden.

Abgesehen von diesen Grenzfragen ging ich in der Folge – begründet oder nicht – den abendländischen Weg der Rationalität. Mich beeindruckte die intellektuelle Redlichkeit des Logischen Empirismus und Kritischen Rationalismus unabhängig davon, ob Begründung oder Kritik die primäre metatheoretische Kategorie sei. Hier versuchte niemand, Wahrheiten zu erschleichen, Unklarheiten zu vertuschen und Inkohärenzen zu verschmieren.

Richtunggebend für meinen weiteren Weg war auch der Kontakt mit dem Mathematiker Wolfgang Gröbner, Ordinarius in Innsbruck, der sich u. a. durch seine Untersuchungen über Lie-Reihen, die große Bedeutung in der Störungstheorie der Himmelsmechanik besitzen, einen Namen gemacht hatte. Er veranstaltete regelmäßig ein Seminar über „Grenzprobleme", wobei er vor allem die Auseinandersetzung mit metaphysischen und theologischen Problemen im Auge hatte. Die Theologie war für uns jüngere „Krypto-Analytiker" ein ideales Anwendungsfeld für logische Analyse. Hier konnte man die syntaktischen und semantischen Fallstricke der empirischen Sprache in extenso studieren. Die Teilnahme an Gröbners Seminar brachte mich auch näher zur Mathematik und ließ den Entschluss reifen, der dann meine gesamte spätere berufliche Entwicklung beeinflusst hat, Mathematik als zweites Studienfach zu wählen. Dies war auch eine Art Selbstprüfung für mein Denkvermögen, denn das Philosophie-Studium war rein historisch orientiert und stellte eigentlich nur Anforderungen an das Gedächtnis. Auf einmal saß ich nun wieder – und mit viel mehr Begeisterung als in der Schule – in den Vorlesungen und Seminaren über Analysis, Funktionentheorie, Lineare Algebra und Differentialgeometrie. Die Mathematik war für mich eine intellektuelle Herausforderung. Frustriert von den rein nacherzählenden Vorlesungen in Geschichte der Philosophie, die eigentlich nur eine passable Reproduktionsfähigkeit verlangten, wollte ich wissen, ob ich dem formalen Denken der Mathematik gewachsen war. Da ich in den Aufgabenstellungen nicht auf unüberwindliche Schwierigkeiten stieß, wählte ich die Mathematik als zweites Fach.

Gröbners Seminar war inzwischen unter den Druck der Theologen geraten. Man empfand die Kritik an der christlichen Weltanschauung als akademischen Hausfriedensbruch und bewog Gröbner, die Diskussionen einzustellen.[2] Die heftige Agitation der theologischen Fakultät war für mich auch eine Erfahrung in Sachen Toleranz. Ich empfand den starken Kontrast zwischen dem auf friedliche Toleranz, spirituelle Abgeklärtheit und geringen Expansionsdrang angelegten, atheistischen Buddhismus und

---

[2] Man bedrohte Gröbner mit dem Hinweis auf den § 188 des Österreichischen Strafgesetzes, der die Religionsstörung zum Inhalt hat. Man wies ihn darauf hin, dass ein Vorbestrafter nicht mehr Professor sein kann. (Vgl. Ferdinand Cap: Ein Ende der Religionen? Innsbruck: Studienverlag 2003, S. 126.)

dem sehr machtbewusst und autoritär auftretenden monotheistischen Katholizismus. Bis heute kann ich verstehen, dass liberale Intellektuelle sich von der sanften Erlösungslehre angezogen fühlen, obwohl die darin eingeschlossene Karmatheorie mit einem strikten Naturalismus auch nicht vereinbar ist. Vermutlich enthält jede Religion einen nicht rational rekonstruierbaren Kern, aber das Ausmaß, in dem von Transrationalität in den verschiedenen Religionen Gebrauch gemacht wird, ist zweifellos verschieden.

Neben der Philosophie ist die *Musik* bis heute die permanente Begleiterin meines Lebens. Allerdings ist mir trotz des Besuches einiger Lehrveranstaltungen in Musiktheorie (Harmonielehre und Kontrapunkt) eine mögliche Beziehung zwischen Philosophie und Musik nie recht klar geworden. Kann man den semantischen (?) Gehalt von Noten verbalisieren, ohne in leere Verbalismen oder Schwärmereien zu verfallen, bzw. gibt es eine objektivierbare Sprechweise über musikalische Inhalte? Sicher ist, dass gute Kenntnisse der harmonischen Struktur die schnelle Erfassung komplexer Notenbilder erleichtern, darüber kann man auch leicht intersubjektiv sprechen. Weiterhin gibt es einige Anhaltspunkte, dass über das Formale hinaus auch über Inhaltliches ein Austausch möglich ist. In der Musikpraxis gibt es z. B. überraschende Übereinstimmungen bei den Interpreten über die wertmäßige Rangordnung von Streichquartetten oder Symphonien, die darauf hinweisen, dass sich auch hier objektive Elemente finden lassen. Allerdings bleibt unklar, ob es sich dabei um ontosemantisch interpretierbare, musikalische Tatsachen oder einfach kulturelle Traditionen handelt. Musik fügt sich gut in ein rationalistisches und auch naturalistisches Weltbild. Bis zum heutigen Tage ist das Vorurteil nicht auszurotten, dass ein reduktionistischer Materialist ein gefühlskalter, unsensibler Holzklotz sein muss, weil es ja für ihn keine Werte, keine ästhetischen oder ethischen Objektivitäten gibt. Er müsste also eigentlich wie ein intellektueller Roboter durch die Welt gehen, der alle Aufmerksamkeit immer nur auf das logische Netz der Naturzusammenhänge gerichtet hat und Gefühle als illusionäre Störungen der Welterfahrung ansieht. Hier liegt eine Fehleinschätzung vor. Die Differenz liegt in der Interpretation: Die emotive Welt des Naturalisten ist qualitativ völlig gleich beschaffen wie die von allen anderen Menschen, seien sie Nichtreflektierende oder antireduktionistische Dualisten. Emotionen wie Musik-Erleben oder Reaktionen wie Hass und Eifersucht erfreuen oder plagen alle gleich, aber die theoretische Entschlüsselung ist grundverschieden. Materialisten projizieren ihre inneren mentalen Zustände nicht in die Außenwelt, hypostasieren emotive Vorgänge nicht zu einem platonischen Reich der Werte. Werterfahrungen – und dies wird in den folgenden Kapiteln noch ausgeführt – sind phänomenologisch unzweifelhaft real, nur werden sie vom Idealisten und vom Materialisten verschieden theoretisch lokalisiert. Wenn ein verliebter, biochemischer Reduktionist, für den ein Orgasmus ein Oxytozin-Hoch darstellt, mit seiner Geliebten Sex macht, dann erlebt er auf der Phänomen-Ebene das gleiche wie der Platoniker, aber beide deuten auf der Reflexionsebene die Phänomene mit einer anderen Ontologie. Übrigens würde ein absolut emotionsloser Rationalist, der die Welt nur unter diskursiver Perspektive sieht, auch intellektuell scheitern, weil er viele Phänomene einfach nicht verstünde und überdies mit seinen Mitmenschen nicht zurecht käme.

Im Laufe meiner Vortragstätigkeit bin ich immer wieder auf das Vorurteil gestoßen, dass Rationalisten die Welt emotiv verkürzt sehen. De facto trennen sie nur besser; sie versuchen nicht, die Welt mit ihren emotiven Wert-Projektionen auszustatten. Lokalisiert man die emotive Welt der moralischen und ästhetischen Werte korrekt im Innenraum des Menschen, so erhält man auch einen pragmatisch vorteilhafteren Zugang. Ein klarer rationaler Durchblick durch die Welt der Gefühle, z.B. die Berücksichtigung ihrer chemischen Basis, kann den Weg zur Verbesserung, zur Stärkung und zur Erhöhung der Gefühle ebnen. Es gilt eben auch hier, dass man ein System der Natur nur dann zielgerichtet verändern kann, wenn man es verstanden hat.

Rationalität strebt nach Klarheit. Zu meinen eindrucksvollsten intellektuellen Erlebnissen gehören die Begegnungen mit Rudolf Carnap und Karl R. Popper bei den Alpbacher Hochschulwochen in Tirol. Bereits als Student und später als Assistent und Dozent konnte ich die Gelegenheit nutzen, von den damals noch lebenden Mitgliedern des Wiener Kreises und den führenden Vertretern des Kritischen Rationalismus, neben Popper vor allem William Bartley und Hans Albert, zu lernen. Der Kontrast konnte kaum größer sein zwischen dem provinziellen, konservativen Innsbruck und dem „positivistischen Flugplatz" Alpbach, wie mein damaliger Chef es nannte, wo die renommierten analytischen Philosophen landeten und im katholischen Nachkriegs-Österreich weltanschauliche Unruhe stifteten. Wenn man den traditionellen Philosophen im damaligen Österreich so zuhörte – Balduin Schwarz in Salzburg, Silva Tarouca in Graz, Erich Heintl und Leo Gabriel in Wien – konnte man sich des Gedankens nicht erwehren, dass diesen Kreisen die Zerschlagung des Wiener Kreises durch die Nationalsozialisten sehr gelegen gekommen war, und dass sie die Vertreibung der „zersetzenden jüdischen" Skepsis mit Genugtuung zur Kenntnis genommen hatten. Obwohl die Allianz von nationalsozialistischer und katholischer Metaphysik inhaltlich paradox erscheint, ist sie doch methodologisch verständlich: Beide Ideologien waren unverträglich mit einer entmythologisierenden Sprachkritik. Ob Alfred Rosenbergs „Mythus des 20. Jahrhunderts" oder das Mysterium der Trinität zur Analyse anstand, beidesmal galt die Kritik metaphysischen Konfusionen. Positivismus war in dieser Zeit nicht nur die falsche, sondern gar keine Philosophie; falls ein Jungphilosoph sich damals als Empirist zu erkennen gegeben hätte, wären seine Chancen auf eine Assistentenstelle oder gar auf eine Habilitation an den österreichischen Universitäten gleich Null gewesen.

Natürlich nahmen wir jungen Nachwuchsphilosophen, wie Rudolf Wohlgenannt (später Linz) oder Reinhard Kamitz (später Graz), auch die Differenzen im analytischen Lager wahr. Die Ausdifferenzierung hängt sicher mit den beiden führenden Gestalten der wissenschaftlichen Philosophie, Rudolf Carnap und Karl R. Popper, zusammen und betrifft den Grad der Formalisierung philosophischer Texte. Carnap – und andere wie Mario Bunge sind ihm darin gefolgt – hatte ein tiefes Misstrauen in die Alltagssprache, wohingegen Popper, aber auch Herbert Feigl eher an eine gereinigte und terminologisch angereicherte Alltagssprache dachten, um, wie Popper sich ausdrückte, „die Erbsünde der deutschen Philosophie, das komplizierte Sprechen" zu überwinden. Der Tiefsinn suggerierende, manierierte Jargon des traditionellen philosophischen Denkstils mit seiner emotionalen, nebligen Terminologie sollte abgelöst werden – aber wodurch, das war die Frage. Die Radikalen vertraten die Position, dass jeder normal-sprachliche Satz eo ipso vage, mehrdeutig und intersubjektiv unvermittelbar ist, während die gemäßigten Sprachreiniger nur dafür plädierten, die „nebligen" Terme zu eliminieren, aber bei der empirischen Alltagssprache zu bleiben. Immerhin konnten letztere ja darauf hinweisen, dass in der Lebenswelt ein durchaus erfolgreicher Informationsaustausch mit dieser unpräzisen Sprache möglich ist. „You need no razor to cut butter", sagte Herbert Feigl einmal zu mir im Hinblick auf den übertriebenen Einsatz von formalen Mitteln. Der große Erfolg von Karl Poppers Werk sowie von Bertrand Russells Schriften liegt sicher darin, dass beide die philosophische Fachsprache so reformiert haben, dass ein klarer Gedankenausdruck möglich wurde, dennoch aber der intellektuell interessierte Bürger am philosophischen Fortschritt teilnehmen konnte, ohne vorher ein jahrelanges Training in künstlichen Kalkülsprachen durchmachen zu müssen.

Ich schloss mich damals, auch als ich daran ging, meine Habilitationsschrift auszuarbeiten, der Auffassung an, dass der natürliche Ort der Formelsprache die Objektwissenschaft ist – Physik, Chemie, partiell auch Biologie –, dass aber die metatheoretische Reflexion ohne Verlust in einer geläuterten Alltagssprache erfolgen kann. Die Entwicklung hat meinem damaligen Gefühl Recht gegeben. Die kritischen Stimmen gegenüber der axiomatisierenden und formalisierenden Wissenschaftstheorie und analytischen Philosophie sind gewachsen (Nicholas Rescher, Jesús Mosterín). Es scheint, dass ein noch so hoher Aufwand an formaler Präzision die Entscheidung der alten Erkenntnisfragen nicht erzwingen kann. Seit Leibniz haben sich immer wieder Formalisten daran gemacht, knifflige philosophische Fragen durch möglichst exakte rationale Rekonstruktion entscheidungsdefinit zu machen, aber der analog zur Naturwissenschaft erhoffte Erkenntnisfortschritt ist ausgeblieben. Viel von der Formalisierungsenergie ist verpufft und nicht wenige spitzfindige hochkalkülisierte Probleme sind einfach vergessen worden (wie auch Richard Rorty bemerkt hat). Nicht zu reden von der Entfremdung, die die Philosophie dadurch erlitten hat, dass sie sich mit Mühe einen neuen Elfenbeinturm errichtet hat. An dieser Stelle muss ich den von mir immer bewunderten Bertrand Russell erwähnen, der mir, was philosophische Breite anbelangt, allen Philosophen des 20. Jahrhunderts überlegen zu sein scheint. Obwohl er, wie seine mit A. N. Whitehead verfasste *Principia Mathematica* und viele seiner rein logischen Grundlagenwerke beweisen, das formale Denken wie kaum ein zweiter beherrschte, hat er entscheidende Bücher in einer unübertroffen durchsichtigen Prosa verfasst. Von der mathematischen Grundlagenforschung bis zur Sexualethik hat er mit gleichbleibender Sachlichkeit und Klarheit theoretische und praktische Fragen der Philosophie abgehandelt. Weder Carnap noch Popper haben je ein Wort über Pazifismus, Hedonismus oder Religionskritik verloren. Kaum einer hat so viel Sympathie in breiten Kreisen für die sonst eher anrüchige, als konfus empfundene Philosophie geweckt. Nur solche Philosophen, die das Wagnis eingehen, auf allen relevanten Gebieten in Konkurrenz zu den Landesreligionen zu treten, liefern den Intellektuellen und geistig regen Laien Gelegenheit, das autonome Grübeln zu entdecken, ohne sich von den abgepackten Ideologie-Einheiten der Buchreligionen das eigene Denken abnehmen zu lassen. Hier sehe ich bis heute eine didaktische Bringschuld der wissenschaftlichen Philosophie, die zeigen muss, dass eigenständiges Reflektieren glücklicher macht als die Übernahme fertiger Weltanschauungspakete. Dazu muss sie das kindliche Staunen wecken und bei der Durchmusterung von Antworten auf die Grundfragen der Existenz die vom Glaubensgehorsam emanzipierte Vernunft wachrufen. Die Philosophie muss sowohl beim Weltwissen wie bei der Ethik ein Kontingenzbewusstsein wecken: Warum ist etwas der Fall und warum soll ich eigentlich diese Norm so strikt befolgen? So gesehen ist Philosophie theoretisch Neugiererweckung und praktisch eine Aufforderung zum Ungehorsam gegenüber etablierten Normen, also in jedem Fall subversiv.

Man könnte mich heute natürlich fragen, warum ich in meinen wissenschaftstheoretischen Veröffentlichungen so spät den gesellschaftskritischen und aufrührerischen Charakter der Philosophie entdeckt habe. Dies hat Gründe, die mit dem Naturalismus zusammenhängen, wie ich im Laufe der folgenden Kapitel klarlegen möchte. Subversivität ist eine Vorstufe zum Anarchismus und so wäre es vielleicht nahe liegend gewesen, sich der „Anything Goes"-Bewegung anzuschließen. Meine Begegnungen mit dem wissenschaftstheoretischen Anarchisten Paul Feyerabend gehen allerdings allesamt auf seine Zeit als bodenständiger kritischer Rationalist zurück. In seiner Früh-Phase erlebte ich ihn, wie er, unter den kritischen Augen von Rudolf Carnap, brave Begriffsanalyse betrieb, so z. B. die Interpretationsproblematik der Quantenmechanik der Messung um eine Variante erweiterte. In der späteren Zeit seiner Wissenschaftstheorie der Beliebigkeit kam mir vieles von den extremen Vorschlägen Feyerabends wie publikumsheischendes Trotzverhalten vor, um aus dem Schatten der wissenschaftslogischen Koryphäen herauszutreten. In der praktischen Philosophie hielt sich sein Anarchismus, bis auf einige pikante Andeutungen in seiner Biographie, in Grenzen. Im deskriptiven Bereich sind die völlige Richtungslosigkeit der Methodik sowie der Verzicht auf jedes Objektivitätsideal einer Abdankung der Wissenschaft gleichzusetzen. „Where anything goes nothing goes well" (Mario Bunge). Wenn man der Gesellschaft Milliarden für die Großforschung abknöpft, um das Higgs-Teilchen als Baustein des Standard-Modells der Elementarteilchen zu finden, kann man nicht gleichzeitig die völlige Gleichwertigkeit sämtlicher Alternativ-Hypothesen erklären, für die ein solches soziales Opfer gar nicht notwendig gewesen wäre. Wenn Naturwissenschaft private Spielerei einiger Intellektueller wäre, dürften diese keine öffentlichen Gelder für ihre Unterhaltung verprassen. Mich hat damals der Relativismus der anarchischen Wissenschaftstheorie so wenig überzeugt wie heute der soziologische Konstruktivismus, der die gleiche Entwertung der Erkenntnis mit sich bringt. Abgesehen davon brächte ein wirklich ernst gemeinter ontologischer Konstruktivismus – bei dem nicht nur die Theorien, sondern sogar deren Referenzobjekte Konstrukte darstellen – eine vollständige Demotivation der Naturwissenschaftler mit sich, da sie sich sagen müssten, dass sie sich nur graduell von Romanautoren unterscheiden.

In der Objektivismus-Debatte hat mich niemand nachhaltiger beeinflusst als Mario Bunge. Er ist einer der wenigen, die in der analytischen Philosophie den einsamen und dornenreichen Weg der systematischen Philosophie gingen. Seine durchgehende Verteidigung eines erkenntnistheoretischen Realismus und eines materialistischen Naturalismus, sein Aufbau eines umfassenden rationalen Systems der Philosophie, zudem noch mit sozialem und humanistischem Engagement verbunden, machten ihn neben Bertrand Russell für mich zur wichtigen Identifikationspersönlichkeit. Ich konnte es von meinem Lebensgefühl und vom Widerstandserlebnis der Realität her nie begreifen, wie jemand echten und nicht nur methodischen Zweifel an der objektiven Realität der Welt haben kann.

Dies hängt vermutlich mit einer weiteren Leidenschaft zusammen, die mich seit der Jugend begleitet hat, dem Alpinismus. Kaum irgendwo kann man die Härte der Realität intensiver erfahren als in alpinen Gefahrensituationen, wenn man von Steinschlag, Eisfall oder Lawinen bedroht wird. Natürlich weiß „man", dass der Solipsist in der Lage ist, auch dieses Geschehen noch in den mentalen Innenraum zu transformieren. Selbst wenn das Argumentationspatt zwischen Realität und Idealität letztlich nicht aufhebbar ist, erscheint es doch einigermaßen absurd, die Welt außerhalb seines eigenen Körpers, des eigenen Kopfes oder gar des eigenen Zentralnervensystems (ZNS) als illusionär zu betrachten. Da Zweifel nie aufhebbar sind und man durchaus auch misstrauisch gegenüber der eigenen Introspektion und innerer Wahrnehmung sein kann, muss der Solipsist auch damit rechnen, dass die Erfahrung seines „solus ipse" Täuschung ist und er somit de facto gar nicht existiert. Jedenfalls haben mich unter dem Einfluss Bunges nie mehr Zweifel befallen, dass der Mond auch dann existiert, wenn ihn niemand beobachtet und dass der Zustand des Weltalls sich nicht verändert, wenn eine Maus das Universum anschaut (Albert Einstein).

Unter diesen Einflüssen und unter langsam sich bessernden ökonomischen und ideologischen Randbedingungen konnte ich Ende der 60er-Jahre meine Habilitation angehen, wobei mir das Glück zu Hilfe kam und mir ab 1968 einen freundlichen, verständnisvollen Habilitationsvater in der Person von Gerhard Frey bescherte. Durch die Errichtung einer zweiten Lehrkanzel in Innsbruck waren Wissenschaftstheorie und Naturphilosophie nun auf einmal hoffähig geworden. Naturwissenschaftliche, mathematische und logische Studien mussten nicht mehr verdeckt oder unter einem Vorwand erfolgen, und so konnte ich unter der Anleitung Freys meine Habilitationsschrift über das Thema „Physikalische Geometrie" in einem Klima relativer Gedankenfreiheit zu Ende führen. Bei der Abfassung dieser Untersuchung, die von den Rezensenten gut aufgenommen wurde und mir dann sogar den Theodor-Körner-Preis einbrachte, hat mich meine Frau Christa als nimmermüde und aufopferungsvolle Gesprächspartnerin sowie als stilistische Redakteurin in unverzichtbarer Weise unterstützt. Vielen Wissenschaftlern wird es oft nicht klar, wie viel sie dem selbstlosen Einsatz und dem Karriere-Verzicht ihrer Partnerinnen verdanken.

So war mein intellektueller Weg durch die genannten sozialen Gegebenheiten und zufälligen Begegnungen vorgezeichnet, als ich 1974 den Ruf auf die neu errichtete Professur in Gießen erhielt, um im physikalischen Fachbereich und im Zentrum für Philosophie eine Wirkungsstätte zu erhalten, die in fast vollkommener Weise meinen Intentionen entsprach, Philosophie der Naturwissenschaften zu betreiben. Das freundliche Hessenland nahm den in Tirol inkulturierten Österreicher ohne jeden xenophoben Missklang auf und vermittelte ihm von Anfang an ein Gefühl der vorbehaltslosen Akzeptanz, eine Reaktion, die im umgekehrten Fall viele deutsche Kollegen, die nach Innsbruck gegangen waren, nicht bekunden konnten.

Ohne zu viel auf weitere Einzelheiten meiner intellektuellen Biographie einzugehen, will ich vielleicht nur noch erzählen, wie ich von meinen anfänglichen Interessen, den Grundlagen der Mathematik und Physik, zur Naturalismusproblematik gelangt bin. Hier hat mich das Werk von Edward O. Wilson, dem weltberühmten Insektenforscher und Begründer der synthetischen Disziplin der Soziobiologie, enorm fasziniert. Sowohl das Schlusskapitel seines Hauptwerkes *Sociobiology – The New Synthesis* wie auch sein Buch *The Nature of Human Nature* (dt. *Biologie als Schicksal*) mit seiner eindeutigen philosophischen Stellungnahme waren für mich das fehlende Bindeglied zwischen der Welt der Materie und dem Bereich des menschlichen Handelns, dessen augenscheinlich qualitativ völlig neuartige Freiheitsgrade jeden Reduktionismus unmöglich erscheinen lassen. Die Verhaltensgenetik, dann später auch die Neurobiologie haben mich vom strukturalen Stufenbau der Welt überzeugt, bei dem die Hierarchie der Natur Schicht für Schicht entsteht, obwohl die Trägermaterie der neuen komplexen Ordnung sich niemals ändert. Die zahlreichen Phasenübergänge, die das Universum in den $13{,}7 \cdot 10^9$ Jahren mitgemacht hat, verdecken die kausale Beziehung zwischen den weit auseinander liegenden Ebenen unterschiedlicher strukturaler und funktionaler Organisation. Gerade die neuen Brückendisziplinen zeigen aber auf, dass auch extrem entfernt liegende Phänomengruppen auf der gleichen Trägersubstanz angesiedelt werden können und dass ein ontologischer Pluralismus mit seinen stets ungelösten Wechselwirkungsproblemen eine überflüssige Verschwendung von erklärenden Entitäten darstellt. Ohne ein Sparsamkeitsprinzip geht es nicht und wenn schon, warum soll man es nicht mit dem Monismus probieren? Wenn alle Stricke reißen, kann man immer noch die Klasse der Entia erweitern.

Die Soziobiologie und Verhaltensgenetik haben dann auch meine Aufmerksamkeit auf die praktische Philosophie gelenkt, bei der das Naturalisierungsproblem noch viel drastischere Aspekte eröffnet. Ein Briefwechsel mit Edward Wilson und der Kontakt mit anderen führenden Verhaltensbiologen wie Maynard Smith und Christian Vogel verstärkten bei mir die subkutane Disposition, auch die Handlungs-, Entscheidungs- und Freiheitsperspektive in die Anthropologie einzuschließen. Wenn der Mensch somatisch schon durch die Evolutionsbiologie bestimmt ist, warum soll sich dann beim Übergang zu freiem, moralisch verantwortlichem Handeln ein grundsätzlicher Hiatus auftun, der den rationalen Primaten wieder zum Bürger zweier Welten macht? Warum soll diese letzte Ecke des Universums, nämlich die Fähigkeit des Menschen zu wollen, Absichten zu haben, zu planen, abgespalten sein vom Rest der Welt, obwohl doch auch bei dieser Phänomengruppe klar ist, dass eine intakte zerebrale Organisation die Voraussetzung für intentionales Handeln darstellt und dass bereits leichte neuronale Läsionen Störungen zielgerichteten Agierens mit sich bringen? Eine monistische Anthropologie – dies wurde mir vor allem durch Wilsons jüngsten Entwurf, *Consilience*, deutlich – hat eine entscheidende Funktion im Fernziel aller Forschung, der Einheit des Wissens. Die Natur kennt keine Gräben, nur wir Menschen müssen, um der sonst unübersehbaren Komplexität Herr zu werden, arbeitsteilig vorgehen. Unitäre apriorische Gesamtentwürfe nach Art der Vorsokratiker sind nicht möglich, zu vielfältig ist die Natur. Dies schließt aber nicht aus, dass auf dem Wege der Wissenschaft aposteriorisch sich ein Naturbild eröffnet, in dem der Mensch und seine Besonderheiten ein Steinchen in dem großen Mosaik bilden. Überlegungen dieser Art waren für mich maßgebend, auch den Erlebnisraum, die Reaktionen der emotiven Zentren des Gehirns in die Naturphilosophie einzuschließen. Als axiologisch sparsamste Ethik erschien mir dabei die hedonistische Variante einer

Glückslehre, kompatibel mit dem Naturalismus und metaphysisch voraussetzungslos, weil nur auf dem einfachen physiologischen Lustaxiom gründend. Mir war klar, dass mein Ausflug in den Hedonismus und speziell die Verteidigung eines Drogen-Liberalismus mir Proteste und Feindschaften einbringen würde. Meine Verteidigung des Hedonismus wurde dabei meist als Plädoyer für Inaktivität und Faulheit missverstanden und die Erklärung des Drogenkonsums zur Privatsache als verantwortungslose *laissez-faire/ laissez-aller*-Haltung gegenüber einer Bedrohung durch zu viel Freiheit. Dabei müsste doch jedem unbefangenen Beobachter einleuchten, dass die Hedonik Ressourcen voraussetzt, die erworben werden müssen und der Paternalismus im Drogenkonsum eine Absetzung der Lebensvernunft bedeutet.

Aber Naturalismus und Liberalismus sind nun einmal nahe Verwandte. Weder auf dem Gebiet des Drogengebrauchs noch in der Sexualethik harmoniert der Paternalismus mit einer Weltsicht, wonach der Mensch ein Wesen ist, das nicht grundsätzlich aus der Welt herausfällt. Wenn der Drang nach sexueller Betätigung sowie der Wunsch, den Bewusstseinsraum zu gestalten, als Naturanlage vorhanden sind, dann bedarf es nur dort paternalistischer Steuerung, wo unbeteiligte Dritte durch unkontrollierte Aktivitäten zu Schaden kommen könnten. Die Verhinderung von Selbstschädigung kann nicht Aufgabe irgendeiner öffentlichen Institution sein. Man kann es den Menschen als Ratschlag mit auf den Weg geben, keine selbstschädigenden Sexualpraktiken zu betreiben, man kann ihnen medizinisch nahe bringen, berauschende Substanzen mäßig zu konsumieren, aber kategorische Verbote sind mit einem naturalistischen Liberalismus nicht kompatibel. Paternalistische Verbote setzen eine hierarchische, antiindividualistische Wertordnung voraus, bei der eine elitäre Gruppe der Gesellschaft besser weiß, was für die anderen gut ist, als diese selber. Seltsamerweise hat mein Einsatz für Sexual- und Drogenfreiheit mehr Protest ausgelöst als meine Religionskritik. Vielleicht ist letztere doch schon länger Teil der Wissenschaftskultur und wird eher akzeptiert als eine liberale Drogenethik, die immerhin regelrecht gegen das Betäubungsmittelgesetz anrennt. Auch ist Sexualunterdrückung in den westlichen Ländern auf Teilbereiche und Sonderformen beschränkt, wohingegen die Drogenpolitik heute Züge neuzeitlicher Inquisition trägt. Dementsprechend hat es mich auch nicht über die Maßen verwundert, als mich eine Zuschrift erreichte, in der mir ein Strafprozess angedroht wurde, weil ich gegen das Betäubungsmittelgesetz für freien Drogengebrauch argumentierte. Der Verfasser schien der Meinung zu sein, dass bereits das Infragestellen von Gesetzen und der Protest gegen Verordnungen mit dem Status eines Beamten unvereinbar wären.

Nicht alle meine Arbeitsgebiete standen derart im Streit der Meinungen. Im engen Zusammenhang mit der Rahmenidee eines durchgängigen Naturalismus steht das Konzept der *Selbstorganisation*, obwohl auch dieses, vor allem in religiösen Kreisen, auf erhebliche Irritierung und Ablehnung gestoßen ist.

In erster Linie ist hier der spanische Kulturraum zu nennen. Obwohl Ortega y Gasset sich eindeutig für eine Einbettung der Kultur in den Rahmen der biologischen Natur des Menschen ausgesprochen hat, haben viele seiner Landsleute hier noch erhebliche Bedenken. Jahrelang hatte ich Gelegenheit, diese starken Spannungen in der spanischen Kultur-Landschaft selber zu erfahren. In den Veranstaltungen der *Fundación Letamendi-Forns* prallten die Gegensätze zwischen der Generation, die des „Caudillo por la gracia de Dios" (Führer von Gottes Gnaden) noch in Dankbarkeit gedachte, und den Modernisten aufeinander, verschärft noch durch die Spannung zwischen den castellanos und den catalanes. Selbst in den naturwissenschaftlichen Sitzungen war ein Bekenntnis als „creyente" (Gläubiger) gefordert und nur meine schon früher erwähnte Diplomatie in Glaubensfragen verhinderte gröbere Missstimmungen. Manchmal erreicht man auf ideologisch stacheligem Gebiet (terreno espinoso) mehr, wenn man zwar die Wahrheit, aber nicht unbedingt die ganze Wahrheit sagt. So konnte ich in diesen sehr konservativen Kreisen mit Vorträgen über Selbstorganisation mehr naturalistisches Geistesgut einschleusen, als bei vollem Konfrontationskurs möglich gewesen wäre. In Anlehnung an Nietzsches Weisheit, dass manche Wahrheiten auf Taubenfüßen daherkommen, hoffte ich, mit kleinen Dosen naturalistischer Gedanken die eherne Phalanx derjenigen zu erschüttern, die meinten, dass alle Ordnung im Universum unbedingt von einem „dios creador" (Schöpfergott) hervorgebracht worden sein muss.

Wie quer übrigens nicht nur traditionalistischen Spaniern, sondern auch biederen Tiroler Bergsteigern der Gedanke einer spontanen Naturordnung liegt, kann man in jedem Gipfelbuch in vielfältigen Formen lesen: Der Anblick eines prachtvollen Gipfelpanoramas löst offenbar automatisch physikotheologische Assoziationen aus. Als ob David Hume nie gelebt hätte, wird das Vorurteil weitergetragen, dass jede Ordnung einen Ordner voraussetzt und dass jede Werterfahrung, sei sie ethischer oder ästhetischer Natur, eine wertsetzende Instanz erfordert. Dem Alltagsbewusstsein bleibt der Gedanke fremd, dass auch das Empfinden für

Naturschönheit eine Adaption sein könnte und dass der Kausalzusammenhang von der Natur zum sensiblen Sensorium des Lebewesens läuft, das seit Jahrmillionen in und von dieser Natur lebt. Vermutlich hat es einen Überlebenswert, die Welt nicht nur unter der Perspektive der materialen Beschaffenheit, Härte, Widerstand, Undurchdringlichkeit oder dem Gesichtswinkel der Essbarkeit zu sehen, sondern auch aus der Sichtweise der Ästhetik. Einen Hinweis in die Richtung einer evolutionären Ästhetik liefert die Symmetrie des menschlichen Körpers. Hier gibt es Anzeichen, dass die symmetrische Perfektion des menschlichen Antlitzes, die als Schönheit empfunden wird, eine gute Parasiten-Resistenz verrät, weshalb bei der Partnerwahl auf Schönheit geachtet wird. Genauso könnte nichtmenschliche Naturschönheit Informationen einer noch nicht vollständig entschlüsselten Art enthalten, die eine evolutionäre Ästhetik erklären könnte. Für den empfindsamen und nicht nur rekordsüchtigen Alpinisten ist es jedenfalls von untergeordneter Bedeutung, ob die reduktionistische oder physikotheologische Deutung von Naturschönheit Recht hat; das Erleben selbst bleibt davon unberührt. Dennoch hat manche „Gipfeldiskussion" enthüllt, dass sich alpine Wertplatoniker oder Planungsästheten durch die evolutive Alternative gekränkt und in ihrem Empfinden gestört fühlten.

An vielen Stellen kann man verifizieren, dass die generelle Abwehr naturalistischer Entschlüsselung emotive Wurzeln hat. Manchen erscheint die Wissenschaft wegen ihrer Entzauberungsrolle (Max Weber) geradezu widerwärtig, und es werden die abenteuerlichsten Argumente zusammengekratzt, um irgendwo noch ein Refugium des Undurchdringbaren, Analyseresistenten zu retten. Die Situation zeigt einmal mehr, dass es die „reine Vernunft", den von den Emotionen unkontaminierten Verstand nicht gibt, weshalb wir sicher auch weiterhin mit dieser gespaltenen Situation leben müssen.

Hinzu kommt noch ein Argument aus der Neurobiologie. Es scheint so zu sein, dass in den frühen Kindheitsjahren die Weichen für die emotionale Orientierung, für Haltungen und Reaktionsmuster gestellt werden und dass zu späteren Zeiten durch noch so starke schlüssige Argumente auch an kognitiven Illusionen nichts mehr geändert werden kann, so dass regelrechte basale Umwertungen, z.B. von einer christlichen spirituellen Werteontologie zu einem eliminativen Materialismus, kaum vorkommen können. Alle meine Diskussionserfahrungen und die oft mit Erbitterung geführten Kontroversen haben gezeigt, dass immer mehr endothyme Momente vorhanden sind als auf der Rationalitätsebene aufscheinen. Selbst anscheinend ideologisch völlig neutrale Themen wie etwa die räumliche Offenheit oder Geschlossenheit des Universums haben Aspekte der Gewünschtheit oder Ablehnung hinter sich. Auch Einstein hatte bestimmte apriorische Vorlieben für ein kompaktes Universum, obwohl die empirischen astrophysikalischen Daten keine vorempirische Asymmetrie in dieser Frage erlauben. Umso weniger kann man mit Unvoreingenommenheit rechnen, wenn man sich weiter von der Welt im Großen entfernt und den existenziellen Interessengebieten der Menschen nähert. Aber auch diese Betrachtung kann nicht darüber hinwegtäuschen, dass man selber ebenso diesen Vor-Orientierungen unterworfen ist, auch wenn man sich subjektiv völlig sicher ist, jede Hypothese objektiv sine ira et studio zu prüfen. Es ist wohl kaum möglich, sich gänzlich von diesen selbst fabrizierten Sicherheiten zu trennen. Vielleicht braucht man diese auch zur Autostabilisation, zu viel freischwebende ἀδιαφορία (Gleichgültigkeit) lässt sich womöglich psychisch nicht durchhalten. Dennoch ist dies keine Katastrophe für die Objektivität der Forschung, denn durch die hohe Varianz in den Vorurteilen setzt sich auf der Ebene der Prüfung durch das Kollektiv der objektive Kern doch wieder durch. Der Kollege mit den konträren apriorischen Rahmenvorstellungen sorgt schon dafür, dass man nicht zu sehr in eine vorgefasste Richtung abgleitet. Ideologie-Verdacht ist so gesehen eine redundante Kritik, wichtiger ist das Vorhandensein konträrer ideologischer, d.h. nicht begründeter noch bewährter Annahmen. In der freien Auseinandersetzung der kognitiven Kräfte formiert sich dann der Erkenntnisfortschritt. Wie man an der Sokal-Affäre sieht, werden auch die absurdesten Ansätze konterkariert; so ist nicht zu fürchten, dass die Weisheit der Konstruktivisten, dass der Penis des Mannes etwas mit der imaginären Einheit $\sqrt{-1}$ zu tun hat, die zukünftige Marschrichtung der Wissenschaft angibt. Ebenso ist zu vermuten, dass jeder Hegel seinen Schopenhauer als Korrektiv findet, womit der verwirrte Leser sein Selbstvertrauen zurückgewinnt, wenn er der dialektischen Logik oder den erratischen Assoziationen der radikalen Konstruktivisten nicht folgen kann.

Da ja schon von Sarkasmus und Ironie die Rede ist, mag eine Bemerkung über die Rolle des Humors in der Philosophie am Platze sein. Sicher ist er selten – dem Grübler ist nicht zum Lachen zumute –, aber es gibt ihn. Meist allerdings nicht in der unschuldigen Form der gewollten, lebenserleichternden Komik, sondern als zorniger Groll über den unverständigen Zeitgenossen. Humor war immer ein Begleiter meines Lebens, und ich habe zumindest zwei Freunde, die auch Berufsphilosophen sind – Gerhard Vollmer und Ramón Queraltó – die die gleichen „aficiones" haben. Mit ersterem verbindet mich eine langjährige, von weitgehender gedanklicher Übereinstimmung getragene Freundschaft, mit letzterem Sympathie für die mediterrane Lebensart und die spanische Kultur. Wir mussten allerdings feststellen, dass die Pflege des Humors auf philosophischen Konferenzen nicht auf ungeteilte Sympathie stößt, manchen Kollegen, die mit hohem sittlichen Ernst begabt sind, entlockt die öffentliche Freude am Komischen und Bizarren nur abweisendes Stirnrunzeln.

Hat der Humor, außer zur hedonistischen Lebensfreude beizutragen, auch eine systematische Rolle in der Philosophie? Ich glaube ja. Manchmal kann die selbstgefällige Sicherheit eines von der Fülle seines Systems umgebenen Denkers gar nicht anders aufgebrochen werden als durch eine ironische Breitseite, die in der Pulverkammer der philosophischen Festung ihre Wirkung entfaltet. Wenn Schopenhauer in seinem Exemplar von Fichtes Wissenschaftslehre neben dem Satz „Das Ich setzt sich selbst" einen Stuhl hinzeichnet, dann sagt dies mehr als jede systematische Kritik, die zeigt, dass der Kausalzusammenhang umgekehrt gedacht werden muss und dass die Existenz eines Zentralnervensystems ontologisch früher als das Vorhandensein eines Ich ist. Wenn Heine Kant, Carnap Heidegger, Popper Adorno und Sokal die Postmoderne mit spitzer Feder attackierten, dann haben Ironie und Sarkasmus stets auch ein reales Ziel, nämlich den Leser auf die stilistischen, semantischen und damit auch die systematischen Schwächen einer Position hinzuweisen. Gerade die dichterische Philosophie mit ihrem würdevollen Pathos ist durch die subversive Kraft des Humors in besonderer Weise bedroht. Manchmal dient auch die Übertreibung dazu, philosophischen Pomp als gehaltlosen Verbalismus zu entlarven. Dieses Stilmittel hat Alan Sokal meisterhaft auf den postmodernen Konstruktivismus angewandt. Mit durchschlagendem Erfolg konnte er durch seine Falle den hohlen Manierismus des postmodernen Jargons enthüllen. Eine rein sachliche Analyse hätte nie die Titelseite der *Times* erreicht. Ideologie-Kritik mit Hilfe von Ironie sollten sich allerdings nur diejenigen leisten, die den Beamtenstatus bereits erreicht haben. Wenn das Ziel des Spottes nicht nur ein venerabler Denker, sondern ein Religionsgründer ist, handelt es sich um Blasphemie. Und hier verstehen die Verehrer des Verunglimpften zumeist keinen Spaß. Den Gleichmut, den die Antike in dieser Sache aufbrachte – Deorum Offensae Diis Curae –, konnten z. B. die christlichen Hüter des Glaubens nicht nachvollziehen. Sie machten sich zum irdischen Anwalt der göttlichen Sache – bis zum heutigen Tage, wie § 166 StGB bezeugt. Zugegeben, die Zahl der Fälle, wo heutzutage mit diesem Paragraphen zur Tat geschritten wird, ist klein, aber immerhin bleibt es verboten, ein Wesen zu schmähen, für dessen Existenz es nicht den leisesten Hinweis gibt, wobei als Rechtfertigung die „religio", die Bindung der Gläubigen an dieses Phantom dient.

Sind die Tage des Kulturkampfes – aufklärerische Rationalität gegen blinden Glaubensgehorsam – vorbei? Gewiss, die europäischen Christen der Großkirchen haben sich metaphysisch weitgehend mit dem szientistischen Weltbild arrangiert und sich auf das Feld der aktiven Nächstenliebe zurückgezogen, wo sie in ihren Idealen kaum mehr von humanistischen Atheisten zu unterscheiden sind. Als zu Beginn des zweiten Golfkrieges alle Welt über die mangelnde Legitimität des Angriffes auf den Irak sprach, konstatierte ich auch, dass meine Kollegen von der Theologie den gleichen Pazifismus verteidigen wie wir ungläubigen Naturalisten. Der Papst ruft nicht mehr zum Kreuzzug auf, sondern verkündet, dass sich die Probleme der Menschen nicht mit Waffen lösen lassen. Tempora mutantur!

Aber damit ist nicht das riesige fundamentalistische Aggressionspotential erfasst, das uns – in der Alten ebenso wie in der Neuen Welt – bedroht und letztendlich zum großen Zusammenstoß der Kulturen führen kann, vor allem wenn okzidentaler und orientalischer Fundamentalismus aufeinanderprallen. Es muss den von Philosophie Durchdrungenen grämen, dass in den Fragen der Welt so selten und so wenig auf ihn gehört wird. Dabei hätte Weisheit auch einen Überlebenswert – für alle.

# Theoretische Philosophie

# I. Analytische und Synthetische Philosophie

## 1. Die Grenzen der analytischen Philosophie

Die analytische Philosophie ist kein systematisches Gebäude von Auffassungen über einen einheitlichen Gegenstandsbereich, sondern eher ein Kanon von methodischen Regeln, wie man mit kniffligen begrifflichen Schwierigkeiten umgehen soll. Sie versteht sich als therapeutische Maßnahme gegen absurde und abstruse metaphysische Konzeptionen wie etwa negative Ontologien oder gar die Annahme der Existenz widersprüchlicher Welten wie sie Alexius Meinong entworfen hat.[3] Das Ziel einer analytischen Untersuchung ist danach, linguistische Illusionen, falsche Objektivierungen von bestimmten Ausdrücken wie „Der gegenwärtige König von Frankreich hat eine Glatze"[4] oder „Das runde Viereck ist quadratisch" aufzulösen.

Aber nicht nur derartig triviale, gewöhnlich von niemandem behauptete Sätze lassen sich durch Sprachreinigung eliminieren, auch metaphysische Streitigkeiten wie die Frage, ob Gott auch unmögliche Welten schaffen könnte, werden durch logische Analyse aufgelöst. Es leuchtet ein, dass man nichts Unlogisches denken kann, weil wir sonst unlogisch denken müssten,[5] ebenso wenig kann man etwas der Logik Widersprechendes in der Sprache ausdrücken.[6] Damit sind auch theologische Fluchtwege verbaut, Gott selbst irgendwo in einem ontologischen Reich der Unmöglichkeit anzusiedeln, d. h. deutlicher gesagt, wenn der Gottesbegriff widersprüchlich sein sollte, existiert dieses Wesen apriori nicht. Erst wenn er

---

[3] Alexius Meinong: Untersuchungen zur Gegenstandstheorie und Psychologie. Barth-Verlag, Leipzig 1904.
[4] Bertrand Russell: On Denoting. In: Mind XIV, 1905, S. 479-493.
[5] Ludwig Wittgenstein: Tractatus logico-philosophicus 3.03.
[6] Ludwig Wittgenstein: Tractatus logico-philosophicus 3.031.

widerspruchsfrei gedacht werden kann, lassen sich gute Gründe für die Existenz Gottes suchen, was nicht bedeutet, dass man diese Gründe auch finden wird.

Allerdings beschränkt Wittgenstein die philosophische Tätigkeit völlig auf derartige logische Untersuchungen. Die Restriktion der Aufgabe der Philosophie auf das Lösen bestimmter sprachlicher Rätsel bedeutete aber nicht nur einen Verzicht auf die pompösen metaphysischen Probleme der Tradition, sondern auch auf alle Ambitionen, im Verständnis der Welt, sei es Natur, Gesellschaft oder Geschichte, ein Stück weiterzukommen. Der frühe Wittgenstein bemühte sich zu zeigen, dass die philosophische Tätigkeit etwas mit dem Aufweis logischer Form zu tun hat.[7] Die Formen faktischer Aussagen über die Welt kann man herausarbeiten, durch Beispiele erläutern, aber nicht erklären, sie zeigen sich, aber ihre Existenz kann nicht auf etwas Tieferes zurückgeführt werden. Nichts wäre für den Wittgenstein des *Tractatus* vergeblicher gewesen, als nach den Ursachen der algorithmischen Kompressibilität der Welt, ihrer gesetzesartigen Verstehbarkeit zu suchen. Der Ansatz des *Tractatus* hätte es bereits verboten, in der Natur die Gründe für deren Intelligibilität auszumachen. Immerhin wird darin aber noch eine relativ optimistische Sicht von der Abbildbarkeit der Welt in den Sätzen der Wissenschaft verteidigt, auch wenn man den Grund für diese Repräsentierbarkeit des Faktischen in der Sprache nicht einsehen kann. Der späte Wittgenstein ist selbst in Bezug auf die Leistungsfähigkeit der Logischen Analyse skeptisch geworden. Auch ein so zentraler Begriff wie der der „Bedeutung" scheint so schillernd vielfältig und unrekonstruierbar vage zu sein, dass Bedeutungstheorien regelmäßig scheitern. Es scheint Sprachspiele zu geben, die untereinander gewisse Familienähnlichkeiten besitzen, aber eine adäquate, alle Erwartungen erfüllende Explikation von Bedeutung scheint nicht zu existieren. „Statt etwas anzugeben, was allem, was wir Sprache nennen, gemeinsam ist, sage ich, es ist diesen Erscheinungen gar nicht Eines gemeinsam, weswegen wir für alle das gleiche Wort verwenden, – sondern sie sind miteinander in vielen verschiedenen Weisen verwandt."[8]

Die Analytische Philosophie betreibt somit eine Art Selbstauflösung ihres Problembereiches, die kathartische Wirkung ihrer Klärung hat letzt-

---

[7] Ludwig Wittgenstein: Tractatus logico-philosophicus 3 („Das logische Bild der Tatsachen ist der Gedanke").

[8] Ludwig Wittgenstein: Philosophische Untersuchungen, § 65. Suhrkamp-Verlag, Frankfurt am Main 1967.

endlich das Ziel, die kopfzerbrechenden Konfusionen aufzulösen. Philosophie als analgetisches Therapeutikum für schmerzliche Wirrungen der Sprache eliminiert sich, wenn Klarheit geschaffen wurde und verbleibende faktische Probleme einer Wissenschaft zugeordnet worden sind. Da es echtes Wissen nur in den faktischen und formalen Wissenschaften geben kann, hat die Philosophie als solche keinen Gegenstand und keinen Problembereich, mithin keine kognitive Substanz. Aus analytischer Sicht lösen sich die meisten überkommenen Probleme als Pseudorätsel auf, die nur so lange Bestand hatten, weil die voranalytischen Denker die Fallstricke der empirischen Sprachen nicht durchschauten. Damit wurde ein radikaler Reduktionismus verteidigt, der neun Zehntel aller bisherigen Bemühungen um ein kohärentes Weltverständnis obsolet erscheinen ließ. Die Analytiker waren von einem ikonoklastischen Sendungsbewusstsein beseelt und von einem kaum zu überbietenden Optimismus in Bezug auf eine baldige Etablierung des rational-wissenschaftlichen Status der Philosophie. Jede Art einer Überlagerung von faktischem Erkenntnisanspruch und begrifflicher Reflexion, welche für die herkömmliche Philosophie konstitutiv war, sollte in Zukunft vermieden werden.[9]

Dementsprechend betrachteten die Analytiker in erster Linie die großen philosophischen Systeme der Vergangenheit, wie etwa die Theoriengebäude des deutschen Idealismus, mit äußerstem Misstrauen. Die Vorstellung, mit einer globalen Idee die großräumigen Zusammenhänge der Welt zu erfassen, erschien danach als Hochstapelei. Wenn größere systemübergreifende Verbindungen angezielt werden, so kann dies aus analytischer Sicht nur in einem lokalen Ansatz vorsichtiger konstruktiver Erweiterung erfolgen, aber nicht mit dem globalen intuitiven Feldherrnblick der arroganten Systembauer. Der Gegensatz ist vielleicht am besten durch den begrifflichen Gegensatz zwischen einer lokalen, versuchsweisen interdisziplinären Verknüpfung gegenüber einer globalen, absoluten, dominanten Hierarchiekonstruktion charakterisiert. Mit weniger bombastischen Termen: Wenn es eine Einheit der Natur gibt, ist sie aus dem fachwissenschaftlichen Wissen heraus schrittweise zu etablieren, nicht durch die Umsetzung einer umgreifenden philosophischen Idee. Historisch kann man den Gegensatz an den Personen Hegel kontra Alexander von Humboldt festmachen: Einmal gilt: Dass das Wahre nur als System wirklich oder dass die Substanz wesentlich Subjekt ist, ist in der Vorstellung aus-

---

[9] Jesús Mosterín: Ciencia Viva. Reflexiones sobre La Aventura Intelectual de Nuestro Tiempo. Espasa, Madrid 2001, S. 97.

gedrückt, welche das Absolute *als Geist ausspricht...* „*Das Geistige allein ist das Wirkliche, es ist das Wesen oder Ansichseiende.*"[10] Ein andermal hören wir: „Das wichtigste Resultat des sinnigen physischen Forschens ist daher dieses: in der Mannigfaltigkeit die Einheit zu erkennen, von dem Individuellen alles zu umfassen, was die Entdeckungen der letzten Zeitalter uns darbieten, die Einzelheiten prüfend zu sondern und doch nicht ihrer Masse zu erliegen, den Geist der Natur zu ergreifen, welcher unter der Decke der Erscheinungen verhüllt liegt."[11] In diesem Gegensatz hat die wissenschaftliche Philosophie längst für Humboldt Partei ergriffen.

Damit wurde der Philosophie aber nun einiges von ihrer Autonomie genommen. In jedem Fall konnte ein philosophischer Denkansatz nicht mehr auf derselben Ebene wie die empirische Wissenschaft angesiedelt werden. Die Philosophie besitzt aus analytischer Perspektive keinen privilegierten Informationskanal zur Welt, mit dem sie eine Ergänzung, Überhöhung oder Fundierung der faktischen Theorien auf den Weg bringen könnte.

Weiterhin wurde mit dieser Entthronung der Philosophie als Fundamentaldisziplin auch eine radikale Depotenzierung der Historie verbunden. Die Weisheitslehrer der Vergangenheit verloren ihren autoritären Status, man konsultierte sie aus nostalgischen, bildungsdemonstrativen und nur selten aus echt kognitiven Motiven heraus. Den Analytikern fehlte jeder devote Respekt vor den Denkern der Tradition, die fast heiligmäßige Verehrung, die Platon in der christlich geprägten abendländischen Metaphysik genoss, wurde von Popper in rüder Weise missachtet, als er in der *Offenen Gesellschaft* den griechischen Mythologen als Dogmatiker und Vordenker des Absolutismus entlarvte.

Die logische Abbruchtätigkeit traf natürlich mit voller Wucht die Theologie, jenen Versuch, den Mythos der Religion mit den Mitteln der Philosophie zu rationalisieren. Die Analytiker des 20. Jahrhunderts vollendeten, was die Aufklärer des 18. Jahrhunderts begonnen hatten, nämlich zu zeigen, dass der magische Kern, den alle Religionen besitzen, nicht vollständig auf den Begriff zu bringen ist.[12] Sie machten mit der Skepsis

---

[10] G. W. F. Hegel: Phänomenologie des Geistes. Felix Meiner, Hamburg 6. Aufl. 1952 (Philosophische Bibliothek, Bd. 114), S. 24.

[11] Alexander von Humboldt: Kosmos: Entwurf einer physischen Weltbeschreibung. Eichborn, Frankfurt am Main 2004, S. 10.

[12] Antony Flew: God, Freedom and Immortality. A critical Analysis. Prometheus Books, Buffalo 1984; William Bartley: Flucht ins Engagement. J. C. B. Mohr

gegenüber allen intuitiven Welt- und Transzendenzgefühlen Ernst und dekonstruierten den kognitiven Anspruch der emotiven und appellativen Funktion der Sprache. Jenseits von Deskription und Argumentation, jenseits von Erfahrung und Logik gibt es nichts zu wissen. Im destruktiven Teil des analytischen Unternehmens konnten die Logiker des 20. Jahrhunderts bedeutende Erfolge vorzeigen. Russell, Carnap und Quine setzten Rationalitätsstandards, hinter die zurückzufallen sich auch moderne Metaphysiker schämen müssen. Gilbert Ryles Vertreibung des Geistes in der Maschine, seine Elimination von dualistischen Gespenstern aus dem Leib-Seele-Problem sind Marksteine des Denkens, die moderne Autoren, die sich dem Bewusstseinsproblem nähern wollen, nicht überschreiten können.

Zankapfel und Stolperstein in der Analytischen Philosophie[13] waren die Präzisions- und Formalisierungsideale. Klarheit ist lobenswert, hier bestand allgemeine Übereinstimmung, aber wie weit lässt sich Begriffsschärfe treiben und welchen Stellenwert hat letztlich die Formalisierung von Problemen in einer künstlichen Sprache? Lassen sich damit wirklich alle Vagheiten und Doppeldeutigkeiten eliminieren? In diesem konstruktiven Bereich hat die analytische Philosophie bis heute nicht die in sie gesetzten Hoffnungen erfüllt. In Bezug auf die grundlegenden Unterscheidungen konnte keine Einigkeit erzielt werden. Bezüglich der Abgrenzung von Wissenschaft von anderen sprachlichen Produkten waren sich schon die Gründungsväter der rationalen Philosophie Rudolf Carnap und Karl R. Popper uneinig. Ist das, was jenseits des Sinn- bzw. Abgrenzungskriteriums liegt, unbrauchbarer Unsinn oder heuristisch einsetzbare Protowissenschaft? Soll man die Texte der Metaphysik ins Feuer werfen oder als fruchtbaren Nährboden für kommende wissenschaftliche Theorien kultivieren?

Für die Rolle der Metaphysik ist auch eine klare Abgrenzung der analytischen und synthetischen Sätze wichtig. Immerhin hatte Kant die Frage der Metaphysik an den synthetischen Sätzen a priori festgemacht, deren Existenz die Analytiker jedoch durchwegs verneinen. Eine eindeutige Distinktion von gehaltvollen Aussagen über die Welt und inhaltlich leeren

---

(Paul Siebeck), Tübingen 1987; Norwood Russell Hanson: What I do not believe, and other essays. D. Reidel Publishing Company, Dordrecht/Holland 1971.

[13] Nicholas Rescher: The Rise and Fall of Analytic Philosophy. In: American Philosophy Today and Other Philosophical Studies. Univ. Press of America, Lanhan 1994.

formalen Sätzen wäre z. B. ganz wesentlich für die Trennung von Mathematik und Physik, von Ideen- und Weltwissenschaft gewesen. Es zeigte sich aber vor allem durch die Untersuchungen von Willard Van Orman Quine, dass das ursprünglich so eindeutig scheinende Begriffspaar mit wachsender Analyse an Schärfe und Deutlichkeit verlor. Jedes Mal, wenn ein neuer Explikationsvorschlag gemacht wurde, brachte jemand ein kontraintuitives Gegenbeispiel, das die Klärung wieder in Frage stellte, so dass am Ende kaum von einer definitiven kognitiven Ausbeute des ganzen Klärungsverfahrens gesprochen werden konnte. Die Analytisch-Synthetisch-Debatte erinnerte sehr an die frühere Auseinandersetzung um ein schlüssiges *Sinnkriterium* für wissenschaftliche Aussagen, die letztlich auch nicht entschieden werden konnte, sondern die immer weiter ausfaserte und anschließend vergessen wurde.

Eine ähnliche Situation trat auch bei den Wahrheitstheorien auf, wo die Protagonisten der Korrespondenz-, der Konsens- und der Redundanz-Fraktion eine Debatte auf hohem Niveau führten, ohne allerdings die Überlegenheit eines Wahrheitsbegriffes für alle Kontexte zeigen zu können. Vielleicht ist es ja wirklich so, dass man in verschiedenen Sachzusammenhängen am besten mit einem unterschiedlichen Wahrheitsbegriff auskommt: in den Naturwissenschaften die Übereinstimmung eines Satzes mit der Wirklichkeit, in den Sozialwissenschaften die Zustimmung aller Beteiligten und im Alltag die Überflüssigkeit, da ohnehin nicht auf der linguistischen Metaebene reflektiert wird.

Am deutlichsten wurde das Ungenügen des Rückzuges der Philosophie auf die Metaebene beim *Wertbegriff* sichtbar. Die frühen Analytiker, die logischen Empiristen hatten sich aus der Wertdiskussion überhaupt herausgehalten, weil sie diese für unrekonstruierbar konfus hielten. Das Wahre, das Gute, das Schöne, einst die hehren Zielvorgaben einer platonisierenden Ethik, entpuppten sich als dermaßen imprägniert durch subjektive persönliche Vorlieben, aus denen man kein argumentatives Potential gewinnen konnte, dass sich die meisten Analytiker auf die Metaebene zurückzogen, wo man erstweilig von dem Vorwurf der ungerechtfertigten Parteilichkeit frei war.[14] Hier ging es ja nur um Beschreibungen der Verwendungsweise der moralischen Termini und nicht wirklich um Wertungen. Auch die vielen Abhandlungen zum naturalistischen Fehlschluss bezogen sich immer wieder nur auf die Trennung der beiden Satzklassen,

---

[14] John Jamieson Carswell Smart: Ethics, Persuasion and Truth. Routledge, London 1982.

der deskriptiven und der präskriptiven, ohne je für irgendeine Normierung oder Wertung Partei ergreifen zu wollen noch zu müssen. Damit befanden sich die Metaethiker auf sicherem Grund, aber um den Preis des Verzichtes auf Entscheidungen in allen brennenden moralischen Fragen.

Letztendlich wollen wir aber nicht nur wissen, wie die Menschen den Ausdruck „gut" verwenden, sondern es geht darum, Entscheidungen zu fällen, von denen wir hoffen, dass sie nachträglich als „gut" zu beurteilen sind. Das Leben zwingt uns in Alternativsituationen zur Stellungnahme und zu bestimmten konkreten Handlungen. Moralische Entscheidungs-Zwickmühlen lassen sich nicht mit Hinweis auf einen Sprachgebrauch auflösen. Zudem droht noch Gefahr von anderer Seite: Verteidiger ideologischer Systeme, wie Religionen und politische Richtungen, haben keineswegs die intellektuellen Skrupel der Metaethiker, bedenkenlos geben sie, auch ohne vorheriges rationales Reflektieren, Anweisungen für Handlungsentscheidungen, zumeist aber mit dezidierten Macht- und Herrschaftsinteressen. Aus diesem Grunde ist es sehr wohl für den freien Menschen von Bedeutung, der ein autonomes, selbstverantwortetes Leben führen möchte und nicht eines, das fremdbestimmt und somit aus zweiter Hand ist, wenn er sich rationaler, aber materialer Ethik anvertraut. Der Rückzug der Philosophie auf die Sprache der Moral und die Metaethik lässt alle jene, die rationalen Orientierungsbedarf haben, im Regen stehen. Die antiken Glücksethiken sind das beste Beispiel dafür, dass die Philosophie mit Hilfe der Vernunft und einem angemessenen anthropologischen Hintergrundwissen durchaus beherzigenswerte Ratschläge erteilen kann.

Aber nicht nur in der Linguistik der ethischen Sprache, sondern auch bei vielen kniffligen Problemen der deskriptiven Begrifflichkeit zeigt sich ein seltsamer Zug der logischen Analyse: die angestrebte Klärung wird nicht nur nicht erreicht, sondern stattdessen stellt sich eine höhere Komplexität von Fragen ein. Durch die logische Lupe wird eine Detaillierung der Problematik in eine unübersehbare Mannigfaltigkeit von einer Fülle erreicht, die die Verwirrung nur auf eine höhere Ebene der Reflexion hebt. Als Beispiel sei nur die Auffächerung der Kontroverse zwischen Adolf Grünbaum und Hilary Putnam über das Problem der Maßbestimmung in einer Riemannschen Mannigfaltigkeit genannt, an der ich mich ebenfalls lange beteiligt habe,[15] die aber nach einer Epoche angestrengter Analyse aus der öffentlichen Diskussion verschwunden ist.

---

[15] Bernulf Kanitscheider: Vom absoluten Raum zur dynamischen Geometrie. Bibliographisches Institut, Zürich 1976, S. 76.

Auch die Erhöhung des technischen Analyse-Aufwandes durch Axiomatisierung und Formalisierung vernebelte meist nur die Tatsache, dass alle den Überblick verloren hatten. Ab einem bestimmten Grad der Kalkülisierung reduzierte sich erst einmal drastisch die Zahl der potentiellen Leser und Verfolger der Problematik. Die Fragen wurden dann nur mehr in eingeweihtem Kreis behandelt, und diese formalistische Esoterisierung war der erste Schritt, das Problem dem Fluss der Vergänglichkeit zu überantworten. Zwar tauchten manche sophistischen Fragen dann später in neuem Gewand auf, aber kaum jemand erkannte sie dann als jene wieder, die man ein paar Jahre früher aufgrund formalistischer Überladung fallengelassen hatte. Wittgensteins dichotomisches Ziel, alle Probleme der philosophischen Tradition entweder als logischen Unfug zu entlarven oder in fachwissenschaftliche Probleme zu transformieren, wurde so gut wie nie erreicht.

Wie Nicholas Rescher überzeugend gezeigt hat, ist die natürliche Sprache, in der alle philosophischen Probleme erst einmal entstehen – ehe sie in ein formales Korsett gesteckt werden – viel zu plastisch und flexibel, um eine eindeutige Analyse zu erlauben. Hier tut sich eine tiefe Kluft zwischen Klären und Erklären auf.[16] *Explikationen* verzweigen sich in immer größere Mannigfaltigkeiten, ohne dass ein Teil von diesen Varianten definitiv eliminiert werden könnte; alle führen weiterhin eine virtuelle Existenz, alle bleiben Möglichkeiten, wie man das Explikandum verstehen könnte. Bei *Explanationen* hingegen sondert die Empirie zumindest einen Teil der Varianten des ursächlichen Zustandekommens eines Phänomens aus; auch wenn nicht gleich eine eindeutige Erklärung zu Tage tritt, einige Ursachen können mit Sicherheit ausgeschlossen werden. Dies soll nun nicht so verstanden werden, dass nun wieder der begrifflichen Konfusion oder gar intuitiven Erkenntnisformen das Wort geredet wird. Nur ist Wittgensteins Königsweg zur Lösung philosophischer Probleme höchstens notwendig, aber keineswegs hinreichend,[17] vielleicht manchmal nicht einmal das erstere. Es mag sein, dass ein gedankliches Chaos mehr Kreativität enthält als zu viel, vor allem zu frühe Formalisierung, dass voreilige Präzision fruchtbare Möglichkeiten wegfiltert. Natürlich sollte sich am Ende vieler Überlegungen eine dominante Idee als führend durchsetzen

---

[16] H. D. Lewis: Clarity is not enough: Essays in Criticism of Linguistic Philosophy. Allen and Unwin, London 1963.

[17] Nicholas Rescher: The Rise and Fall of Analytic Philosophy, Univ. Press of America, Lanhan 1994, S. 39.

und dann kann sie auch schärfer gefasst werden. Ein zur Unzeit eingebrachtes Exaktheits-Verfahren zementiert jedoch eher Gegensätze und erzeugt ein undurchsichtiges Gewirr von vernetzten Möglichkeiten.

Analyse allein ist somit kein Instrument, das den Erkenntnisfortschritt antreibt, sondern eher ein Vergrößerungsglas, das die unergründliche fraktale Komplexität der menschlichen Sprache sichtbar werden lässt. Vielleicht ist dies auch eine Einsicht, aber nicht jene, die man sich erhoffte, als man das analytische Programm auf den Weg gebracht hat. Man denke etwa nur an das Realismusproblem, das am Anfang durch Carnaps Untersuchung „Scheinprobleme der Philosophie" als eine unlösbare Pseudofrage abgetan wurde,[18] dann aber verstärkt in der analytischen Diskussion aufgegriffen und – einschließlich von Karl R. Popper – vielfach im affirmativen Sinne eines hypothetischen Realismus beantwortet wurde.[19] Später hat dann Hilary Putnam[20] nur die interne Variante des Realismus verteidigt und Bas van Fraassen[21] hat sich danach mit dessen Abschwächung zu einem konstruktiven Empirismus begnügt. Diese Karriere oder auch Odyssee der basalen Realismusfrage zeigt die geringe Konvergenz auf, die durch das logische Handwerkszeug erzielt worden ist. Man hätte sich doch eigentlich vorstellen können, dass zumindest der kognitive Charakter der epistemologischen Grundfrage mit Hilfe der Logik geklärt würde. Aber ähnlich wie beim Wahrheitsproblem ist nicht einmal völlige Einigkeit darüber erzielt worden, ob die Existenz einer bewusstseinstranszendenten, objektiven Welt eine notwendige oder redundante ontologische Forderung für eine fruchtbare Arbeit der Wissenschaft darstellt.

Nun ist es nicht so, dass ich persönlich nicht eine entschiedene Präferenz für einen epistemologischen Standpunkt hätte, den ich auch mehrfach versucht habe, sorgfältig zu begründen, ebenso gibt es viele weitere Kollegen, die den erkenntnistheoretischen Idealismus für absurd halten. Was hingegen verwundert, ist, dass sich unter Voraussetzung der Logik, die für alle Wissenschaftstheoretiker gleich ist – sofern sie nicht irgendeiner para-

---

[18] Rudolf Carnap: Scheinprobleme in der Philosophie – Das Fremdpsychische und der Realismusstreit. Suhrkamp, Frankfurt am Main 1976.

[19] Karl R. Popper: Objektive Erkenntnis: Ein evolutionärer Entwurf. Hoffmann und Campe, Hamburg 1995.

[20] Hilary Putnam: A Defense of Internal Realism. In: Realism with a Human Face. Harvard Univ. Press, Cambridge (Mass.) 1992, S. 30-42.

[21] Bas van Fraassen: The Scientific Image. Clarendon Press, Oxford 1980.

konsistenten Variante anhängen – nicht eine Position in der Realismus / Idealismus-Kontroverse definitiv durchsetzt. Hier scheint irgendetwas mitzuspielen, was über die Logik hinausgeht, vielleicht eine psychologisch-menschliche Komponente, die dem einen die Phänomen-Welt als ein nicht zu durchbrechendes Gefängnis erscheinen lässt, es dem anderen dagegen eine Absurdität zu sein dünkt, dass der Mond einen unbestimmten ontologischen Status annehmen soll, wenn er nicht mehr beobachtet wird.

Obwohl die analytische Philosophie vielen externen Attacken ausgesetzt war, die ihr geringen metaphysischen Tiefgang, das Fehlen von Metaphorik, den Mangel an Mythen und einen dramatischen Problemverlust vorwarfen,[22] hat sie sich viel eher durch ihre interne Entwicklung, durch ihre überzüchtete formale Spitzfindigkeit und ihren akuten Relevanzmangel für alle Probleme, die die Menschen in philosophischer Hinsicht bewegen, ins Abseits manövriert. Durch ihre Arroganz allen Fragen gegenüber, die sich nicht in ihrer Formalsprache[23] ausdrücken ließen, wurde sie marginalisiert und auf die Seite geschoben. Durch ihre Scholastik haben sich große Teile der analytischen Philosophie als narzisstisches Glasperlenspiel ausgewiesen, das den Anschluss an die spannenden begrifflichen Probleme der Einzelwissenschaften ebenso wie auch an die drängenden Fragen der Zeit verloren hat. Wenn die rationale Philosophie nicht völlig in die Inaktualität versinken will, muss sie die alleinige Allianz mit der Logik aufgeben und sich der Neurobiologie, den Kognitionswissenschaften und der Informatik nähern.

Vielen Philosophen ist es noch gar nicht aufgefallen, dass gerade diese neue Wissenschaft der Nachrichtenübertragung – neu relativ zur uralten Philosophie – massiv in die philosophische Domäne einbricht. Erkenntnistheoretiker haben sich immer wieder den Kopf zerbrochen, wie man herausfinden könnte, ob ein Problem letztendlich – gegeben beliebig viel Zeit und viele Generationen von denkenden Wesen – lösbar ist oder

---

[22] Odo Marquard: Einheitswissenschaft oder Wissenschaftspluralismus? In: B. O. Küppers: Die Einheit der Wirklichkeit. Fink, München 2000, S. 63. Marquard verteidigt explizit die Notwendigkeit von zwei Wissenschaftskulturen mit unterschiedlichen Rationalitätsstandards, wobei der geisteswissenschaftlichen Methode die Erzählkunst zu eigen ist, die ohne Bedenken Mehr- und Vieldeutigkeiten in Kauf nehmen darf, ja diese als Tugenden sogar pflegen soll.

[23] Richard M. Rorty: The Linguistic Turn: Essays in philosophical method. Univ. of Chicago Press, Chicago 1997.

nicht.[24] Kant kommt in seiner Analyse der antinomischen Erkenntnissituation der Kosmologie zum negativen Ergebnis: Die großen Fragen nach der räumlichen und zeitlichen Erstreckung des Kosmos sind unlösbar. Auch wenn heutige Kosmologen der relativistischen Astrophysik keineswegs dieser Meinung sind, es ist doch bemerkenswert, dass in den traditionellen Erkenntnistheorien nur die dichotomische Frage im Mittelpunkt stand, ob das Problem von irgendeinem Vernunftwesen gelöst werden kann oder nicht. Die viel wichtigere Frage nach der Schwierigkeit des Problems, nach der Denkzeit, die man aufwenden muss, nach der Investition, die man tätigen muss, um das Problem für endliche Vernunftwesen handhabbar zu machen, wurde in kaum einer klassischen Erkenntnislehre gestellt. Gerade hier gibt die Informatik neue Antworten.

Die Informatik transformiert das Erkenntnisproblem in die Frage nach der Existenz eines Algorithmus, und neben der Klassifikation aller Probleme in algorithmisch lösbare und unlösbare interessiert sie sich für die *Schwierigkeit* der algorithmischen Aufgaben. Den traditionellen Erkenntnistheoretikern war nicht bewusst, dass es beliebig schwierige Fragestellungen geben kann, z. B. solche, die mehr Energie verbrauchen würden, um sie zur Lösung zu führen als im beobachtbaren (kausal zusammenhängenden) Universum vorhanden ist. Mit einem oberflächlichen Verweis auf den pragmatischen Charakter dieser Begrenzung lässt sich eine solche Erkenntnisschranke nicht abschieben. Die Informatik reicht aber noch ein gutes Stück tiefer, sie vermag sich nämlich sogar der Frage nach dem Grund der Erkennbarkeit der Welt zu nähern. Erdgebundene Forscher werden diese Frage gerne mit der Bemerkung abweisen, dass dies nur ein Stück nutzlose Apriori-Metaphysik darstelle. Dementsprechend muss man einfach abwarten, ob sich akkumulierender Erfolg einstellt und kann maximal aposteriori seiner Freude Ausdruck geben, wenn eine starke Theorie allen kritischen Prüfungen widerstanden hat. Vorab über die endliche oder unendliche Komplexität der Welt zu spekulieren, ist für die meisten im aktualen Wissenschaftsbetrieb eingespannten Forscher Zeitverschwendung. Bei besonderen Gelegenheiten pflegen Theoretiker allerdings intuitive Bekenntnisse über den vermutlichen Fortgang der Wissenschaft abzugeben. Newton, Einstein, Popper[25] äußerten sich zumeist im Sinne einer niemals abbrechenden Aufgabe, wobei Einstein sein besonderes Augenmerk auf die Tatsache der Verständlichkeit der Welt richtet: „Das ewig

---

[24] Immanuel Kant: Kritik der reinen Vernunft. Reclam, Leipzig 1878.
[25] Karl R. Popper: Logik der Forschung. Mohr, Tübingen 1976, S. 225.

Unbegreifliche an der Welt ist ihre Begreiflichkeit."[26] Wörtlich genommen würde Einsteins Diktum bedeuten, dass der Grund für die Verständlichkeit, die Theoretisierbarkeit, die Gesetzesartigkeit der Phänomene prinzipiell unauffindbar bleiben muss.

Natürlich gab es eine Reihe von metaphysischen Ansätzen, die Regularität der Welt zu erklären, von der pythagoreischen Vermutung, dass die ἀρχή der Welt von der Art einer Zahl ist, über die platonische Idee, wonach der außerweltliche Demiurg das Universum nach symmetrischen geometrischen Formen gebaut hat, zur Hypothese von Leibniz, dementsprechend Gott die vollkommenste Welt geschaffen hat, eine Welt, die mit der einfachsten Struktur die reichhaltigsten Erscheinungsformen verbindet.[27] Leibniz verknüpfte seine Einfachheitsvorstellung mit der Idee der besten aller möglichen Welten. Seine Argumentation ist in erster Linie auf die Theodizee ausgerichtet, die Verteidigung der Vereinbarkeit von Gottes Güte mit den Übeln der Welt. Die epistemische Einfachheit steht deshalb im Dienst der theologischen Verteidigung Gottes und richtet sich gegen den möglichen Vorwurf, das Böse in der Welt gewollt zu haben. Mit rein säkularem Interesse weist dann Hermann Weyl[28] auf die erstaunliche Tatsache hin, dass die Welt bei tieferem Eindringen eine im wachsenden Maße einfache Gesetzesstruktur aufweist und nicht, wie man erwarten würde, bei größerer Auflösung der Details immer komplexer wird. Diese Einfachheit nicht nur staunend zur Kenntnis zu nehmen, sondern wirklich zu verstehen, hat sich der neue informationstheoretische Zugang zum Erkenntnisproblem als Ziel gesetzt. Ohne die Computerwissenschaften hätte es diesen neuen Impuls für die epistemologische Grundfrage der Erkennbarkeit der Welt nie gegeben. Gregory Chaitin,[29] Stephen Wolfram[30] und Edward Fredkin[31] haben der Philosophie mit ihrer Betonung der berechenbaren Komplexität eine völlig neue Wendung gegeben. Dabei kann man das Gewicht entweder auf die Zeit-Komplexität (Wolfram) oder

---

[26] Albert Einstein: Mein Weltbild. Ullstein, Berlin 1957.

[27] G. W. Leibniz: Metaphysische Abhandlung. Meiner, Hamburg 1958 (Philosophische Bibliothek, Bd. 260).

[28] Hermann Weyl: Philosophie der Mathematik und Naturwissenschaften. Oldenbourg, München 1928. Section 23A, S. 150.

[29] Gregory Chaitin: From Philosophy to Program Size Key Ideas and Methods. Institute of Cybernetics at Talinn Technical University, 2003.

[30] Stephen Wolfram: A new Kind of Science. Wolfram Media, Champaign (Illinois) 2002.

[31] Edward Fredkin: Digital Philosophy. http://digitalphilosophy.org (2001).

auf die Informations-Komplexität (Chaitin) legen, in jedem Fall erhält die Frage nach der Begreiflichkeit der Welt, nach ihrer Intelligibilität, eine wesentlich durchsichtigere Form, wenn man Verstehbarkeit mit algorithmischer Kompression übersetzt und eine Theorie danach beurteilt, wie stark sie die Datenmenge, welche sie umfasst, kompaktifizieren kann. Eine Fülle von vorher unbehandelbaren Problemen, wie etwa die mögliche Existenz einer umfassenden Theorie (TOE), wird jetzt beurteilbar, unabhängig davon, wie weit die tatsächliche Konstruktion einer einheitlichen Theorie aller Kräfte bereits fortgeschritten ist.

## 2. Der synthetische Ansatz

Schon aus diesen wenigen Andeutungen über die algorithmische Wendung des Erkenntnisproblems kann man ersehen, wie kurzsichtig die Begrenzung der Philosophie auf angewande Logik war. Einige Philosophen, wie Karl R. Popper, haben dies allerdings schon sehr früh geahnt und die Wurzeln der philosophischen Probleme in den Natur- und Sozialwissenschaften betont.[32] Er war es auch, der immer vor der Scholastisierung und dem Abgleiten in nebensächliche Definitions-Fragen und Begrifflichkeitsstreitigkeiten gewarnt hat. Auch unscharf gestellte Fragen können erstweilig fruchtbar sein, die begriffliche Einengung ergibt sich sehr oft im Fortschritt der Hypothesen, die Antworten auf die Probleme darstellen. Dies ist gerade durch Chaitins Algorithmische Informationstheorie (AIT) gut dokumentiert, wo sich durch die Zuhilfenahme der Computersprache und der Hypothese der Informationstheorie eine Einengung und Verschärfung der anfänglichen Terminologie ergibt.

Sollten wir nun die Analytische Philosophie völlig beiseite lassen und zur Tradition der philosophia perennis zurückkehren mit ihren Bildern, Metaphern und ihrer emotiv aufgeladenen Sprache? Hier sollte man trennen: Schon Popper hat die starke Wittgenstein-Doktrin überwunden, wonach alle philosophischen Probleme sich in logische Missverständnisse oder in faktische Fragen der Einzelwissenschaften auflösen lassen. Dieser bilderstürmerische Teil der Analytischen Philosophie, alle inhaltlichen Probleme der Philosophie als metaphysische Illusionen zu entlarven, hat sich als unhaltbar erwiesen, wie man an den drängenden Erkenntnisfragen in der Kosmologie oder auch an dem immer noch heftig umstrittenen

---

[32] Karl R. Popper: Conjectures and Refutations: The Growth of Scientific Knowledge. Routledge Classics, London 2002.

Leib-Seele-Problem sieht, die weder durch Begriffsanalyse allein noch durch Beobachtung und Experiment aus der Welt geschafft werden können. Auch wenn die Eliminations-Doktrin des Logischen Empirismus und der reinen Sprachanalytik unhaltbar ist, bleibt doch der Fortschritt in der Methode des Philosophierens als etwas Bleibendes erhalten: Genauigkeit, Klarheit, Einfachheit gelten weiterhin als philosophische Tugenden pompöse, manierierte, nebelhafte Formen des Ausdrucks bleiben Untugenden. Auch wenn man nicht Anhänger der Vorstellung ist, dass allein Formalsprachen klar und eindeutig Sachverhalte ausdrücken können, bleibt das Ziel bestehen, rationale Philosophie von Pseudowissenschaften abzugrenzen. Logisch-linguistische Methoden können dienlich sein, eine einfache, semantisch eindeutige Fachsprache zu etablieren, die zwischen einem formalistischen Stacheldraht und der wolligen Nomenklatur metaphysischer Esoteriker liegt. Ein Beispiel für eine präzisierende sprachliche Transformation eines bejahrten philosophischen Terminus ist die Ersetzung von „Verstehen" durch „algorithmische Kompression" in der Informationstheorie, einen rein zufälligen Prozess kann man nicht verstehen, aber wenn die Elemente des Vorganges einen Zusammenhang besitzen, lässt sich diese Regularität herausgreifen und damit der Vorgang komprimieren.

Die methodischen Errungenschaften der Analytischen Philosophie haben sich weit ausgebreitet und auch Druck auf traditionelle Autoren ausgeübt, sich unprätentiös zu artikulieren. Damit hat die Philosophie insgesamt einen wichtigen Schritt in Richtung auf intellektuelle Redlichkeit getan und sich von dem Verdacht entfernt, unter dem Mantel eines hochtönenden Jargons hohles Geschwätz zu verbergen. Einige Autoren können zwar immer noch nicht der Versuchung widerstehen, die Wortmagie und den Klangteppich exotischer, semantisch leerer Worthülsen „ad pompam" einzusetzen, wie das Schrifttum von Peter Sloterdijk beweist, aber die Bereitschaft, beliebige akrobatische Wortkombinatorik als Tiefsinn zu akzeptieren, hat unter dem Einfluss analytischer Methodik erheblich nachgelassen. Den meisten Lesern ist klar, dass es leicht ist, unter einem manierierten Wortschwall gedankliche Substanzlosigkeit zu verbergen, wohingegen man mit einfachen unpathetischen Sätzen gezwungen ist, seine Ideen offen zu legen.

Mit dem Abbau des sprachlichen Pomps haben die Analytiker einen bleibenden Beitrag zur Anhebung des intellektuellen und kognitiven Niveaus der Philosophie und damit auch zu deren Ansehen geleistet. Jeder Philosoph, der nicht als mystischer Schwärmer abgetan werden will, muss die Bedeutungsfrage „Wie meinst Du dies"? und die Begründungsfrage „Woher weißt Du das?" als legitim akzeptieren.

Wenn sich auch das doktrinäre Programm der Analytischen Philosophie als Sackgasse erwiesen hat, so hat sich die methodologische Zielsetzung als wirksames Purgans zur Hebung des Rationalitätsstandards herausgestellt. Dieser Einfluss hat auch die Geschichte der Philosophie erreicht. Man sieht heute viele vage Ideen früherer Denker unter rekonstruktivem Aspekt; mit nüchterner Sprache schält man die wertvollen Kernideen vergangener philosophischer Intuitionen heraus und erkennt dadurch deren Rolle als Vorläufer moderner Konzeptionen. Besonders Leibniz' metaphysische Gedanken erfahren heute eine Wiederaufbereitung im Rahmen der Algorithmischen Informationstheorie; getrennt von der theistischen sprachlichen Fassung seiner Zeit entfalten die Überlegungen zum Minimalalgorithmus des Kosmos eine fruchtbare Wirkung.

Will man den Begriff der „Postmoderne" auf die Philosophie übertragen, so kann darin die neue Allianz mit Informatik, Neurobiologie und Kognitionswissenschaft verstanden werden, eine Verbindung, die in jedem Fall eine Aposteriorisierung und eine methodische Einengung auf die Rationalitätsstandards der Einzelwissenschaft mit sich bringt. Somit ist eine solche nachanalytische, postmoderne Philosophie an der analytischen Methodologie orientiert, eine Rückkehr zur „literarischen" Kultur der Philosophie ist damit abgeschnitten. Der szientistische Charakter und die Ansiedelung der Philosophie im Reich der Ratio sind auch von hoher Bedeutung für das Ziel der Ideologiekritik.

Ideologien waren die Kompasse für die Handlungen der Menschen in der vorwissenschaftlichen Ära, als man so gut wie gar keinen Einblick in die Naturvorgänge besaß. Ideologische Gedankensysteme haben auch heute noch die Leitfunktion in Ländern, wo wissenschaftliche Bildung und rationale Aufklärung die Menschen noch nicht erreicht haben. Dort geben Offenbarungs-Religionen, nationalistische Wertehierarchien und andere dogmatische Ideensysteme die verpflichtenden Orientierungen für die Lebensentscheidungen vor. Die Philosophie bietet eine rationale, kritische Alternative zu den Ideologien, denn sie hat keinen unbezweifelbaren Kern und ihre methodische Haltung ist selbstanwendbar! Jede ihrer Voraussetzungen kann kritisch hinterfragt werden, es gibt kein „de principiis non est disputandum". Niemand wird auf einen noch so engen unkritisierbaren Satzungskern verpflichtet. Damit die Philosophie aber solche Orientierungen leisten kann, muss sie materiale Bindungen eingehen und darf sich nicht in angewandte Logik verdünnen. Nur wenn sie sich mit der Wissenschaft verbündet, kann sie für die Menschen eine szientifische Alternative zur Ideologie bieten! Nur die Philosophie im Verbund mit aktualer bewährter Wissenschaft kann zeigen, dass alle Ideologien – auch wenn sie in der Mehrzahl der Länder Macht ausüben – kognitiv unhaltbar sind!

Ob es sich um religiöse Ideologien in den vom christlichen, jüdischen oder islamischen Fundamentalismus regierten Ländern (Iran, Saudi-Arabien, partiell auch Israel und die USA) oder um die von der kommunistischen Gesellschaftslehre unter Zwang gehaltenen Staaten (Cuba, China) handelt, eine rationale Philosophie kann ihre emanzipatorische Funktion ausüben, indem sie die irrationalen und antiszientifischen Annahmen dieser dogmatischen Systeme offen legt.

Obwohl in konservativen Kreisen viel von Orientierungslosigkeit und Werteverfall geredet wird, besteht kein Zweifel, dass nostalgisches Trauern nach vorskeptischen Zeiten vergebliche Liebesmüh bedeutet. Eine Objektivität der fundamentalen Werte – wie sie von den erwähnten Weltanschauungsinstitutionen beschworen wird – lässt sich philosophisch nicht begründen und alle Berufungen auf „natürliche Sittengesetze" und der „rechten Vernunft" einsichtige Prinzipien[33] sind obsolet. Um solche Urteile fällen zu können, muss die Philosophie auf inhaltliches Fachwissen und Logik setzen. Im vorliegenden Fall kann sie dann den Ideologen der Römischen Kurie entgegentreten, indem sie zeigt, dass naturrechtliche Begründungen grundsätzlich philosophisch defekt sind. Der Rekurs auf die biologische oder irgendeine andere metaphysische Natur des Menschen vermag keine definitiven Wertentscheidungen zu fällen. Hier kann eine aufklärerische Philosophie den theologischen Anmaßungen entgegentreten und z. B. Homosexuelle entlasten bei denkbaren Selbstvorwürfen wegen einer Verletzung des „natürlichen Sittengesetzes".

Eine inhaltliche Philosophie vermag ebenso auch die obskuren Lehren der Esoterik zu kritisieren. Wenn Philosophie sich mit Astronomie und Astrophysik zusammentut, lässt sich gut zeigen, dass die Astrologie keine brauchbare Lebenshilfe liefern kann, weil deren Grundaussagen bewährten Fakten der Naturwissenschaft widersprechen. Mit philosophischer Astro-

---

[33] Josef Card. Ratzinger / Angelo Amato: Erwägungen zu den Entwürfen einer rechtlichen Anerkennung der Lebensgemeinschaften zwischen homosexuellen Personen (www.Vatikan.va/).

logie-Kritik[34] kann sie den ungeschulten Bürger vor finanziellem Schaden bewahren, indem sie ihn darauf hinweist, in schwierigen Lebenssituationen lieber Hilfe bei wissenschaftlicher Psychologie oder Familientherapie zu suchen. Wenn die Philosophie also ihr Klärungspotential und ihren kritischen Blick mit inhaltlichem Wissen verbindet, kann sie durchaus einen Beitrag zur Handlungsorientierung leisten. Die grundsätzlichen Weichenstellungen, wohin die Lebensreise gehen soll, muss der Mensch selbst vornehmen, aber wenn er sich ein Land ausgesucht hat, kann ihm eine wissenschaftliche Philosophie helfen, das Beste aus der Reise zu machen. Wenn man sich in einem Gebiet orientieren will, braucht man eine verlässliche Karte, die von Fachleuten erstellt wurde, die den Landstrich sorgfältig kartographiert haben!

Aus alledem wird klar, dass logische Klarheit in der Philosophie notwendig, aber nicht hinreichend ist. Der Philosoph muss sich um eine Synopsis des Weltwissens bemühen, wie sie Platon schon vorgesehen hat,[35] und von dieser Zusammenschau her kann er dann, um in dem obigen geographischen Bild zu bleiben, Ratschläge zur deskriptiven und normativen Orientierung geben. Die Topographie dieser Orientierungskarte muss dabei weder vollständig noch irrtumsfrei sein, bei der Vorläufigkeit aller Erkenntnis ist dies auch nicht zu erreichen. Jedoch besteht kein Zweifel, dass eine philosophisch imprägnierte Weltauffassung die verlässlichste Orientierung liefert, die wir haben können, „un mapa correcto de la realidad, una cosmovisión a la altura de la mejor información disponible en nuestro tiempo", wie es der spanische Philosoph Jesús Mosterín ausgedrückt hat.[36] Sein Ansatz schließt explizit auch die normative Orientierung ein, das Ziel, durch alle Fährnisse hindurch ein gutes, gelungenes Leben zu erreichen. Es wäre auch sehr verwunderlich, wenn das wissenschaftliche Weltbild, das ja die möglichst naturgetreue Repräsentation der Realität anstrebt, sich nicht eignete, das Lebensglück angesichts zahlreicher natürlicher Hindernisse anzusteuern. Auch hier kann nur von relativem Vorteil gesprochen werden, eingedenk der gravierenden Irrtümer, die vergangene Naturbilder umfasst haben. Die Relativität ist bezogen auf alle

---

[34] Bernulf Kanitscheider: Astrologie in wissenschaftstheoretischer Perspektive. In: G. L. Eberlein (Hrsg.): Schulwissenschaft, Parawissenschaft, Pseudowissenschaft. Hirzel / Wissenschaftl. Verlagsgesellschaft, Stuttgart 1991, S. 149-162.

[35] Platon: Timaios 47b.

[36] [...eine verlässliche Landkarte, d. h. eine Weltauffassung, die auf dem jüngsten Stand der Information ist] – Jesús Mosterín: Ciencia viva. Reflexiones sobre la aventura intelectual de nuestro tiempo. Espasa-Verlag, Madrid 2001, S. 109.

konkurrierenden religiösen, esoterischen, abergläubischen Orientierungsangebote, die allesamt logische und faktische Defekte besitzen.

Unsere Kritik der Analytischen Philosophie ist also differenziert: Auch eine materiale synthetische Philosophie muss die Errungenschaften der modernen Logik, Semantik und Sprachkritik einbeziehen, ohne aber die reduktionistische Eliminations-Doktrin des frühen Logischen Empirismus einzuschließen. Die Analytische Philosophie ist sicher im Recht, wenn sie jedem Apriorismus entsagt. Rein rationale Begründungen von kategorialen Rahmenbedingungen der Naturerkenntnis haben sich allesamt nicht bewährt. Transzendentale Bedingungen der Möglichkeit von Welterklärungen hatten nie lange Bestand. Dies hängt wohl mit dem wissenschaftsinhärenten Naturalismus zusammen, wonach menschliches Erkennen einen integrierten Teil der Naturprozesse bildet. Wie John Dewey schon vor langer Zeit kompakt formulierte: „Experience is *of* as well as *in* nature",[37] der Mensch ist ein biologisches Wesen und ein kognitives System zugleich. Auch seine Subjektivität, seine Fähigkeit, in der ersten Person zu sprechen, ist ein Naturphänomen und kein mirakulöser, ontologischer Irrläufer in einer sonst völlig material bestimmten Welt.

Aus dieser Tatsache, dass die individualistischen Elemente des menschlichen Daseins grundsätzlich von der Wissenschaft erfasst werden können, folgt auch deren Orientierungsdisposition. Man kann drei Formen der Weltorientierung unterscheiden, die kognitive, die normative und die ästhetische. In kognitiver Hinsicht möchte der Mensch wissen, wo er in der Ordnung der Natur steht, wie seine Stellung in der komplexen Vielfalt der Systeme des Universums zu beurteilen ist, ob er eine periphere, zufällige oder zentrale Rolle in der Welt im Großen spielt. Für diese anthropologische Frage kann die Kosmologie herangezogen und befragt werden, wie die conditio humana großräumig räumlich und zeitlich zu sehen ist. Damit verknüpft ist die Sinnfrage, worin der Mensch seine Lebenserfüllung sehen kann und womit er vernünftigerweise das ihm von der Natur zugedachte Lebensintervall gestaltet. Die antiken Griechen[38] hielten Welterkenntnis und Himmelsbetrachtung für die vornehmste Tätigkeit des Menschen. Die Betrachtung des Weltalls in seinem Ordnungszusammenhang sahen sie als Weg zur Glückseligkeit an. Nach Anaxagoras werden

---

[37] John Dewey: Experience and Nature. Dover Publications, New York 1958, S. 4a.
[38] Aristoteles: Nikomachische Ethik X, II 77a2.

die Menschen nur geboren, um die Ordnung des Weltalls zu schauen.[39] Diese wissensorientierte Lebenshaltung setzt natürlich ein gehobenes Reflexionsniveau voraus und wohl auch eine gewisse kontemplative Gemütsverfassung, die nicht jedermanns Sache ist. Aber wem diese Haltung liegt, den führt sie gewiss über viele Fährnisse und viel Unbill des Lebens hinweg, die Kümmernisse der Welt werden wie aus großer Entfernung gesehen, sie verlieren an Bedeutung.

Bei der normativen Orientierung handelt es sich um die vernunftgemäße Verwaltung der Emotionen. Die Affekte und Triebe machen das Leben reichhaltig und bunt; ein rein intellektuelles Leben ohne die Wogen des Gemütes, ohne intensive Erlebnisse wäre düster und trocken. Aber die Gefühlswelt bereitet auch oftmals Sorgen, nicht nur weil die Amplituden der Erlebniswelten manchmal zu hoch gehen, sondern auch, weil die Psyche endogene Störungen besitzen kann, bei deren Vorliegen man zur Lebensfreude nicht mehr befähigt ist. Wenn Stimmungen stark schwanken, wenn melancholische Gemütsverfassungen überhand nehmen, kann nur eine aitiologisch operierende Therapie dem Menschen helfen, das emotionale Gleichgewicht wiederzufinden. Melancholie, Weltschmerz, Lebensangst, die Sorgenatur des Daseins sind keine Befindlichkeiten, die sich wissenschaftlicher Betrachtung völlig entziehen, sondern nur und ausschließlich die ursächliche Betrachtung seelischer Fremdheitsstimmungen erlaubt eine Verbesserung der Lebenssituation.[40] Die manchem befremdlich erscheinende Auffassung der menschlichen Seele als biochemischer Maschine gestattet einen gezielten Eingriff in das Räderwerk der Neurotransmitter, um die Lebensqualität wieder zu verbessern. Eine dualistische Konzeption der Gefühlswelt muss den wissenschaftlichen Therapeuten ratlos lassen.

Die ästhetische Orientierung betrifft den Umgang des Menschen mit der Kunst. Auch hier erweist sich die Wissenschaft nicht als völlig ratlos. Der Schlüsselbegriff, der die Verbindung von Wissenschaft und Kunst stiftet, ist wohl der der Symmetrie. Die Pythagoreer erkannten zuerst die hohe Bedeutung der mathematischen Verhältnisse für musikalische Harmonien. In der Architektur ist Gleichmaß Bauprinzip und in der Dichtkunst die Metrik Konstruktionsgrundlage.[41] Am meisten Rätsel gibt wohl

---

[39] Anaxagoras bei Aristoteles: Eudemische Ethik, Buch 1,5.
[40] Marco Rauland: Chemie der Gefühle. Hirzel-Verlag, Stuttgart 2001.
[41] vgl. Metrik: Der Neue Pauly – Enzyklopädie der Antike, Metzler-Verlag, Stuttgart / Weimar 2003.

die Musik auf, weil sie anscheinend weder Sinn noch Bedeutung besitzt, keine Repräsentationsfunktion hat und ohne Darstellungsziel reine Emotion auslöst. Die Verknüpfung zwischen der physikalischen Ebene der longitudinalen Schwingungen und der physiologischen Welt der musikalischen Empfindungen obliegt der Neurobiologie, wobei es Hinweise gibt, dass die starke, fast hypnotische Wirkung der Klangformen phylogenetischen Ursprung besitzt. Querverbindungen zwischen Musik-Erleben, Sexualität und der Erfahrungswelt unter Drogeneinfluss legen nahe, dass die Glückszentren in Limbischen Systemen dafür verantwortlich sind, dass wir immer wieder die bestimmten Klangkombinationen auf uns wirken lassen wollen.[42] So spricht alles dafür, dass auch in dem heute noch am wenigsten verstandenen Bereich der ästhetischen Empfindung der szientifische Ansatz greift, und auch die Welt der Empfindungen von Schönheit keine gespensterhafte Scheinwelt ist, die der Vernunft und der objektiven Hypothesenbildung entgleiten muss, sondern mit Besonnenheit und kreativem Vermögen genauso in den Bestand des Erforschbaren aufgenommen werden kann. Gerade die Rolle als Glücksbringer, die sowohl der Kognition als auch dem ästhetischen Empfinden zukommt, legt auch physiologische Verbindungen nahe. Es ist sicher kein Zufall, dass besondere emotionale Hochgefühle sowohl bei einem geglückten Beweis wie bei einer gelungenen Passage eines schwierigen Musikstückes auftauchen, jedes Mal wird das körpereigene Selbstbelohnungssystem stimuliert, einmal durch die Einsicht, ein andermal durch das Realisieren der vorgestellten Klangform.[43]

Alles, was im Vorstehenden zu den Orientierungsfragen gesagt wurde, impliziert detailliertes Wissen in den diversen deskriptiven Bereichen. Es ist heute unabdingbar, dass sich der Philosoph mit dem relevanten Material vertraut macht, wenn er seine Zuständigkeit für irgendeinen Bereich behalten möchte. Mit Logik, Semantik, Methodologie und einigen Brocken Philosophiegeschichte allein bleibt er ein Kümmerling, der jedem Fachmann auf einem spezielleren Gebiet mit nur etwas Hausverstand unterlegen ist. Wenn er Kompetenz, Legitimation und Erfolg anstrebt, muss der Philosoph sich so tief es geht in Sachzusammenhänge einarbeiten. Gelingt ihm dies, kann er mit der methodisch geschulten Vernunft und dem ausreichenden Sachverstand mehr erreichen als seine rein fachwissenschaftlich gebildeten Kollegen. Die Zukunft der Philosophie liegt

---

[42] Robert Jourdain: Das wohltemperierte Gehirn. Spektrum, Heidelberg 2001.
[43] Manfred Spitzer: Musik im Kopf. Schattauer Verlag, Stuttgart 2003.

somit in den Händen jener, die es auf sich nehmen, eine doppelte Zuständigkeit zu erwerben, nur sie werden dem Konkurrenzdruck durch die wachen und immer alerter agierenden Einzelwissenschaftler gewachsen sein.

# II. Zankapfel Naturalismus

## 1. Zur Begrifflichkeit

In einem elementaren Sinn sind zweifellos alle Menschen von Grund auf naturalistisch eingestellt. Wenn man jemandem ohne besondere Vorbildung eine haarsträubende Geschichte erzählt, bei der gespenstische Vorgänge passieren, die im gewohnten Alltag nie vorkommen, reagiert dieser vermutlich spontan skeptisch abwehrend und hält den Erzähler für einen Märchenonkel. Wenn also jemand verlauten lässt, er hätte durch die Kraft seiner Gedanken einen Berg, einen Hügel oder auch nur einen Stein versetzt, wenn jemand in einer Gesellschaft mit seinen seherischen Fähigkeiten prahlt und behauptet, er könne voraussagen, wie das Wetter am gleichen Ort in zehn Jahren sei, oder wenn er sich anheischig macht, die Gedanken ferner Personen zu lesen, werden ihn alle erst einmal für einen Hochstapler halten.

Entscheidend ist hier die spontane Erstreaktion, die alle diese angeblichen Fähigkeiten, die sonst niemand besitzt, in Zweifel zieht. Aus der Lebenspraxis bezieht der nicht reflektierende Alltagsmensch seine intuitive Erkenntnistheorie und seine Überzeugungen von dem Ablauf und der Funktionsweise realer Vorgänge. Aus dieser Haltung heraus versteht sich die instinktive Abneigung vieler Menschen gegen esoterische Phänomene. Die Welt der übersinnlichen Erscheinungen ist dem realistisch eingestellten Durchschnittsbürger verdächtig, weil es hier offenbar nicht mit „rechten Dingen zugeht". Diese Redewendung, die eine Abwehr gegen Übersinnliches ausdrückt, enthält die implizite These, wonach die „rechten Dinge" jene sind, die in Einklang mit dem überkommenen Erfahrungswissen stehen und die „unrechten Dinge" jene, die nie vorgekommen sind.

Nun ist das Alltagswissen ambivalent, es beherbergt Realitätssinn, aber auch Aberglaube, Nüchternheit, aber auch Phantasie. Der intuitive, spontan geäußerte Realitätssinn wehrt sich gegen jede Art von exotischen Phänomen, die in der Welt der Alltagserfahrung nie auftauchen. Der Realist des täglichen Lebens ist misstrauisch sowohl gegen Telekinese, Präkognition oder Erdstrahlen, aber auch gegen wechselwirkungsfreie Korrelationen von Quantensystemen, die ebenfalls in der Lebenswelt nicht vorkommt. So kann man die Naivität der Erkenntniseinstellung des Alltagsmenschen nicht zum Kriterium über das machen, was letztlich in der Welt an Prozessen möglich ist. Aber dennoch ist die Grundhaltung „Hier bin ich erst mal skeptisch" zweifellos sicherer, risikoärmer als die konträre Haltung, jedes exotische Phänomen gleich für bare Münze zu nehmen. Sollte es dann jemand wirklich genau wissen wollen, kann man ihm immer demonstrieren, dass die EPR-Korrelationen[44] ohne Zweifel existieren, während es den Esoterikern bis heute nicht gelungen ist, auch nur ein reproduzierbares Experiment der oben genannten Sorte vorzuweisen. Esoterische Phänomene wären Kandidaten dafür, dass es in der Welt nicht immer „mit rechten Dingen" zugeht. Solche Effekte, wenn sie existierten, müsste man als Falsifikatoren des überkommenen alltäglichen naiven Realismus betrachten. Paranormale Fähigkeiten wären von großer praktischer Bedeutung. Wenn man z. B. mit Gedankenkraft Felsbrocken bewegen oder Objekte entmaterialisieren und mit beliebiger Geschwindigkeit an andere Orte übertragen könnte, um sie dort wieder zu rematerialisieren, hätte dies ungeahnte Auswirkungen auf das tägliche Leben. Bisher haben sich die paranormalen Effekte, die alle Wirkzusammenhänge des gewöhnlichen Lebens über den Haufen werfen würden, als Täuschung, Wunschdenken oder Betrug erwiesen.[45] So gesehen hat sich die instinktive Abwehrhaltung der meisten Menschen gegen das Übersinnliche bestens bewährt.

Die Wissenschaft hat den Alltags-Skeptizismus aufgenommen, verfeinert, tiefer begründet und verallgemeinert. Der Alltagsverstand befasst sich nur mit den *konkreten* Objekten seiner Umgebung, deren Regularität er näherungsweise für das Überleben erfassen muss. Ein hohes Abstraktionsniveau wäre enorme Energieverschwendung und hätte sich in der stammesgeschichtlichen Entwicklung nicht als Selektionsvorteil bei der differentiellen Reproduktion erwiesen. Aber in Hinblick auf die Verlässlichkeit konnte die Epistemologie des täglichen Lebens nicht beliebig fehlerbehaftet sein. Eine zu hohe Irrtumsrate beim Erkennen der lebensfeindlichen Umgebung hätte verhindert, dass unsere Altvorderen wirklich

---

[44] Die Einstein-Podolski-Rosen-Korrelationen verknüpfen Teilchen, die einmal in der Vergangenheit in Wechselwirkung gestanden haben.
[45] James Randi: Lexikon der übersinnlichen Phänomene. Heyne, München 1995.

unsere Ahnen wurden. Wenn die Auseinandersetzung mit der Welt existenzbedingend ist, muss Vorsicht, Skepsis am Platz sein. Naivität und Leichtgläubigkeit, mangelnder Realitätssinn und phantastische Verzerrung der Naturgegebenheiten wären fatal gewesen.

Die Wissenschaft hat die Haltung, wonach es in der Welt mit rechten Dingen zugeht, mit dem reflektorischen Namen „Naturalismus" versehen und auch auf die theoretische Erkenntnis, ja sogar auf den Bereich der *abstrakten* Gegenstände der Mathematik ausgedehnt. Zumindest existiert das Forschungsprogramm, auch die formalen Objekte des Denkens neuroepistemologisch zu rekonstruieren. Darunter versteht man den Plan, Abstrakta mit neuronalen Aktivitätsmustern zu korrelieren, wobei diese Schemata im Gehirn die Repräsentanten der abstrakten Ideen wären, die auf diese Weise ein naturales Entsprechungsstück erhielten.

Charakteristisch für den wissenschaftlichen Ansatz ist die *Universalität* des naturalistischen Erkenntnisanspruches. Im Prinzip könnte es auch einen *regionalen* Naturalismus geben, wonach es nur in unserer kontrollierbaren Ecke des Universums mit rechten Dingen zugeht. Rein logisch betrachtet wäre es ausreichend, wenn unser Vergangenheitslichtkegel, also jener Bereich, der eine Wirkung auf unser momentanes Hier und Jetzt ausüben kann, gesetzesartig wäre. Allein aus Gründen ontologischer und epistemologischer Sparsamkeit wird man jedoch vermuten, dass das Universum, selbst wenn es räumlich aktual unendlich wäre, überall regulär strukturiert ist. Bis jetzt hat niemand die Idee vertreten, dass es im Universum bis zum Hubble-Radius natürlich zugeht, dahinter aber die Welt voller Gespenster sei. Selbst für den Fall, dass es Paralleluniversen gibt, in denen die Grundgesetze oder die Fundamentalkonstanten anders sind, wird man erst einmal annehmen, dass die dortige Physik die Struktur und die Art der komplexen Systeme in diesen Welten bestimmt .

Nun ist es Aufgabe der Wissenschaftstheorie, den Begriff des Naturalismus zu schärfen, und zwar mit Blick auf das Instrumentarium der einschlägigen faktischen Theorien. Zuerst sind einige begriffliche Abgrenzungen notwendig. Ausgeschlossen werden können Bedeutungen wie Naturalismus in der Malerei. Hier ist nur die Stilrichtung gemeint, wonach ein Bild eine naturgetreue Wiedergabe der abgebildeten Realität sein soll. Ebenso handelt es sich nicht um eine Betonung von Natürlichkeit bei charakterlichen Eigenschaften oder beim sozialen Verhalten. All dies ist beim philosophischen Naturalismus nicht gemeint.

Als philosophische These wurde der Naturalismus in der Neuzeit meist im *methodologischen* Sinne verwendet. So etwa von Ernest Nagel in seiner berühmten Rede von 1955.[46] Darin vertrat er die Auffassung, dass die empirischen Methoden der Wissenschaft ausreichen, um alles, was in der grundsätzlichen Reichweite des Erkennens liegt, zu erfassen. Der methodische Naturalismus Nagels war umfassend in dem Sinne gemeint, dass es – gegeben Zeit, Geld, Anstrengung und Einfallsreichtum – keine grundsätzlich rätselhaften Phänomene geben könne, die gegenüber der wissenschaftlichen Methode auf Dauer analyseresistent bleiben würden. Die grundsätzliche Zuständigkeit der Wissenschaft für alles und jedes gründet danach einfach darin, dass aus der Methode selbst keine Grenze ihrer Anwendbarkeit ersichtlich ist. Da es also keinen zureichenden Grund gibt, an der universellen Gültigkeit der erfolgreichen wissenschaftlichen Methodik zu zweifeln, wird man deren Reichweite nicht unnötig einschränken. Genauer versteht Nagel unter Naturalismus „a generalized account of the cosmic scheme and of man's place in it, as well as a logic of inquiry".[47] Es handelt sich bei dieser philosophischen Hypothese also nicht um eine umfassende Theorie im Sinne der Physik, sondern um eine generelle Charakterisierung der Spezifika des Kosmos, in dem wir leben, einer Bestimmung der anthropologischen Determinanten und außerdem der Vorgabe einer allgemeinen Methodologie der Wissensgewinnung.

Nagel scheut sich aber auch nicht, ein ontologisches Engagement in das naturalistische Bild der Realität einzubinden. Dies nennt er: „The existential and causal primacy of organized matter in the executive order of nature".[48] Gemeint ist hier, dass alle Formen und Funktionen von materiellen Systemen, wie komplex auch immer, Teile der Natur darstellen und keine Wirkgrößen sind, die autonom agieren. Die Komplexität der Natur hat dabei aus seiner Sicht einen objektiven Status und bildet nicht die täuschende Erscheinung einer transempirischen Substanz. Damit wehrt Nagel jeden Anflug eines Platonismus ab.

Viele logische Empiristen scheuten sich allerdings, eine ontologische Bindung einzugehen; das primär Gegebene schien ihnen das sinnenhafte Bild der Natur zu sein und der Schluss daraus auf eine dahinterstehende Dingwelt mehrdeutig und unkontrollierbar. Durch die interne Kritik in diesem philosophischen Lager – vor allem durch Willard v. O. Quine – kam die Ontologie wieder zu Ehren, aber nicht als metaphysische Seins-

---

[46] Ernest Nagel: Naturalism reconsidered. In: Proceedings and Addresses of the American Philosophical Association, 28, 28. Oktober 1955, S. 5-17.

[47] Ebenda, S. 8.

[48] Ebenda, S. 9.

oder Wesenslehre, sondern als Antwort auf die Frage: Wie viele und welche Objekte muss ich in der Welt annehmen, um das Netz der Naturgesetze verständlich zu machen? Die Gesetze müssen doch eine Referenzklasse besitzen, die sie wahr macht. Damit wurde allerdings die Ontologie in dem Sinne relativiert, dass nur mehr auf der Basis von gut bewährten Theorien über Existierendes gesprochen werden konnte. Die Idee, in einem *absoluten* Sinne und *vor* allen wissenschaftlichen Theorien zu entscheiden, woraus die Welt besteht – das Anliegen der traditionellen Seinslehre –, musste aufgegeben werden. In der Quineschen Ontologie ist die Voraussetzung wesentlich, dass Gesetze über eine nichtleere Menge von Bezugsobjekten Aussagen machen und dass es darum geht, die sparsamste ontologische Interpretation dieser Regularitäten zu finden.

Quine nahm allerdings eine folgenreiche Identifizierung vor: Er spezifizierte Ontologie über die gebundenen Variablen eines Ausdruckes. Die Existenzansprüche manifestieren sich in den All- und Existenzoperatoren einer Aussage derart, dass man an den Quantoren eines Satzes die mit diesem Satz verbundenen ontologischen Behauptungen ablesen kann. „The quantifiers are encapsulations of these specially selected unequivocally referential idioms of ... language."[49]

Sein bedeutet demnach, Wert einer gebundenen Variablen zu sein. Hier setzte nun die Kritik anderer analytischer Philosophen, wie Mario Bunge, ein. Dieser bekräftigte zwar die ontologische Wendung und verließ den ontologisch neutralen Logischen Empirismus, verankerte aber die Objekt-Referenz nicht in den logischen Quantoren. Bunge weist auf die Doppeldeutigkeit des alltagssprachlichen Ausdruckes „es gibt" hin, der sowohl die logische Rede über „einige" Dinge als auch die ontologische Existenz umfasst. Der in der Logik verwendete Existenzquantor $\exists$ präzisiert das Sprechen über „einige" Objekte, ohne deren weltliches Dasein zu behaupten. Man kann deshalb aus den Quantoren von Aussagen nicht einfach ablesen, wie die Welt beschaffen ist, weil man damit konkrete materielle Existenz und begrifflich-fiktives Dasein vermischen würde.[50]

Jedenfalls wurde auch in analytischen Kreisen der ontologisch abstinente Empirismus überwunden, womit auch die philosophische Hypothese des Naturalismus als Aussage über die Existenz bzw. Nichtexistenz be-

---

[49] Willard v. O. Quine: Word and Object. MIT-Press, Cambridge (Mass.) 1960, S. 242.

[50] Vgl. Mario Bunge / Martin Mahner: Über die Natur der Dinge. Hirzel, Stuttgart 2004. S. 248, Anm. 3-2.

stimmter Klassen von Objekten formuliert werden konnte.[51] Es überrascht nicht, dass sowohl Quine als in stärkerem Maße auch Bunge sich für eine naturalistische Ontologie einsetzten.

Als erste Distinktion ist es nun wichtig, den deskriptiven vom normativen Naturalismus zu unterscheiden. Der faktische oder *deskriptive* Naturalismus ist eine philosophische Hypothese über die Natur. Der *normative* Naturalismus betrifft die Rolle der Werte, die Moral, den Kontext des Sollens. Beide Spielarten stehen in keinem Ableitungszusammenhang, d. h. man kann nicht einfach den normativen Naturalismus rein logisch aus dem deskriptiven gewinnen, jedoch verteidigen die meisten Philosophen dieser Richtung beide Formen. In wessen Weltbild weder Geister, Feen noch Kobolde passen, der wird auch für nomologische Irrläufer wie platonische Werte keinen Sinn haben, was nicht heißt, dass Normen und Werte in einer naturalistischen Kosmovision keine Rolle spielen.

In dieser Form ist der Naturalismus erst einmal Ausdruck einer Zuversicht, eine Willensäußerung, aber noch keine begründete These. Er drückt nur die allgemeine Abneigung aus, mit nomologisch schwer zu fassenden Entitäten umzugehen, mit Wesenheiten, die keinen aufweisbaren Regularitäten folgen und die wegen ihrer algorithmischen Amorphheit philosophisch verdächtig sind. Spirituelle Objekte sind deshalb dubios, weil sie ontologische Zwischenwesen sind, nicht einfach Abstrakta, die logischen und mathematischen Gesetzen gehorchen, aber auch keine Konkreta, die Naturgesetze erfüllen. Angeblich sollen sie ein ganzes Reich ausmachen, aber dieses Reich hat keine erkennbare Struktur. Feen und Kobolde genauso wie Werte an sich erfüllen kein Identitätskriterium noch irgendwelche weiteren algebraischen Relationen. Gespenster, Engel und Dämonen kommen und gehen, wie sie wollen und ohne, dass wir sie fassen können, ohne regelhafte epistemische Beziehung zur wahrnehmbaren Welt. Werte außerhalb der emotiven Zustände des Menschen führen ein ebenso gespenstisches Dasein, weil ihre Herkunft, ihr Wandel und die Verknüpfung mit dem Wertbewusstsein völlig offen bleiben. Niemand hat je den Manifestationsvorgang, das Eindringen eines präexistenten Wertes wie des Guten, des Schönen, des Erhabenen in ein menschliches Wahr-

---

[51] Es war auch Quine, der sich in der Erkenntnistheorie zuerst für eine Naturalisierung ausgesprochen hat: „I hold that knowledge, mind and meaning are part of the same world that they have to do with, and that they are to be studied in the same empirical spirit that animates natural science." W. v. O. Quine: Ontological Relativity. In: Ders.: Ontological Relativity and Other Essays. Columbia Univ. Press, New York 1968.

nehmungssystem zu rekonstruieren versucht. Diese augenscheinliche kausale Hilflosigkeit angesichts des epistemischen Aufweisens ontologisch autonomer spiritueller Entitäten hat viele philosophische Autoren dahin gebracht, eine einheitliche materielle Ontologie der Welt zu verteidigen. Deshalb haben Denker wie David Armstrong, J. J. C. Smart, Quentin Smith immer die ontologische Homogenität, auch angesichts des Wert- und Normenproblems, verteidigt. Dies geschah in erster Linie, weil eine ontologische Heterogenität – wie man in der Geschichte gesehen hat – auf unlösbare Wechselwirkungsprobleme gestoßen war. Gerade der homogene, materielle Aufbau der Welt – der, wie wir sehen werden, durchaus eine komplexe Schichtstruktur einschließen kann – zeigt an, dass der Naturalismus als Fernziel die Errichtung eines *einheitlichen* *Weltbildes* hat. Dieses systematische Ziel – wie es vielleicht am stärksten im Lebenswerk Mario Bunges zum Ausdruck kommt – besteht darin, ein Gesamtbild der Natur zu entwerfen, das den Menschen mit seinen Spezifika, der Sprache, dem Bewusstsein, der Erkenntnis sowie seinen Wertvorstellungen einschließt. Es ist deshalb, angesichts bestehender Naturalisierungslücken, auch sinnvoll, von einem Forschungsprogramm zu sprechen. Manche wären geneigt, dieses *metaphysisch* zu nennen, da wir aber in der Folge dafür argumentieren werden, den Naturalismus kritisierbar zu formulieren, ist es vielleicht besser, von einem *naturphilosophischen* Forschungsprogramm zu reden.

Die Notwendigkeit einer solchen Einheit der Natur lässt sich am ehesten aus der evolutionären Perspektive einsehen und zwar nicht nur von der biologischen Evolution her, sondern von der gesamten Entwicklung des Kosmos. Das Universum hat, nach dem heute gültigen Urknall-Modell, von einem heißen Anfang im Verlauf der für Abkühlung sorgenden Expansion Schritt für Schritt strukturale und funktionale Komplexität aus der gleichen unveränderlichen Basis-Materie aufgebaut. Ein Proton, das im Zeitalter der Nukleosynthese gebildet wurde, unterscheidet sich nicht von einem anderen, das jüngst in einem Beschleuniger bei einer p-p (Proton-Antiproton) Paarerzeugung entstanden ist. Es wäre mehr als seltsam, wenn die Milliarden Jahre andauernde Entwicklung bei allen hochorganisierten Strukturen niemals die natürliche materielle Basis verlassen hätte, mit Ausnahme der allerjüngsten Schritte, in denen sich eine Klasse von Subsystemen des Universums formiert hat, in der Leben, Bewusstsein und Werte aufgetreten sind. Logisch ist ein solcher ontologischer Sprung in naturgeschichtlich allerletzter Minute – und nur in einer winzigen Ecke auf einem Durchschnittsplaneten mittlerer Größenordnung – nicht ausgeschlossen, aber doch höchst unplausibel. Da tut man wohl zuerst besser daran, in den menschlichen Vorurteilen nach dem Grund für diese kuriose Illusion zu suchen. Man darf ja nie vergessen, dass alle Weltentwürfe auch von den lebensdienlichen Interessen der Menschen gesteuert sind und nicht nur von den kognitiven Wünschen, die in Reinkultur niemals vorkommen, nicht einmal bei Aristoteles, trotz des berühmten ersten Satzes seiner Metaphysik. Aus der Sicht menschlicher Interessen versteht man, dass Weltbilder immer auch offensichtliche Trugelemente enthalten. Bei allen naturalistischen Weltentwürfen der Vergangenheit gingen somit immer zwei Ziele Hand in Hand: die aufklärerische Absicht, metaphysische Illusionen aufzulösen, und der Wunsch, ein stofflich einheitliches Naturbild zu entwerfen, in dem auch die Spezifika des Menschen ihren ordnungsgemäßen Platz finden können.

## 2. Vorläufer

Man möchte vielleicht annehmen, dass der Naturalismus eine neuzeitliche philosophische Position ist, die in der jüngeren säkularen Naturwissenschaft ihre Verankerung besitzt. Eigenartigerweise ist dies aber nicht der Fall, sondern die frühe griechische Naturphilosophie tritt uns in einer Reihe von Vertretern mit einem erstaunlich klaren Materialismus entgegen. Leukippos' Atomismus lässt keinen Zweifel am materiellen Aufbau der gesamten Natur. Aus den überkommenen Berichten lesen wir eine klare Stellungnahme für die materielle Beschaffenheit alles Seienden ohne Einschränkung der Allgemeinheit: „Leukipp und Demokrit behaupten, dass aus unteilbaren Körpern die übrigen Dinge zusammengesetzt seien; diese Körper aber seien unendlich an Zahl und Gestalt. Sie selber aber, d. h. die übrigen Dinge unterschieden sich voneinander durch die Atome, aus denen sie beständen, und durch deren Lage und Anordnung."[52] Demokrit kommt das Verdienst zu, den Bereich des Mentalen in die atomistische Beschreibung eingegliedert zu haben, womit er in rudimentärer Form den heutigen Materialismus vorbereitet hat. Auch hier gibt es kaum einen Zweifel: „Demokrit erklärt die Seele für eine feurige Vereinigung aus den nur durch das Denken erfassbaren Körpern, die eine kugelförmige Gestalt, aber feurige Substanz enthalten."[53] Man kann aus der Kenntnis der Fragmente seine Auffassung nicht eindeutig einer modernen Spielart des natu-

---

[52] Aristoteles: Vom Werden und Vergehen I1. 314a 21.
[53] Aetius IV 3,5.

ralistischen Denkstils zuordnen, aber immerhin sind Atome die einzige physikalisch reale Substanz, aus der alle Erscheinungsformen der Natur hervorgehen; so könnte man vielleicht Demokrits Ansatz als eliminativen Materialismus bezeichnen, wie er gegenwärtig von den Churchlands vertreten wird.[54]

In der später von Epikur und dann in dichterischer Form von Lukrez ausgearbeiteten Variante des Atomismus wäre ebenfalls kein Platz für Geister oder Dämonen, aber auch nicht für einen autonomen Wärmestoff oder eine Oxidationssubstanz namens Phlogiston gewesen, die man im 18. Jahrhundert für notwendig erachtete, um das Phänomen des Verbrennens und Rostens zu verstehen. Epikurs reine Teilchenontologie hätte solche Substanzen nicht gestattet. So gesehen, kann man dem vorsokratischen Materialismus eine gewisse Enge vorwerfen, weil er keine Platzhalter für weitere materielle Entitäten geschaffen hat. Bereits in der Spätantike wurde man der Notwendigkeit gewahr, die Ontologie in Richtung auf Felder zu erweitern, um z. B. das Phänomen der Kohäsion zu verstehen. Teilchen brauchen auch Bindungselemente, mit deren Hilfe man verstehen kann, warum die Körper agglomerieren.

Sicher ist, dass das Mentale, weil völlig in der atomistischen Sprache formuliert, beim Vater des vorsokratischen Materialismus keinen Sonderstatus beanspruchen kann. Eine gewisse abschließende Fassung hat der antike Naturalismus bei dem römischen Dichterphilosophen Lukrez gefunden. Er bemüht sich explizit, beide Elemente des Naturalismus herauszuarbeiten: die reduktionistische Elimination redundanter Elemente der Beschreibung und die einheitliche Verfassung der Natur über alle Schichten der Komplexität hinweg.

Wenn man Platon sicher als den Antinaturalisten schlechthin bezeichnen kann, so Aristoteles nur sehr partiell. In seiner Seelenlehre vertritt er den durchaus modernen Standpunkt, dass die Seele als strukturale Beschaffenheit des Körpers keiner Abtrennung oder Isolierung fähig ist. In der Metaphysik, dort, wo es um den Ursprung der Bewegung geht, durchbricht Aristoteles allerdings den kausal-mechanistischen Rahmen und postuliert den ersten unbewegten Beweger,[55] wobei das Verhältnis zwischen der permanenten Bewegung der Welt und dem Ursprung dieser Bewegung teleologisch gedacht wird. Dies sieht nach einer gewaltsamen

---

[54] Paul M. Churchland: Die Seelenmaschine. Eine philosophische Reise ins Gehirn. Spektrum Verlag, Heidelberg 1997.
[55] Aristoteles: Physik 6 259a 20-31.

ad-hoc-Lösung aus, aber man muss zu Aristoteles' Entlastung sagen, dass die damalige Physik die Vorstellung enthielt, dass jede Bewegung einer andauernden Verursachung bedarf, um in Gang zu bleiben. Eine aktual unendliche Kette von Ursachen wie beim atomistischen Kosmos oder auch bei Heraklit hielt Aristoteles für unmöglich, da er das Unendliche immer nur im potentiellen Sinne verstanden haben wollte, obwohl er auf der anderen Seite der Meinung war, dass das Universum niemals einen Anfang gehabt hat.

Gegen den teleologischen Ursprung der Bewegung wendete sich vehement Straton von Lampsakos, auch Peripatetiker und nach Theophrast Scholarch des Peripatos. Straton der Physiker, wie er auch genannt wird, wich in entscheidender Weise von der aristotelischen, theistischen Teleologie des Kosmos ab und befürwortete einen materialistisch-mechanistischen Naturalismus. Selbst der Himmel ist nach Straton nicht aus der fünften ätherischen Substanz aufgebaut, sondern die Sternmaterie ist feuriger Natur. In seiner Seelenlehre vertrat er die Unabtrennbarkeit der Seele von der materiellen Trägersubstanz und damit deren Sterblichkeit. Die Wissenschaftstheorie verdankt ihm das nach ihm benannte Immanenzprinzip der Erklärung, wonach alle Phänomene des Universums ausschließlich durch andere Züge der Welt erklärt werden müssen, womit die kausale Geschlossenheit der Welt statuiert ist.[56] Straton kritisiert also das supernaturalistische Erklärungsmoment in Aristoteles' System als grundsätzlich methodisch unzulässig und fordert entsprechend dem Immanenzprinzip, dass die Welt allein aus sich heraus verstanden werden muss, denn jede Zuflucht zu einer ontologisch und nomologisch völlig anders gearteten Überwelt würde eine Erklärung aufgrund ihrer Beliebigkeit korrumpieren.

Straton hat überdies später auch von der objekttheoretischen Seite Recht bekommen, denn tatsächlich gibt es Bewegungen, die keiner permanenten Unterstützung bedürfen, noch ist eine aktual unendliche Kette von Ursachen widersprüchlich. Das Erste wurde von Newton bewiesen, indem er das Trägheitsprinzip zum ersten Grundsatz der Mechanik machte. Danach setzt sich eine Bewegung ohne eine weitere Einwirkung der Kraft unbegrenzt fort, wenn sie nicht von außen daran gehindert wird. Das Zweite hat Georg Cantor im 19. Jahrhundert gezeigt, nämlich da-

---

[56] Auf die Bedeutung des Stratonischen Denkens für die Idee eines vollständigen Naturalismus hat u.a. Puente Ojea hingewiesen (vgl. Gonzalo Puente Ojea: Elogio del ateismo: Los espejos de una ilusión. Teoría, Madrid 1955).

durch, dass man mit unendlichen Mengen beliebiger Mächtigkeit eine konsistente Arithmetik aufbauen kann.

Wie kann man nun begrifflich den Naturalismus einigermaßen scharf umreißen? Wenn man seine Scheu, eine ontologische Bindung einzugehen, abgelegt hat, kann man den Naturalismus als ontologische und nomologische Ausschlussthese formulieren. In dieser Form hat Gerhard Vollmer vorgeschlagen, unter Naturalismus die These zu verstehen, dass bestimmte Entitäten und Prozesse und dementsprechend bestimmte Erklärungsmuster in der Welt nicht vorkommen.[57] Diese Verwendung passt sich relativ gut der heutigen wissenschaftlichen Praxis an. Gutachter von wissenschaftlichen Zeitschriften haben ein deutliches Vorverständnis, welche Erklärungselemente *ontologisch zweifelhaft* sind und in eingesandten Manuskripten nicht vorkommen dürfen. Wissenschaftliche Arbeiten werden also grundsätzlich nur angenommen, wenn sie Erklärungen mit philosophisch respektablen Entitäten und Prozessen vorweisen. Diese Begrenzungen gelten für Natur-, Geistes- und Sozialwissenschaften. Auch in letzteren werden keine körperlosen, unmateriellen, die Raumzeit überfliegenden Vorgänge akzeptiert. Auch soziale Strukturen und gesellschaftliche Vorgänge laufen nach kausalem Muster in der empirischen Raumzeit ab, die alle Prozesse der Welt umfasst. Wenn ein Autor neue, bislang nie gehörte Bewegungsquellen – Stichwort: kosmische Energie – oder abartige kausale Prozesse – Stichwort: Synchronizität – in sein Manuskript einbaut, muss er die Begründungen schon sehr wasserdicht formulieren, sonst wird ihm nicht einmal gestattet, die neuartigen Entitäten auf das Diskussionsforum zu bringen, weil der begründete Verdacht vorliegt, dass er Illusionen nachhängt, die eigentlich nur Zeitverschwendung darstellen, d. h. man hält es für extrem unwahrscheinlich, dass ein einsamer Denker auf eine neue Energieform oder eine Raum und Zeit überspringende Wirkungsverkettung gestoßen ist. Die Gutachter werden Entwürfe mit exotischen Entitäten und skurrilen Wirkzusammenhängen kaum passieren lassen, weil sie aus der wissenschaftlichen Tradition gestützte Vorbegriffe verwenden, mit denen sie die Selektion vornehmen.

Welche Erklärungselemente in einer wissenschaftlichen Arbeit vorkommen dürfen, ist natürlich einem historischen Wandlungsprozess unterworfen, aber nicht beliebig. Neuankömmlinge werden wohlwollend geprüft, wenn sie sich durch eine explizite Gesetzesstruktur ausweisen und

---

[57] Gerhard Vollmer: Was ist Naturalismus? In: Ders.: Auf der Suche nach der Ordnung. Hirzel, Stuttgart 1995, S. 21.

spezifiziert werden kann, wie sie an die vorhandenen unzweifelhaften Entitäten ankoppeln. Damit haben wir den Naturalismus bis jetzt im Wesentlichen negativ begrenzt, d. h. wir haben jene Entitäten und Prozesse umrissen, die in einer materialistischen Weltbeschreibung *nicht* vorkommen können. Damit ist allerdings noch nicht sehr viel erreicht.

## 3. Starker und schwacher Naturalismus

Wünscht man sich eine komplementäre positive Charakterisierung, so kann man in Einklang mit den gegenwärtigen Resultaten der Wissenschaft folgende These behaupten: *Die Natur ist auf der fundamentalen ontologischen Ebene aus Teilchen, Feldern und Raumzeit aufgebaut, wobei alle drei strukturell miteinander verflochten sind und dynamisch interagieren.* Man kann an dieser Stelle die Frage stellen, ob Raumzeit wirklich als fundamental zu gelten hat, oder ob diese nicht vielmehr auf Grund einer relationalen Verfassung von Raumzeit nur den Charakter einer begrifflichen Ordnungsstruktur besitzt. Die Auseinandersetzung um den relationalen oder substantivischen Charakter von Raum und Zeit kann derzeit noch nicht als entschieden gelten, obwohl das Einstein-Earmansche Lochargument den Substantivisten einige Schwierigkeiten macht.[58] Ich denke jedoch, dass die Allgemeine Relativitätstheorie so viel Potential an substantivischen Strukturen besitzt – Schwarze Löcher, Gravitationswellen, Vakuumraumzeiten –, dass einiges dafür spricht, dynamische Raumzeit als „Grundstoff" neben Materie anzusehen.[59]

Auch kann man die mit der Theorie notwendig verbundene Diffeomorphismusinvarianz als die Unabhängigkeit des dynamischen Geschehens von jeder statischen Arena ansehen. Die Symmetrie der Hintergrundunabhängigkeit drückt eben aus, dass die raumzeitliche Bühne der physikalischen Prozesse in dieses Geschehen integriert ist. Da auch die von Carlo Rovelli jüngst entwickelte Schleifenquantengravitation diese Hintergrundunabhängigkeit voraussetzt, ist offenbar der Gedanke, dass die

---

[58] Andreas Bartels: Grundprobleme der modernen Naturphilosophie. UTB, Stuttgart 1996.

[59] Ein Blick auf die Einsteinschen Feldgleichungen stützt diese Sicht ebenfalls: Warum soll man nur die rechte Seite der Gleichungen ontologisch ernst nehmen und die linke im Sinne einer rein begrifflichen Fiktion als Hilfskategorie, um die Bewegung der Materie zu verstehen?

Raumzeit zur physikalischen Ontologie gehört, selbst noch auf einer tieferen Theorieebene repräsentiert.

Den hypothetischen Charakter der philosophischen These des Naturalismus kann man nun daran ermessen, dass es eine Reihe von Kandidaten gibt, die möglicherweise in die Liste der Grundbausteine aufgenommen werden müssen. Darunter figuriert in erster Linie die *Information*.[60] Es ist heutzutage offen, ob Information auf eine rein strukturelle Eigenschaft von Raum und Materie reduziert werden kann oder ob sie eine eigenständige ontologische Kategorie darstellt, die unter Umständen sogar primordialen Charakter besitzt. Aus dieser Situation ersieht man, dass sich die naturalistische Ontologie nicht dogmatisch vorgeben lässt, sondern aus den erfolgreichen empirischen Theorien abgelesen werden muss. Genauso wie im 19. Jahrhundert das *Feld* zur Teilchenontologie hinzugetreten ist, lässt es sich nicht ausschließen, dass wir in Zukunft mit der ontologischen Trias Materie, Raumzeit und Information leben werden. Allerdings müsste dann geklärt werden, wie die Wechselwirkung zwischen autonomer Information und raumzeitlicher Materie erfolgt, genauso wie Einsteins Gravitationstheorie die kausale Beziehung zwischen Raumzeit und Materie quantitativ formuliert. Momentan fehlt es noch an einer allgemeinen umfassenden Theorie der Information, so dass der ontologische Status dieser Begrifflichkeit als in der Schwebe befindlich betrachtet werden muss.

Um allerjüngsten mathematischen Spekulationen Rechnung zu tragen, muss man auch die Möglichkeit erwägen, dass Raumzeit auf ein vorgeometrisches Substratum zurückgeführt werden könnte. Dann würde sich die ontologische Basisebene auf einen Bestand von submikroskopischen Quantenfeldern (Strings) reduzieren. Dies schlösse allerdings die Existenz von Raumzeit auf der mikroskopischen, also der „nächsthöheren" Ebene nicht aus, denn was als emergentes Produkt erst ab einer bestimmten Ebene existiert, kann dennoch real sein.

Weiter besitzt die Natur eine im Prinzip erforschbare *Gesetzes- und Kausalstruktur*, wobei die Kausalität deterministischer oder statistischer Art sein kann (Beispiel: Himmelsmechanik einerseits bzw. radioaktiver Zerfall andererseits). Die Akzeptanz der statistischen Kausalität hat gelegentlich die Spekulation aufkommen lassen, dass hier Lücken im naturalistischen Weltbild vorhanden sind, die von einer nichtnatürlichen, außerweltlichen Ebene her geschlossen werden könnten. Der quanten-

---

[60] Thomas & Brigitte Görnitz: Der Kreative Kosmos. Geist und Materie aus Information. Spektrum, Heidelberg 2002, S. 67.

mechanische Indeterminismus lässt sich jedoch – wie verlässliche Experimente gezeigt haben – nicht durch eine krypto-kausale Ebene, z. B. eine Theorie der verborgenen Parameter, ergänzen, ohne mit der speziellen Relativitätstheorie in Konflikt zu kommen. Ein theologisch inspirierter Physiker könnte nun daran denken, den innerweltlichen Indeterminismus durch außerweltliche Steuergrößen zu ergänzen. Eine solche transzendente Ebene verborgener deterministischer Parameter wäre jedoch eine ad-hoc-Forderung, die nicht der Rettung eines Phänomens, sondern nur der Erfüllung eines theologischen Wunschdenkens diente.

Die Materieelemente (Teilchen bzw. Felder) können beliebig komplexe Strukturen tragen. Elementargebilde können Hierarchien von struktureller und funktionaler Komplexität aufbauen. *Ontologischer Monismus* ist also durchaus mit *strukturalem Pluralismus* vereinbar. Unser Universum ist kein homogener statischer Block, sondern eine heterogene, dynamische Struktur. Die Vielfalt der Welt hat sich im Laufe der kosmischen Evolution gebildet, sie ist ein Ergebnis der Selbstorganisation der Materie. Die Selbstorganisation des Universums ist wohl das stärkste Argument für eine naturalistische Gesamtkonzeption der Welt. Das Erstaunen über die enorme strukturale Differenzierbarkeit der Natur wird dadurch aufgefangen, dass die Materie eben nicht, wie man in neuplatonischer Tradition glaubt, eine tote, träge, inaktive Masse ist, die ihre Tätigkeit nur entfalten kann, wenn sie vom Geist behaucht wird. Im Gegenteil, der Geist entfaltet sich aus dem dynamischen Potential der Materie, gegeben die richtigen Anfangswerte der Parameter und ausreichend kosmische Zeit. *Entwicklung* ist auf allen Schichten der Realität gegeben: Kosmos, Galaxien, Planetensysteme, Sonnen verändern sich. Mit Ausnahme einiger stabiler Elementarteilchen scheinen *alle* Systeme des Universums zeitabhängig zu sein. Sinnvollerweise wird man deshalb von einem *evolutionären Naturalismus* (Roy Sellars, 1922) sprechen.

Die Fusion von Naturalismus und der Idee der Evolution wurde schon vor 80 Jahren vollzogen, als Roy Sellars einen Entwurf vorlegte, der bedauerlicherweise nicht in dem Maße beachtet worden ist, wie er es verdient hätte.[61] Sellars sieht im Platonismus, aber auch im Kantianismus, die Antagonisten einer rein natürlichen Weltverfassung. Platons Deutung der Erscheinungswelt als defiziente Ausprägung einer Ideenwelt, genauso wie Kants transzendentale Wendung zum phänomenalen Idealismus, steht in Konflikt mit der Objektivität der materiellen Natur. Speziell Kants Verlas-

---

[61] Roy W. Sellars: Evolutionary Naturalism. Open Court, Chicago 1922.

sen des objektiven Realismus und seine Eröffnung eines eigenen noumenalen Reiches zur Rettung der menschlichen Freiheit gegenüber einer Welt mit durchgehender Naturkausalität brachten eine deutliche antinaturalistische Wende mit sich. Erst durch Darwins Einbettung des Menschen und seiner Erkenntnisfähigkeit in den Kontext der Naturgeschichte ließ sich der Weg zu einer vollständigen Naturalisierung des Erkenntnis- und Handlungsaspektes des Menschen erreichen. „Nature is a world in which knowing occurs, just as surely as it is a world in which coal burns and dynamite explodes."[62] Wenn man also weder auf platonische noch auf kantische Weise die Erkenntnistätigkeit des Menschen von der Welt abspaltet und auf eine präternaturale Ebene schiebt, sondern den Menschen als Entwicklungsprodukt einer besonderen Tierart betrachtet, dann befindet man sich auf dem Wege zu einer einheitlichen evolutionären naturalistischen Weltkonzeption. Roy Sellars hat den Kontinuitäts- und Homogenitätsgedanken in die Debatte eingebracht, wobei man allerdings heute stärker als 1922 den Anschluss der biologischen Evolution an die davor liegenden Phasen der planetaren, stellaren und galaktischen Entwicklungsstufen betonen würde. Evolution muss dabei nicht nur den Darwinschen Typ umgreifen, sondern auch verschiedene Formen der Entwicklungsdynamik, wie z. B. die chemische Entwicklung der interstellaren Materie in einer Galaxis, die für die Sternentstehung bedeutsam ist. Diese folgt nichtsdestoweniger eigenen Gesetzen.

Die These, dass das materielle Substrat aus seiner eigenen Gesetzlichkeit heraus letztendlich alle Gebilde hervorbringt, hat man mit dem Namen *schwacher Naturalismus* (David Armstrong, 1984) belegt.[63] Dieser innerweltliche Naturalismus macht die nach dem Vorstehenden keineswegs besonders gewagte Aussage, dass das Universum in seinem empirisch, aber auch theoretisch fassbaren Bereich ohne Rekurs auf autonome spirituelle Entitäten, besondere Lebenskräfte oder teleologische und transzendente Wirk-Faktoren erkannt werden kann. Der schwache oder minimale Naturalismus schließt einen transzendenten Seinsbereich nicht aus, sondern behauptet nur, dass für das Verständnis des Kosmos auch in den höheren Entwicklungsstufen (Leben, Bewusstsein, Erkennen) supernaturale Faktoren nicht gebraucht werden. Der schwache Naturalismus ist so-

---

[62] Ebenda, S. 21.
[63] David Malet Armstrong: Naturalistische Metaphysik. In: Bernulf Kanitscheider (Hrsg.): Moderne Naturphilosophie. Koenigshausen & Neumann, Würzburg 1984.

mit ganz einfach ein Ausdruck ontologischer Sparsamkeit; ontologisch aussagekräftig ist die einfachste Menge von Systemen, mit der man das bestehende Netz der bewährten Theorien deuten kann. Der minimale Naturalismus arbeitet also mit einem Grundsatz, den man üblicherweise Wilhelm von Ockham zuschreibt, den man aber verschieden deuten kann. Ockhams Prinzip hat eine methodologische und eine ontologische Seite. In der Regel wird es als Sparsamkeit gegenüber Entitäten formuliert: So wenig Wesenheiten wie möglich, aber doch so viele wie notwendig. Es ist immer leichter, ein Phänomen mit hohem ontologischen Aufwand zu erklären. Gerade aber der minimale Einsatz von Agentien ist der erkenntnistheoretisch interessanteste, weil er gebraucht wird, um den empirischen Erfolg einer Theorie überhaupt verständlich zu machen. Die methodologische Seite besteht in der besseren Testbarkeit einer mit wenigen Größen operierenden Theorie. Eine solche ist leichter widerlegbar und hat deshalb den höheren kognitiven Gehalt.

David Armstrong hat darüber hinaus auch einen *starken Naturalismus* verteidigt, wonach ein Transzendenzbereich ausgeschlossen wird und somit das Universum, so wie es heute von der Wissenschaft erforscht wird, alles ist, was es gibt. Er benützt dabei das Argument der Begründungslast. Derjenige, der für die Existenz eines Seins-Bereiches plädiert, trägt die argumentative Stützungslast. Der Transzendenz-Skeptiker nimmt dabei eine abwartende Haltung ein: Er wartet, bis der Verteidiger einer außerweltlichen Ordnung seine guten Gründe vorbringt. Der Skeptiker ist dabei nicht gezwungen, Gründe für die Nichtexistenz der in Frage stehenden Seinsbereiche zu bringen. Solange es dem Verteidiger einer supranaturalen Einbettung des Kosmos nicht gelingt, einsichtige Gründe für diese ontologische Erweiterung vorzulegen, wird sich der Skeptiker nicht überzeugen lassen. Dies ist wichtig für die immer wieder beschworene Situation eines Argumentationspatts in dieser Debatte: Derjenige, der behauptet, dass auf Neutronensternen kleine grüne Männchen wohnen, muss dies zeigen. Nicht der Skeptiker muss beweisen, dass auf Neutronensternen kleine grüne Männchen unmöglich sind.

Der starke Naturalismus stützt sich also auf die Argumentationsasymmetrie bei positiven und negativen Existenzaussagen. Gonzalo Puente Ojea hat diesen methodischen Grundsatz kompakt so formuliert: „Es una regla metodológica del conocimiento que los juicios afirmativos son falsos mientras no se prueben, y las juicios negativos de existencia son verdaderos, si no se demuestra lo contrario."[64] Die positiven Aussagen müssen also auf ihre Bestätigung warten, während die negativen Existenzaussagen so lange für wahr gehalten werden, bis sich das Gegenteil zeigt.

Behauptungen des Nichtvorhandenseins bestimmter Objekte lassen sich nur bezüglich begrenzter Raumzeitgebiete definitiv entscheiden, es sei denn, die in Frage stehenden Gegenstände sind durch eine widersprüchliche Eigenschaftsklasse definiert. Da die Logik keine ontologischen Voraussetzungen besitzt, gilt sie auch für transzendente Wesen. Sind diese durch inkonsistente Beschreibungen charakterisiert, lassen sie sich definitiv ausschließen. Angewendet auf das im christlichen Kulturkreis am meisten verehrte numinose Wesen bedeutet dies, dass im Falle eines inneren Widerspruches der göttlichen Alleigenschaften Güte, Weisheit, Gerechtigkeit, Macht dessen Nichtexistenz unausweichlich ist. Da die Theologen aber tausendundeine Methoden gefunden haben, die Qualitäten des höchsten transzendenten Wesens zu vernebeln, lässt sich nur von der fehlenden Stützung oder, falsifikatorisch gesprochen, von der nicht vorhandenen Widerlegungsmöglichkeit her argumentieren. Da jegliche Indizien empirischer und indirekt theoretischer Art für die Existenz dieses Wesens fehlen, ja niemand genau die Anwendungsbedingungen für diese Begriffsmolluske kennt, spricht in dieser epistemischen Situation alles für die Nichtexistenz.

Manche analytische Philosophen neigen in dieser Situation zum Agnostizismus, also zur Stimmenthaltung bezüglich der Existenz Gottes. Dies erscheint mir aber inkonsequent angesichts der Tatsache, dass wir bei den grünen Männchen auf den Neutronensternen keineswegs Meinungs-Abstinenz üben, sondern den Unfug auf Grund der Unklarheit der Begrifflichkeit dieser Wesen und des Fehlens von positiven Hinweisen auf ihre Existenz ablehnen.

Wenn sich jemand dieser Argumentation nicht anschließen möchte, so bleibt ihm jedenfalls der schwache Naturalismus, der sich wesentlich direkter verteidigen lässt. Wenn wir einmal dabei bleiben, so kann man diesen auch als Geschlossenheitsthese formulieren. Die Prozesse der Welt sind *kausal geschlossen*, sie hängen untereinander stark vernetzt voneinander ab, aber es gibt keine transmundanen Einflüsse, die das Ursachennetz durchbrechen. Zweifellos gibt es viele kosmische Randbedingungen, die erfüllt sein müssen, damit unser Kohlenstoff-Leben auf diesem Plane-

---

[64] Gonzalo Puente Ojea: Elogio del ateismo: Los espejos de una ilusión. Teoría, Madrid 1955, S. 14.

ten existiert; aber die Kenntnis der notwendigen und hinreichenden Bedingungen innerhalb des Universums reicht hin, um Aufbau und Funktion lebendiger Systeme zu verstehen. Die kausale Geschlossenheit manifestiert sich u. a. in den *Erhaltungssätzen*, die überdies über Theoreme der Gruppentheorie mit der Struktur der Raumzeit verknüpft sind.[65] Jeder externe Eingriff in das Universum bedeutet eine Durchbrechung mindestens *eines* Erhaltungssatzes. Auch in der Mikrowelt gelten die klassischen Erhaltungssätze, denn in der Quantenmechanik und Quantenfeldtheorie sind diese Sätze der Gruppentheorie ebenfalls anwendbar, was überdies darauf hinweist, dass es tiefliegende Strukturen gibt, die die Relativität der wissenschaftsgeschichtlichen Epochen und die angebliche Abhängigkeit der Theorien von den Paradigmen durchbrechen. Die Erhaltungssätze zeigen, dass Thomas Kuhns These von den Brüchen in der Wissenschaftsgeschichte falsch ist.

Die theorie- und epochenübergreifende Geltung der Erhaltungssätze kann somit als Hinweis gelten, dass die kausale Geschlossenheit des Universums nicht ein Vorurteil eines bestimmten wissenschaftsgeschichtlichen Paradigmas oder einer gesellschaftlichen Matrix ist, sondern objektive Bedeutung besitzt. Damit werden übernatürliche Einflüsse auf das Universum zum Paradefall eines Konfliktes mit den Naturgesetzen. Die Erhaltungssätze legen es nahe, die Welt auch als epistemisch geschlossen zu betrachten. Im Sinne des stratonischen Immanenz-Prinzips wird die Welt aus sich heraus erklärt. Alle sinnvollen Probleme werden mit immanenten Mitteln gelöst. Jede Erklärung eines Phänomens, das in dieser Welt auftritt, verwendet ausschließlich Agentien, Prozesse und Systeme ebenderselben Welt.

Der Naturalismus besagt allerdings auch, dass die innerweltlichen Entitäten nicht von beliebiger Sorte sein können. Abstrakte, spirituelle, platonische Agenzien wie Ideen, Gedanken, Einfälle sind danach durchaus reale Strukturen, die in der Welt wirken. Aber sie bleiben immer Muster einer neuronalen Aktivität im Gehirn eines lebendigen Organismus. Wird eine Idee nicht von einem Gehirn gedacht, existiert sie nicht. Ontologisch abkoppeln lassen sich Ideen nicht. Eine Verselbstständigung von Ideen, die neben, über, unter oder zwischen den Materiebausteinen der Welt herumschwirren, würde wieder die Erhaltungsbilanz der stofflichen Welt affektieren, denn jeder Anstoß aus der autonomen Geisterwelt würde einen

---

[65] Emmy Noether: Invariante Variationsprobleme. In: Nachrichten der Gesellschaft der Wissenschaften zu Göttingen 1918, S. 235-257.

Fehlbetrag in der Buchhaltung der materiellen Welt bedeuten. Das Hiatus-Problem stellt sich innerweltlich genauso wie außerweltlich, also wenn ein transzendentes Wesen in den Kosmos eingriffe und das Substanz-Konto durcheinander brächte.

Geistiges als Form der Materie bedeutet keineswegs einen extremen philosophischen Standpunkt: Aristoteles hat gegen Platon verteidigt, dass gedankliche Strukturen nur in den Dingen vorkommen können. Auch in seiner *Psychologie* denkt Aristoteles durchaus im Einklang mit dem modernen Naturalismus: „...dass nun die Seele nicht abtrennbar ist vom Körper ... das ist offensichtlich".[66] Nach Aristoteles gibt die Seele als Struktur dem organischen Material temporär eine bestimmte Form. Die mentalen Funktionen sind aber an die stabile Existenz des organischen Trägersubstrates gebunden und können sich nicht selbstständig machen. Moderne Psychologen haben in Einklang mit Aristoteles' naturalistischer Psychologie darauf hingewiesen, dass die Seele nur dann verstehbar und erforschbar ist, wenn sie gesetzesartigen Regularitäten sowie der Naturkausalität unterworfen ist. Mit welchen Methoden würde man denn – so könnte man kontrafaktisch fragen – die Seele erforschen, wenn sie als eine spirituelle Substanz außerhalb der raumzeitlichen Kausalstruktur und jenseits jeglicher Energiebilanzen figurierte? Niemand hat eine Idee, wie man ein solches Gespenst ergründen sollte. Alle in der Vergangenheit für möglich gehaltenen intuitiven Methoden der Erforschung der Seele haben sich als kognitiv gehaltlos erwiesen.

Dietrich Dörner hat gezeigt, dass eine wissenschaftliche Psychologie voraussetzt, dass Seelisches algorithmisierbar ist, dass die Seele kausalen Gesetzen folgt. Ohne diese Annahme könnte man für psychologische Phänomene gar kein kausales Modell mit Erklärungsanspruch erstellen. Wenn Seelisches aus der Naturkausalität herausfiele – wie Kant noch annahm – würde sich auch das Wechselwirkungsproblem nicht verstehen lassen, jene Offensichtlichkeit, dass Vorstellungen oder Phantasien körperliche Effekte hervorrufen können. Wenn Seelisches nicht eine Struktur organischer Materie wäre, ließe sich Bewusstsein auch niemals in einem anderen Trägermedium realisieren. Die Idee einer Künstlichen Intelligenz, bei der mentale Funktionen auf mechanischen, elektronischen oder anderen nichtorganischen Trägerbasen aktiviert werden, wäre von vornherein ausgeschlossen. Es erscheint aber als eine vorschnelle Voreingenommenheit gegenüber allen informationsverarbeitenden Maschinen, zu behaupten,

---

[66] Aristoteles: De anima II, 413 a.

dass eine solche Rekonstruktion unmöglich sei. Man kann geteilter Meinung sein, ob das menschliche Gehirn einer universellen Turing-Maschine gleicht. Aber es wäre zumindest voreilig, dies auszuschließen, ehe nicht gewichtige Argumente dagegen sprechen. Digitale Modelle der Welt sind keineswegs vom Tisch, und es ist Gegenstand intensiver Forschung, wie weit das Computermodell trägt.[67] Deshalb wäre es vorschnell, die algorithmische Kompressibilität (Naturgesetzlichkeit) und die Digitalisierung des Mentalen a priori auszugrenzen. Methodisch gesehen ist es immer sinnvoller, die Erkennbarkeit eines Bereiches anzunehmen als dessen Analyse-Resistenz dogmatisch zu behaupten. Weiterführend ist es hingegen, zu versuchen, ob man zentrale Züge des menschlichen Seelenvermögens – wie die Autonomie – auf Maschinen eines bestimmten Komplexitätsniveaus übertragen und auf diese Weise rational rekonstruieren kann. Dörner hat dies in eindrucksvoller Weise durchgeführt, indem er die Seele als ein Steuerungssystem rekonstruiert hat, das ein organisches System zur Selbstbestimmung befähigt.[68] Letzten Endes hängt es vom Einfallsreichtum des Theorienkonstrukteurs ab, auf welche Weise sich eine Schlüsseleigenschaft des Mentalen nachbauen (analogisieren) lässt, und solange man nicht im Besitz von wirklich logisch stichhaltigen Unmöglichkeitsbeweisen ist, sollte man es zumindest versuchen. Unter den zentralen Qualitäten der Seele ist die Autonomie sicher eine der wichtigsten. Unser Selbstverständnis als autonom handelnde Subjekte ist als Leistung des Großhirns in der stammesgeschichtlichen Entwicklung vermutlich deshalb aufgetreten, weil der Individuen-Status dem organischen System eine höhere Durchsetzungskraft verleiht. Ein Wesen, das nicht nur als ein anonymes Gebilde existiert, sondern sich wesentlich als ein unverwechselbares Individuum begreift, hat vermutlich mehr Erfolg, sei es bei der Nahrungs-, sei es bei der Partnersuche. Autonomie tritt danach als stammesgeschichtliche Errungenschaft auf, weil es den Individuen bestimmte Überlebensvorteile verschafft. So gesehen muss es schon als ein wichtiger Schritt zur digitalen Rekonstruktion des Seelenlebens angesehen werden, wenn Autonomie in einem Automaten nachbildbar ist.

---

[67] Vgl. das Kapitel über Virtuelle Realität.
[68] Dietrich Dörner: Bauplan für eine Seele. Rowohlt, Reinbek bei Hamburg 1999.

## 4. Der methodologische Status des Naturalismus

In welcher Weise erlaubt nun der Naturalismus eine Kontrolle seiner Kernthese? Dabei ist es wichtig, sich zu vergewissern, zu welcher Klasse von Aussagen seine Behauptung denn eigentlich gehört. Gelegentlich wurde dem Naturalismus der Vorwurf des *Dogmatismus* gemacht, u. a. um zwischen ihm und einem transzendenten Supernaturalismus eine argumentative Pattsituation zu beschwören. Wenn beide von unkritisierbaren Voraussetzungen ausgehen müssen und es keine Letztbegründungen gibt, hätte keiner dem anderen etwas voraus; aus der Symmetrie der Situation ergäbe sich dann, dass man das eine so wie das andere verteidigen könnte. Natürlich gibt es keine Letztbegründungen. Deshalb haben aber noch lange nicht alle philosophischen Hypothesen über die Welt das gleiche Gewicht. Wenn man sich von der Begründungsidee loslöst und in den Kategorien der Kritik denkt, ist die Argumentationssituation keineswegs symmetrisch, sondern die einfachere naturalistische Welthypothese ist auch besser kritisierbar.

Manche möchten den Naturalismus als methodische Vorentscheidung sehen, um seine Protagonisten in die Falle des Dezisionismus zu locken. Dezisionen sind beliebig, vor allem, wenn man nicht zwischen begründeten und unbegründeten Entscheidungen trennen kann. Auch damit wird versucht, die Beliebigkeit dieser philosophischen Position zu dokumentieren, derart dass man sich auch mit gleichem Recht antinaturalistisch festlegen könnte. Aber auch methodische Vorgaben sind natürlich nicht völlig willkürlich, im Gegenteil: Methodologien bewähren sich, indem sie fruchtbare empirische Theorien hervorbringen, was sich z. B. wissenschaftshistorisch verfolgen lässt. Wenn man hier die wissenschaftsgeschichtliche Bilanz nachzeichnet, so lässt sich nicht leugnen, dass die naturalistische Vorgabe auch unter methodischem Aspekt mehr Erfolg gezeitigt hat als sämtliche Konkurrenten zusammen.

Zuweilen wird der Naturalismus als pragmatische Entscheidung gesehen, die es erlaubt, ungestört Wissenschaft zu betreiben. Auch damit hätte er einen relativ geringen kognitiven Status, er wäre nur eine praktische Regel, um sich nicht das Leben mit Gespenstern schwer zu machen, aber ohne Erkenntnisanspruch über den ontologischen Status solcher Wesenheiten. Da jeder Pragmatismus das Objektivitätsideal der Wissenschaft preisgeben muss, erscheint mir diese Variante wenig versprechend. Ein pragmatischer Naturalismus hat den Charakter einer Abschüttelungsstrategie, die nur die lästigen philosophischen Grundsatzfragen loswerden will.

Ich möchte dafür plädieren, den Naturalismus als *philosophische Hypothese* über die Welt anzusehen; sie ist zwar nicht direkt falsifizierbar, sie ist aber indirekt fallibel, weil sie mit Rekurs auf den Erfolg oder Misserfolg bestimmter einzelwissenschaftlicher Theorien kritisierbar ist. Die Kritisierbarkeit reicht nach heutigem Verständnis aus, um eine Hypothese als wissenschaftlich zu qualifizieren. Wenn der Naturalismus also mit erfolgreichen empirischen Theorien nicht in Einklang steht, müsste er als erschüttert gelten. Gegen Wittgenstein halten wir somit an der Existenz genuiner philosophischer Probleme und Hypothesen über die Welt fest. Aus unserer Sicht darf sich danach der Philosoph in seinem Bereich, der im Wesentlichen die begriffliche Durchdringung und Synopsis der empirischen Gebiete umfasst, eine eigene Hypothesenbildung erlauben, wobei er genauso wie seine einzelwissenschaftlichen Kollegen auf die interne und externe Konsistenz mit dem bewährten Wissen achten muss. Aber in diesem Rahmen darf er Vermutungen äußern, die nicht nur logisch-struktureller Art sind, sondern die Welt, den Menschen und dessen Wissen über die Welt betreffen.

Eine Widerlegung des Naturalismus würde damit nicht durch Beobachtung oder Experimente erfolgen, sondern durch den Bezug auf über- oder außernatürliche Konsequenzen von heute bewährten faktischen Theorien. Wie könnten solche Widerlegungsinstanzen aussehen?

Man kann die methodologische Situation in die Form einiger Fragen kleiden:
- ▶ Verwendet die Biologie an irgendeiner Stelle nichtmaterielle Vitalfaktoren zur Erklärung eines Phänomens bei Organismen?
- ▶ Bedarf die Quantenmechanik der Messung eines reinen körperlosen Subjektes, um ein Quantenobjekt nach der Messwechselwirkung in einen definiten Einzelzustand zu bringen?
- ▶ Kommen in der Neurobiologie psychische Prozesse ohne Trägersubstanzen und ohne Energietransfer vor?
- ▶ Lässt sich ein Signal, das eine Information überträgt, ohne Transport irgendeiner Erhaltungsgröße von einem Sender zu einem Empfänger senden?

Wenn Fragen dieses Typs, bei denen jedesmal die Materialität des Vorganges geprüft wird, durchgehend verneint werden, so kann man sagen, dass der Naturalismus vorerst mit den gegenwärtigen Resultaten der Wissenschaft in Einklang steht.

Da jedesmal für alle Vorgänge nur Materie und die ebenfalls physische, feldartige dynamische Raumzeit verwendet werden, lässt sich behaupten, dass die ontologisch sparsamste philosophische Hypothese des schwachen Naturalismus sich bewährt hat.

Zwar gäbe es noch eine ebenso sparsame ontologische Hypothese, nämlich die, dass die einzige Substanz spiritueller Natur sei, wie Bischof Berkeley behauptet hat. Diese Vermutung, die zur Konsequenz hat, dass alle Inhalte des Bewusstseins nur *präsentieren*, aber nichts Außerbewusstes *repräsentieren*, gilt selbst unter philosophischen Spekulanten als exotisch. Berkeley selber hat zur Erklärung der Kontinuität des Bewusstseinsstromes Gott herangezogen und da fragt man sich, ob man dann nicht genausogut die externe materielle Realität einsetzen kann, um zu verstehen, dass der Fluss der Phänomene, z. B. nach dem Schlaf, sich konsistent fortsetzt.

Auch der *starke Naturalismus* muss als philosophisch respektable Hypothese natürlich kritisierbar sein. Hier ist vor allem die Kosmologie zuständig, weil sie Aussagen über alles Seiende macht, und wenn sich irgendwelche Unvollständigkeiten zeigen sollten, müsste dies in der Wissenschaft von der Welt im Ganzen geschehen. In diesem Sinne hat der Theologe William Lane Craig[69] vor einiger Zeit versucht zu zeigen, dass das Standard-Urknall-Modell der Kosmologie nicht ohne Rekurs auf einen transzendenten Schöpfungsvorgang verstanden werden kann. Adolf Grünbaum hat darauf hingewiesen, dass Craig verborgene Voraussetzungen in seine Argumentation eingeschmuggelt hatte und dass die supernaturalistische Deutung somit auf einem non sequitur beruht. Auch Quentin Smith hatte schon 1991 in diesem Sinne argumentiert.[70] Jedenfalls wäre eine zwingend begründete theistische Deutung der Anfangssingularität eine Widerlegungsinstanz für den starken Naturalismus. Damit ist klar, dass diese These rational kritisierbar ist: Wenn das singuläre Standard-Modell nur durch eine externe Kreation verständlich wäre, müsste man die naturalistische Weltsicht als erschüttert ansehen. Daraus sollte zumindest klar sein, dass diese philosophische These Gegenstand einer Diskussion ist, die in der analytischen Philosophie auf hohem Niveau geführt wird.

---

[69] William Lane Craig: Creation and Big Bang Cosmology. In: Philosophia Naturalis 31 (2), 1994, S. 217-224.

[70] Adolf Grünbaum: Some Comments on William Craig's 'Creation and Big Bang Cosmology'. In: Philosophia Naturalis 31 (2), 1994, S. 225-236; Quentin Smith: Atheism, Theism and Big Bang Cosmology. In: Australasian Journal of Philosophy, March 1991, Volume 69, No. 1, S. 48-66.

Allerdings konzentriert sich diese Debatte nicht allein auf die Konfrontation mit der Wissenschaft. Man kann die Auseinandersetzung auch in das gegnerische Lager hineintragen und nach der internen Kohärenz der nichtnaturalistischen Positionen fragen.

Wie stellt sich der Verteidiger die Rolle von unmateriellen, geistigen oder transzendenten Wesenheiten vor, welchen Wirkungsmodus auf die sichtbare Gegenstandswelt soll man sich dabei denken? Diese Frage lässt sich nicht einfach abweisen, denn es geht schließlich um eine Einwirkung auf die Erscheinungswelt: Auch eine unkörperliche Seele soll auf die beobachtbaren Handlungen des Lebewesens einwirken, oder die Schöpfung soll an der Anfangssingularität angesetzt haben. In der Philosophiegeschichte lässt sich mehr als ein Beispiel dafür anführen, dass die Protagonisten ihre nicht-naturalen Größen in den Dienst der Phänomene gestellt haben, ja dass allein *diese* die Motivation bildeten, eine unsichtbare Gegenstandswelt zu postulieren. Ohne eine manipulative Einwirkung der transzendenten Wesenheiten auf die Phänomen-Welt wären diese ja funktionslos. Bei Platon manifestieren sich die Ideen in der Erscheinungswelt. Bei Descartes wirkt die *res cogitans* auf die *res extensa*, und zwar über die Epiphyse. Bei Popper / Eccles wirkt die 3. Welt über die Welt 2 auf die Welt 1 der Materie ein. Allein für sich wollte niemand mit der Ideenwelt spielen, letzten Endes ging es auch allen Spiritualisten um die schnöde Erscheinungswelt. Die Wechselwirkung spiritueller Entitäten mit materiellen (chemischen, biologischen, neuronalen) Systemen blieb jedoch immer völlig ungeklärt: Was passiert im Detail, wenn zeitlose, unräumliche, masselose Entitäten mit materiellen Systemen in der Raumzeit wechselwirken? Kausalität wird durchweg *reziprok* begriffen (dies besagt schon das dritte Newtonsche Gesetz). Was soll man sich aber bei einer kategorialen ontologischen Differenz unter Reziprozität vorstellen? Es ist ungenügend, die kausale Interaktion nur zu behaupten, man muss sie – so wie im materialen Bereich – spezifizieren. Ein Austausch von Objekten, die Träger von Energie, Impuls oder Drehimpuls sind, lässt sich nicht auf eine psycho-physische Wechselwirkung übertragen, wenn die psychologische Seite keinen materiellen Träger besitzt. John Eccles, einer der letzten Verteidiger einer starken Dualitätsthese,[71] fordert die Existenz eines speziellen Interaktionsareals – das Liaisongehirn, das aber erstens empirisch nie festgemacht werden konnte und überdies das Problem auch gar nicht lösen würde, sondern es nur verschiebt. Die ontologische Kluft zwischen

---

[71] John C. Eccles: The Human Mystery. Springer, Berlin 1979, S. 211.

einem materiellen Verknüpfungsbereich und den extrazerebralen geistigen Wesenheiten wird dadurch nicht überbrückt. Der *Hiatus* zwischen Spirituellem und Materiellem macht es einfach schwierig, eine kausale Beziehung zu installieren. Die Wiederbelebung des cartesianischen interaktiven Dualismus war eine wissenschaftsgeschichtliche Eintagsfliege. Man sieht dies an den verqueren Winkelzügen der Dualisten, die irgendwie mit dem Hiatus-Problem und der kausalen Geschlossenheit der Welt fertig werden wollten. Im Zweifelsfall musste oft die Quantenmechanik herhalten, wenn es in der sichtbaren Welt dunkel wurde. Die Dualisten verwendeten die Quantenmechanik als einen Notnagel, wobei sie mit der falschen Vorstellung arbeiteten, dass eine winzige quantenhafte Einwirkung des Geistes auf das Gehirn auf Grund der Energie-Zeit-Unschärferelation

$$\left( \Delta E \, \Delta t \geq \frac{\hbar}{2} \right)$$

tolerierbar sei. Später, als man zur Kenntnis nahm, dass der Hamilton-Operator eine Invariante der Bewegung ist und in der Quantenmechanik der Energieerhaltungssatz in Strenge gilt, wurde vorgeschlagen, dass durch die Quanteneffekte nur die *Wahrscheinlichkeit* des Eintretens zerebraler Ereignisse betroffen sei. Der Geist sollte demnach unter den quantenmechanisch möglichen Ereignissen auswählen. Damit würde jedoch die nach der Bornschen Interpretation gegebene Wahrscheinlichkeit für einzelne Ereignisse verändert, im Widerspruch zur Standardauffassung und zur experimentell gestützten Tatsache der Nichtexistenz verborgener Parameter. Die Kritiker weisen überdies darauf hin, dass Quanteneffekte auf die makroskopische Ebene der Hirnprozesse gar nicht durchschlagen können, sondern schon auf der molekularen Ebene im thermischen Rauschen untergehen würden. Die Vorstellung, dass das Gehirn sich in einem Zustand der Quanten-Superposition befindet und der Geist dann die Dekohärenz dieser Überlagerung zuwege bringt, ist also schon aus thermodynamischen Gründen unglaubhaft, weil die Quanten-Kohärenz, ehe der Geist wirksam werden könnte, von den molekularen Schwankungen zerstört worden wäre. Das Geist-Quantenfeldproblem ist also genau so schwierig wie das alte Leib-Seele-Problem, ja temporal betrachtet sogar noch undurchsichtiger. Auch die Neurobiologen sind deshalb skeptisch: „Die behauptete Einwirkung auf Hirnprozesse setzt voraus, dass der eingreifende Geist über die zum Zeitpunkt des Eingreifens im Gehirn vorliegenden Mikro- und Makrozustände informiert ist. Damit tauchen weitere, neue Probleme auf: Entweder bleibt das Gehirn-Geist-Problem zur Hälfte erhalten, oder es entsteht stattdessen ein Gehirn-Quantenfeld-

Geist-Problem. Zwischen Geist, Quantenfeld und Gehirn muss ein munteres Hin und Her herrschen. Die damit postulierten Wechselwirkungen sind im Lichte der heutigen Physik ebenso mysteriös wie die ursprüngliche cartesianische Interaktion zwischen Geist und Gehirn."[72]

Wie ist nun aber die Situation zu beurteilen, wenn keine Wechselwirkung zwischen außerweltlichem und innerweltlichem Bereich stattfindet? Dieser Fall liegt ja gerade beim schwachen Naturalismus vor. Methodisch gesehen, also von der Verfahrensseite her, ist dann alles noch viel seltsamer. Eine transzendente spirituelle Entität, die nicht die geringsten Spuren in einem ontologisch und nomologisch völlig autonomen Universum hinterlässt, ist de facto funktionslos. Es ist nicht logisch widersprüchlich anzunehmen, dass die naturale Welt eine übernatürliche Einbettung besitzt. Wenn von dort her keine Spuren in der Welt hinterlassen werden, bleibt es bei der logischen Möglichkeit der Existenz des einbettenden Bereiches. Aber es fehlt jeglicher gute Grund dafür, dass diese Einbettung tatsächlich existiert. *Kognitiv* zumindest ist eine solche Annahme ad hoc; vielleicht kann man ihr eine *emotive* Funktion zuordnen, eine *palliative* Rolle, um die Härte des Naturalismus abzumildern. Aber systematisch gesehen ist eine derartige Hypothese willkürlich. Außerdem leidet sie unter dem Defekt der *beliebigen Iteration*; es ist nicht einsichtig, warum die supernaturalistische Extension an dieser Stelle enden soll. Sie lässt sich im Prinzip in eine nicht abbrechende Stufenleiter erweitern; ohne die Verwendung eines Sparsamkeitsgedankens entgleitet die Ontologie ins Beliebige. Zudem wäre eine Hierarchie von ontologischen Hyperwelten gar nicht im Sinne des traditionellen Supernaturalismus, der immer *eine* und *nur eine* einbettende Transzendenz im Sinn hatte. So gesehen ist eine von der Welt absolut getrennte transzendente Hyperwelt weder erkennbar noch hat sie irgendeine sinnstiftende Funktion.

## 5. Naturalismus und Kritik

Zur Methodologie des Naturalismus gehört es, auch sein Verhältnis zum *kritischen Rationalismus* zu klären. Karl Poppers Kritizismus kann heute als das Standard-Modell der Methodik wissenschaftlicher Forschung angesehen werden. William Bartley hat gezeigt, dass die Methode der kriti-

---

[72] Hans Flohr: Die physiologischen Grundlagen des Bewusstseins. In: Enzyklopädie der Psychologie, Bd. 6, hrsg. von T. Elbert und N. Birbaumer. Hogrefe-Verlag, Göttingen 2002, S. 43.

schen Prüfung auch selbstanwendbar ist, womit man den Vorwurf des Dogmatismus abwehren kann.[73] Wäre der Kritizismus nicht auf sich selber anwendbar, könnte man dem Naturalismus vorwerfen, dass er eine willkürliche Beschränkung des Denkens darstellt und einen uneinsichtigen Verbotscharakter hat. Mit dem von Bartley so genannten *Pankritischen Rationalismus* ist die Forderung verbunden, dass *jeder* Satz über die Welt kritisierbar sein muss, und dass auch der Rationalismus zwar nicht letztbegründbar ist, aber kritisierbar bleibt. Man kann diesen Unterschied zwischen Begründbarkeit und Kritisierbarkeit am besten an der Logik einsehen: Ein Axiomensystem für die Aussagen- oder Prädikatenlogik ist selbstredend nicht auf irgendetwas Vorlogisches zurückführbar, aber es kann durchaus in dem Sinne kritisiert werden, dass sich fragen lässt, ob man das eine oder andere Axiom abschwächen könnte ohne ein triviales System zu erhalten, in dem jeder Satz ableitbar ist. In den parakonsistenten Logiksystemen geschieht genau dies. *Selbstanwendbarkeit* gilt daher heute als notwendige Bedingung für jede akzeptable Methodologie.

Nun muss ein kritischer Rationalismus keineswegs ein Naturalismus sein, wie Karl Poppers Spätphilosophie zeigt, bei der er drei Welten, die materielle, die subjektive und die objektive Welt der Theorien und Gedanken fordert. Popper hat mit seiner dreistufigen Ontologie ein Beispiel dafür gegeben, wie ein kritischer Rationalismus versuchsweise mit stärkeren Existenzannahmen arbeiten kann. Ein kritischer Rationalist wird aber bei veränderter Argumentationslage oder bei widerspenstigen Fakten seine Voraussetzungen zurücknehmen. In der heutigen analytischen Philosophie des Geistes arbeitet so gut wie niemand mehr mit einer mehrschichtigen Seinslehre, wohingegen der Kritizismus Poppers Allgemeingut geworden ist.

Aus dem Vorstehenden ergibt sich, dass der schwache Naturalismus mit dem traditionellen Theismus unvereinbar ist. Allenfalls könnte man den *Pantheismus,* wie ihn etwa Spinoza vertreten hat, einen naturalisierten Theismus nennen. Die Identifizierung der Natur mit einem göttlichen Wesen kann als Spiritualisierung der Natur oder als Materialisierung der Transzendenz gedeutet werden. Eine Reihe von Naturwissenschaftlern standen dem Pantheismus nahe, unter ihnen auch Einstein, den seine Bewunderung für den hohen Ordnungsgrad der Natur immer wieder zu emphatischen Äußerungen verleitet hat. Vermutlich haben solche Bekenntnisse eine ästhetische Wurzel; der „gestirnte Himmel" erzeugte eben nicht

---

[73] William Bartley: Flucht ins Engagement. Mohr, Tübingen 1987.

nur bei Kant, sondern auch bei modernen Wissenschaftlern erhabene kosmische Gefühle. Systematisch ist aber zweifellos der Analyse Schopenhauers nichts hinzuzufügen: „Gegen den Pantheismus habe ich hauptsächlich nur dieses, dass er nichts besagt. Die Welt Gott nennen, heißt, sie nicht erklären, sondern nur die Sprache mit einem überflüssigen Synonym des Wortes Welt bereichern."[74] An sich ist nichts gegen emotive Konnotationen von faktischen Termen einzuwenden, nur sollte man begleitende Gefühlsassoziationen nicht mit kognitiver Bedeutung verwechseln.

Ähnlich steht es auch mit der *Teleologie:* Zwecke, Ziele, globale Intentionen in die Natur hineinzutragen, wird heute in der Naturwissenschaft als eine Überschreitung der kausal-mechanistischen Erklärungsstrategie gesehen. Innerhalb des modernen evolutionären Naturalismus wird die scheinbare Zweckmäßigkeit der Lebewesen als *Anpassung* erklärt und somit *kausal* gedeutet. Der evolutionäre Naturalismus ist deshalb *antiteleologisch* und *kausalistisch*, wobei ein Moment des Zufalls allerdings eingeschlossen ist. Der Zufall manifestiert sich dabei in drei Formen: als akzidentelles Zusammentreffen von Weltlinien, als statistisches Verhalten der Teilchen auf der Mikroebene und als Moment der Instabilität auf der Makroebene beim deterministischen Chaos. Am meisten staunen die Menschen über den am leichtesten erklärlichen Zufall, nämlich das überraschende Zusammentreffen von Ereignissen, die jedes für sich Element einer normalen kausalen Kette sind und deren Anfangsbedingungen dem Staunenden verborgen waren. Dieses akzidentelle Schneiden von Weltlinien – wenn Sokrates auf der Agorá seinen Freund Glaukon trifft, ohne dass sie sich abgesprochen haben – veranlasst schlichte Gemüter, immer wieder nach geheimen Schicksalsfäden zu suchen, die die Anfangsbedingungen beider Vorgänge so gesteuert haben, dass das Zusammentreffen beabsichtigt erscheint. Die Unzufriedenheit mit dem reinen Faktum, mit der Tatsache, dass in der Menge aller Ereignisse die unwahrscheinlichen nicht völlig fehlen können, sorgt für Mythen wie den von den Nornen, die am Fuße der Esche Yggdrasil sitzen und die Schicksalsfäden knüpfen.

Eigentlich ist der quantenmechanische Mikrozufall viel spannender, denn er gilt nach heutigem Wissen als unreduzierbares Moment der indeterministisch verstandenen Welt der Atome. Der Zufall der dynamischen Systeme mit chaotischen Attraktoren hingegen gründet im strengen Determinismus der klassischen Mechanik und rührt von der Tatsache her,

---

[74] Arthur Schopenhauer: Einige Worte über den Pantheismus, in: Ders.: Parerga und Paralipomena, Haffmans, Zürich 1988, 2. Band, Kap. V.

dass winzige Unterschiede in den Anfangsbedingungen ein schnelles Auseinanderlaufen der Entwicklungen mit sich bringen können, weshalb Systeme nach kurzer Zeit unberechenbar werden.

Es erübrigt sich zu sagen, dass in allen drei Zufallssituationen keine Zielgerichtetheit vorkommt, somit *Teleologie* beim gegenwärtigen Stand des Wissens als Falsifikator des Naturalismus ausgeschlossen werden kann, was nicht bedeutet, dass nicht dereinst wieder zielgerichtete Phänomene auftauchen, die naturalistisch nicht deutbar sind. Man kann diesen derzeitigen Ausschluss teleologischer Mechanismen auch aus der Perspektive ockhamistischer Sparsamkeit sehen. Wenn man durchgehend mit kausalen Prozessen in der Naturerklärung auskommt, wird man nicht ohne Not teleologische Mechanismen einbauen. *Sparsamkeit* in Bezug auf Entitäten, Kräfte und Mechanismen heißt, – wie schon betont – Naturerkenntnis mit Minimalontologie zu betreiben: so wenige Erklärungselemente wie möglich, aber so viele wie notwendig. Der methodische Grund dieser Beschränkung liegt darin, dass die einfachere von zwei Hypothesen, die also weniger Entitäten voraussetzt, leichter prüfbar ist. Eine Hypothese mit mehr Größen, mehr Kombinationsmöglichkeiten, kann weniger leicht an der Erfahrung scheitern. Mit ausreichend vielen Konstruktionselementen kann ein Theoriengebäude fast unwiderlegbar gemacht werden, wie man an der Ptolemäischen Astronomie gesehen hat. So wäre auch ein Naturbild, das mit kausalen *und* teleologischen Elementen arbeitet, schwieriger zu widerlegen als eines, das nur kausal konstruiert ist, abgesehen davon, dass man sich überlegen müsste, wie die beiden Mechanismen ineinandergreifen und für welche Fälle Kausalität, für welche dagegen Zielgerichtetheit zutrifft.

Selbstredend ist der Naturalismus kompatibel mit der Entdeckung neuer materieller Systeme, in diesem Sinne ist er klarerweise *ontologisch offen*. Auf der anderen Seite muss der Naturalismus kategoriale Abgrenzungen vornehmen, um überhaupt Aussagekraft zu besitzen. Wie schon erwähnt, hat der Naturalismus heute *evolutionären* Charakter. Das evolutive Paradigma hat nach und nach alle Ebenen der Komplexität erfasst, zuletzt sogar das Universum. Darwins Theorie war hier eigentlich nur der Wegbereiter für den Entwicklungsgedanken in allen Schichten der Natur. Eine abstrakte Form einer Entwicklungstheorie mit verallgemeinerter Dynamik bildet die Idee der *Selbstorganisation*. Sie ist die Anwendung des Entwicklungsgedankens auf beliebige Strukturen: So spricht man z. B. von der chemischen Evolution einer Galaxis, wenn sie selber ihren Anteil an Metallen erhöht und damit wieder die Vorbedingung für weitere Entwicklungsstufen schafft. Die Idee der Selbstorganisation brachte Formen der Naturalisierung mit sich, die, als sie die höheren Leistungen des Menschen umgreifen wollten, Proteste und Abwehrreaktionen hervorriefen. Sprache, Erkenntnis, Moral, ästhetisches Vermögen als neurobiologische Produkte, als spontane Organisationsleistungen des Gehirns zu entschlüsseln, erschien vielen als eine Entwertung und Herabsetzung des spezifischen „Humanums". Max Scheler hat in seinem Buch *Die Stellung des Menschen im Kosmos* dieser Abwehrhaltung Ausdruck gegeben.[75] Er meinte noch, dass über allen neurobiologischen Funktionen der νοῦς als der genuine Exponent des Geistes walte. Gegenwärtig wird in der Philosophie des Geistes nirgendwo mehr von einem νοῦς Gebrauch gemacht. Die Naturalisierung des Geistes wird bis heute von vielen als „Entzauberung" (Max Weber) empfunden, als etwas, das uns den letzten Rest von Mittelpunktsstellung im Universum nimmt. Schon bei der Behandlung des neu erwachten Dualismus im Bereich des Mentalen (J.C. Eccles) haben wir darauf hingewiesen, dass die skurrilen bis absurden Konstruktionen, die mit gespenstischen Substanzen die Naturalisierung des Mentalen zu verhindern suchen, nur durch weltanschaulich motivierte Widerstände erklärt werden können.[76] Immer noch geistert die neuplatonische Illusion durch die Ideenwelt, dass eine materiale Manifestation einer geistigen Funktion eine Entwürdigung und Entweihung des Geistes darstellt. Die Würde und Weihe des Geistes verbietet danach die Verbindung mit der schlechten und bösen Materie. Auch wenn die Gekränkten (Freud) dies heute nie mehr so formulieren würden, als Steuerungsmotiv wirkt die „scala naturae", die Stufenleiter des Seins, noch nach. Aus der Position des Naturalismus sieht man die Dignität des Geistes in seiner Leistungskraft, welche in der Tat erstaunlich ist, aber nicht mehr in der Unabhängigkeit von seiner materiellen Manifestation.

Bei Jean Paul war es noch ein Albtraum, bei Nietzsche eine bestürzende Erfahrung, bei Steven Weinberg dagegen ist es eine trockene Konstatierung, dass der menschliche Geist keine Sinnkonstitution im Universum leisten kann. Deshalb deutet auch Gérard de Vaucouleurs Weinbergs Gedanken, das Universum könnte ein Ziel haben, als einen nostalgischen Rückfall in das anthropozentrische Denken.[77] Auch die Entrüstung folgt

---

[75] Max Scheler: Die Stellung des Menschen im Kosmos. Reichl, Darmstadt 1928.
[76] Ernst Topitsch: Erkenntnis und Illusion. Mohr Siebeck, Tübingen 1988.
[77] Alan Lightman / Roberta Brawer: Origins. The Lives and Worlds of Modern Cosmologists. Harvard Univ. Press, Cambridge 1990, S. 85.

somit einer Dämpfungskurve, der Schock über die Erkenntnis, dass das Universum ein rein physikalisches System ist und deshalb nicht der Ort von Sinn, Bedeutung und Zielen, hat sich langsam gelegt.

Eine wichtige Funktion bei der Naturalisierung des Geistes haben jüngst etablierte Brückendisziplinen ausgeübt, die die Verankerung der mentalen Funktionen in der Physis verstärkten. Soziobiologie, Psychobiologie, Neurobiologie und Biolinguistik haben den von Scheler so betonten Hiatus von Geist und Materie stark verringert. Auch Kognitionsforschung und Computer-Wissenschaft greifen in das früher rein von der Philosophie beherrschte Gebiet von Anthropologie, Epistemologie und Ethik ein.

Kürzlich wurde die Ästhetik von der Evolutionstheorie erfasst. Es muss als genuine Frage betrachtet werden, warum Menschen überhaupt die Natur unter dem Blickwinkel der Schönheit betrachten. Ein Gedanke könnte sein, dass im Moment des Schönen Information liegt, die für das Überleben nützlich ist. Immerhin weiß man, dass bei der Partnersuche die Regelmäßigkeit und Wohlgeformtheit des Körpers Auskunft über Abwehrkraft und Immunsystem geben, somit wichtig für denjenigen sind, der jemanden sucht, mit dem er seine Gene replizieren möchte.[78] Auf diesem Wege könnte der Sinn für Schönheit in die Welt gekommen sein, um dann in verselbstständigter Form, als Fähigkeit, Kunstwerke zu schaffen, zu verstehen und zu genießen, die reichhaltige Welt der ästhetischen Objekte hervorzurufen.

Der gerade skizzierte Prozess lässt sich durchaus als Naturalisierung der Philosophie beschreiben.[79] Diese Entwicklung ist kaum rückgängig zu machen. Eine zeitgemäße, glaubwürdige Philosophie muss sich heute im Verein mit den relevanten Einzelwissenschaften bemühen, den Menschen, die Welt und die Wechselwirkung beider unter dem Aspekt des Wissenserwerbs zu begreifen. Nicht nur die Philosophie, die Geisteswissenschaften schlechthin können sich ohne Substanzverlust nicht von den Neuro-, den Informations- und den Kognitionswissenschaften isolieren. Die Geisteswissenschaften sind nicht mehr allein die genuinen Verwalter von Vernunft, Subjektivität und Emotion. In den naturwissenschaftlich orientierten Spezialdisziplinen, wie z. B. der Psychopharmakologie, wird religiöses Bewusstsein analysiert; Psycho-Robotik rekonstruiert die Autonomie des

---

[78] Eckart Voland / Karl Grammer: Evolutionary Aesthetics. Springer, Berlin 2003.

[79] Tobies Grimaltos / Julián Pacho (Hrsg.): La Naturalización de la Filosofía: Problemas Y Límites. Pre-Textos, Valencia 2005.

menschlichen Subjektes, Verhaltensgenetik die Koevolution von Natur und Kultur. Eine *naturalistische Anthropologie* ist dabei, Kernbegriffe der Hermeneutik und Geisteswissenschaften, wie Person, Selbst, Subjekt, in eine objektivierende wissenschaftliche Sprache zu übertragen.[80] Dass dabei auch emotionales Pathos verloren geht, mag manchen stören, ist aber de facto kein kognitiver Verlust. Genau genommen ist das Gegenteil der Fall. Der pathetische Ton, wie er von der idealistischen Philosophie tradiert wurde, hat einem Predigt-Charakter und damit der Unsachlichkeit Vorschub geleistet und somit der Philosophie als Wissenschaft eher geschadet. Naturalisierung bedeutet auch in jedem Fall Versachlichung und eine Wendung zur Nüchternheit und intellektuellen Redlichkeit. Es ist nicht zu vermeiden, dass bei einer objektiven Rekonstruktion des Bewusstseins manche Vorurteile der Volks-Psychologie des Alltagsverstandes verloren gehen. Zum festen Bestandteil der Alltags-Psychologie gehört die Überzeugung, dass *die Perspektive der ersten Person*, in der wir über die eigenen psychischen Erlebnisse sprechen, von der objektiven neurophysiologischen Beschreibung nicht eingeholt werden kann, was Thomas Nagel in das berühmte Fledermaus-Gleichnis gekleidet hat.[81] Das Argument hält jedoch nicht stand, wie Paul Churchland gezeigt hat: Der privilegierte Zugang, den die Fledermaus und wir alle zu unseren inneren mentalen Zuständen besitzen, bedingt mitnichten, dass diese Zustände unphysikalisch sein müssen.[82] Jeder Mensch hat auch einen privilegierten Zugang zu den Zuständen seiner Eingeweide, dennoch zweifelt niemand daran, dass diese nach physiologischen Gesetzen funktionieren. Spezielle Informationskanäle zu bestimmten physiologischen Prozessen unseres Körpers implizieren keine immateriellen Zustände.

Eine ähnliche Rolle wie das Gefühl der Besonderheit des Sprechens in der ersten Person spielt in der Naturalismus-Debatte *die Freiheit des Willens*. Dies ist ein Lieblingsthema der idealistischen Philosophie. Angeblich ist aus dieser evidenten Fähigkeit des Menschen antinaturalistisches Kapital zu schlagen, weil dabei unweigerlich Naturkausalität außer Kraft gesetzt ist. Schon Spinoza und Voltaire haben die Begriffszusammenstellung von Willen und Freiheit als inkohärente Kombination kritisiert. Ein

---

[80] Bernulf Kanitscheider / Franz Josef Wetz: Hermeneutik und Naturalismus, Mohr Siebeck, Tübingen 1998.

[81] Thomas Nagel: What is it like to be a bat? In: Philosophical Review 74 (1974), S. 339-356.

[82] Paul M. Churchland: Die Seelenmaschine. Spektrum, Heidelberg 1997, Kap. 8.

ursachloser Wille gleicht einem verirrten Schaf, das die Beziehung zu seiner Herde verloren hat; ein solcher Wille, der keinen Kontakt zu seiner Umgebung besitzt, kann auch nichts mehr bewirken, ist also kausal ohnmächtig und damit nutzlos. Die analytische Philosophie ist fast durchweg dieser Kritik gefolgt. Moritz Schlick, Carnap und Russell beziehen den Freiheitsbegriff ausschließlich auf den Handlungsbereich und explizieren die Freiheit des Handelns negativ als *Abwesenheit von Zwang*. Handlungsfreiheit lässt sich kohärent mit *Naturkausalität* zusammenbringen. Richard E. Hobart hat darüber hinaus schon 1934 in einer viel beachteten Arbeit gezeigt, dass für einen sinnvollen Begriff moralischer Verantwortlichkeit die Kausalstruktur der Welt sogar unabdingbar ist.[83] Die sich uns anscheinend als unhinterfragbar aufdrängende Intuition von der *Ursachlosigkeit unserer Entscheidungen* ist eine der vielen Illusionen unserer Alltags-Psychologie. Die moderne Neurophilosophie hat die Überzeugung von der Infallibilität der Introspektion längst fallen gelassen. Es ist viel glaubwürdiger, dass wir selber unsere internen mentalen Prozesse falsch einschätzen, als dass wir ausgerechnet in dieser fluktuierenden Welt sicheres Wissen besitzen. Da wir die Prozesse in unserem Gehirn, die unser Handeln steuern, auf der unmittelbaren Phänomenebene in keiner Weise durchschauen, ist es äußerst unglaubwürdig, dass wir zu einem korrekten Urteil über die Kausalstruktur unseres Handelns gelangen. Das Gehirn ist für die Innenschau ganz einfach opak und kann nur indirekt auf externem Wege theoretisch entschlüsselt werden. Deshalb waren auch alle intuitiven Vermutungen über das Zustandekommen von Entscheidungen schlicht falsch.

Jüngst hat eine Gruppe von Neurobiologen ein Manifest[84] veröffentlicht, in dem sie die Naturalisierung des Geistes als Forschungsprogramm etabliert haben. Als Wortführer der Hirnforscher, die das Naturalisierungsprogramm vorantreiben möchten, gilt Wolf Singer,[85] der sich auch philosophisch am weitesten vorwagt und keinen Zweifel daran lässt, dass alle subjektiven psychischen Phänomene letztlich in einer objektivierenden Sprache beschrieben und kausal erklärt werden können. Die Neuro-

---

[83] R. E. Hobart: Free Will as involving Determination and inconceivable without it. In: Mind XVIII, No 169, Januar 1934, S. 1-27.

[84] Das Manifest. In: Geist und Gehirn 2004, Heft 6, S. 30.

[85] Wolf Singer: Verschaltungen legen uns fest. Wir sollten aufhören von Freiheit zu sprechen. In: Hirnforschung und Willensfreiheit. Zur Deutung der neuesten Experimente. Hrsg. von Christian Geyer, Suhrkamp, Frankfurt am Main 2004, S. 30-65.

biologie macht sich somit anheischig, die prima facie irreduzible Innenperspektive, die sich in der Sprache der ersten Person ausdrückt, auf neuronale Vorgänge der impersonalen Beschreibungsebene zurückzuführen. Daraus ergibt sich zwingend, dass der akausale Eindruck, den wir von unseren Willensentscheidungen haben, eine Illusion sein muss, denn auf der objektiven neuronalen Ebene gibt es keine Lücken im Kausalzusammenhang. So kommt die von Spinoza verteidigte Erklärung für den täuschenden Eindruck von anscheinend ursachlosen Entscheidungen, durch neue neurobiologische Experimente gestützt, wieder zum Tragen. Die scheinbare Falsifikationsinstanz für den Naturalismus namens „freier Wille" hat sich einfach aufgelöst.

Viele Einwände gegen den Naturalismus sind so aufgrund der Erklärungsleistung heutiger Wissenschaft nicht mehr haltbar. Die Tatsache etwa, dass im Laufe der Entwicklung des Universums sprungartig neue Systemeigenschaften bei komplexen Gebilden aufgetaucht sind, kann in den Theorien der *Synergetik* und der *nichtlinearen Thermodynamik* durchaus ohne Vitalfaktoren oder protomentale Urelemente verstanden werden. In diesen Strukturentstehungstheorien kommen solche ontologischen Irrläufer nicht mehr vor. Die *Emergenz* neuartiger Systemeigenschaften ist dabei kein magischer Vorgang, sondern ein nach eigenen Gesetzen verlaufender Phasenübergang im Zustandsdiagramm komplexer Systeme. Das Universum hat eine Vielzahl von Phasenübergängen hinter sich, die jeweils die qualitative Struktur der Welt entscheidend verändert haben. Eine der frühen Veränderungen hat die Trennung von Strahlung und Materie bewirkt, womit das Universum *durchsichtig* wurde. Ein weiterer entscheidender Übergang war die Abkopplung lokaler Materieaggregate von der Expansion, die die Bildung von *Galaxien* und Lebensbasen bewirkt hat. Auf den Planeten bildeten sich nach und nach die geologischen und atmosphärischen Bedingungen heraus, die das Entstehen intelligenten Lebens ermöglichten. Nur in der Retrospektive sehen die vielen zufälligen Weichenstellungen wie zielgerichtet aus, weil sie zur Existenz des Menschen geführt haben. Wenn jedoch jener Asteroid, der in Yucatán vor 56 Millionen Jahren einschlug, die Erde knapp verfehlt hätte und heute die Saurier das Sagen auf der Erdoberfläche hätten, gäbe es niemanden, der sich über eine solche Koinzidenz wundern könnte. Jedes Mal wurden die Bedingungen für neue Strukturen geschaffen, das Universum baute Schicht um Schicht höhere Komplexitätsstufen auf. Dieser durchaus als kreativ zu bezeichnende Vorgang vollzieht sich nicht nur mit deterministischer Dynamik, sondern schließt auch – wie das Yucatán-Ereignis zeigt – stochastische Elemente mit ein. Ein evolutiver Naturalismus ist deshalb in jedem Fall offen für noch kommende emergente Ebenen der Existenz, und weitere Asteroiden können den Weg der Emergenzen bahnen oder verlegen. Die *Fähigkeiten des Menschen*, seine kulturellen Aktivitäten, kognitiven Leistungen haben aus dieser Sicht keine ausgezeichnete Stellung. Es ist durchaus vorstellbar, dass wir das Durchgangsstadium zu einem kommenden *homo superbus* darstellen, der uns dann mit interessiertem zoologischen Wohlwollen in die Galerie seiner stammesgeschichtlichen Ahnen einreiht.[86] Auf welche Komplexitätsebenen sich das Universum insgesamt noch hinbewegen wird, ist aufgrund der stochastischen Entwicklungsfaktoren unvorhersehbar. Für das Gesamtkonzept ist allerdings wichtig, dass sich der Stufenbau der Welt *gesetzesartig* und damit im Prinzip erklärbar vollzieht. Auch die Zufallselemente verhindern nur die Prognostizierbarkeit, nicht aber eine Erklärung. Da wir die zukünftigen Asteroiden aus dem Weltall nicht kennen, lässt sich das Schicksal des Planeten nicht zuverlässig berechnen – aber im Nachhinein wäre es erklärbar. Im Fall einer solchen Katastrophe müsste man allerdings fragen, durch wen die Erklärung noch erfolgen sollte. Tatsächlich kommt in der Natur beides vor: das langsame Anwachsen extensiver Größen ohne jede Qualitätsänderung und der qualitative Sprung intensiver Größen, wobei völlig neue Regularitäten entstehen können. Spontane Ordnungsentstehung geht dabei ausschließlich auf die inneren Teile des Systems und deren Wechselwirkung zurück. Keine speziellen Gestalt- bzw. Ganzheitsfaktoren sind dabei am Werk; die Natur entwickelt bei adäquaten Randbedingungen das in ihrer Struktur liegende Potential. *Emergenz* ist daher kein magischer Vorgang, sondern die Eigenschaft bestimmter einfacher Systeme, in ihrem Zusammenwirken etwas hervorzubringen, was vorher noch nicht existierte. Nicht immer bringen zusammengesetzte Systeme etwas aufregend Neues hervor. Die Addition einiger Sandkörner zu einem großen Sandhaufen ändert struktural und qualitativ gar nichts. Die Masse wächst hier additiv an; man bezeichnet sie deshalb als *hereditäre Eigenschaft*, weil sie trotz wachsender Größe des Systems vererbt wird. Zu den neuartigen Qualitäten, die das Universum im Laufe seiner Entwicklung hervorgebracht hat, zählt auch das *Reich der Werte und Normen*, wie sie speziell beim Menschen vorzufinden sind. Auch diese beiden Begrifflichkeiten könnten im Prinzip Falsifikationsinstanzen für eine naturalistische

---

[86] Bernulf Kanitscheider: Die Existenz der Menschheit – Höherentwickeln – Überleben oder Auslöschen? Vortrag an der Universität Graz 1999.

Weltsicht bilden, wenn diese sich als Größen oder Entitäten herausstellten, denen im Naturzusammenhang überhaupt keine kausale Rolle zugeschrieben werden kann.

## 6. Normativer Naturalismus

Die Übertragung der naturalistischen Denkweise auf den normativen Bereich hat von jeher Zweifel geweckt. Aufgrund der weithin akzeptierten Barriere zwischen dem Reich des Faktischen und der Welt der Normen und Werte scheint sich hier ein unüberwindlicher Graben aufzutun, den der Naturalismus keineswegs überbrücken kann. Wenn man auf der anderen Seite die einheitsstiftende Funktion des Naturalismus ernst nimmt, kann es nicht einfach frei schwebende Entitäten geben, deren Status und Relation zur Welt der Materie ungeklärt bleiben. Dabei könnte der Fall für die beiden deontischen Größen verschieden liegen, da Werte wie Kulturgüter durch positive Schätzung gekennzeichnet sind, wohingegen Normen Handlungen implizieren, d. h. anordnen oder verbieten.

Werte – wie etwa das cis-moll-Quartett op. 131 von Ludwig van Beethoven – lassen sich vermutlich einfacher von einer naturalistischen Perspektive her betrachten, weil hier bestimmte Klangformen, wenn sie auf ein kulturell und akustisch vorbereitetes Nervensystem treffen, charakteristische emotive Reaktionen hervorrufen. Dieser kausale Zusammenhang – wenngleich ihn momentan auch noch niemand kennt – könnte im Prinzip empirisch herauszufinden sein. Normen mit ihrem Aufforderungscharakter, der gebietet, eine Handlung zu tun oder zu lassen, werden sich eher widerspenstig gegenüber einer naturalistischen Rekonstruktion verhalten, stellen demgemäß also das härtere Problem für den Naturalisten dar.

In der analytischen Moralphilosophie begann man schon in den 1930er Jahren über das ontologische Verhältnis der beiden Bereiche nachzudenken. Eine Schlüsselrolle spielte dabei eine Arbeit von William K. Frankena über den naturalistischen Fehlschluss.[87] Frankena zeigte in jedem Fall, dass es sich beim Sein-Sollen-Fehlschluss gar nicht um einen Schluss im engeren logischen Sinn handelt, sondern um eine Identifikation des Sollensbereiches, über die man als offene Frage debattieren kann. Der Ausdruck „naturalistischer Fehlschluss" wurde von George Edward Moore

---

[87] W. K. Frankena: The naturalistic fallacy. In: Mind 48, 1939, S. 464-477.

in seiner *Principia Ethica* eingeführt. Moore selbst war ein ausgeprägter Platoniker, der glaubte, mit geistiger Intuition das innerlich Gute erfassen zu können. Von einem heutigen neurobiologischen Gesichtspunkt ist Moores aprioristische Erkenntnisform der Werte höchst unplausibel; aber er lenkte die Aufmerksamkeit auf die Möglichkeit, ethische Prädikate durch deskriptive Bestimmungen zu rekonstruieren. Auch wenn er sich aus ontologischen Gründen dagegen aussprach, eine solche nichtpräskriptive Definition von Gut und Böse vorzunehmen, wies er doch auf das semantische (und nicht logische!) Problem der Verwendung der ethischen Terme hin. Somit ist es immer eine „offene Frage", ob eine naturalistische Definition von „gut" als geglückt anzusehen ist oder nicht. Wenn ein Hedonist „gut" als „angenehm", „lustvoll", „freudebringend" verwendet, kann man ihn in eine semantische Diskussion verstricken, aber ihm keinen einfach zu entscheidenden logischen Fehlschluss vorwerfen. Frankena öffnete mit dieser „offenen Frage" auch den Weg, die Bestimmung von „gut" gar nicht mehr als Prädikat aufzufassen, sondern in dem Sinne, wie es später die nicht-kognitiven Ethiker gemacht haben, als Ausdruck von Reaktionen der emotiven Zentren des Menschen.[88]

Auch von der Einzelwissenschaft – hier speziell der Biologie – wurden die Fragen der Lokalisierung der Werte und des Ursprungs der Normen aufgegriffen. Die traditionellen Ethiker waren allesamt davon überzeugt, dass das Nachdenken über Gut und Böse durchwegs ohne irgendwelche Kenntnisse über das Gehirn erfolgen kann, jenes Instrument, das effektiv die Wertentscheidungen fällt. Die rationalistischen Ethiker argumentieren stets so, als ob es keine empirische Natur des Menschen gäbe oder diese doch zumindest irrelevant für moralphilosophische Fragen wäre. Bis in die Gegenwart verteidigen auch die Vertreter einer *theonomen Moral* die Irrelevanz deskriptiven Wissens für die Welt der Normen. So behauptet der evangelische Theologe Georg Huntemann: „Biblisches Ethos kann sich nicht an der Natur orientieren".[89] Damit will er jede Rücksichtnahme auf die ererbte Natur des Menschen eliminiert wissen. Allein das Wort Gottes ist zur Gewichtung von Handlungen heranzuziehen. Man muss den früheren Rationalisten und Aprioristen allerdings zugute halten, dass lange Zeit nichts über die stammesgeschichtlichen Engramme im Gehirn bekannt war. Da das Gehirn selbst, wie wir schon erwähnt haben, für die

---

[88] J. J. C. Smart: Ethics, Persuasion and Truth. Routledge, London 1984, S. 22.
[89] Georg Huntemann: Biblisches Ethos im Zeitalter der Moralrevolution. Hänssler, Stuttgart 1995.

Reflexion opak ist, war die Einstellung nicht verwunderlich, dass es hinsichtlich axiologischer Vorentscheidungen leer sei. Mit der Kenntnis spezifischer Orientierungen, Neigungen, Tendenzen unserer emotiven biologischen Basis lässt sich die Existenz absoluter extrasomatischer Werte schlecht verbinden. Platonismus und Darwinismus harmonieren nicht, zwei derart divergente Erklärungen für Wertorientierung können nicht zugleich wahr sein. Daraus resultierte das Unternehmen der Bioethiker wie Edward O. Wilson und Michael Ruse, Moralphilosophie als *angewandte Wissenschaft* zu begreifen. Damit hat die Naturalisierungsstrategie auch die Ethik erreicht: Je besser man die materielle Basis des wertenden Systems versteht, um so eher werden die Quellen der moralischen Haltungen und Einstellungen plausibel. Wenn man erkannt hat, dass viele Werte stammesgeschichtliche Adaptionen darstellen, damit Optimierungen für den Existenzkampf bilden, dann ist eine platonische Existenzform der Werte höchst unglaubwürdig. Naturalisierung in der Ethik heißt nun nicht einfach, naturwüchsige Tendenzen gut zu heißen, sondern unser Gefühl von „moralisch richtig" bzw. „moralisch falsch", das als Basis für unseren ethischen Kanon dient, als Optimierungsstrategie bei der Evolution des Gehirns zu erkennen. Dies bedeutet klarerweise die Einnahme einer nichtkognitivistischen Position in der Ethik: Wertungen werden nicht als Urteile oder Feststellungen irgendeiner Art aufgefasst, sondern als emotive Reaktion, als Kundgebung von Einstellungen, die von einer Ebene des Gehirns herrühren, die der Reflexion gar nicht zugänglich ist. Es leuchtet ein, dass vom Standpunkt einer emotiven Ethik das Geltungs- und Legitimationsproblem durch die Reduktion des spezifisch Normativen auf die Faktizität aufgelöst wird. Das normative „Sollen" wird in ein suggerierendes „Wollen" aufgelöst, das auf der gleichen ontologischen Ebene wie alle anderen zerebralen Vorgänge abläuft.[90] Man will also aus der materialen Basis des moralischen Fühlens die heute akzeptierten Verhaltensregeln gewinnen. Soweit befinden wir uns auf der *Erklärungsebene* der deskriptiven Ethik. Einige Naturalisten, wie Edward O. Wilson, sind aber auch überzeugt, dass selbst für die *Rechtfertigungsebene* die emotive Basis unserer Wertungen von Belang ist.[91] Wenn es eine vorbewusste normative Prägung, eine axiologische Grundausstattung des Menschen gibt, dann ist

---

[90] Vgl. dazu Eckart Voland: Genese und Geltung – Das Legitimationsdilemma der Evolutionären Ethik und ein Vorschlag zu seiner Überwindung. In: Philosophia Naturalis 41 (2004), 1, S. 139-153.

[91] Edward O. Wilson: Consilience: The Unity of Knowledge. Knopf, New York 1998.

es sinnvoll, diese bei der Normierung in Betracht zu ziehen, denn alle Vorschriften stoßen je nach ihrer Verträglichkeit mit diesen vorbewussten Tendenzen auf schnelle Akzeptanz oder massiven Widerstand. Aus der Regelungsperspektive ist es aber bedeutsam, dass der emotive Widerwille gegen eine Norm sich in Grenzen hält. Wenn man den Menschen Vorschriften macht, die diesen extrem „gegen den Strich" gehen, werden die Umgehungsstrategien, die Raffinessen des Unterlaufens stark anwachsen, was wieder zu heftigen Zwangsmaßnahmen von Seiten der Moralhüter und Sittenwächter führt und damit zuletzt zu einem höchst unglücklichen Gesellschaftsmodell. Um nicht bei der Restriktion, die jede Ethik darstellt, an den moralischen Subjekten vorbei zu normieren, müssen *Brückenprinzipien* eingesetzt werden.[92] Diese Grundsätze sind Verbindungsglieder zwischen der faktischen und der normativen Ebene. Sie haben zwar selber normativen Charakter, sind jedoch von einem höheren Abstraktionsgrad und stellen keine inhaltlichen Forderungen. Nach Brückenprinzipien kann man noch nicht handeln. Sie stellen keine Handlungsanweisungen dar, sondern metatheoretische Schemata, Rahmenbedingungen für die Aufstellung von normativen Vorschriften. Auch sie sind natürlich einer kritischen Diskussion fähig und können abgelehnt werden. Konstruktionsbedingungen für normative Systeme sind ebensowenig letztbegründbar wie die Normen selber. Dennoch sind sie auf einer tieferen Rationalitätsebene angesiedelt. Ein klassisches Brückenprinzip ist aus dem Römischen Rechtssystem bekannt: *Ultra posse nemo obligatur* – die Verpflichtung des moralischen Subjektes muss auf dessen empirische Möglichkeiten Rücksicht nehmen. Zu den empirischen Möglichkeiten gehören aber gerade die schon erwähnten stammesgeschichtlichen Programmierungen, die sich in Neigungen und Handlungsdispositionen äußern. In Unkenntnis ihrer faktischen Natur wurden die Menschen durch aprioristische Normierungen, ohne Rücksicht auf deskriptiv-normative Brücken, in unsinnige Konflikte hineinmanövriert. Der Paradefall eines solchen Konfliktes ist die über Jahrhunderte verteidigte *Sexualethik*, in der an die Menschen Forderungen gestellt wurden, die einerseits den biologischen Programmen zuwiderlaufen, andererseits für ein glückliches Zusammenleben der Geschlechter gar nicht erforderlich sind. Die normative Prinzipien-Ethik entartete in diesem Fall zu einem *Zwangssystem*, weil keine Brücken zur

---

[92] Hans Albert: Kritizismus und Naturalismus. Die Überwindung des klassischen Rationalitätsmodells und das Überbrückungsproblem. In: Ders.: Kritische Vernunft und menschliche Praxis. Reclam, Stuttgart 1977, S. 34-64.

faktisch im Menschen verankerten Triebsituation vorhanden waren. Daraus ersieht man auch den kontingenten Charakter der Brückenprinzipien. Man *kann* den Menschen zu „Obligationen" zwingen, die das „posse" außer acht lassen, somit die römische Rechtsregel verletzen, erhält aber damit unter Umständen minimale Akzeptanz und bei rigider Kontrolle alle Arten von heimlichen Umgehungen. Gelegentlich wurde eine seltsame Deutung von triebfeindlichen Zwangsverordnungen geäußert, wonach Sexualunterdrückung zur Erhöhung der Spannung führt und die Heimlichkeit und die Furcht vor Entdeckungen den Trieb anfeuern. Angesichts der in früheren Zeiten angedrohten drakonischen Strafen gegen die Übertretung von Sexualnormen erscheint dies aber eher als Zynismus. Die meisten Menschen tendieren doch dazu, auch ohne Damoklesschwert das zu tun, was ihrer Neigung entspricht.

In Kants *Metaphysik der Sitten* findet man viele Beispiele dafür, wie idealistische Leitvorstellungen ohne Rücksicht auf empirische Gegebenheiten der biologischen Natur des Menschen zu absurden ethischen Forderungen geführt haben. Aus den Rechtsgesetzen der reinen Vernunft leitet Kant ab, dass Mann und Weib, wenn sie einander in „ihren Geschlechtseigenschaften wechselseitig genießen wollen", sich vorher verehelichen müssen.[93]

Ebenso apriorisch bestimmt er, dass nur die Monogamie als Partnerschaftsmodell aus moralischer Sicht in Frage kommt. Gleichermaßen sind das Konkubinat, ebenso wie „die Verdingung einer Person zum einmaligen Genuss" und auch die „Ehe an der linken Hand" aus Gründen der reinen Vernunft moralisch abzulehnen.[94] Es erübrigt sich zu zeigen, dass alle diese Ableitungen unsinnig sind, da man aus der Vernunft allein, ohne Verwendung materialer Zusatzprämissen, überhaupt nichts dergleichen ableiten kann. Abgesehen von dieser logischen Schwierigkeit kommt bei Kant ganz einfach seine theologische, traditionalistische Orientierung zum Vorschein, die er in eine rationalistische Hülle steckt. Überdies liegt in solchen Ableitungen auch ein gutes Stück Ethnozentrismus verborgen, denn angesichts der weltweiten Verbreitung der Polygamie wäre es schon seltsam, wenn sich ausgerechnet die im Christentum durch eine Verfügung ihres Stifters eingesetzte Monogamie mit purer Logik gewinnen ließe.

---

[93] Immanuel Kant: Metaphysik der Sitten §24.
[94] Ebenda, §26.

Deshalb gehen moderne Vertreter einer evolutiven Ethik, wie etwa Michael Ruse[95] oder E. O. Wilson dazu über, die Dispositionen des Individuums aus der Stammesgeschichte in Rechnung zu stellen, wenn es sich um die Gewichtung von Mustern des Sexualverhaltens handelt. Die Wertungen von Handlungsstrukturen können nicht unabhängig von den natürlich vorhandenen und seit Jahrmillionen einprogrammierten genetischen Engrammen vorgenommen werden. Der Mensch besitzt eine empirische Natur, er ist kein ethisch unbeschriebenes Blatt, auf das man beliebige Steuerbefehle diktieren kann, sondern sein ererbtes normatives Wesen wehrt sich gegen allzu heftige Umwertungen – wie man am Fall der Sexualmoral sieht – mit Erfolg. Seine normative Plastizität ist begrenzt, und wenn ihm die Repressionen zu heftig werden, organisiert er einen Aufstand, wenngleich es manchmal lange dauert, bis er die Unterdrücker zum Tempel hinauskomplimentiert hat.

Naturalismus in der Ethik bedeutet also trotz allem – dies ist zu betonen – kein blindes Übernehmen von natürlichen Verhaltensmustern, sondern die Berücksichtigung der faktischen Strebungen bei der Aufstellung von Handlungsnormen, um die Spannung zwischen Sollen und Wollen zu minimieren. Eine naturalistische Ethik wird also sicher sparsam mit *Restriktionen* umgehen: Nur so viele Forderungen werden aufgestellt, dass das Wohlbefinden aller Individuen der Gemeinschaft garantiert ist.

Ziel einer solchen Ethik ist, dass Menschen nicht aus Selbstzweck irgendwelche Prinzipien erfüllen müssen, sondern dass alle – soweit von den materialen Randbedingungen her möglich – ein aus *ihrer eigenen Sicht* gelungenes Leben führen können.

Die Einbeziehung der empirischen Natur des Menschen hat auch Folgen für die Toleranz. Die menschliche Spezies ist kein homogenes Ensemble. Stellt man die Streuungen in den Dispositionen in Rechnung, wird man duldsam gegenüber einer Vielfalt von Verhaltensmustern sein. Eine naturalistische Ethik kann auch ohne Substanzverlust zeitabhängig sein. Sie kann ihre „Glückstechnologie" (Hans Albert) an die sich wandelnden sozioökonomischen Bedingungen anpassen. Sie begreift sich als ein zeitlich variables Regelsystem, das das Ziel hat, das freudvolle Zusammenleben vieler Individuen zu optimieren. Räumliche und zeitliche Variierbarkeit macht die Ethik flexibel, undogmatisch und situativ anwendbar. Sie gibt die Überzeitlichkeit der normativen Grundsätze auf und macht sie

---

[95] Michael Ruse / Edward O. Wilson: Moral Philosophy as Applied Science. In: Philosophy 61 (1980), Nr. 236, S. 173-192.

dafür auf die Vielheit der kontingenten Lebensumstände des Menschen anwendbar. So steht die naturalistische Ethik im Dienste der Idee eines glücklichen gelungenen Lebens, dem Zentrum eines modernen säkularen Humanismus.

## III. Reichweite des Naturerkennens – Einheit des Wissens

### 1. Ignorabimus?

Zu den zentralen Aufgaben der Erkenntnistheorie gehört die Frage, wieweit denn überhaupt unsere wissenschaftliche Rationalität reicht. Auch wenn wir in unserer unmittelbaren grobsinnlichen Umgebung langfristig – jedenfalls über die Zeit unserer Stammesgeschichte – Erfolg im Erkennen der Welt gehabt haben, lässt sich daraus keine sichere Abschätzung gewinnen, ob dieser Erkenntnisfortschritt auch in den kaum lebensdienlichen Bereichen kleiner Dimension und großer Entfernung anhält. In der Wissenschaftsgeschichte ist es immer wieder versucht worden – gewissermaßen mit antizipierendem Feldherrnblick – abzuschätzen, wo die Erfolgsleiter der zukünftigen Wissenschaft hinreichen könnte und welche Fragen auf Dauer unbehandelbar bleiben müssen. So versuchte etwa der Berliner Physiologe Emil du Bois-Reymond in seiner berühmt gewordenen Rede vom 14.8.1872 *Über die Grenzen des Naturerkennens*, die damals vorhandenen offenen Probleme in zwei Klassen einzuteilen: in die langfristig lösbaren ignoramus-Fälle und die grundsätzlich der Wissenschaft unzugänglichen ignorabimus-Probleme.[96] Fast alle modernen Untersuchungen zur Reichweite der Wissenschaft gehen von dieser Distinktion aus.

In seinem ersten Vortrag glaubte du Bois-Reymond zuerst, das Problem der Materie, worunter er die Vereinbarkeit von atomistischer Teilbarkeit und substantieller Raumerfüllung verstand, als unlösbar erkannt zu haben. Darüber hinaus meinte er, dass die Entstehung des Bewusstseins ein permanentes Rätsel bleiben würde. In einem späteren Vortrag vom

---

[96] Emil du Bois-Reymond: Über die Grenzen des Naturerkennens. Die sieben Welträtsel. Veit, Leipzig 1891.

8. August 1880 über die sieben Welträtsel fügte er noch weitere grundsätzlich unüberwindliche Schwierigkeiten hinzu wie den Ursprung der Bewegung und das Problem der Willensfreiheit, wohingegen er die Entstehung des Lebens, die scheinbar teleologische Verfassung der Natur und den Ursprung von Sprache und Denken nur der ignoramus-Klasse zurechnete.

Sieht man sich seine Begründungen an, so wird schnell klar, dass die angeblichen Unmöglichkeiten allesamt in bestimmten Annahmen der klassischen Naturwissenschaft fußen, wie dem Teilchenkonzept und der Existenz von bestimmten Kräften. Es handelt sich also um relative Unmöglichkeiten, die nicht logischer Natur sind, sondern nur in Bezug auf den klassischen Theorienbestand gelten. Übrigens hatte schon vor dem Berliner Physiologen eine Reihe von Wissenschaftlern versucht, grundsätzlich unlösbare Probleme ausfindig zu machen. 1811 behauptete z. B. der französische Mathematiker Augustin Louis Cauchy,[97] dass Menschen niemals etwas über das Material, das den Erdkern bildet, erfahren werden, ebenso sei das Innere der Sonne unerkennbar. Auch im Bereich der angewandten Wissenschaften gab es immer wieder eklatant verfehlte Unmöglichkeitsprognosen, bis in die jüngste Zeit. So versicherte Lee de Forest, der Erfinder der Verstärkerröhre, noch 1957, dass der Mensch niemals den Mond erreichen werde,[98] obwohl schon in den Zukunftsromanen Jules Vernes die Reise zu unserem Trabanten als denkbar vorweggenommen worden war.

Es ist sehr lehrreich, sich die Verschiebungen zu vergegenwärtigen, die heute in Bezug auf diese Klassifikation in lösbare und prinzipiell unlösbare Probleme eingetreten sind. Allein schon die Tatsache, dass die Ignoramus/Ignorabimus-Trenngrenze in verschiedenen wissenschaftsgeschichtlichen Epochen immer wieder neu bestimmt wurde, sollte nachdenklich stimmen.

Die Physik hatte seit dem Siegeszug der Newtonschen Mechanik ihre paradigmatische Rolle innerhalb der Naturwissenschaften ungeheuer stärken können. Sogar für Disziplinen aus dem Bereich der Sozialwissenschaften wie die Ökonomie versuchte Adam Smith ebenfalls mechanische

---

[97] A. L. Cauchy: Sur les limites des connaissance humaines. In: Œuvres complètes. II$^e$ Série, Bd. XV, Gauthier-Villars, Paris 1974, S. 5.
[98] Gerhard Vollmer: Von den Grenzen der Naturwissenschaft. In: Rundschau 42, 10/1989, S. 388.

Modelle zu erstellen,[99] indem er die Volkswirtschaft mit einem Gleichgewichtssystem verglich, das unter der Einwirkung von Kräften seine Struktur erhält: „Die menschliche Gesellschaft erscheint wie eine großartige Maschine, deren gleichmäßige, harmonische Bewegung tausend angenehme Wirkungen hervorbringt."[100] Der Chemiker Joseph Priestley, der durch seine Erforschung von Gasen hervorgetreten war, bemühte sich, durch eine philosophische Anwendung newtonscher Ideen eine Lösung des Freiheitsproblems zu finden,[101] indem er zeigte, dass die deterministische Naturkausalität durchaus mit der Freiheit des Menschen vereinbar ist. Da nach Priestley geistige Aktivitäten materielle Gehirnprozesse sind, gilt für sie auch Newtons Mechanik. Deshalb müssen der menschliche Wille und seine Handlungen ebenso ihren Gesetzen unterworfen sein. Selbst Philosophen wie Immanuel Kant bestätigten, dass ein wesentlicher Zug der Mechanik, nämlich die Mathematisierung, die Reife und Aussagekraft einer Wissenschaft ganz generell bestimmt.[102] Chemie und Biologie bemühten sich, Newtons Vorbild vor Augen, mit wachsendem Erfolg, den Status einer quantitativ formulierten Wissenschaft zu erreichen. Auch wo dies nicht gleich möglich war, etwa bei Darwins Evolutionstheorie, stand kausal-mechanistisches Denken als Leitbild im Hintergrund. Die Evolutionsbiologie hat die Schwelle zur Mathematisierung erst in unserer Zeit überschritten, da z. B. Manfred Eigen Differentialgleichungen auf evolutive Prozesse angewandt hat.[103] Ebenso kann der Ansatz Conways im „Spiel des Lebens" als quantitativer Zugang zur Welt des Lebendigen gewertet werden, da die darin verwendeten Zellulären Automaten einem mathematischen Algorithmus folgen.[104]

---

[99] Adam Smith: Eine Untersuchung über Natur und Wesen des Volkswohlstandes. Fischer, Jena 1923.
[100] Adam Smith: The Theory of Moral Sentiments [1759]. Kelley, New York 1966, S. 463.
[101] Joseph Priestley: The doctrine of philosophical necessity, illustrated. J. Johnson, London 1777.
[102] Immanuel Kant: Metaphysische Anfangsgründe der Naturwissenschaft. In: Immanuel Kants Werke, Bd. IV. Cassirer, Berlin 1914.
[103] Manfred Eigen: Selforganization of Matter and the Evolution of Biological Macromolecules. In: Naturwissenschaften 58, 10, 1971, S. 465-523.
[104] Martin Gardner: Mathematical Games. The fantastic combinations of John Conway's new solitaire game „life". In: Scientific American 223 (Oktober 1970), S. 120-123.

Modellbildung im Sinne der klassischen Mechanik schloss damals eine anschauliche, raumzeitlich verfolgbare Rekonstruktion der Naturprozesse ein. Prototypisch für das Ideal der Begriffsbildung in der Zeit vor der Quantenwende hat es Lord Kelvin in seinen *Baltimore Lectures* ausgedrückt: „Nur eine Erklärung, die die Form eines mechanischen Modells besitzt, kann als echte Erkenntnis betrachtet werden."[105] Die Mechanik besaß damals eine so starke Vorbildfunktion, dass man auch den elektromagnetischen Vorgängen mechanistische Prozesse unterlegte. Erst gegen Ende des 19. Jahrhunderts setzte sich die Auffassung durch, dass das elektromagnetische Feld eigene dynamische Freiheitsgrade besitzt und einen selbstständigen Teilnehmer in einer physikalischen Ontologie darstellt. Dies passierte übrigens einige Jahrzehnte später auch mit dem metrischen Feld, das die Struktur der Raumzeit beschreibt. Auch dieses Feld, das zuerst nur als Lückenbüßer für die Fernwirkungen der Newtonschen Gravitationstheorie angesehen worden war, wurde mit der Zeit eine autonome Entität der Physik. Das war allerdings eine Entwicklung, die erst im 20. Jahrhundert stattfand. Man muss sich nicht wundern, dass ontologische Neuankömmlinge erst einmal argwöhnisch betrachtet werden und eine Zeitlang nur als hilfreiche Fiktionen gelten.

Im 19. Jahrhundert stand auch die Thermodynamik unter dem Leitbild der Mechanik. Ludwig Boltzmann betrachtete es als sein Lebensziel, auch die irreversiblen makroskopischen Phänomene mittels einer im Sinne der Wahrscheinlichkeitstheorie gedeuteten Mikromechanik zu verstehen. Sicherlich nicht Newton selbst, aber die späteren Protagonisten seines Forschungsprogrammes, wie etwa Laplace, hatten das Zukunftsbild einer vollständig mechanisch beschreibbaren Natur mit Einschluss der Besonderheiten aller komplexen Systeme, darunter auch des Menschen, entworfen. Philosophiehistorisch betrachtet, ist der Gedanke einer umfassenden Naturbeschreibung genau genommen schon durch den ontologischen Ansatz von Descartes nahegelegt. Unter dem cartesischen Aspekt ist die Natur res extensa, in modernen Termen würden wir einfach *Raum* sagen und dann mit einem Blick auf die spezielle Relativitätstheorie *Raumzeit*. Die res cogitans, bei Descartes noch säuberlich davon geschieden, umfasst einen so kleinen Teil aller Prozesse, dass die Reduktionsidee sich gewissermaßen aufdrängt. David Armstrong hat der Frage die suggestive Wendung gegeben: Warum soll man aus der gewöhnlichen naturwissenschaft-

---

[105] William Thomson: Baltimore Lectures on Molecular Dynamics and the Wave Theory of Light. Clay, London 1904.

lichen Behandlung jene winzige Klasse von Prozessen ausnehmen, die doch nur einen kleinen Oberflächeneffekt auf dem dritten Planeten eines sonst nicht weiter ausgezeichneten Sonnensystems darstellt?[106] Die führenden Neurophilosophen unserer Zeit sind sich so gut wie einig, dass die Erklärung mentaler Prozesse keiner jenseits der Naturwissenschaft angesiedelten Denksubstanz mehr bedarf. In der heutigen Analytischen Philosophie des Geistes wird nirgendwo von einer res cogitans Gebrauch gemacht.

Unterstützung für eine einheitliche mechanische Verfassung des ganzen Weltgebäudes, wie es Kant ausgedrückt hat, kam auch von der Biologie her. Darwins Entwicklungsmodell von 1859, obwohl nicht quantitativ formuliert, war, wie schon erwähnt, im Grundansatz mechanistisch.[107] Die Ausdehnung dieser Theorie auf den Menschen brachte 1871 die entscheidende Erweiterung,[108] und obwohl Darwin es nur in Briefen ausgedrückt hat, kann es als seine Überzeugung angesehen werden, dass auch der menschliche Geist nicht von der Evolution ausgenommen sein kann, ohne dass seine Theorie grundsätzlich gefährdet wäre.[109] Auch hier machte Darwin von einer Art Regionalitätsbetrachtung Gebrauch; wie könnte man es verstehen, dass der Sitz des menschlichen Geistes, das Gehirn, nicht den Selektionsgesetzen der Stammesgeschichte unterworfen ist, wo doch der ganze übrige Teil des menschlichen Körpers durch Adaption entstanden ist? Der Schnitt zwischen den beiden Körperteilen und die Abtrennung des Sitzes des Geistes vom übrigen Körper macht evolutionsbiologisch keinen Sinn.

*Innerphysikalisch* betrachtet gewann gegen Ende des 19. Jahrhunderts der Feldgedanke mehr und mehr an Bedeutung. Max Abraham, Hendrik Antoon Lorentz, Henri Poincaré und Wilhelm Wien versuchten eine einheitliche feldtheoretische Beschreibung der Materie. Auf der Basis von Lorentz' elektromagnetischer Feldtheorie sprach man bereits von einem

---

[106] David Armstrong: Recent work on the relation of mind and brain. In: Contemporary philosophy. A new survey. Vol. 4, 1982, S. 44-79.

[107] Charles Darwin: The origin of species. University of Pennsylvania Press, Philadelphia 1959.

[108] Charles Darwin: The Descent of Man and Selection in Relation of Sex. John Murray, London 1871.

[109] Francis Darwin (Hrsg.): More Letters of Charles Darwin. John Murray, New York 1903, Bd. 2, S. 39.

elektromagnetischen Weltbild.[110] *Außerphysikalisch*, also in Bezug auf die angrenzenden naturwissenschaftlichen Disziplinen und die Geisteswissenschaften, war es nicht wesentlich, ob letztendlich die Theorie der Materie oder eine Theorie des Äthers die Oberhand gewinnen würde. Entscheidend war, dass von der Physik her eine einheitliche Naturbeschreibung angeboten wurde, die keine ersichtliche Anwendungsgrenze besaß.

So gesehen mehrten sich gegen Ende des 19. Jahrhunderts von verschiedenen Seiten her die Indizien, dass der Weg der Naturwissenschaft eigentlich nur konsequent weitergegangen werden müsste, um ein korrektes, umfassendes Bild der Natur mit Einschluss des Menschen und seiner kulturellen Aktivitäten zu erhalten. Ausdruck dieser optimistischen wissenschaftlichen Weltauffassung ist David Hilberts berühmtes Wort aus dem Jahre 1930: „Der wahre Grund, warum es Comte nicht gelang, ein unlösbares Problem zu finden, besteht meiner Meinung nach darin, dass es ein unlösbares Problem überhaupt nicht gibt. Statt des törichten Ignorabimus heiße im Gegenteil unsere Losung 'Wir müssen wissen und wir werden wissen'."[111]

Dabei spielt Hilbert auf Auguste Comtes Behauptung von 1830 an, dass der chemische Aufbau der Sterne uns Menschen immer ein Rätsel bleiben muss. Bereits 1859 konnten Kirchhoff und Bunsen über die Spektralanalyse Elemente der Sternatmosphären entschlüsseln. Dieser Fall ist methodisch lehrreich: Comte dachte natürlich an eine Reise zu den Fixsternen und an dortige Experimente zum Aufbau der Sternatmosphären. Er ahnte nicht, dass das Licht der Sterne ausreichend Information enthält, um die chemische Zusammensetzung ihrer Hülle zu entschlüsseln. In diesem Fallbeispiel steckt eine bedeutsame wissenschaftstheoretische Lehre: Erst eine starke Theorie ist in der Lage, die implizite, verdeckte Nachricht in einer Klasse von Beobachtungen herauszulösen.

Fast zur gleichen Zeit wie Hilbert schreibt Einstein die selbstbewussten Worte: „Wir wollen nicht nur wissen, *wie* die Natur ist und *wie* ihre Vorgänge ablaufen, sondern wir wollen nach Möglichkeit das vielleicht utopisch und anmaßend erscheinende Ziel erreichen zu wissen, *warum* die

---

[110] Arthur I. Miller: On the History of the Special Theory of Relativity. In: P. C. Aichelburg / R. U. Sexl (Hrsg.): Albert Einstein. Vieweg, Braunschweig 1979, S. 89.

[111] David Hilbert: Naturerkennen und Logik. In: Die Naturwissenschaften 18 (1930), S. 959-963.

Natur *so und nicht anders* ist."[112] Damit umreißt er bereits das Programm einer vollständigen physikalischen Theorie, in der es keine zufälligen, frei wählbaren Elemente mehr gibt und die letztlich auch für alle komplexen Systeme und hochfunktionalen Ordnungen zuständig wäre. Alle jüngsten Bemühungen in der theoretischen Kosmologie und in der Hochenergiephysik können als Versuche angesehen werden, Einsteins Programm zu erfüllen.

Ebenso gibt es aus der Sicht der sprachanalytischen Philosophie, etwa im Konstitutionssystem Rudolf Carnaps, keinen Raum für kognitive Rätsel. Philipp Frank fasst die unter den Wissenschaftstheoretikern bis heute prävalente Einstellung zusammen, wenn er sagt: „Es ist nicht notwendig, neben dem grünenden und wachsenden Baum der Wissenschaft ein graues Gebiet anzunehmen, in dem die ewig unlösbaren Probleme ihren Sitz haben, bei deren Beantwortung man sich seit Jahrhunderten nur um die eigene Achse dreht."[113] So kann man unter Naturwissenschaftlern und empirisch orientierten Philosophen einen deutlichen rationalistischen Optimismus konstatieren, der kaum eine Grenze des Erkennens kennt.

In den Geisteswissenschaften und der traditionellen Philosophie konnte sich nie dieser Erkenntnis-Optimismus ausbreiten. Hier war immer etwas von der Ambivalenz der Aufklärung zu spüren. Einerseits kann man einer erkannten, in ihrer Funktionsweise durchschauten Natur furchtlos begegnen, sie verändern, sie zum eigenen Nutzen wenden; auf der anderen Seite tritt aber auch eine gewisse Ernüchterung ein, manche Phänomene verlieren ihren Zauber, wenn man sie verstanden hat. Max Weber hat das Wort von der „Entzauberung der Welt" geprägt.[114] Der emotionale Halo, der vordem viele Naturphänomene umgeben hatte, geht durch den analytisch-reduktionistischen Ansatz verloren. Nicht nur Philosophen wie Wittgenstein, sondern auch Naturwissenschaftler haben immer wieder versucht, ein Refugium des Unsagbaren, des Unlösbaren, ja des Mystischen aufrechtzuerhalten. Darum sollten auch Phänomene wie Subjektivität, Bewusstsein, menschliche Freiheit und die Gründe für moralisches Handeln von den analytischen Verfahren der Naturwissenschaft verschont bleiben.

---

[112] Albert Einstein: Über den gegenwärtigen Stand der Feldtheorie. Festschrift für A. Stodola. Füssli, Zürich 1929, S. 126

[113] Philipp Frank: Was bedeuten die gegenwärtigen physikalischen Theorien für die allgemeine Erkenntnislehre? In: Erkenntnis 1 (1930), S. 126-157.

[114] Max Weber: Wissenschaft als Beruf. 8. Aufl. Berlin: Duncker & Humblot, 1991.

Die Entwicklung lief jedoch nicht in diese Richtung. Respektlos und unbeeindruckt vom Pathos tradierter metaphysischer Positionen bemächtigen sich Neuroinformatik, Kognitionsforschung und Künstliche Intelligenz geisteswissenschaftlicher Bastionen und entwerfen neuronale Modelle von Subjektivität, Person, Rationalität, Selbst und anderen Schlüsselbegriffen der Geisteswissenschaft. Auch wer noch skeptisch gegenüber einer solchen naturalistischen Anthropologie ist, kann nicht leugnen, dass es sinnvoll ist, es erst einmal mit einer solchen reduktionistischen Heuristik zu versuchen. Scheitert der neuronale Ansatz, kann man immer noch zur dualistischen Tradition zurückkehren. Sogar die Hermeneutik, einst Kerndisziplin von geisteswissenschaftlichem Kulturverständnis, bewegt sich nun auf den Naturalismus zu; zumindest einige moderne Hermeneutiker wollen dem Objektivitätsideal wissenschaftlicher Rationalität nicht länger ausweichen und streben eine Überwindung des relativistischen Historismus Heideggerscher und Gadamerscher Prägung an.[115]

Wenn Wilhelm Windelbands berühmte methodische Typisierung vom Nomothetischen und Ideographischen ins Rutschen kommt, werden natürlich Ängste geweckt, die die Eigenständigkeit von ideengeschichtlichem Erzählen und dem Weg des Verstehens betreffen. Die Befürchtungen werden in gewissem Sinne verständlich, wenn man ihr Paradebeispiel, die Philosophie, betrachtet, die sozusagen ihr Zentrum ausmacht. Die Philosophie, in der älteren griechischen Zeit die Mutterwissenschaft aller Fächer schlechthin, musste nach und nach ihre Kinder entlassen. Viele kamen zu hohen Ehren, unter ihnen auch die empirischen Naturwissenschaften. Der Abspaltungsvorgang ist nicht etwa auf die griechische Antike beschränkt, er vollzieht sich immer noch vor unseren Augen.

Eine der jüngsten Verselbstständigungen eines alten Zweiges der Philosophie betrifft die physikalische Kosmologie. So geschehen im Jahre 1917. Durch Einsteins Entdeckung der Zylinderlösung seiner Feldgleichungen wurde erstmals ein konsistentes Modell der Welt im Großen geschaffen, das frei von Paradoxa war und das den Anspruch erhob, alles physikalisch Existierende zu umfassen.[116] Die klassische Kosmologie intendierte zwar auch schon eine Beschreibung des Weltganzen, ihr gelang

---

[115] Bernulf Kanitscheider / Franz Josef Wetz: Hermeneutik und Naturalismus. Mohr Siebeck, Tübingen 1988.
[116] Albert Einstein: Kosmologische Betrachtungen zur allgemeinen Relativitätstheorie. In: H. A. Lorentz / A. Einstein / H. Minkowski: Das Relativitätsprinzip. Wissenschaftliche Buchgesellschaft, Darmstadt 1958, S. 81-129.

es aber nicht, eine widerspruchsfreie Darstellung der gesamten Raumzeit und von deren Verhältnis zur Materie zu entwerfen.

Neben der Überführung von Teilen der Philosophie in empirisch testbare naturwissenschaftliche Theorien kennen wir eine Reihe von wissenschaftsgeschichtlichen Fällen, wo frühere apriorische, rein begriffliche Wissenszweige unter den Einfluss physikalischer und damit letztlich empirischer Methoden gerieten. Ein älteres Beispiel ist die Geometrie, wo durch die Entdeckung der nichteuklidischen Geometrien um die Wende vom 18. zum 19. Jahrhundert sich ein empirisches Entscheidungsproblem ergab, welche Geometrie rechtens zur Wiedergabe der Struktur unseres Erfahrungsraumes dienen könnte.[117] Damit entstand eine neue fachwissenschaftliche Disziplin, die Physikalische Geometrie, und ein neues methodologisches Problem, die Frage der empirischen Bewährung dieser deskriptiven Geometrie.

In jüngerer Zeit hat die Logik, zu Zeiten des Aristoteles eine philosophische Apriori-Disziplin, eine ähnliche Aposteriorisierung erfahren. Im 19. Jahrhundert wurde die Logik durch die Bemühungen von Frege und Russell ein Teil der Mathematik. Die Quantenmechanik brachte die Frage ins Spiel, ob die Logik so ähnlich wie die Geometrie nicht nur ein Teil der reinen Mathematik, sondern auch ein Teil der Physik werden könnte. Als man die Logik in Begriffen empirischer Operationen deutete, erhielt sie eine neue Semantik, aber auch einen neuen methodologischen Status. Die Wende zur Quantenlogik kam 1936. Garrett Birkhoff und Johann von Neumann versuchten, die logischen Strukturen zu entdecken, die hinter physikalischen Theorien wie der Quantenmechanik verborgen sind und die nicht mit den Regeln der klassischen Logik übereinstimmen. Sie wagten die Behauptung, dass die Quantenphysik eine nichtaristotelische Logik erfordert, nämlich einen Aussagekalkül, der einem orthokomplementären modularen Verband entspricht.[118] Dies war der Beginn einer innerphysikalisch wie auch wissenschaftstheoretisch geführten Debatte über den Status der physikalischen Logik.[119] Im Rahmen der algebraischen Quantenmechanik verwendet man heute sehr allgemeine mathematische Struk-

---

[117] Bernulf Kanitscheider: Geometrie und Wirklichkeit. Duncker & Humblot, Berlin 1971.

[118] Garett Birkhoff / John von Neumann: The Logic of Quantum Mechanics. In: Annals of Mathematics, Vol. 37 (1936).

[119] Bernulf Kanitscheider: Wissenschaftstheorie der Naturwissenschaft. de Gruyter, Berlin 1981, Kap. V, 9.

turen, so genannte $C^{*}$- und $W^{*}$-Algebren, die aber über Symmetriebrechungen mit den klassischen aristotelischen Substrukturen verbunden sind. Kontingente, durch konkrete empirische Situationen bestimmte Züge der Welt, stellen die Beziehungen zwischen den reicheren, abstrakten Strukturen der $C^{*}$- und der $W^{*}$-Algebren auf der einen Seite und den klassischen Teilstrukturen auf der anderen her.[120]

Die Logik erlaubt noch eine Reihe weiterer Variationen, die selbst den Kern des logischen Räsonierens, den Widerspruchssatz, betreffen. In den so genannten parakonsistenten Logiken werden inkonsistente Aussagensysteme betrachtet, die dennoch nicht trivial sind, in dem Sinn, dass sie zwar widersprüchliche Prämissenmengen erlauben, aber nicht die Schlussregel

$$(p \wedge \neg p) \succ q$$

enthalten, die die Ableitung eines beliebigen Satzes aus der Aussagenmenge gestattet, was eine Trivialisierung des logischen Systems zur Folge hätte. Solche alternativen Logiken haben ihren intendierten Anwendungsbereich in Aussagesituationen, wo zur Lösung des gleichen Problems inkompatible Antworten bereit stehen.[121]

Diese drei Beispiele von Kosmologie, Geometrie und Logik lassen die Befürchtungen verstehen, dass die Naturwissenschaft mit ihren spezifischen Methoden auch weiterhin in fremde Bereiche eindringen wird. Ist denn dies nun wirklich so schlimm? Nun, die Furcht vor einer Hegemonie der Naturwissenschaften gründet in erster Linie in der Abneigung gegen die begriffliche Transformation, die mit dem naturwissenschaftlichen Denkstil verbunden ist. Dies lässt sich wiederum gut am Beispiel der physikalischen Kosmologie studieren. Diese Disziplin expandiert gegenwärtig in Bereiche hinein, die bis vor kurzem ausschließlich der Metaphysik vorbehalten waren. Wenn jemand bis vor wenigen Jahren den Ausdruck Eschatologie gebrauchte, so meinte er wahrscheinlich einen theologischen Kontext oder er dachte, wenn er philosophiehistorisch gebildet war, an Kants Abhandlung von 1794, *Das Ende aller Dinge*.[122] In keinem Fall

---

[120] Hans Primas: Chemistry, Quantum Mechanics and Reductionism. Perspectives in theoretical Chemistry. Springer, Berlin 1983.
[121] Allerdings äußern einige Wissenschaftler Zweifel an der Verwendbarkeit parakonsistenter Logiken (Mario Bunge).
[122] Immanuel Kant: Das Ende aller Dinge (1794). Aus: Immanuel Kants Werke, Bd. IV. Hrsg. von A. Buchenau / E. Cassirer / B. Kellermann. Cassirer, Berlin 1914.

handelte es sich um Überlegungen, die das physische Langzeitverhalten des materiellen Universums betrafen, wie wir in einem späteren Kapitel noch sehen werden.

Im Jahre 1969 führte der bekannte Astrophysiker Martin Rees die Bezeichnung 'physikalische Eschatologie' zum ersten Mal für eine Analyse der Entwicklung der kosmischen Strukturen zu sehr späten Zeiten ein.[123] Zehn Jahre später bemühte sich Freeman Dyson, die methodologischen Voraussetzungen der physikalischen Eschatologie zu klären und diesen Neuankömmling im Verband der Physik als strenge Wissenschaft zu etablieren.[124] In Arbeiten von John Barrow und Frank Tipler von 1986[125] werden auch die Konsequenzen der Quantenmechanik und Quantenfeldtheorie für das späte Universum reflektiert, so etwa die Instabilität des Protons, die quantenmechanischen Tunneleffekte und der Strahlungszerfall schwarzer Löcher. Der Eingriff der Quantenmechanik veränderte auch das Bild der Frühzeit des Universums. Und wieder stößt die Physik in alte Bereiche der Metaphysik vor, nicht ohne diese allerdings geeignet begrifflich zu transformieren.

In seriösen Abhandlungen über Quantenkosmologie taucht heute die Frage nach der Entstehung des Universums auf.[126] Im Rahmen erster Ansätze einer Theorie der Quantengravitation eröffnet sich die begriffliche Möglichkeit eines *sich selbst erzeugenden Universums*, in dem Raumzeit und Materie spontan als Ergebnis von Quanteneffekten auftauchen. Die Motivation der Physiker wie etwa Alexander Vilenkin zur Konstruktion einer so genannten „vollständigen Kosmologie" lag nicht in deren ungebremsten Hegemoniebestrebungen, sondern darin, dass das Standardmodell der Kosmologie immer noch eine Reihe von willkürlichen Anfangsbedingungen enthielt, die man nicht aus tieferen Prinzipien verstehen konnte.[127] Es ist die Eigendynamik der theoretischen Entwicklung bzw. der Sachzwang physikalischer Erklärungen selbst, der diese Ausgriffe in

---

[123] Martin Rees: The Collapse of the Universe: An Eschatological Study. In: The Observatory 89 (1969), S. 193-199.

[124] Freeman Dyson: Time without End: Physics and Biology in an Open Universe. In: Reviews of Modern Physics 51 (1979).

[125] John D. Barrow / Frank Tipler: The Cosmological Anthropic Principle. Cambridge Univ. Press, Cambridge 1986.

[126] Paul Davies: The Mind of God. Penguin Books, London 1992, S. 39.

[127] Alexander Vilenkin: Creation of Universes from Nothing. In: Physics Letters 117 B (1982), S. 25-28.

klassische Probleme der Philosophie steuert. Dies gilt auch für das seinerzeitige Modell der Quantenkosmologie von Stephen Hawking und Jim Hartle. Das Ziel dieses Vorschlages für die Wellenfunktion des Universums liegt nicht in den metaphysischen und theologischen Konsequenzen, sondern in der Beseitigung der Unvollständigkeit der klassischen relativistischen Beschreibung. Wenn man die Methode der Euklidischen Wegintegrale verwendet und das Wahrscheinlichkeitsmaß nur für die Klasse der kompakten Metriken definiert, erhält man ein physikalisch geschlossenes Modell. Kompakte Metriken haben keine unbeobachtbaren asymptotischen Bereiche, keine Ränder der Raumzeit im Unendlichen oder Singularitäten, wo von außen die Randbedingungen vorgegeben werden könnten. Das Universum wäre in diesem Fall im Sinne von Stratons Immanenzprinzip vollständig durch die Gesetze der Physik bestimmt. Dies ist der Sinn des viel zitierten Satzes von Hawking: „The boundary condition of the universe is that it has no boundary".[128] Die Randbedingung für dieses kompakte vierdimensionale räumliche Modell lässt keine Ränder, Singularitäten oder andere Orte der Unbestimmtheit zu.

Die „no boundary condition" ist natürlich eine Hypothese, die von ihrer Voraussagekraft für das beobachtbare Universum lebt und keine apriori-Behauptung. Über den Anschluss an das inflationäre Szenarium oder die Berechnung des Wertes der $\lambda$-Konstante könnte die „keine Grenzen Bedingung" falsifiziert werden.[129] Diesem zeitlosen, gleichsam parmenideischen Weltmodell ist allerdings durch die Weiterentwicklung der Superstring-Kosmologie ernsthafte Konkurrenz erwachsen.[130]

Alle jene, die diese Entwicklung mit Misstrauen verfolgen, weisen bei ihrer Kritik in erster Linie auf die Transformation hin, die die Physik an den älteren Problemstellungen vornimmt. Bis zu einem gewissen Grade ist dieser Einwand verständlich. Eine metaphysische Idee erfährt, wenn sie zu einer quantitativen Hypothese umgestaltet wird, eine semantische Verschiebung, wodurch sicher nicht mehr die gesamte ursprüngliche Intuition erfasst wird. Physikalisierung bedeutet Einengung, Ausblendung emotionaler Nebenbedeutungen, Vereinfachung auf mathematisch Handhabbares.

---

[128] Stephen W. Hawking / Jim Hartle: The wave function of the Universe. In: Physical Review 28 (1983), S. 2960.

[129] Vgl. dazu Hawkings Bemerkungen in seinem Buch: Einsteins Traum. Rowohlt, Hamburg 1994, S. 81ff.

[130] Maurizio Gasperini / Gabriele Veneziano: The pre-big bang scenario in string cosmology. In: Physics Reports Bd. 373, 2003, S. 1-212.

Jede Metrisierung ist, da sie übersetzen muss, zweifellos mit einem gewissen Maß an Unbestimmtheit verbunden. Der Weg von einer metaphysischen Vortheorie zu einer quantitativ formulierten physikalischen Hypothese ist kein rein logischer Schritt, sondern ein Rekonstruktionsübergang, wobei der Rekonstrukteur sich bemüht, die Kernbedeutung des Problems in sprachlich neuer Form beizubehalten. Die mit dem Übergang verbundene semantische Verschiebung ist sehr gut an dem schon erwähnten kosmogonischen Problem zu studieren. Bei der spontanen Entstehung des Universums spielt das quantenfeldtheoretische Vakuum eine entscheidende Rolle. Dieser Nachfolgebegriff zum leeren Raum der klassischen Atomisten, mathematisch als lokales oder globales Minimum der Energie bestimmt, hat eine innere Struktur, eine Aktivität; das Quantenvakuum kann wegen der Unschärferelation nicht die völlig inaktive Leere sein. Diese Mikrostruktur des Vakuums, die unvermeidlichen Schwankungsprozesse, bilden jenes Substrat, von dem die kosmogonischen Spekulationen Anfang der 1970er Jahre ausgingen. Die strukturelle Anreicherung des leeren Raumes spiegelt einfach die logische Tatsache, dass mit der Nullmenge der faktischen Voraussetzungen nichts erklärt werden kann, d. h. aus dem Nichts auch wirklich nichts folgt.

Schon in den 1980er Jahren haben Zel'dovich, Richard Gott u. a. mit möglichst schwachen Voraussetzungen Szenarien entworfen, wo Raumzeit und Materie als einziges Quantenereignis entstehen und wo dann ein Embryokosmos in Planck-Dimensionen über einen Inflationsmechanismus an die Friedmann-Welt unserer heutigen Erfahrung angeschlossen wird.[131] Man ist sicherlich gut beraten, zurückhaltend zu sein gegenüber diesen kühnen Entwürfen, und viele von ihnen werden vermutlich nicht lange Zeit überleben. Aber dennoch ist es wissenschaftstheoretisch erstaunlich, dass Fragen, von denen man bis vor kurzem dachte, dass sie im naturalistischen Paradigma weder formulierbar noch behandlungsfähig seien, so semantisch transformiert werden können, dass dabei zumindest mathematisch formulierbare physikalische Aussagen entstehen, auch wenn diese gegenwärtig von einer empirischen Kontrolle noch sehr weit entfernt sind. Wie sehr die moderne Kosmologie immer wieder für Überraschungen gut ist, zeigt der jüngste Ansatz von Richard Gott III. und Li-Xin Li, die die Frage der Entstehung des Universums unter Umgehung eines absoluten Entstehungsvorganges, bei dem Materie aus dem Nichts entspringt, an-

---

[131] Michael Duff / Chris J. Isham: Quantum Structure of Space and time. Univ. Press, Cambridge 1982.

gehen. Wenn man von der topologischen Möglichkeit Gebrauch macht, dass die metrische Raumzeit des Universums geschlossene zeitartige Kurven (CTC) enthält, kann man auch ein Universum ohne erste Ursache konstruieren. Wie sich Gott und Li ausdrücken: „Interestingly, the laws of physics may allow the Universe to be it's own mother."[132] Der Vorschlag von Gott und Li ist besonders von der methodischen Seite her interessant, weil er auf begriffliche Möglichkeiten hinweist, an die niemand vorher gedacht hatte. Die Verwendung geschlossener Weltlinien ist allerdings nicht unproblematisch, weil ohne besondere Vorkehrungen Inkonsistenzen im Weltmodell auftauchen können.

## 2. Reduktionismus

Als einer der Gründe für den Widerstand gegen die Ausweitung der naturwissenschaftlichen Domäne wird immer wieder der den Naturwissenschaften inhärente *Reduktionismus* angeführt. Sicher verdankt die moderne Naturwissenschaft zum großen Teil ihren Erfolg der Praxis, dass sie von einer höheren Organisationsebene von Systemen zu deren Detailstruktur analytisch fortschreitet. So sind große Fortschritte in der Biologie durch den Rückgang auf die Ebene der Gene, in der Chemie auf die Ebene der Moleküle und in der Physik auf die Ebene der Elementarteilchen erzielt worden.

In einem bestimmten Sinne bringt diese Methode, komplexe Systeme aus einfachen Bestandteilen und ihren Wechselwirkungen zu verstehen, auch heute noch erstaunliche Erfolge. Dieses atomistische Verfahren liegt auch dem Standardmodell des Aufbaus der Materie zugrunde. Dort gibt es eine tiefste Beschreibungsebene, nämlich die der Quarks und Leptonen, welche unter der charakteristischen Wirkung von drei Kräften und unter Befolgung bestimmter Symmetrien die makroskopischen Strukturen der sichtbaren Welt aufbauen. Dem Forschungsprogramm, eine große einheitliche Theorie aller Kräfte zu finden, liegt die letztlich atomistische Strategie zugrunde, bestimmte Basisentitäten, entweder Punktteilchen in der Supergravitation oder schwingungsfähige, saitenähnliche Gebilde in den Superstringtheorien, hypothetisch anzusetzen, um daraus in einer langen Kette von Deduktionen die Phänomene der sichtbaren Natur zu erklären. Dabei ist darauf zu achten, dass das Denken in elementaren Konstituenten

---

[132] J. Richard Gott III / Li-Xin Li: Can the Universe create itself? In: Physical Review,. D 58 (1998), arxiv: astro-ph/9712344v1, S. 1.

nicht gleichbedeutend ist mit der Vernachlässigung emergenter Systemeigenschaften, die sich auf einer bestimmten Ebene der Komplexität manifestieren. Jene Quantenfeldtheorien, welche heute so erfolgreich den Aufbau der Materie regieren, stellen eine konsequente Weiterführung der ursprünglichen Quantenmechanik dar. Diese hat, wie wir seit Schrödingers Arbeit von 1936 wissen, durchaus holistische Züge.[133] Durch den Nachweis der EPR-Korrelationen ist dies auch empirisch eindrucksvoll bestätigt worden.[134] Holismus in der Quantenmechanik ist nun gar nichts Gespenstisches. Man kann sogar umgekehrt argumentieren, dass es besonders die Quantenmechanik war, die dem Holismus einen klaren Sinn gegeben hat. In vielen metaphysischen Kontexten wurde von dem Satz Gebrauch gemacht, dass das Ganze mehr als die Summe der Teile sei. Jedoch blieb es meist der Analyse unzugänglich, worin dieses „Mehr" bestehen könnte. Es war gerade die Quantenmechanik, die durch den Begriff des verschränkten Systems und der nicht faktorisierbaren Wellenfunktion eine Explikation des Holismus lieferte. Eine Idee, die von den Ganzheitspsychologen, Vitalisten und in organologischen Kategorien denkenden Biologen verwendet wurde, erhielt nach ihrer Transformation in einen physikalischen Kontext mittels der mathematischen Sprache des Hilbert-Raum-Formalismus eine klare Gestalt. Reduktion muss also nicht unbedingt antithetisch zu systemtheoretisch orientiertem, ganzheitlichem Denken stehen. Auch wenn alle Systeme, die anorganischen, die lebendigen und die mentalen, ontologisch letztlich nur aus einer auf der Elementarteilchenebene festzumachenden Trägersubstanz bestehen sollten, bedeutet dies nicht die Elimination von Systemeigenschaften, die dann und nur dann auftreten, wenn viele Teilchen in Wechselwirkung stehen. Vielteilchensysteme können Qualitäten besitzen, die keiner der Konstituenten auch nur ansatzweise aufweist.

Der Terminus Reduktionismus wurde im Vorstehenden nur in der bescheidenen Form verwendet, wonach es eine materiale Grundsubstanz in der Natur gibt, die Träger aller komplexen Prozesse höherer Organisation ist. Das Schlagwort „Reduktionismus" taucht in vielen Verwendungen auf. So wurde er gelegentlich auch mit dem stärkeren Erkenntnisanspruch

---

[133] Erwin Schrödinger: Discussions of probability relations between separated systems. In: Proceedings of the Cambridge Philosophical Society 31 (1935), S. 555.

[134] Alain Aspect et al.: Experimental test of Bell's inequalities using time-varying analysers. In: Physical Review Letters 49 (1982), S. 1804.

verbunden, dass Makrotheorien immer von Theorien mit mikroskopischen Elementen ableitbar sein müssten. Bei allen bekannten Fällen, etwa bei dem Verhältnis von phänomenologischer Thermodynamik und statistischer Mechanik oder Quantenchemie und Quantenmechanik stellte sich bei näherem Hinsehen heraus, dass eine starke epistemologische Reduktion ohne wesentliche Zusatzannahmen nicht zu rechtfertigen ist.[135]

Man könnte meinen, dass man mit dem zuletzt skizzierten schwachen ontologischen Reduktionismus, der ja relativ wenig, eigentlich nur rein spiritualistische Entitäten, ausschließt, einen gemeinsamen Nenner gefunden hätte, auf den sich Natur- und Geisteswissenschaften einigen könnten. Es wäre eine Position, die man mit dem Schlagwort charakterisieren könnte: Einheit in der Trägersubstanz, Pluralität in den emergenten Strukturen. Die Vielfalt der Welt wäre danach in der Hierarchie der Organisationsniveaus ihrer Systeme begründet. Die tatsächliche Diskussionssituation des Verhältnisses von Natur- und Geisteswissenschaften lässt jedoch nicht einmal bezüglich einer solchen schwachen reduktionistischen Position Einigkeit erkennen. Hier spielt das kontinentale Erbe der idealistischen Philosophie sicherlich eine große Rolle, im angelsächsischen Bereich erfreut sich ein differenzierter Reduktionismus höherer Akzeptanz, sowohl von Seiten der analytischen Wissenschaftsphilosophie als auch seitens der Einzelwissenschaften.[136] Man kann sogar behaupten, dass im deutschen Sprachraum das Schlagwort Reduktionismus als von vornherein mit Einseitigkeit belastet gilt und gar nicht mehr als ernsthafte Position betrachtet wird.

Ein Argumentationsstrang mit dem Ziel, die Bereiche von Natur- und Geisteswissenschaften enger aneinander heranzuführen, wurzelt im Konzept der Evolution. Man kann heute eine relativ gut etablierte Kette von Entwicklungsschritten aufweisen, die von einem symmetrischen, heißen, schnell expandierenden, strukturlosen Universum zu dessen reichhaltigen Untersystemen führt. Galaktische, stellare und planetare Entwicklungsstufen lösen sich ab und liefern letzten Endes die Basen für die biologische und neuronale Evolution im engeren Sinne. Deren Produkte sind unsere Ideen über die Welt selber. In dieser Sichtweise kann Ideation als natürlicher Vorgang und Erkenntnis als innere Repräsentation von bestimmten

---

[135] Mario Bunge: Treatise on Basic Philosophy. Vol. 7/I. Reidel, Dordrecht 1985, S. 230.
[136] J. J. C. Smart: Our Place in the Universe. Basil Blackwell, Oxford 1989, S. 79.

äußeren Strukturen der Natur gefasst werden.[137] Ideen, genauso wie Gefühle und andere mentale Phänomene, werden dabei aus der Sicht der Neurobiologie auf neuronale Netzwerkeigenschaften zurückgeführt; die reduktionistische Strategie dieses so genannten emergentistischen Materialismus, der die psychologische Makroebene mit der physiologischen Mikroebene verbindet, unterscheidet sich methodisch nicht von dem Verfahren, die phänomenologische Thermodynamik auf die statistische Mechanik zu reduzieren. Auch das Erkennen selbst ist aus dieser Sicht ein Prozess später stammesgeschichtlicher Entwicklung des Biosubstrates. Erkenntnis ist somit ein später Evolutionsschritt der Natur selbst. Es ist daher nicht abwegig zu behaupten, dass ein Universum sich in einem fortgeschrittenen Stadium vermittels eines seiner Untersysteme selbst erkennt.

Zweifelsohne umfasst eine solche Hierarchie von Evolutionsvorgängen eine große Zahl von Entwicklungsmechanismen verschiedenster Dynamik.[138] Das Hauptziel eines evolutionären Weltbildes muss es sein, das Ineinandergreifen, die Verschränkung der verschiedenen Evolutionsmechanismen zu verstehen, um zu klären, wann und unter welchen Bedingungen ein Universum Erkenntnis seiner selbst hervorbringen kann.

Es ist wichtig, sich zu vergegenwärtigen, dass eine solche naturwissenschaftliche Einordnung der Kognition nicht nur von der Naivität ungehemmter naturwissenschaftlicher Spekulation lebt, sondern wesentlich auch von der professionellen Philosophie getragen wird. Willard van Orman Quine hat aus einer Kritik des empiristischen Begründungsprogrammes heraus zu dem Ergebnis gefunden, dass es grundsätzlich nur eine Gesamttheorie der Natur geben kann, innerhalb derer das Wissen über die Welt als ein Teil derselben zu führen ist.[139] Wenn die Ideen über die Natur nicht aus der Natur herausfallen sollen, bedarf es einer Theorie, die die Entstehung, Entwicklung und Aufrechterhaltung von neuronalen Systemen beschreibt, die der Ideation fähig sind und in deren Rahmen Gedanken einen Status innerhalb der Welt besitzen. Eine solche Theorie kann natürlich in Einklang mit dem früher über Reduktion und Emergenz Gesagten nicht einfach eine physikalische Theorie sein, obwohl sie durchaus naturwissenschaftlichen Charakter tragen kann. Ansätze zu einem solchen

---

[137] P. S. Churchland: Neurophilosophy. MIT Press, Cambridge (Mass.) 1986.

[138] Vgl. dazu Gerhard Vollmer: Wieso können wir die Welt erkennen? Hirzel, Stuttgart 2003.

[139] W. v. O. Quine: Epistemology naturalized. In: Ders.: Ontological relativity and other essays. New York 1968.

Entwurf wurden bereits vorgelegt. Charles J. Lumsden und Edward O. Wilson haben, um nur ein Beispiel zu nennen, den Versuch einer Naturgeschichte des Denkens eingebracht, bei dem die intellektuellen Fähigkeiten des Menschen als Wechselwirkungsprodukte einer biologisch-kulturellen Koevolution verstanden werden.[140] Hier wird zwar von der biologischen Trägerbasis der Intellektualität Gebrauch gemacht, dennoch wird die Autonomie des Kulturellen betont und die Fähigkeit der mentalen Ebene zur Interaktion mit dem organischen Träger eingesetzt. Bereits an dieser Theorie einer naturhistorischen Rekonstruktion von Intellektualität, die den bemerkenswerten Titel *Genes, Mind, and Culture* trägt, kann man sehen, was gebraucht wird, um den Hiatus zwischen naturwissenschaftlicher und literarischer Kultur zu überwinden. Hier wird keine eliminative Reduktion der mentalen, sozialen und geistigen Kategorien auf die physikalische Ebene, also eine Art Wegerklären kultureller Realitäten vorgenommen, sondern eine Brückendisziplin etabliert, die die Autonomie emergenter Systemeigenschaften des Kulturellen anerkennt und die Dynamik der Ideen als natürliche Prozesse verstehen lässt.[141]

Dazu ist kein Bruch mit dem naturalistischen Grundverständnis der Realität notwendig, also mit der Annahme, dass der Aufbau auch der komplexesten Systeme gesetzesartig und im Prinzip intelligibel und rekonstruierbar ist. In mehreren Bereichen, die früher eine reine Domäne der Geisteswissenschaften, respektive der Philosophie, waren, wie etwa das menschliche Sozialverhalten und dessen moralisches Regelsystem, haben Brückenwissenschaften, wie z. B. die Soziobiologie, bedeutsame und bedenkenswerte Erklärungsangebote gemacht. Der naturalistische Ansatz[142] in der Soziologie und Ethik eliminiert nicht die kulturellen Spezifika des Menschen, sondern erinnert nur daran, dass jede Aktivität des Menschen, einschließlich seines bewussten Handelns, sozialen Interagierens und seiner kulturellen Leistungen, eine materielle Basis besitzt. Diese Basis ist nicht gesetzlos oder strukturell amorph, sondern besitzt die Fähigkeit zur *Selbstorganisation*. Die Kulturgüter, die Menschen geschaffen haben,

---

[140] Charles J. Lumsden / Edward O. Wilson: Genes, Mind and Culture. Cambridge (Mass.) 1981. Vgl. auch Edward O. Wilson: Consilience: The unity of knowledge. Knopf, New York 1998.

[141] Bernulf Kanitscheider: Soziobiologie und Ethik. In: E. Braun (Hrsg.): Wissenschaft und Ethik. Peter Lang, Bern 1986, S. 81-116.

[142] Zur Klärung des Naturalismusbegriffes vgl. Bernulf Kanitscheider: Naturalismus und wissenschaftliche Weltorientierung. In: LOGOS, Neue Folge Band 1, Heft 2, April 1994, S. 184-199.

hängen auch mit deren genetischer Konstitution zusammen, die wiederum mit der Umgebung in Wechselwirkung steht. Wenn man nach einer Erklärung der heute anerkannten Regeln des Handelns sucht, wird man die materielle Basis des moralischen Empfindens nicht vernachlässigen können. Die Einsicht in den kausalen Zusammenhang der Genese unserer moralischen Verhaltensregeln ist nicht nur von intellektuellem Interesse. Normensysteme werden ja nicht als reine Spiele erfunden, sondern sie sollen in realen Biopopulationen durchgesetzt werden. Die Individuen dieser Populationen müssen von ihrem natürlichen genetischen Programm her die moralischen Anforderungen auch erfüllen und durchhalten können. Es ist nicht sinnvoll, vehement gegen bestehende Verhaltensdispositionen zu normieren. Eine solche Forderung, die die Aufstellung einer Norm erst sinnvoll macht, hat den Charakter eines Brückenprinzips. Es verbindet deskriptive Sätze der Naturwissenschaft mit normativen Zielen der Regelung des Sozialverhaltens großer Gruppen von kooperativen Lebewesen.

Das Bestreben, Brücken zwischen der menschlichen Domäne des Geistes und der von der Naturwissenschaft verwalteten Domäne der belebten und unbelebten Materie zu schlagen, wird heute allenthalben sichtbar. Der harte Antagonismus, wie er noch im 19. Jahrhundert existierte, zwischen einem Naturalismus, der sich meist mit einem eliminativen Materialismus verband, und einem metaphysischen Spiritualismus, der Existenzweise, Ursprung und Wechselwirkung mit der übrigen Realität im Dunkeln ließ, erwies sich als eine vorschnelle Simplifikation. Neue Disziplinen, wie etwa die Ungleichgewichtsthermodynamik von Ilya Prigogine und Paul Glansdorff oder die Synergetik, haben sich zwischen die Fronten geschoben.[143] Aus ihnen kann man entnehmen, dass die Anerkennung neuartiger Eigenschaften von Systemen durchaus in Einklang damit steht, dass der Prozess der Entstehung dieser spezifischen Qualitäten kausal erklärbar ist. Solche Selbstorganisationstheorien nehmen den komplexen Gebilden den Charakter der Rätselhaftigkeit und der Undurchdringlichkeit, bewahren auf der anderen Seite aber die Autonomie und die Realität der höheren Organisationsformen. Prigogine versteht seine Theorie explizit als Vorschlag zur Vermittlung zwischen Physik und Metaphysik mit dem Ziel, dass der Mensch nicht mehr notwendig aus dem Anwendungsbereich der Naturwissenschaft ausgeschlossen ist: „Es ist wichtig einzuse-

---

[143] Für eine genauere Ausarbeitung dieses Zusammenhanges vgl. Bernulf Kanitscheider: Von der mechanistischen Welt zum kreativen Universum. Wissenschaftliche Buchgesellschaft, Darmstadt 1993, Kap. IV.

hen, dass Leben mit seinen biologischen und soziokulturellen Aspekten nicht länger eine Ausnahme von den Naturgesetzen darstellt...", „diese Aspekte des Lebens sind in Einklang mit diesen Gesetzen, wenn man die wichtigen Momente des 'Ungleichgewichtes' und der 'Nichtlinearität' in Rechnung stellt."[144]

Es darf allerdings nicht verschwiegen werden, dass die neue Theorie der nichtlinearen Thermodynamik, in der Instabilitäten und chaotische Zustandsentwicklungen die Führungsrolle einnehmen, ein radikal nichtklassisches Weltbild involviert. Wenn die Welt auf der fundamentalen Ebene nur durch eine irreduzible probabilistische Beschreibung wiedergegeben werden kann, dann bedeutet ein solcher makroskopischer (!) Indeterminismus, dass der gesamte Ablauf der kosmischen Geschichte nicht mehr im Einzelnen bestimmt ist. Die radikale Makro-Indeterminiertheit besagt, dass auch keine supernaturale Intelligenz, wie etwa der Laplacesche Dämon, selbst unter Verwendung beliebig langer Rechenzeit und beliebiger Speicherkapazität, das Schicksal des Universums aus den Anfangsbedingungen hätte berechnen können. Mit dem nichteliminierbaren Zufall entscheidet sich die faktische Entwicklung nicht am Anfang, sondern im Laufe der Zeit. Eine chaotische evolutionäre Kosmologie bedeutet, dass es keine verborgenen, im Prinzip aber wissbaren Steuerfaktoren gibt, die dem Universum einen bestimmten Verlauf aufzwingen. Dies hat nichts mit menschlichen Grenzen objektiver Erkenntnis zu tun, sondern die Unbestimmtheit gründet in der realen Dynamik des Chaos. Wenn man theologische Einkleidungen schätzt, könnte man behaupten: Auch die unsterblichen Götter können nicht jenseits des Chaos operieren, weil sie zwar nach Voraussetzung alles Wissbare erkennen können, nicht aber Ursachen, die gar nicht existieren.

Zuletzt kann man fragen, welche Aufgabe für die altehrwürdige Metaphysik übrig bleibt. Angesichts der im Vorstehenden geschilderten Entwicklung, wonach immer mehr Gegenstandsbereiche, die traditionell zur Metaphysik zählten, in die Reichweite empirisch kontrollierbarer Wissenschaft gelangen, kann man die gar nicht mehr so kühne Hypothese wagen, dass sich in absehbarer Zeit für einen autonomen, rein philosophischen Zugang zur Natur kein Platz mehr findet. Es scheint einfach kein genuines Problem übrig zu bleiben, zu dem die Wissenschaft gar nichts zu sagen

---

[144] Ilya Prigogine / Isabelle Stengers: Das Paradox der Zeit: Zeit, Chaos und Quanten. Piper, München 1993.

hat, dem sie völlig hilflos gegenübersteht und das von rationaler Metaphysik gelöst werden könnte.

Dennoch kann Metaphysik meines Erachtens in der Zukunft eine fruchtbare Rolle spielen, einmal als spekulative Protowissenschaft, zum anderen als naturphilosophische Lehre von den allgemeinsten Zügen der Natur, die dann vorliegen, wenn bestimmte faktische Theorien sich bewährt haben. Die Wissenschaft hat sich immer der Anregung aus dem vorrationalen Bereich bedient und sie wird diesen auch weiterhin brauchen, denn aus purer Logik und den experimentellen Daten allein lässt sich keine Theorie gewinnen. Die Theorienkonstruktion bedarf der metaphysischen Intuitionen, um den Anfang ihrer Entwürfe zu finden. Darüber hinaus muss es Aufgabe der Philosophie sein, die disparaten, zersplitterten Ergebnisse der Fachwissenschaft zu einem kohärenten Bild zusammenzufügen, nicht zuletzt, um auch der Gesellschaft, die diese Forschung finanziert hat, eine Vorstellung zu geben, wie die Welt beschaffen ist, wenn unsere heutigen theoretischen Entwürfe wahr sind.

Bleiben denn nun überhaupt keine unlösbaren Fragen übrig, auf die die Wissenschaft, auch wenn sie auf unbestimmte Zeit weiter fortschreitet, keine Antwort wird geben können?

Jüngst konnte George F. R. Ellis am Ende einer umfassenden Darstellung des naturwissenschaftlichen Weltbildes[145] wieder einmal der Versuchung nicht wiederstehen – wie so viele Naturforscher vor ihm –, Problemkomplexe anzuführen, die aus seiner Sicht nicht zum Anwendungsbereich wissenschaftlicher Rationalität gehören. Dazu zählen seiner Meinung nach erst einmal Alltagsphänomene wie die Wertung des Schönen, die Bedeutung der Literatur, die Freude am Essen, das Lernen aus der Geschichte, das Wesen der Meditation und das Verstehen der Liebe. Aus seinem Kommentar geht dann aber doch deutlich hervor, dass er nicht leugnen kann, dass gerade die Naturwissenschaft die Randbedingungen erforscht, warum wir einen Sinn für Ästhetik haben und wie das Vermögen, musikalische, bildnerische und architektonische Wertunterscheidungen zu treffen, in uns Menschen entstanden ist. Es ist geradezu die Aufgabe einer evolutionären Ästhetik zu klären, warum wir überhaupt die Objekte der Welt nach axiologischen Kategorien einteilen und warum wir dabei spezifische Vorlieben entwickeln. Auch das Beispiel der Liebe kann nicht als ein gegenüber der naturwissenschaftlichen Forschung völlig

---

[145] George F. R. Ellis: The Universe Around Us. http://www.mth.uct.ac.za/~ellis/cos8.html.

analyseresistentes Gebiet gelten, angesichts der Tatsache, dass die Neuroendokrinologen durchaus Gründe für die Attraktion der Geschlechter, ja sogar für die spezielle Partnerwahl bringen können. Eine Chemie der Gefühle ist nicht nur denkbar, sondern eine florierende Disziplin, die erstaunliche Ergebnisse gezeitigt hat[146] und viel klarer als die traditionellen metaphysischen Schwelgereien die Bedingungen für die Entstehung von Affekten, Leidenschaften und Triebhandlungen aufdeckt und auch die Rangordnung und das Werteprofil unserer Gemütsbewegungen begreifen lässt. Die Sexualwissenschaft hat die Struktur der Paarbeziehung soweit durchleuchtet, dass sie genuine Ratschläge sowohl bei emotionalen Libidodiskordanzen als auch bei somatischen Dysfunktionen geben kann.[147]

Zuletzt weist Ellis noch auf eine Klasse von Fragen hin, die an die Probleme der traditionellen Metaphysik anschließen, neben der Problematik des Grundes der Gesetzesartigkeit der Natur überhaupt ist dies vor allem die wohl unausrottbare Rätselhaftigkeit, warum überhaupt etwas existiert und nicht vielmehr nichts. Immer wieder jagt den Menschen dieses metaphysische Rätsel den kalten Schauer über den Rücken. Nun, ob eine Frage überhaupt sinnvollerweise stellbar ist, entscheidet sich durch das denkbare Spektrum von Antworten. Wenn man keine Ahnung hat, wie eine mögliche Antwort auf diesen Fragetyp überhaupt aussehen könnte, liegt die Vermutung nahe, dass die Frage so nicht stellbar ist bzw. ein Pseudoproblem involviert. Während man sicher noch sinnvoll nach dem Grund der Gesetzesartigkeit der Welt fragen kann und vielleicht unter Nutzung der AIT eine Erklärung für die algorithmische Kompressibilität der Natur finden kann, führt die Frage nach dem Grund für die Existenz alles Seienden in eine Sackgasse. Weil dieses Problem so ehrwürdig ist, sei es zum Abschluss dieses Kapitels etwas ausführlicher angesprochen.

Wer der erste war, der ein philosophisches Problem in den Denkraum stellte, weiß man nie, aber Leibniz hat es 1714 auf die bis heute diskutierte Form gebracht, „warum es eher Etwas als Nichts gibt",[148] wobei er natürlich nicht die Existenz Gottes im Sinn hatte, der für ihn ja ein notwendiges Wesen war, sondern die kontingenten Dinge der Welt. Die heutige Diskussion kreist nicht in erster Linie um eine konkrete Antwort auf diese

---

[146] Marco Rauland: Chemie der Gefühle. Hirzel, Stuttgart 2001.
[147] S. Göttlicher / J. Madjaric: Die Stärke der weiblichen Libido I. In: Sexualmedizin 17, 4 (1995), S. 103-108.
[148] G. W. Leibniz: Vernunftprinzipien der Natur und der Grade. Meiner, Hamburg 1956, S. 13.

Frage, sondern darum, ob sie überhaupt in irgendeiner Weise ernst zu nehmen ist oder zu der Klasse der Scheinprobleme gehört, weil sie einfach auf falschen Voraussetzungen beruht.

Zuerst wird man nicht leugnen können, dass es ohne Widerspruch denkbar ist, wenn nichts von alledem, was wir für die Welt halten, existiert. Man ist dabei versucht, dieses „Nichts" als die Leere Menge zu rekonstruieren, aber diese Gleichsetzung unterdrückt – worauf Adolf Grünbaum hingewiesen hat[149] – die mathematische Tatsache, dass die Leere Menge $<\emptyset>$ durch eine niemals erfüllbare Kontradiktion definiert wird, $\emptyset = \{x : x \neq x\}$. Das „Nichts" soll aber die Situation ausdrücken, dass kontingentermaßen die Dingwelt nicht vorhanden ist, es soll nicht die logische Unmöglichkeit eines „Etwas" formulieren. Ebenso darf das „Nichts" nicht mit dem leeren Raum oder etwa mit dem Quantenvakuum identifiziert werden, weil diese durchaus inhaltlich strukturierte Gebilde sind, die noch wesentliche Züge des Seienden tragen. Um logischen Verirrungen vorzubeugen sei betont, dass man hier nicht in den Fehlschluss verfallen darf, aus der Möglichkeit, dass *jedes* Ding nicht existieren kann, zu folgern, dass auch *alle* Dinge nicht vorhanden sein könnten. Nur im letzten Fall wäre es erstaunlich, dass überhaupt *etwas* vorzufinden ist.

Die Argumentationen müssen also die Frage einkreisen, ob ein Nihilismus gedacht werden kann, wonach die Nicht-Welt so problemlos möglich ist, wie jene wirkliche Welt, die faktisch wirklich ist. Müssen wir uns wirklich wundern darüber, dass die logische Möglichkeit eines absoluten Nichtvorhandenseins nicht der Fall ist, wundern wir uns denn auch sonst schon mal darüber, dass irgendetwas in der Welt, was sein könnte, de facto nicht existiert? Felsblöcke im Hochgebirge verwandeln sich niemals spontan in Goldklumpen, dennoch ist dies widerspruchsfrei denkbar; müssen wir jetzt permanent über solche Möglichkeiten rätseln? Wenn nicht, dann brauchen wir uns auch nicht den Kopf zu zerbrechen, warum die übrigen kontingenten Potentialitäten nicht vorliegen.

Der Grund, warum das Problem trotzdem nicht totzukriegen ist, liegt sicher in der christlichen Tradition, wonach die Existenz und die Beschaffenheit aller Wesenheiten im Universum von Gott abhängt. Danach besteht eine vollständige ontologische Dependenz aller von seinem göttlichen Willen. Ohne seinen permanenten stützenden Eingriff würde die

---

[149] Adolf Grünbaum: The Poverty of Theistic Cosmology. Leibniz Lecture I. In: The British Journal for the Philosophy of Science 55 (4), 2003, S. 561-613.

Welt augenblicklich ins Nichts stürzen.[150] Diese These der christlichen Metaphysik setzt voraus, dass beim Fehlen einer äußeren Ursache der spontane natürliche Zustand aller Dinge das kontingente Nichts ist. Nur wenn man die natürliche Primordialität des Nichts voraussetzt, macht es Sinn, eine kreative Gottheit zu fordern, die dieser permanenten Tendenz alles Seienden in Richtung auf Auslöschung entgegensteuert. Nur unter der Voraussetzung der ontologischen Spontaneität des Nichts (Grünbaum) braucht man einen externen Grund, eine ratio essendi für das Vorhandensein von Etwas, einen Grund für die Existenz der Welt. Dabei ist festzuhalten, dass es sich bei dieser stützenden Ursache nicht um das prozessuale Moment des ständig sich wandelnden Universums handelt, sondern selbst wenn die temporale Erstreckung der Welt in beiden Richtungen offen ist, $-\infty \leq t \leq +\infty$, und die Zeit keine Ränder besitzt, muss aus der Sicht der christlichen Metaphysik die creatio continua wirken, um die Stabilität der Welt zu sichern. Aus dieser Sicht kann es keine kontingente Weltexistenz geben, die ohne externe Ursache einfach aus sich heraus innerlich permanent stabil ist. Da für die seltsame Hypothese der Vorrangigkeit des Nichtseins kein vernünftiger Grund spricht, verliert das gesamte Unternehmen, die Existenz der Welt zu erklären, sein Ziel. Betrachtet man die ontologische Urfrage aus dem Blickwinkel einer anderen Kultur als der christlichen, wird einem sofort der seltsame Charakter dieser Frage augenscheinlich. Aristoteles wäre nicht auf die Idee gekommen, dass die reine Existenz der Welt etwas Bemerkenswertes wäre oder dass man sich höchlichst wundern müsste, dass das naheliegende Nichtsein überraschenderweise durch das Sein gefüllt wurde. So enthüllt sich die so gespenstisch abgründig klingende Frage, warum überhaupt etwas sei und nicht vielmehr nichts, als eine Pseudofrage, die man besser gar nicht in Angriff nimmt, weil sie nirgendwo hinführt.

---

[150] William Lane Craig: „What place, then, for a creator?": Hawking on God and Creation. In: British Journal for the Philosophy of Science 41 (1990), S. 473-491.

# IV. Von der Fremd- zur Selbstorganisation – philosophische Hintergründe des Chaos

## 1. Der mythische Ursprung der Entstehung von Ordnung

Der griechische Dichter Hesiod (um 700 v.d.Z.) beschreibt in seiner Theogonie, wie unsere Welt aus dem primordialen χάος entstanden ist.[151] Dabei wird für die Existenz oder das Entstehen des Chaos selber keine Erklärung mehr gebracht. Es ist der zeitliche Vorgänger aller Dinge und der Anfang aller Prozesse. Hesiods Chaos muss man wohl als ein ewiges unstrukturiertes, amorphes Substrat verstehen, in dem noch keine ausdifferenzierte Gegenständlichkeit existiert. Die erste Manifestation einer Gestaltartigkeit kann in Hesiods Charakterisierung des Chaos als Abgrund gesehen werden, als sich Himmel und Erde trennten. Der entscheidende Impuls für die Transformation des Abgrundes wurde durch das Auftreten von ἔρως bewirkt. Hesiod arbeitet mit einer gut verstehbaren sexuellen Metapher, wenn er davon spricht, dass ἔρως Himmel und Erde in eine „schöpferische Umarmung" brachte und dass der dabei entstehende „Regen" half, Nass und Trocken, Kalt und Heiß zu trennen. Auch in der Folge bleibt das Modell der Entstehung des Lebendigen beim weiteren kosmogonischen Geschehen immer sichtbar, denn für den frühen Menschen, genauso wie für uns heutige, ist das Erleben um die Zeugung eines Kindes die Urerfahrung der Entstehung von Komplexität.

Schon die griechischen Philosophen selbst haben sich Gedanken zur Deutung des hesiodischen Chaos-Begriffes gemacht. Platon und ebenso auch Aristoteles haben ihn, zweifellos etwas vorschnell, mit dem leeren Raum in Verbindung gebracht,[152] was aber der schöpferischen kosmogoni-

---

[151] Hesiod: Theogonie, Vers 116.
[152] Platon: Timaios 30a; Aristoteles: Physik 208b, 29.

schen Potenz des hesiodischen Agens nicht gerecht wird, zumal damals der Raum ein statisches, inaktives Medium war, aus dem heraus, selbst unter der Einwirkung von Kräften, sich kaum etwas entwickeln konnte. Viele grübelten damals über das Chaos. Von Epikur wird berichtet, dass er durch das Nachdenken über den Sinn des Chaos bei Hesiod zur Philosophie gekommen sei.[153] Dieses biographische Faktum muss als besonders bedeutsam angesehen werden, da sich bei Epikur auch zum ersten Mal ein rein naturalistisches Modell der Ordnungsentstehung findet, in dem kein Gebrauch von spirituellen Faktoren wie etwa dem νοῦς des Anaxagoras gemacht wird. Anaxagoras von Klazomenai war auf der einen Seite zu einer bereits sehr modern anmutenden Deutung von χάος gelangt; er fasst es nämlich als ursprüngliche vollständige Mischung der Keime (σπέρματα) aller Dinge. Die Vielfalt der Gegenstände ist in der Urmischung bereits angelegt und die Ausdifferenzierung zur konkreten Objektwelt erfolgt durch eine Konzentration gleichartiger Elemente. Als Agens der Ausfaltung und Konkretisierung verwendet aber Anaxagoras andererseits den νοῦς, einen autonomen Wirkfaktor, der die περιχώρησις, das entmischende Herumwirbeln der Spermata, hervorbringt. Das chaotische Ursubstrat ist bei Anaxagoras unerschaffen und unvergänglich. Somit ist er sich mit den Atomisten über das genetische Prinzip, das die heutigen Erhaltungssätze ausdrückt, einig. Aber der geordnete κόσμος bedarf noch eines externen nichtmateriellen Anstoßes, um die Strukturbildung in Gang zu setzen,[154] was Aristoteles zu der kritischen Frage veranlasst, wie man denn die Wirkungsweise des νοῦς verstehen solle,[155] d. h. wie man sich den kausalen Einfluss eines geistigen Agens auf die Materie denken könne. Damit hat Aristoteles bereits auf den wunden Punkt aller dualistischen Strukturentstehungstheorien hingewiesen: die Frage, wie eine nichtmaterielle Entität auf einen materiellen Stoff einwirken könne.

Auch über das Etymon von „Chaos" haben sich die Alten schon selber Gedanken gemacht. Der Stoiker Zenon von Kition will Chaos auf χέεσθαι = gießen zurückführen, was einen Bezug zum Wasser, vielleicht in Form eines strukturarmen Nebels, nahe legen würde. Die heute bevorzugte Ableitung geht jedoch von χαίνω oder χάσκω = gähnen aus, was auch besser mit Hesiods Abgrund harmoniert. Entscheidend ist dabei das

---

[153] Diogenes Laërtius X,2.
[154] Anaxagoras Fr. 4 und Fr. 1,6.
[155] Aristoteles: Metaphysik I 3.984 b 15.

Moment der Strukturarmut des Urzustandes, das allererst der Kosmogonie den entscheidenden Sinn verleiht, die Vielfalt der Welt aus einem Quasi-Nichts zu erklären. Es muss eine Wesenheit sein, die eine sehr schwache Bestimmtheit besitzt, die sich aber dennoch von der völligen Eigenschaftslosigkeit, etwa der leeren Menge, unterscheidet.

Ein wesentliches Element aller späteren spontanen Strukturentstehungskonzeptionen wurde in der Tradition der atomistischen Philosophie erarbeitet, nämlich das schon erwähnte „Genetische Prinzip", das die Materieerhaltung ausdrückt und dem Lukrez später die griffige Formulierung gegeben hat: „Principium cuius hinc nobis exordia sumet, nullam rem e nihilo gigni divinitus umquam."[156] Niemand, auch nicht die Götter sind in der Lage, ohne materielles Substrat etwas zu formen. Lukrez' Begründung ist methodisch einfach: Wenn man solche Übergänge vom Nichts ins Seiende und vom Existierenden in das Nichts zuließe, könnte man alle Arten von mirakulösen Emergenzprozessen in die Wissenschaft einschleusen, was einer Korruption von Erkenntnis gleichkäme: „nam si de nihilo fierent, ex omnibus rebus omne genus nasci posset, nil semine egeret".[157] Wissenschaftliche Erklärungen von komplexen Strukturen und Prozessen können sich immer nur auf Formbildungen an bestehender Materie beziehen, das Material der Formung bleibt erhalten. Die Materie kann unter der Einwirkung formbildender Kräfte eine Fülle von Strukturen tragen, aber sowohl die Substanz als auch die kreative Kraft sind Teil der Natur. Unter dem Einfluss von atomistischen Argumenten hat sich dann selbst im Lager der Peripatetiker die naturalistische Erklärungsstrategie durchgesetzt, Straton von Lampsakos, auch genannt Straton der Physiker, kritisiert heftig Aristoteles' Lehre vom ersten unbewegten Beweger. Aristoteles hatte noch geglaubt, zur Aufrechterhaltung der Bewegung und aller Entstehungsvorgänge das teleologische und zweifelsohne anthropomorphe Erklärungselement eines außerweltlichen Ursprunges der Bewegung (πρῶτον κινοῦν ἀκίνητον) annehmen zu müssen.[158] Doch Straton formuliert das strenge *Immanenzprinzip* aller Naturerklärung, wonach alle Phänomene der Welt ausschließlich mit Agentien und Prinzipien innerhalb des Universums verstanden werden müssen:

καὶ τελευτῶν τὸν κόσμον αὐτὸν οὐ ζῷον εἶναί φησι, τὸ δὲ κατὰ φύσιν ἕπεσθαι τῷ κατὰ τύχην ἀρχὴν γὰρ ἐνδιδόναι τὸ αὐτόματον,

---

[156] Lukrez: De rerum natura I, 149.
[157] Ebenda, I, 159.
[158] Aristoteles: Physik, Buch q, 6; 259a 20-31.

εἶθ' οὕτω περαίνεσθαι τῶν φυσικῶν παθῶν ἕκαστον.¹⁵⁹ Ganz bewusst muss Straton die Natur an die Stelle der Götter gesetzt haben; um die Natur zu verstehen, sind die Unsterblichen weder notwendig noch brauchbar.¹⁶⁰

Damit ist die strenge methodische Beschränkung der Wissenschaft auf naturalistische Erklärungen ausgesprochen. Die Immanenzidee ist dann in der atomistischen Kosmologie des Epikur die leitende Heuristik. Das Universum ist von räumlich und zeitlich unendlicher Erstreckung und enthält unendlich viele Welten. Alle diese Welten sind spontan durch immer neue Atom-Aggregationen entstanden und zerfallen nach endlicher Zeit wieder. Aufbau, Organisation und Materiedichte der vielen Welten sind verschieden, ebenso wie die Wesen, die sie bevölkern. Alle Welten sind das Produkt blinder Naturkräfte, nirgendwo findet ein Eingriff göttlicher Vorsehung statt, denn die Götter kümmern sich nicht um die Welten, sie leben in den Zwischenräumen der Welten (μετακόσμια) und sind dort glücklich. Damit hat Epikur auch das Hiatus-Problem des Anaxagoras gelöst; es findet einfach keine Wechselwirkung zwischen den heterogenen Reichen, dem der Götterwelt und dem materiellen Universum, statt. Epikur fasst alle Realitätsschichten der Natur als selbstorganisiert auf. Nicht nur die physikalische, auch die Ebene des Geistes und der Kultur ist ein Produkt der Natur. Der Mensch hat seine besonderen emotionalen und intellektuellen Fähigkeiten – und hier klingt es schon recht darwinistisch – in stetiger schrittweiser Entwicklung unter dem Zwang der Bedürfnisse erworben. Das Denken stellt eine Fortsetzung des sinnlich-instinktiven Reaktionsmusters der Tiere dar. Die Existenz der menschlichen Sprache hat die Philosophen mehrfach zu spiritualistischen und teleologischen Deutungsirrtümern verleitet, als ob diese Fähigkeit ein Geschenk der Götter wäre, aber Epikur deutet die Sprache als reines Naturerzeugnis.¹⁶¹ Er fasst sogar schon einen Übergang aus den Tiersprachen ins Auge und denkt an einen Ursprung der Worte aus reflexartigen Reaktionen auf Sinnesreize wie dem Bellen eines Hundes.¹⁶² Die Bezeichnungen für

---

[159] Vgl. Artikel „Straton". In: Pauly-Wissowa: Realenzyclopädie des Klassischen Altertums. Bd. IV, A1, Metzler, Stuttgart 1970, S. 291.

[160] „negat opera deorum se uti ad fabricandum mundum. Quaecumque sint, docet omnia effecta esse natura." (Cicero: Academia II [Luculus], 38, 121).

[161] Diogenes Laërtius, Buch X (Epicuros), 75.

[162] Epicurea, hrsg. von H. Usener. L'erma di Bretschneider, Roma 1963, Fragment 335, S. 226.

## 2. Organologisches Weltbild und Planung

Neben der Denktradition der autonomen spontanen Strukturbildung finden wir in der griechischen Philosophie aber auch die Vorstellung der planmäßig erzeugten Welt. Platon spricht von einem Werkmeister (δημιουργός) als Urheber des Alls, der das Universum nach der Idee des Guten und Schönen gestaltet habe.[163] Damit taucht natürlich sofort die auch später immer wieder gestellte Frage des Grundes für diese Entscheidung des Werkmeisters auf. Überdies muss sich Platon der Kritik des Aristoteles stellen, wie man es sich denn denken kann, dass etwas, das einmal entstanden ist, also etwas Gewordenes darstellt, in Zukunft bis in alle Ewigkeit Bestand haben kann.[164] Eine solche einseitige zeitliche Begrenzung scheint kontraintuitiv zu sein, entweder das Universum ist in Zukunft und Vergangenheit begrenzt oder in beiden Richtungen offen. Aristoteles war jedenfalls in seiner Deutung von Strukturentstehung zweifellos näher an der materialistischen Welt der Atomisten, auch wenn er die Teilbarkeit und Kontinuität der Materie für plausibler hielt als die diskrete Stofflichkeit. Auch sein *Entelechie-Begriff*, obwohl er sicher noch Züge der platonischen Form zeigt und damit zur idealistischen Morphologie gehört, drückt den kreativen Dispositionscharakter der Materie aus.[165]

ἓν τέλος ἔχειν heißt „was sein Ziel in sich selbst hat", d. i. eine Form, die sich im Stoff verwirklicht, das aktive Prinzip, welches das Mögliche zum Wirklichen macht. Die Entelechie des Leibes ist die Seele, ein sinnorientiertes, zielgerichtetes Gestaltungsvermögen. Damit kann man behaupten, dass in der entelechialen Gestaltungskraft die Anlage der Materie zur Beseelung steckt. Konkreter ausgedrückt, ein Universum unserer Art wird notwendig, aus der innerlichen Disposition der Materie, zu Leben, Bewusstsein und Erkenntnis führen.

In der Folge treffen wir auf Organisationsvorstellungen, die zum Teil stärker die innere Aktivität der Materie betonen, zum Teil mit externen

---

[163] Platon: Tim. 37c-38d.
[164] Aristoteles: De Caelo 283b.
[165] Zum Begriff ἐντελέχεια vgl. Aristoteles: De Anima 2,1.

Gestaltungsprinzipien arbeiten. In der älteren Stoa z. B. knüpft Zenon aus Kition an Aristoteles an: ὕλη, die Materie, ist nie entstanden und unvergänglich. Im Unterschied zu Aristoteles, der mit vier Ordnungsprinzipien arbeitet, verwendet Zenon nur den λόγος. Der λόγος ist das *aktive* Prinzip, das der von sich aus *passiven* Materie die Form gibt. Im Unterschied zu den Epikureern haben wir es bei den Stoikern zumeist mit einer *dualistischen* Organisationstheorie der Materie zu tun. Es bedarf zumindest zweier Elemente, um etwas Neues zu schaffen. Diese beiden Komponenten sind in der alten Stoá aber durchaus noch stofflich gedacht. Zenon sieht das Verhältnis von ὕλη und λόγος analog der Zeugung bei Mensch und Tier. Der λόγος läuft durch die Materie hindurch wie das σπέρμα des Mannes durch den Körper der Frau beim Geschlechtsakt hindurchgeht und dort neues Leben erzeugt. Die einseitige Analogie muss unter dem Aspekt des mangelnden Wissens der Griechen vom Zeugungsvorgang gesehen werden, sie wussten nämlich nichts von der weiblichen Eizelle und somit vom symmetrischen Anteil beider Eltern bei der Zeugung neuen Lebens. Deshalb konnten sie die Lebensentstehung nach dem Begriffspaar ποιοῦν – πάσχον, aktiv / passiv ordnen (ποιέω: schaffen, πάσχω: erleiden). Jedenfalls waren nach stoischer Auffassung sowohl ὕλη als auch λόγος, beide σώματα, materielle Körper, denn in einer Hinsicht waren sich die Stoiker mit den Atomisten einig: *Unkörperliches kann nicht wirken*. Abstrakte Entitäten können im kausalen Netz der Dinge nichts verändern. Die stoischen Gestaltungsprinzipien muss man analog zum Feldbegriff und zum Kraftbegriff sehen. Kleanthes von Assos, Zenons Schüler und Nachfolger, spricht dann vom τόνος, der Spannung als ordnungsstiftendem Faktor, der τόνος πνευματικός ist ein materielles Substrat, das wie ein physikalisches Feld die Körper durchdringt und dort Gestaltungsaktivität entfaltet. Im πνεῦμα steckt der Atem, der Lebenshauch (der lateinische Spiritus hängt mit *spirare*, atmen, zusammen), das Zeichen der Lebensaktivität.

Wenn die frühe Stoá noch materialistisch gesinnt ist, wenngleich sie mit mehreren Gestaltungsprinzipien arbeitet, so beobachten wir bei ihren späteren Scholarchen eine wachsende Spiritualisierung der gestaltgebenden Faktoren, vor allem, als der λόγος dann als εἱμαρμένη, Schicksal, bzw. als πρόνοια, Vorsehung, gedeutet wurde. Wenn man diese Wendung weiterdenkt, liegt die personale Interpretation des λόγος als eines bewussten Schöpfers der Weltordnung nahe und damit die theologische Fremdorganisation, wie sie dann später das naturphilosophische Denken des Mittelalters beherrscht hat. So ergibt sich eine historisch verstehbare

Transformation des in der klassischen Antike bereits existierenden Selbstorganisationsgedankens zum Vorherrschen der Fremdorganisation in hellenistischer Zeit.

Die Deutung der Weltvernunft als Vorsehung blockierte auch die Eingemeindung des *Zufalls* in den Organisationsprozess. Hatte Epikur noch die παρέγκλισις[166], die spontane Abweichung eines Atoms von seinem geraden Weg, als kreativen, gestaltbildenden Faktor bei der Entstehung komplexer Phänomene angenommen,[167] so wollte z. B. Chrysippos von Soloi keine akausalen, spontanen, von der vergangenen materialen Situation unabhängigen Faktoren einbauen, da solche Elemente den Weltzusammenhang letztlich unerklärbar und den Kosmos damit nicht vollständig intelligibel machen würden. Wenn die Organisation der Welt mit all ihren Strukturebenen von einer intelligenten Vorsehung oder gar dann christlich von einem allwissenden Wesen geplant worden ist, bildet der Zufall – wenn er nicht einfach im menschlichen Nichtwissen besteht – einen systematischen Fremdkörper. Denn es kann nicht sein, dass die Weltvernunft oder gar ein Schöpfergott letztlich nicht weiß, welche Welt sich aus den von ihm gesetzten Anfangsbedingungen und Gesetzen entwickelt. So sind der ontologische Indeterminismus und der absolute Zufall weder mit einem pantheistischen Weltbild der Vorsehung noch mit einem theistischen Konzept der Planung kompatibel. Denn nach Chrysipp ist alles, was geschieht, notwendiges Fatum *und* von der Vorsehung gewusst, womit er sich natürlich auch das Theodizee-Problem einhandelt. Er muss ganz einfach vertrauen, dass Zeus irgendwie das Böse sinnvoll in das Weltgeschehen einfügen wird, in der gleichen Weise, wie die christliche Theologie auf die undurchschaubare Weisheit des Allmächtigen vertrauen muss, um das Unglück in der Welt zu verstehen. Man muss, wie man sieht, also immer einen Preis dafür bezahlen, wenn man das Immanenzprinzip des Straton an einer Stelle durchbricht und für die Kosmogonie und die Verfassung der Welt supernaturale Erklärungselemente heranzieht. Wenn Chrysipp als gestaltbildendes Moment das göttliche Urfeuer (πῦρ τεχνικόν) einsetzt, dann schafft er sich einmal die ontologischen Kategorienprobleme, zum anderen die Frage der Verantwortung für alles Böse, Hässliche und das Unglück der Menschen. Wie ist der Übergang zwischen dem vollkommenen Feuer und der vielfach defekten Welt zu denken und

---

[166] παρεγκλίνομαι: sich auf die Seite biegen
[167] Epicurea, hrsg. von H. Usener, L'erma di Bretschneider, Roma 1963, Fragment 281, S. 199.

wem ist dieser defiziente Modus der Welt anzulasten? Die Welt sieht eben nicht so aus, als ob sie vernunftgemäß gestaltet wäre, aber die späteren stoischen Philosophen, wie etwa Panaitios, waren alle hochgradige Optimisten. Sie sahen die Natur als lebendig, vom Geist durchwaltet und mit Schönheit ausgestattet. Panaitios sieht das Wirken der Vorsehung in der Langzeitstabilität der Welt: „[...] stabilis est mundum atque cohaeret ad permanendum [...]"[168] Auch der Körper des Menschen, die Sinne, seine Hand und seine Sprachwerkzeuge spiegeln das Wirken des λόγος.[169] Menschliche Sinnesorgane können die Schönheit der Form, den Wohlklang der Töne wahrnehmen, und die Menschen sind zu künstlerischem Urteil fähig. Der ganze Kosmos ist auf Unverletzlichkeit, Sicherheit (incolumnitas) angelegt. Die Vorsehung hat nach Panaitios für alles gesorgt, ut homo nulla re egeat.[170] Auch die Buntheit der Welt, die ποικιλία, ist ein Indiz für Panaitios, dass die πρόνοια am Werk war.

Bei Panaitios und dann auch bei Poseidonios aus Apameia finden wir jenes Fremdorganisationsbild der Natur, das bis zur Aufklärungsphilosophie führend war. Das epikureisch-atomistische Konkurrenzmodell einer rein naturgesetzlichen Ordnungsentstehung hat es im Mittelalter nie zu mehr als einer immer bekämpften heidnischen Alternative bringen können. Dementsprechend findet sich auch keine passende Verwendung für den Begriff des Chaos. Augustinus gebraucht den Ausdruck zwar noch als andere Bezeichnung für die formlose ungestaltete Materie,[171] aber andere Kirchenväter wie Origenes setzen das Chaos dann nur noch zur Exegese der biblischen Hölle ein, als dem Ort, wo in undurchsichtiger Finsternis die entgegengesetzten Mächte ihren Streit führen.[172] Es leuchtet ein, dass aus einem höllischen Antagonismus nichts Kreatives erwachsen kann, weil aus dem Ort des Bösen niemals eine positive Wirkung in die irdische Welt der Erscheinungen dringen wird. Andere einflussreiche mittelalterliche Philosophen wie Albertus Magnus[173] und Thomas von Aquin[174] leugnen die Existenz eines chaotischen Urzustandes und interpretieren den Chaos-

---

[168] Cicero: De Natura Deorum II, 115.
[169] Ebenda, 140.
[170] Ebenda, 98-104.
[171] Augustinus: De civitate dei, XVIII, 23.
[172] Origines: Homiliae in librum Josua, 12,8,2, Patrologiae cursus completus I, hrsg. von I. P. Migne. Parisiis, Paris 1857.
[173] Albertus Magnus: Metaphysik I,3 c.11.
[174] Thomas von Aquin: Summa theologiae I, quaestio 66,a.1.

begriff wieder aristotelisch als den inaktiven leeren Raum, in den hinein die Welt geschaffen worden ist. Auch dies ist verständlich: Je strukturärmer der Ausgangszustand der Welt vor der Schöpfung war, desto größer ist die Leistung Gottes beim Hervorbringen des Universums und je aktiver und dispositioneller das primordiale Sein war, desto weniger musste Er tun, um die Welt in Gang zu setzen. Erst im Spätmittelalter bei Nikolaus von Kues[175] kommt wieder die dynamisch-kreative Verwendung von Chaos durch, letzterer spricht von dem Chaos als „possibilitas", womit der dispositionelle Charakter der Ur-Materie ausgedrückt ist. Man muss sich jedoch klar sein, dass im Kontext eines theistischen Kreationismus das Chaos keine zu starke innere Aktivität besitzen kann, da dadurch dem freien Schöpfungswillen Gottes Grenzen gesetzt werden; so gesehen steht aus christlicher Perspektive jede aktivistische Deutung des Chaos unter dem Verdacht der Häresie. Die Selbstorganisation des Chaos nach inhärenten ewigen Gesetzen und einem ontologischen Zufallselement ist mit dem klassischen Kreationismus unvereinbar.

## 3. Ordnungsentstehung in der klassischen Physik

Die Überlagerung von transzendenter Fremdorganisation und naturgesetzlicher Selbstorganisation lässt sich noch bei vielen Philosophen der Neuzeit, die sich mit Kosmogonie befasst haben, konstatieren. Bei *Descartes* wirken in dem ursprünglich von Gott gesetzten Chaos die ebenso von ihm ausgewählten Naturgesetze und erzeugen über einen Wirbelmechanismus nach und nach die geordneten Planetensysteme.[176] So vorsichtig und devot gegenüber der katholischen Kirche er sich auch äußert,[177] die anthropozentrische Zielsetzung der theistischen Fremdorganisation durchbricht Descartes freimütig: „So ist es doch unwahrscheinlich, dass alles nur für uns und zu keinem anderen Zweck gemacht worden ist und in der Naturwissenschaft würde diese Voraussetzung lächerlich und verkehrt sein, weil unzweifelhaft vieles existiert oder früher existiert hat und schon vergangen ist, was kein Mensch je gesehen oder erkannt und was ihm niemals einen

---

[175] Eusebio Colomer: Nikolaus von Kues und Raimund Lull. de Gruyter, Berlin 1961, S. 178.

[176] René Descartes: Die Prinzipien der Philosophie (1644) III, 47. Felix Meiner, Hamburg 1961.

[177] Vgl. Descartes: Die Prinzipien der Philosophie IV, 207

Nutzen gewährt hat."[178] Immerhin ist damit der Weg zu einer wissenschaftlich autarken Weltentstehung mit den Mitteln der rationalen Mechanik eröffnet, wobei dieser Entstehungsvorgang im Grunde mit der Existenz des Menschen nur einen akzidentellen Zusammenhang besitzt. Hier akzentuiert sich bereits die exzentrische Stellung des Menschen im Kosmos; er wird zum Nebenprodukt der neuen mechanistischen Kosmogonie. Diese Dezentrierung des Menschen auch im Hinblick auf seine Genese im Universum verstärkt sich im 17. Jahrhundert rapid. Pierre Borel betont in seinem *Discours nouveau prouvant la pluralité des mondes* (1657),[179] dass die bewohnte Erde ein Stern unter vielen ist. Michel de Montaigne kritisiert in seiner *Apologie de Raymond Sebond*[180] die arrogante Idee, dass alle die himmlischen Lichter und irdischen Naturphänomene für den Vorteil und Gebrauch des Menschen geschaffen worden sind. Cyrano de Bergerac mokiert sich darüber, dass die Erde sich um die Sonne und um sich selbst drehen soll, damit wir verlässliche Uhren besitzen.[181] Damit wird deutlich, dass durch die Verstärkung des Selbstorganisationsgedankens und der Ausweitung des jetzt kopernikanisch gedachten Kosmos der Mensch auch eine dezentrale Rolle erhält, er ist *ein* Produkt der schöpferischen Natur unter vielen; anders als unter fremdorganisatorischem Aspekt ist er nicht mehr Ziel und Höhepunkt der kosmischen Entwicklung. Damit bestätigt sich die weltbildhafte Tragweite der Organisationsform der Welt; für die Rolle des Menschen ist sie zentral, selbstorganisatorisch gedacht hat sich die Welt endogen, aus sich heraus, formiert, fremdorganisatorisch ist sie exogen, von außen, gebildet worden. Einmal ist der Mensch ein nichtintendiertes Naturprodukt, im anderen Fall ein zielgerichtet geschaffenes Wesen.

So zukunftsweisend Descartes' anthropologische Perspektive war, seine qualitative Wirbeltheorie war unzureichend für den Ausbau einer prognostisch verwendbaren Himmelsmechanik. Mit Newtons Mechanik und allgemeiner Gravitationstheorie war mit einem Schlag ein Instrument gegeben, das aus sich heraus keine Geltungsgrenze erkennen ließ. Die Universalität der neuen Physik bewirkte, dass abermals der Konflikt in den

---

[178] Descartes: Die Prinzipien der Philosophie III, 3.
[179] Pierre Borel: Discours nouveau prouvant la pluralité des mondes. Conte, Genève 1657.
[180] Michel de Montaigne: L'Apologie de Raymond Sebond [1569]. Flammarion, Paris 1999.
[181] Cyrano de Bergerac: Les états et empires de la lune. STFM, Paris 1656.

metaphysischen Hintergrundannahmen über die Organisation der Welt aufbrach. Newton selber wollte das Universum im Sinne göttlicher Planung verstanden wissen. Gerade die universale Geltung des Gravitationsgesetzes war für ihn *das* Zeugnis supernaturalistischer Fügung. Auch der deterministische Charakter der Gesetze war für Newton Ausdruck göttlichen Willens, der die Intelligibilität und Berechenbarkeit des Universums garantierte. Damit waren stochastische Wirkfaktoren wie Epikurs παρέγκλισις, die die Bestimmtheit des Ablaufes der Natur zerstört hätten, ausgeschlossen. Allerdings zeigte auch der durchgehende strenge Determinismus später seine religiöse Ambivalenz: Wenn das Universum eine Uhr ist und sein Schöpfer ein perfekter Uhrmacher, dann liegt der *Deismus* nahe, d.h., die Interpretation Gottes als eines „Ingenieurs im Ruhestand".[182] Diese Gefahr sah Newton völlig klar und er wollte sie durch seinen Interventionismus ausschließen. Wenn die Welt eine Maschine ist, die ohne jede spätere Justierung unbegrenzt weiterläuft, dann bedeutet dies Materialismus pur, dann regiert Gott das Universum nicht mehr wirklich. Newton bediente sich dabei des Bildes eines Königreiches: „If a *King* had a *Kingdom*, wherein things would continually go on without His Government or Interposition, or without His attending to and ordering what is done therein; It would be to *him* merely a *nominal* Kingdom; nor would *he* in reality deserve at all the Title of *King* or *Governour*."[183] Anders gesagt, wenn ein numinoses Agens nur *einmal* in der unbestimmbaren Tiefe der Vergangenheit wirksam war, sich aber von da an niemals mehr bemerkbar macht, sinkt es zu völliger Bedeutungslosigkeit herab und wird von den Menschen vergessen. Gerade die Steuerungen des laufenden Systems machen das höchste Wesen ja erst wahrnehmbar. Auf der anderen Seite suggerieren die späteren Eingriffe in den Naturablauf, die ja Korrekturen gleichkommen, dass der kosmische Ordner kein völlig perfekter Uhrmacher sein kann, ein Einwand, den Leibniz dann gegen Newtons Interventionismus hervorgebracht hat. Wenn man hingegen mit dem Planungsargument wirklich Ernst machen will, wie es John Ray und William Paley getan haben,[184] und von der manifesten Ordnung auf den dahinter

---

[182] Eduard J. Dijksterhuis: Die Mechanisierung des Weltbildes. Springer, Berlin 1956, S. 549.

[183] Samuel Clarke: Brief vom November 1715 an Leibniz, in: A. Robinet (Hrsg.): Correspondance Leibniz-Clarke, Presses Univ. de France, Paris 1957, S. 32-34.

[184] John Ray: The Wisdom of God. Manifested in the Works of the Creation, 1691; William Paley: Natural Theology. Evidences of the Existence and Attributes of the Deity [1770]. William Innis, London 1841.

stehenden göttlichen Ordner schließen will, dann kann die kosmische Ordnung keine Defekte haben, weil jeder Mangel ein schiefes Licht auf den Ordnungsstifter wirft. Newtons Ausweg, die Korrekturen als Teil des ursprünglichen Planes Gottes zu interpretieren, konnte Leibniz nicht Ernst nehmen, denn warum sollte Gott voraussehbare Fehler in den Lauf der Schöpfung einbauen?

Methodologisch heikel war es auch, das theologisch ja nicht einfach eliminierbare Problem der *Wunder* in das sich selbst gesetzesartig organisierende Naturgeschehen einzubauen. Wie ist das „Durchbrechen" von Naturgesetzen zu verstehen, einfach *epistemisch* als Hinweis auf die Vorläufigkeit der fundamentalen Gesetze oder effektiv *ontologisch* als physisches Eingreifen eines transmundanen Wesens in den durch die Gesetze korrekt beschriebenen Naturzusammenhang? Von Newtons Position aus, der ein alttestamentarisch orientierter Arianer war und die Naturgesetze als dem Universum auferlegte Gebote deutete, ergibt die Vorläufigkeit nicht viel Sinn. Er war überzeugt, die wahre innere Struktur der Bewegung und der Anziehung aller Massen erfasst zu haben. Also konnte man unter dieser Vorgabe unter einem Wunder nur die Durchbrechung der fundamentalen Gesetzlichkeit verstehen. Jedenfalls war sich Newton sicher, dass Gott nicht nur am Anfang bei der Errichtung der kosmischen Ordnung, so z. B. beim Anstoß der Transversalkomponente der Bewegung der Planeten um die Sonne, die Hand im Spiel gehabt hat,[185] sondern auch später alle 10.000 Jahre in das Sonnensystem eingreifen muss, um gefährliche Wechselwirkungen der Planeten (Resonanzen) daran zu hindern, sich gegenseitig so aufzuschaukeln, dass das gesamte Sonnensystem zerrissen wird. So ist Newtons Position wesentlich auf der Seite der Fremdorganisation zu sehen, sowohl was die Gesetze als auch was die Anfangs- und Randbedingungen des Universums und seiner großen Teilsysteme anbelangt.

Den nächsten Schritt in der Etablierung der Idee der Selbstorganisation vollzieht Immanuel Kant 1755 in seiner *Allgemeinen Naturgeschichte und Theorie des Himmels*, in der er an Leibniz anschließt. Dieser hielt transzendente Eingriffe in den Lauf der Welt für methodisch unannehmbar. „Denn mit Wundern kann man alles ohne große Mühe begründen", d. h., bei jedem unerklärlichen Phänomen kann man einen Deus ex machina

---

[185] I. Bernard Cohen (Hrsg.): Isaac Newton's Paper and Letters on Natural Philosophy. Cambridge Univ. Press, Cambridge 1978, S. 310.

einführen, ohne die innere Dynamik der Dinge zu beachten.[186] In diesem Sinne will Kant nun die gesetzesartige Organisation stärken und die physikotheologischen Elemente aus der Naturerklärung hinausdrängen. Die Initialzündung für die Weltentstehung geschieht allerdings immer noch durch einen schöpferischen Akt Gottes: „Die Grundmaterie selber, deren Eigenschaften und Kräfte allen Veränderungen zum Grunde liegen, ist eine *unmittelbare* Folge des göttlichen Daseins."[187] Nur dieser eine Berührungspunkt ist zwischen dem Bereich der Transzendenz und der materiellen Welt übrig geblieben. Kant wählt den einfachsten Zustand der Materie, „der auf das Nichts folgen kann", aus, eben das Chaos. Die Materie in dieser chaotischen Form hat „[...] in ihrem einfachsten Zustande eine Bestrebung, sich durch eine natürliche Entwicklung zu einer vollkommeneren Verfassung zu bilden",[188] also sich in einen Zustand höherer Komplexität zu verwandeln, wie wir heute sagen würden. Das homogene Chaos ist danach selber *instabil*. Kleine Dichte-Schwankungen setzen einen nicht aufzuhaltenden Strukturaufbau in Richtung auf große Materiekugeln in Gang. Die von Newton als auf natürliche Weise unerklärbar empfundene Transversalkomponente der Planetenbewegung deutet Kant durch die Einführung einer zweiten Kraft, nämlich der Repulsion (Zurückstoßungskraft). Sie sorgt dafür, dass aus dem durch die Gravitation bewegten symmetrischen Zusammenstürzen der Materie ein geordneter Umschwung wird. Damit macht Kant bereits von einem wichtigen strukturbildenden Organisationsprinzip Gebrauch, dass nämlich die meisten stabilen Strukturen ihre Existenz einem Zusammenwirken *mehrerer* Kräfte verdanken, wie wir es etwa heute bei der Sonne sehen. Die Sonne stellt ein stabiles Gleichgewichtsgefüge von zentralen Kernprozessen und der Gravitation dar, wobei in jedem Punkt hydrodynamisches Gleichgewicht vorhanden ist. Die Gravitation allein würde eine ungebremste Kontraktion der Gasmasse bewirken, ebenso würden die alleinigen Kernbrennvorgänge die Sonnenmasse schnell in den Weltraum zerstreuen, allein beide Kräfte

---

[186] G. W. Leibniz: Philosophische Schriften Band 5.2. Wissenschaftliche Buchgesellschaft, Darmstadt 1989, S. 359.

[187] Immanuel Kant: Allgemeine Naturgeschichte und Theorie des Himmels, A 107. Hrsg. von der kgl. Preußischen Akademie der Wissenschaften. Georg Reimer, Berlin 1910, S. 310.

[188] Immanuel Kant: Allgemeine Naturgeschichte und Theorie des Himmels. In: Immanuel Kants Werke. Hrsg. von A. Buchenau. Verlag Bruno Cassirer, Berlin 1912, Bd. 1, S. 256/266.

zusammen ergeben ein begrenztes stabiles gasförmiges Kugelgebilde, das Milliarden von Jahren gleichmäßig Strahlung in den Raum senden kann.

Kants Entwurf beeindruckt durch seine große *Einheitlichkeit*. Er glaubt, nicht nur den Aufbau des Sonnensystems und der Milchstrasse, sondern die Struktur des gesamten Universums durchschaut zu haben. Ebenso drückt sich die einheitliche Komposition seiner Konzeption darin aus, dass die Bildung der Massen und deren Bewegung in einem einzigen Organisationsprozess beschrieben werden. Kants Entwurf einer Selbstorganisation des Planetensystems aus der Instabilität des Chaos wurde in der Folge von Johann Heinrich Lambert[189] und Pierre Simon de Laplace[190] wie auch von Friedrich Wilhelm Herschel[191] aufgegriffen, erweitert und verändert. Hermann von Helmholtz hat die Kant-Laplacesche Theorie eine der glücklichsten Entdeckungen der Naturwissenschaft genannt.[192] In veränderter Form ist diese Theorie in der Moderne weiterentwickelt worden, wobei sich die wesentlichen Züge des Kantischen Entwurfes erhalten haben.[193]

Kant selbst wusste sehr wohl, dass seine *Allgemeine Naturgeschichte* nicht als weltanschaulich neutrale wissenschaftliche Abhandlung aufgenommen werden würde, sondern als Bedrohung für die Religion, da das Wirken Gottes auf den allerersten nur denkbaren Moment beschränkt worden war. Er wollte das Buch nicht der Öffentlichkeit übergeben, bis er sich „in Ansehung der Pflichten der Religion in Sicherheit gesehen habe".[194] Und noch zwanzig Jahre später erinnert er sich an „das Geschrei und den Eifer wider diejenigen, die den Versuch wagten, die Ordnung und Schönheit in der Welt zum Theil aus den allgemeinen Naturgesetzen zu

---

[189] Johann Heinrich Lambert: Cosmologische Briefe über die Einrichtung des Weltbaues. E. Kletts Wittib, Augsburg 1761.

[190] Pierre Simon de Laplace: Exposition du système du monde. Cercle Social, Paris 1799.

[191] Friedrich Wilhelm Herschel: On the Construction of the Heavens. In: Ders.: Collected Papers. Hrsg. von J. L. E. Dreyer. Bd. 1. Oldbourne Press, London 1912.

[192] Hermann von Helmholtz: Über die Entstehung des Planetensystems (1871). In: Vorträge und Reden. Vieweg & Sohn. Braunschweig 1884, Band II.

[193] Vgl. dazu Bernulf Kanitscheider: Nebularhypothese. In: Historisches Wörterbuch der Philosophie, Bd. 6. Hrsg. von J. Ritter und K. Gründer. Schwabe, Basel 1984, S. 662-666.

[194] Immanuel Kant: Allgemeine Naturgeschichte und Theorie des Himmels. Vorrede. In: Immanuel Kants Werke. Hrsg. von A. Buchenau, Verlag Bruno Cassirer, Berlin 1912, Bd. 1, S. 223.

erklären".[195] Die religiöse Orthodoxie war offenbar damals der Meinung, dass die Ordnung der Welt durch einen solchen Erklärungsansatz der „göttlichen Oberherrschaft entrissen würde",[196] was ja auch nicht so ganz falsch ist, wenn man dem höchsten Wesen eben nur mehr das Geschäft der Materiebeschaffung überlässt, die Architektonik der Welt aber den Naturgesetzen überantwortet. In gewissem Sinne ist die moderne Physik hier noch einen Schritt weiter gegangen, indem sie nämlich auch die feste Materie noch aus dem chaotischen Quantenvakuum hervorgehen lässt, ja sogar die Entstehung der gesetzesartigen Bedingungen in den einzelnen Blasen der Inflation als einen Naturprozess auffasst.

Eine weltanschauliche Schlüsselrolle haben in der Kosmogonie immer wieder die *Stabilitätsfragen* gespielt. Selbst wenn man die natürliche Entstehung eines Systems zugesteht, besitzt dieses dann auch die erforderliche Langzeitstabilität, z. B. um den Aufenthaltsort für den Ablauf einer Evolution zu garantieren? Laplace konnte die Frage so weit konkretisieren, dass sie durch die Analyse eines Systems von Differentialgleichungen im Prinzip zu beantworten war. Dadurch schuf er die Voraussetzungen, um in der Newton-Leibniz-Kontroverse bezüglich der Notwendigkeit des späteren Eingriffs eines übernatürlichen Ordners eine Entscheidung fällen zu können. Laplace war bemüht, durch seine Störungsanalyse zu zeigen, dass die Exzentrizitäten und Neigungen der Planetenbahnen periodischen Schwankungen um bestimmte Mittelwerte herum ausgesetzt sind. Diese sind aber beschränkt und schaukeln sich mit der Zeit nicht auf, sondern dämpfen sich wieder weg; kybernetisch gesprochen sind sie also nicht positiv, sondern negativ rückgekoppelt. Entgegen Newtons Sorge meinte Laplace, dass das Planetensystem einen inhärenten Korrekturmechanismus besitzt, der dafür sorgt, dass die einmal etablierte Ordnung im Sonnensystem langzeitstabil aufrechterhalten bleibt. Das berühmte Gespräch mit Napoleon, in dessen Verlauf Laplace die selbstbewussten Worte von der Überflüssigkeit einer außerweltlichen ordnenden Intelligenz gesprochen haben soll, kennzeichnet die damals charakteristische Schnittstelle von Selbst- und Fremdorganisation. Laplace war jedenfalls davon überzeugt, dass die Stabilität der Ordnung auf keine extramundane intelligente Ur-

---

[195] Immanuel Kant: Vorlesungen über Metaphysik und Rationaltheologie. In: Kants gesammelte Werke. Hrsg. von der kgl. Preußischen Akademie der Wissenschaften zu Berlin. De Gruyter & Co., Berlin 1972. Bd. 28, 2, 2, S. 1094, Absatz 165.

[196] Ebenda.

sache zurückgeht, sondern dem System auf Grund von immanenten dynamischen Ursachen zukommt. Vermutlich war er, wie es damals die Regel für aufgeklärte Naturwissenschaftler war, Deist, also Vertreter des Standpunktes, dass Gott nur einmal am Anfang sich schöpferisch betätigt habe.

Fast zur gleichen Zeit zeigten aufklärerische Philosophen wie Paul Dietrich von Holbach, dass auch die Idee der intelligenten Ursache einer Ordnung eine menschliche Projektion darstellt, die bezogen auf die Natur nur im uneigentlichen metaphorischen Sinne verwendet werden darf. „Der Mensch macht sich immer zum Mittelpunkt des Universums; alles, was er darin sieht, bezieht er auf sich selbst; wenn er eine Wirkungsart zu bemerken glaubt, die einige Berührungspunkte mit seiner eigenen hat, oder einige Erscheinungen, die ihn interessieren, so schreibt er sie einer Ursache zu, die ihm ähnlich ist, die so wirkt wie er, die die gleichen Fähigkeiten, die gleichen Interessen, die gleichen Pläne und das gleiche Streben hat, mit einem Wort: er nimmt sich zum Vorbild für sie. Auf diese Weise bildete sich der Mensch ein, [...] dass diese Natur durch eine intelligente Ursache, die seiner eigenen Art ähnlich ist, geleitet würde, der er die Ordnung, die er zu sehen glaubte, und solche Ansichten, wie er sie selbst hat, zuschrieb."[197]

Bis in die Gegenwart sind immer wieder Vorschläge gemacht worden – zuletzt mit Hilfe des so genannten „Anthropischen Prinzips" –, die fremdorganisatorisch induzierte Mittelpunktsstellung des Menschen wiederzugewinnen. Die Überzeugung, dass das Universum primär gar nicht für ihn konstruiert wurde, sondern dass er in dieser Welt nur als Zaungast logiert, geht dem Menschen immer noch gegen den Strich. Später wurde gegen die Rechnungen von Laplace eingewandt, dass sie nur näherungsweise einen Hinweis und keine Garantie für die Langzeitstabilität des Planetensystems liefern. De facto ist es jedoch gar nicht so entscheidend, ob die Stabilitätsbeweise von Laplace auf einem zu stark idealisierenden mathematischen Modell des Sonnensystems beruhen, weil sie nur Näherungen erster Ordnung betrachten. Entweder findet man noch weitere Faktoren der Stabilität oder das System ist einfach nicht langzeitstabil, es ist kein selbstregulierendes Uhrwerk und kollabiert im Laufe der Zeit. Vom naturalistischen Standpunkt aus ist der *Zerfall von Ordnung* ein selbstverständlicher Teil der Naturprozesse, wohingegen die metaphysische Deutung des Wachstums von Unordnung, vor allem im kosmischen Ausmaß, eher Schwierig-

---

[197] Paul Dietrich von Holbach: System der Natur. Aufbau-Verlag, Berlin 1960, S. 57.

keiten bereitet, worauf schon David Hume in seiner Kritik der Physiko-Theologie hingewiesen hat.[198] Wenn *Ordnungsentstehung* auf eine personale intelligente Ursache zurückgeführt wird, dann muss man den Ordnungszerfall auch mit einer zerstörerischen und vernichtenden transzendenten Macht verbinden. Andernfalls müsste sich der Protagonist des Planungsargumentes den Vorwurf der parteilichen Voreingenommenheit für einen speziellen strukturaufbauenden Theismus gefallen lassen. Im Rahmen einer traditionellen Gottesvorstellung ist diese Asymmetrie von Morphogenese und Strukturzerfall wohl kaum zu lösen, höchstens mittels eines unorthodoxen Polytheismus, bei dem mehrere Götter in entgegengesetzte Richtung wirken, ließen sich beide Tendenzen der Natur theistisch deuten. Übrigens mutet es ja grundsätzlich seltsam an, dass alle Verteidiger von außerweltlicher Fremdorganisation, von Platon mit seinem Demiurg bis zu den christlichen Theisten, sich immer völlig sicher waren, dass *ein und nur ein* Ordner am Werk war. Selbst wenn der Analogieschluss von der Existenz von Ordnung auf die intelligente Ursache ein gültiges Argument wäre, hätte doch auch eine ganze Mannschaft von supernaturalen Wesen mit funktionaler Arbeitsteilung an der Konstruktion des Universums beteiligt sein können. Auch an dieser Vieldeutigkeit sieht man bereits die anthropomorphe Einfältigkeit der ganzen Idee einer intelligenten Fremdorganisation. Sie krankt sowohl an innerer Vieldeutigkeit wie auch an äußerer Unplausibilität.

## 4. Ordnung, Organisation und Chaos in der sozialen Realität

Die Schlüsselrolle von Newtons Mechanik und Gravitationstheorie bei der Entstehung des Selbstorganisations-Paradigmas wird noch deutlicher, wenn wir einen Blick auf die Entstehung ökonomischer Theorien werfen. Adam Smith ist der Vater der modernen Ökonomie, der in seinem klassischen Werk *Über den Wohlstand der Nationen* die Idee der spontanen Entstehung einer wirtschaftlichen Ordnung konzipiert hat, wobei er sich von Newtons Modell des Universums als eines in allen Teilen zusammenhängenden Systems leiten ließ.[199] Adam Smith fragte nach dem Modus

---

[198] David Hume: Dialoge über natürliche Religion. Meiner, Hamburg 1968.

[199] Adam Smith: An inquiry into the nature and causes of the wealth of nations, Buch IV, Chapter 2. Whitestone Chamberlaine, Dublin 1776.

wirtschaftlicher Koordination unter den Randbedingungen freiheitlicher Demokratie. Letztere ist dadurch definiert, dass der Staat nur drei Pflichten besitzt. Er soll den Bürger vor Gewalt bewahren, d. h. ihm innere und äußere Sicherheit garantieren, er soll seine Mitglieder vor Unterdrückung durch andere Elemente der Gesellschaft beschützen und er soll bestimmte öffentliche Institutionen einrichten, die allen dienen, die aber so kostspielig sind, dass sich deren Aufstellung für die einzelnen Individuen nicht lohnt. Wenn diese Randbedingungen gegeben sind, dann erfolgt nach Adam Smith der Aufbau ökonomischer Komplexität praktisch von selbst. Im vierten Buch seines Hauptwerkes *The wealth of nations* führt Smith die entscheidende Metapher derart ein, dass der Einzelne bei seinen Handlungsentscheidungen „is led by an *invisible hand* to promote an end which was no part of his intention". „By pursuing his own interest he frequently promotes that of the society more effectually than when he really intends to promote it."[200] Anders ausgedrückt: Der Einzelne kann und soll durchaus seinen egoistischen Interessen zur Maximierung seines Wohlstandes folgen, die Wechselwirkungen zwischen den Entscheidungen der einzelnen Menschen fügen sich automatisch zum Besten aller zusammen Es ist also nicht notwendig, den Wohlstand durch Planung anzuzielen, sondern er ergibt sich aus der Marktstruktur von selbst. Friedrich von Hayek deutete nun die unsichtbare Hand als spontane Entstehung wirtschaftlicher Ordnung. Eine solche endogene Ordnungsentstehung ist nicht zu verwechseln mit einer exogenen Steuerung durch einen Weltgeist, wie es etwa Hegel wollte. Die unsichtbare Hand ist eine innere Struktur der ökonomischen Realität, wohingegen der Weltgeist sicher nicht nur als strukturelle Disposition der Materie betrachtet werden kann. Unter den Bedingungen der Freiheit erfolgt die Koordination der ökonomischen Entscheidungen der Subjekte gerade nicht gesteuert, sondern spontan von selbst. Jeder folgt seinen egoistischen Zielen und die Vielzahl der Einzelaktionen setzt sich zu einer höheren Ordnung zusammen, diese ist jedoch nicht intendiert und auch nicht explizit durch Regeln geleitet. Die Metapher von der unsichtbaren Hand drückt aus, dass der Wohlfahrt der Gesellschaft besser durch dezentrale Entscheidungsfällung und durch individuelle Handlungskompetenz gedient ist.[201] Dies sind auch die Komponenten der gesell-

---

[200] Ebenda.
[201] Ich folge hier den Untersuchungen von Friedrich Hinterberger / Michael Hüther: Von Smith bis Hayek und zurück. Eine kleine Geschichte der Selbstorganisationsidee in der Nationalökonomie. Gießen o. J., S. 13.

schaftlichen Selbstorganisation, denn jeder hat völlige Handlungsfreiheit in der liberalen Demokratie und das konkrete gesellschaftliche Ergebnis ist nicht berechenbar. Eine Determinierung liegt nur in dem Sinne vor, dass man eine strukturelle Voraussage wagen kann, dass sich unter diesen Randbedingungen ein Zuwachs an Lebensqualität ergeben wird. Friedrich von Hayek sprach in diesem Zusammenhang von *Mustervorhersage* oder *pattern prediction*. Smith' unsichtbare Hand agiert allerdings als Ausgleichmechanismus noch im Rahmen einer Gleichgewichtsökonomie. Man kann sie daher zwar selbst nicht als strukturverändernde Dynamik ansprechen, ein Element moderner Selbstorganisationstheorien ist aber vorhanden: Es gibt keine direkte permanente zentrale Steuerung, sondern der Strukturaufbau erfolgt im Rahmen der Selbstregulierung über den Preismechanismus. Der Übergang von der Neoklassik zur dynamischen Selbstorganisationsökonomie erfolgte über viele Stationen: William Richard Stevens, Léon Walras, Carl Menger.[202] Carl Menger stellt bereits die entscheidenden Fragen und liefert damit die Anknüpfungspunkte für seinen Schüler Hayek.[203] Warum, fragt Carl Menger, entstehen soziale Institutionen, Geldmärkte, die nicht willentlich von planenden Wesen hervorgebracht wurden, die als nichtintendierte Resultate individuellen Handelns sich von selbst aufbauen? Menger sieht auch den Faktor Zeit recht klar. Wirtschaftliches Handeln ist zukunftorientiert, die Planung kann sich auf verschiedene Zeiträume beziehen. Es kann kein Zweifel bestehen, dass der Aufbau der evolutionären Ökonomik entscheidende Anregungen durch den Neo-Darwinismus erhalten hat. Dies wirkt sich auch in der ökonomischen Theorienkonstruktion aus. Bei Thorstein Veblen taucht die Idee auf, dass soziale Stabilität nicht nur darauf beruht, dass die Menschen hedonistische Automaten sind.[204] Er betont, dass endogene Präferenzen in der Population Rückkopplungseffekte auslösen können, die das vorhandene Regelsystem verändern könnten. Auch Alfred Marshall verbindet Ökonomie mit Biologie, in der das Werden wichtiger ist als das Sein.[205] Hier hören wir schon Ilya Prigogine heraus. Dem Entstehen von Arten entspricht jetzt das Entstehen von Märkten. In der österreichischen Schule der Ökonomie, die auf Carl Menger zurückgeht,

---

[202] F. Hinterberger / M. Hüther: Von Smith bis Hayek und zurück, S. 18.
[203] Carl Menger: Grundsätze der Volkswirtschaftslehre. Braumüller, Wien 1871.
[204] Thorstein Veblen: Theorie der feinen Leute. Fischer, Frankfurt am Main 1997.
[205] Alfred Marshall: Principles of Economics – An Introductiory Volume [1890]. Macmillan, London 1920.

wächst die Schlüsselidee: Sozialwissenschaft und Ökonomie ist das Studium der nichtintendierten Folgen menschlicher Handlungen. Damit ergibt sich auch die fruchtbare Fragestellung nach dem *Informationsfluss*. Wie kann bei totaler Zersplitterung der Information, d. h. der Verteilung des Wissens auf viele Subjekte, eine wirksame Koordination einzelwissenschaftlichen Handelns gedacht werden. Wie entsteht unter solchen Bedingungen wirtschaftliche Ordnung? Die Antwort ist heute klar: Das Vehikel der Informationsübertragung ist der *Preismechanismus*. Das Preissystem bringt die isolierten Entscheidungen zu einer kohärenten Struktur. Den entscheidenden Schritt in Richtung auf eine dynamische evolutive Ökonomik macht Hayek in einer Schlüsselarbeit von 1967 *Die Theorie komplexer Phänomene*.[206] Hier stellt er die sehr allgemeine Frage: Wie kommen komplexe Strukturen wie Arbeitsteilung, Privateigentum, Sprache, Recht und Moral zustande? Hayek sieht zum ersten Mal den Zusammenhang aller komplexen sozialen Strukturen in einer einheitlichen Weise. Er verabschiedet darin aber auch ein Element des klassischen mechanistischen Weltbildes, dem Smith' Ökonomie durch seine Anleihe bei der Newtonschen Mechanik noch verpflichtet war. Hayek lässt das Ideal der Berechenbarkeit fallen und dies aus einem einfachen epistemischen Grund. Selbst wenn wir einmal eine Theorie mit einem riesigen Gleichungssystem für die gesamte Volkswirtschaft entwerfen könnten, würden die notwendigen Anfangsdaten, um die Gleichungen zu lösen, niemals verfügbar sein. Die Informationen über den Anfangszustand des ökonomischen und sozialen Systems können einfach nicht in einem Gehirn zusammengezogen werden. Man kann hier durchaus von Berechenbarkeitsgrenzen sprechen, die denen der Mathematik aufgrund des Scheiterns des Hilbertschen Vollständigkeitsprogramms entsprechen.

Und damit sind wir bei der Idee der *spontanen Sozialordnung* angelangt. Die Ordnung der Gesellschaft ist nach dem Selbstorganisationsgedanken nicht das Produkt einer planenden Intelligenz, als deren Archetyp wir uns den Demiurg Platons vorstellen könnten. Im Gegenteil: der menschliche Geist ist Produkt der kulturellen Evolution. Deshalb kann soziokulturelle Ordnung nicht auf rationale Konstruktion zurückgehen. Es war der fundamentale Irrtum René Descartes', dass die Vernunft als Agens außerhalb der natürlichen und kulturellen Realität steht. Nur aufgrund dieses Irrtums meinte man zu lange, dass gesellschaftliche Institutionen

---

[206] Friedrich von Hayek: Die Theorie komplexer Phänomene. Mohr, Tübingen 1972.

intelligente Schöpfungen eines immateriellen Geistes seien. Dies kann man den Irrtum des *konstruktiven Rationalismus* nennen.[207] Es handelt sich letztlich um falsche anthropomorphe Übertragungen mentalistischer Kategorien auf soziale Prozesse. Die Sozialordnung ist eine polyzentrische Ordnung, ungerichtet und ungeplant, die durch die Wechselwirkung vieler Individuen und bestimmter Randbedingungen entstanden ist. Die Existenz dieser Ordnung ist vereinbar mit dem völligen Unwissen des Einzelnen über die zahllosen Fakten der gesellschaftlichen Interaktionen. Die entscheidende Differenz zwischen Steuerung durch Individuen und Selbstorganisation zeigt sich in der Leistungsfähigkeit.[208] Spontane Sozialordnung kann das verteilte Wissen aller Menschen umsetzen, wie dies die planende Konstruktion eines Menschen nie könnte. Aber wie geht das praktische Wissen von vielen Individuen ein in die Ordnungsentstehung? Praktiker haben Erfahrungswissen: Förster, Jäger, Bauern, Alpinisten haben zum Beispiel Kenntnisse vom Wetter durch ihren täglichen Umgang mit diesem Phänomen. Bei der polyzentrischen Ordnungsentstehung wird gerade dieses praktische Wissen vieler Menschen von selbst in die emergente Ordnung umgesetzt.

Das Standardbeispiel der spontanen Ordnungsentstehung ist natürlich der *Markt*, in gleicher Weise aber auch das Gesetz, die Moral, die Sprache und das technische Wissen. Charakteristisch für die spontane Ordnung ist, dass sie als nicht intendierter Prozess entsteht. Dies ist nicht gleichzusetzen mit dem Wirken instinkthafter Mechanismen. Soziale Strukturen sind nicht einfach Epiphänomene der Gene, sondern sie sind das Resultat der Entwicklung sich selbst regulierender Strukturen. Die Parallele mit der biologischen Evolution besteht nur darin, dass es eine selektive Wirkung von rivalisierenden sozialen Regeln und Praktiken gibt. Es ist also sicherlich nicht möglich, die Sozialstruktur oder das Kaufverhalten einer Population aus der DNS der Individuen abzuleiten. Auch wenn diese Individuen bestimmte Handlungsdispositionen mitbekommen haben, ergibt sich die soziale Realität als Schicht autonomer Komplexität auch gegenüber den genetischen Anlagen. Die Selbstorganisationstheoretiker der Ökonomie und die Biologen sind sich nur in einem einig, nämlich in der *Ablehnung des Konstruktivismus*, welcher die Auffassung vertritt, dass Ordnung durch Planung gestiftet worden ist.

---

[207] Friedrich von Hayek: The fatal Conceit: The Errors of Socialism. University of Chicago Press, Chicago 1991.

[208] Michael N. Rothbard: Power & Market. Columbia Univ. Press, New York 1977.

In jüngster Zeit ist die Idee des sich selbst frei und ungehemmt organisierenden Marktes unter dem *Globalisierungsaspekt* unter Beschuss gekommen. Die Freihandelsdoktrin von Adam Smith, so meinten einige Kritiker, wäre angesichts der transnationalen Durchlässigkeit des Marktes für den Warenverkehr und der Globalisierung der Finanzmärkte obsolet geworden. Ein neuer Protektionismus artikuliert sich aus Ängsten vor der undurchschaubaren Komplexität der weltwirtschaftlichen Verflechtungen. Skeptische Autoren bezeichnen den deregulierten Kapitalfluss mit seinen „abrupten Richtungsänderungen und chaotischen Kursausschlägen"[209] als *Falle*. Wenn die Skeptiker des internationalen Handels Recht hätten, müsste man von einer natürlichen Grenze des ökonomischen selbstorganisierten Komplexitätswachstums sprechen. Jenseits einer Metastabilitätsschwelle würde danach das turbulente Chaos der Wirtschaft warten, in dem die klassischen Vorteile der freien Marktwirtschaft sich ins Gegenteil verkehrten. „Börsenkurse und Konzerngewinne steigen mit zweistelligen Raten, während Löhne und Gehälter sinken. Gleichzeitig wächst die Arbeitslosigkeit parallel mit den Defiziten der öffentlichen Haushalte. (...) 113 Jahre nach dem Tod von Karl Marx steuert der Kapitalismus wieder in jene Richtung, die der revolutionäre Ökonom für seine Zeit so trefflich beschrieb."[210] Aber die Protagonisten des freien internationalen Handels weisen darauf hin, dass die Vorteile der Marktwirtschaft nicht an eine bestimmte Größendimension gebunden sind. „Der Freihandel erlaubt die Spezialisierung jeder Nation auf ihre jeweiligen Stärken, auf ihre jeweiligen komparativen Vorteile. Dadurch wird nicht nur insgesamt das Welt-Sozialprodukt gesteigert, sondern es profitiert davon auch jede einzelne Nation, indem sie sich durch das Marktgeschehen auf die Herstellung von Gütern konzentriert, die sie billiger als andere herstellen kann, kommt sie billiger auch an die Güter, bei denen andere Nationen einen Produktionsvorteil haben: Sie kann diese anderen Güter von diesen anderen Nationen billiger erwerben als sie sie selbst zu produzieren in der Lage wäre."[211] Aus dieser Sicht ist eine Schwelle der Stabilität bei Ausdehnung des Freihandels nicht zu erwarten, die Vorteile des zollfreien Warenaustausches überwiegen in jedem Fall. Die Gegensätze in den Einschätzungen der Vor-

---

[209] Hans Peter Martin / Harald Schumann: Die Globalisierungsfalle. Rowohlt, Reinbek 1996, S. 119.

[210] Ebenda, S. 16.

[211] Carl Christian von Weizsäcker: Logik der Globalisierung. Göttingen: Vandenhoeck & Ruprecht 1999, S. 49.

und Nachteile der Selbstorganisationsdynamik in der Wirtschaft könnten kaum größer sein. In der allerjüngsten Zeit scheint die Skepsis zu überwiegen, dass freie Märkte verlässlich zu größerem Wohlstand für alle Bürger führen.[212]

Es fällt nicht in die Kompetenz des Wissenschaftsphilosophen zu beurteilen, ob die Globalisierungsskeptiker oder die Internationalisierungsoptimisten näher an der Wahrheit liegen. Immerhin erscheint mir aber die wissenschaftshistorische Entwicklungslinie bemerkenswert zu sein, die von Newton über Adam Smith, Friedrich von Hayek zu den modernen Vertretern einer evolutionär verstandenen Ökonomik führt. Ähnlich wie in der als Paradigma dienenden Physik geht die Tendenz von der Fremdorganisation über die statische Gleichgewichtsökonomie zu einer am Evolutionsgedanken orientierten Selbstorganisationstheorie der wirtschaftlichen Entwicklung. Es scheint also an dem Gedanken der spontanen Entstehung von Ordnung etwas daran zu sein, das immer größere Wissenschaftsbereiche umfasst; Strukturwachstum folgt offenbar doch gebietsunabhängig gewissen gemeinsamen Regeln. Wenn dies gilt, so haben wir einen Hinweis mehr, dass es sich um einen ubiquitären Zug des Universums handelt, ohne dass eine helfende Intelligenz oder ein Weltgeist die Hand im Spiel hätten.

---

[212] Vgl. Gabor Steingart: Weltkrieg um Wohlstand. Wie Macht und Reichtum neu verteilt werden. Piper, München 2006.

# V. Virtuelle Realität –
# ein ontologischer Neuankömmling?

## 1. Das Mögliche

In der analytischen Philosophie werden üblicherweise zwei Typen von Gegenständen deutlich unterschieden – konkrete und begriffliche Objekte. Während konkrete materiale Dinge dem Wandel unterworfen sind, verändern begriffliche Objekte niemals ihren Zustand, genauer gesagt ist für sie nicht einmal eine Zustandsbeschreibung möglich. Es ergibt keinen Sinn, nach dem heutigen Befinden der Zahl $\pi$ oder nach der gestrigen Verfassung der Funktion $y = e^x$ zu fragen. Materielle Systeme hingegen können zumindest in zwei verschiedenen Zuständen sein, d. h. sie können vom einen in den anderen übergehen.[213] *Zeitlichkeit* ist eine typische Qualität materialer Systeme, die begriffliche Objekte nicht besitzen können.

In diese weitgehend akzeptierte Dichotomie schneidet nun seit jüngster Zeit eine anscheinend hybride Gegenstandswelt – die *virtuelle Realität*. *Virtualität* ist dabei eine Charakterisierung von Gegenständen oder Sachverhalten, die durchaus Verankerung in der Geschichte und Philosophie der Wissenschaft hat. Zuerst einmal kommt Virtualität als *Schein* in der Erkenntnistheorie vor. Der Schein trügt, sagt der Volksmund; jedenfalls fährt der nicht gut, der jedes Phänomen als eine authentische Information über einen dahinter stehenden Gegenstandsbereich annimmt. Das erkenntnistheoretische Grundproblem besteht nun darin, ob wir hinter der Welt der Erscheinungen durch eine gedankliche Analyse auf eine subjektunabhängige Gegenstandswelt durchdringen können.[214] In diesem Kontext

---

[213] Mario Bunge: Philosophy in Crisis. Prometheus Books, New York 2001, S. 67.
[214] Im Höhlengleichnis versucht Platon [Politeia 514 a], die entscheidenden Unterschiede zwischen den täuschenden Erscheinungen (δόξα) und dem wahren Sein, das zugleich das Gute ist (τὸ ἀγαθόν), herauszustellen.

tauchte eine Reihe von Begriffen auf, die in ihrem ontologischen Status irgendwo zwischen reiner Fiktion und harter Gegenständlichkeit angesiedelt sind: Vorstellungsinhalte, das Gedachte, das Zukünftige, das Mögliche bis hin zum Unmöglichen. Alexius Meinong wollte tatsächlich dem Kontradiktorischen wie dem „runden Viereck" und dem „viereckigen Kreis" eine Existenzweise zubilligen,[215] immerhin reden wir ja dabei von *etwas* und unterscheiden auch sprachlich die beiden unmöglichen Objekte. In diesem Sinne muss irgendeine Differenz wohl auch in der Welt des Widersprüchlichen vorhanden sein. Maurits C. Escher hat dann sogar versucht, graphisch die Wirklichkeit des Unmöglichen umzusetzen.[216] Er hat Zeichnungen angefertigt, die so aussehen, als ob sie auf etwas weisen, das nur kontradiktorisch charakterisiert werden könnte.

Viel Kopfzerbrechen hat den Philosophen aber bereits das *Mögliche* bereitet. Schon Aristoteles überlegte sich, in welcher Weise *heute* die morgige Seeschlacht existiert:[217] im Kopf als Gedanke, als Idee von etwas Realem oder im Sinne eines intermediären Zustandes zwischen Illusion und Faktizität. Die Meinungen hierüber waren geteilt: Während die Megarer das Mögliche als Seiendes nicht anerkennen wollten, betonte Aristoteles, dass eine vollständige Ontologie das Aktuale (ἐνέργεια) wie auch das Mögliche (δύναμις) umfassen muss:

„Manche nun, wie *die Megariker*, behaupten, ein Vermögen habe etwas nur, sofern es wirklich tätig sei, und wenn es nicht tätig sei, habe es auch das Vermögen nicht. Wer nicht baue, der habe auch nicht das Vermögen zu bauen; nur der Bauende, solange er baue, habe es, und ebenso in anderen Fällen. Es ist nicht schwer einzusehen, in welche Ungereimtheiten sie sich damit verwickeln. Denn offenbar ist dann einer auch Baumeister, wenn er nicht baut; denn Baumeister sein heißt, die Fähigkeit zum Bauen besitzen."[218]

Zwischen dem materialen Konkreten und dem illusionären Nichtseienden gibt es etwas, das mehr als das Nichts, aber weniger als der Seiende ist: *das Mögliche*. Auch die Alltagssprache trägt diesem Zwischenwesen

---

[215] Alexius von Meinong: Über Gegenstandstheorie in Untersuchungen zur Gegenstandstheorie und Psychologie. Barth, Leipzig 1904.

[216] Bruno Ernst (Hrsg.): Der Zauberspiegel des M. C. Escher. Taschen, München 1978.

[217] Aristoteles: Categoriae et Liber de Interpretatione, 9 (recognovit L. Minio-Paluello). Oxford Univ. Press, Oxford 1949.

[218] Aristoteles: Metaphysik V 12, 1079b 16.

Rechnung, nämlich durch das *Konditional.* Besonders beim irrealen Konditionalsatz wird darauf hingewiesen, dass man bei Vorliegen anderer Fakten geneigt wäre, in bestimmter Weise zu handeln: wenn ich König wäre...

Aristoteles stützt seine Auffassung von der Realität des Möglichen mit einem Kausalargument: Etwas, von dem sichtbare Wirkungen ausgehen, welche wir spüren können, muss in die Klasse des Existierenden aufgenommen werden. Die Antizipation von etwas, eine Idee, eine Phantasie, ein Bild, ein Schema von Begriffen, in dem Maße, in dem diese Gedankengebilde Propensitäten, Neigungen zur Realisierung besitzen, sind sie mehr als nichts. Für Zweifler an der Realität von dispositionellen Zügen der Natur sei noch an ein Alltagsbeispiel erinnert, das wir später noch ausführlicher erörtern werden: Am ehesten leuchtet die ontologische Deutung des Möglichen vielleicht auf dem Gebiet der Erotik ein. Jeder kennt die Macht der Vorstellung im Bereich der Sexualität, derart, dass erotische Antizipationen das reale genitale Geschehen überhaupt erst möglich machen. Ohne virtuelle Vorwegnahme des Gewünschten oder Begehrten käme die Realisierung des Sexuellen vermutlich gar nicht zustande. In diesem Fall ist das Virtuelle der Wegbereiter des Realen.

Aristoteles diskutierte die Daseinsweise des Möglichen bevorzugt im Rahmen der Frage nach dem Wesen der Zeit. Er fragt nach dem Status der so genannten „contingentia futura", den noch nicht eingetretenen, aber wahrscheinlichen Ereignissen. Daraus sieht man, dass das Modale etwas mit Zeit und Wahrscheinlichkeit zu tun hat. Die Vergangenheit bestimmt bis zu einem gewissen Grade die Zukunft, ohne sie völlig festzulegen. In diesem Spielraum ist das Mögliche angesiedelt. Der komplementäre Begriff zu Möglichkeit ist in der Modallogik der der Notwendigkeit. Der Satz „Es ist möglich, dass Q" ist gleichwertig dem Satz „Es ist nicht notwendig, dass nicht Q" bzw. „Es ist notwendig, dass Q" bedeutet soviel wie „Es ist nicht möglich, dass nicht Q". Einige Sätze der Modallogik drücken einsichtige Zusammenhänge zwischen dem Möglichen und dem Wirklichen aus, wie etwa, dass das Notwendige wirklich eintreten muss und dass aus dem Realen das Mögliche folgt. Es gibt aber Formeln der Modallogik, die in ihrer Sinnhaftigkeit durchaus umstritten sind, woraus man sieht, dass das Mögliche doch einen über das Faktische hinausgehenden Sonderstatus besitzt. So ist es z. B. unklar, ob bei Anwendung beider Modaloperatoren folgende Sätze als sinnvoll anzusehen sind: „Wenn Q möglich ist, dann ist es notwendig, dass Q möglich ist" und „Wenn Q notwendig ist, dann ist es notwendig, dass Q notwendig ist". Die Vielschichtigkeit der modalen Sprechweise sieht man auch daran, dass eine Vielzahl von Axiomensystemen aufgestellt worden sind, die man S1, S2, S3, S4 und S5 nennt und die, anders als in der klassischen Logik, keineswegs äquivalent sind. Das einfachste System ist S5 und dieses drückt die Leibnizsche Intuition aus, wonach ein Satz notwendig ist, wenn er in allen möglichen Welten wahr ist und ein Satz möglich ist, wenn er in mindestens einer Welt wahr ist.

Zwischen Platon und Aristoteles entzündeten sich Meinungsdifferenzen, auch bezüglich des Status der Ideen. *Dass* es sie gibt, war unkontrovers, aber *wie* sie existieren, darüber waren sich die beiden Großmeister der Denkkunst uneinig. Aristoteles verteidigte eine Position, die näher am Alltagsverstand liegt: die Bausteine der Natur sind konkrete materiale Entitäten, die allerdings nach bestimmten Strukturen geordnet sind. Diese Ordnung der Dingwelt lässt sich aber nicht von derselben abtrennen oder isolieren. Platon hingegen hatte gelehrt, dass Formen und Strukturen wie Prototypen den konkreten Gegenständen vorgeordnet seien, die sichtbare Gegenstandswelt aber nur ein schwacher Schatten der idealen Formen sei. Aristoteles wollte seinem Lehrer in dieser Beziehung nicht folgen und hielt die ontologische Unabhängigkeit der Ideen für eine unnötige Verdopplung der Welt. So gibt es nicht das Gute an sich (τὸ ἀγαθόν), sondern gute Menschen, nämlich solche, die Tugend (ἀρετή) besitzen. Heute hat sich die Meinung weitgehend Aristoteles zugeneigt, Platoniker finden sich nur noch in den Reihen der Mathematiker, die fasziniert von dem Eigenleben ihrer formalen Strukturen den Eindruck haben, dass diese je schon existiert hätten. Realwissenschaftler hingegen lassen sich kaum mehr auf platonischen Realismus ein (mit Ausnahme von Max Tegmark, der eine einheitliche physikalische Theorie aus dem Ensemble aller formalen Strukturen aufbauen möchte) und im Alltag sind wir alle überzeugt, dass Gespenster, Kobolde, Dämonen und heilige Geister dem Köhlerglauben angehören, wobei uns das Argument des Aristoteles leitet, dass keine von diesen Gestalten je eine verfolgbare Spur in den Erscheinungen der sichtbaren Welt hinterlassen hat. Gesetzesstrukturen lassen sich aus der Natur nur gedanklich, aber nicht realiter herausziehen und schon gar nicht als selbstständige Wesenheiten begreifen. Gibt es denn nun überhaupt irgendeinen *natürlichen* Ort für das Virtuelle?

## 2. Traumwelten

In der philosophischen Literatur wurde die Virtualität vielfach mit einem Phänomen in Zusammenhang gebracht, das wir alle kennen – dem Traum. Schlafwelten können von hoher Eindringlichkeit sein, so heftig, dass wir beim Aufwachen unsicher sind, welche Bewusstseinsebene die höhere Dignität besitzt. Diese Erfahrung hat Descartes seinem Traumargument zugrunde gelegt: Welchen Grund habe ich anzunehmen, dass die Trauminhalte Illusionen darstellen und die Gehalte des Wachbewusstseins „echte" Realität?[219] Aus der Schwierigkeit, die beiden mentalen Schichten ontologisch zu gewichten, hat Pedro Calderón de la Barca ein Drama verfasst, das die Symmetrie von Virtualität und Realität zum Gegenstand hat: *La vida es sueño*.[220] Darin verteidigt der Dichter, dass letzten Endes keine Entscheidung gefällt werden kann und wir uns mit dieser Lage abfinden müssen. Alle Verteidiger einer symmetrischen Situation zwischen Traum und Realität verwendeten allerdings Artefakte, um die Ununterscheidbarkeit beider Existenzformen zu manifestieren. Descartes verwendete einen böswilligen Gott (deus malignus et calidus), der uns aus Freude am Schabernack täuscht. Calderón gebrauchte einen Schlaftrunk, um Sigismund während seines Transportes zwischen Turm und Palast im Unklaren zu lassen, welche Welt real ist, und jüngst setzte Hilary Putnam in seinem Modell des Gehirns im Tank einen Computer ein, der dem Nervensystem in der Nährlösung erfundene Tatsachen vorspiegeln soll. Alle diese Gedankenexperimente sollen zeigen, dass es niemals ein sicheres Verfahren geben kann, Virtualität und Realität zu trennen. Sigismund verließ nie der Zweifel – auch als er schon aus dem Turm befreit war und wieder im Palast herrschte – welche von beiden Welten die virtuelle und welche die reale wäre. Die Virtualität oder, wenn man lieber will, die geträumte Realität ist durch diese Modelle eher aufgewertet worden.

Unsere zeitgenössische Unsicherheit in derselben Frage ergibt sich aus dem Simulationsargument: Wie können wir uns vergewissern, dass wir nicht nur die Software sind, die eine fortgeschrittene technische Zivilisation auf einem Computer in einem Paralleluniversum auf der dortigen Hardware installiert hat? Wenn man versucht, diese absurd klingende skeptische Hypothese zu widerlegen, sieht man, wie schwierig es ist, die

---

[219] René Descartes: Meditationen über die Erste Philosophie. Reclam, Stuttgart 1980.

[220] Zur erkenntnistheoretischen Dimension dieses Dramas vgl. Ulises Moulines: ¿Es la vida sueño? Diánoia 1992, S. 17-33.

Symmetrie zwischen Traum und Wirklichkeit bzw. zwischen Urbild und Simulation zu brechen.[221]

Für Sigmund Freud sind die Trauminhalte eine Quelle von Informationen aus der Tiefe der Person. Aus seiner Sicht spiegelt sich im virtuellen Leben des Traumes unsere gesamte Wunschwelt, nach seiner Deutung sind fast alle der im Traum auftretenden Gestalten Formen von erotischer Symbolik: „Je mehr man sich mit der Lösung von Träumen beschäftigt, desto mehr muss man anerkennen, dass die Mehrzahl der Träume Erwachsener sexuelles Material behandelt und erotische Wünsche zum Ausdruck bringt."[222]

Allerdings geht Freud nicht so weit, die sexuelle Deutung bis zur Ausschließlichkeit zu betreiben, wie zu seiner Zeit Wilhelm Stekel und Alfred Adler, die in allen Träumen eine unterdrückte Bisexualität entdeckt haben wollten, die offiziell in der bürgerlichen Welt nicht ausgelebt werden konnte. Aber immerhin sieht Freud doch auch die Traumwelt als eine Art Fluchtwelt an, in der Sexualtrieb sich vor allem nach seiner langen Unterdrückung in der Kindheit manifestieren kann. Die sexuelle Parallel-Welt des Traumes ist danach das virtuelle Reich der Wunscherfüllung.

In modernen Traumtheorien[223] wird weniger das Moment des Zensors betont, der bestimmte moralisch inakzeptable Verhaltensweisen unterdrückt, deren Darstellung sich dann am Zensor vorbeischmuggelt und sich als Traum manifestieren kann, sondern der Traum wird mehr als zufälliges Phantasieprodukt eines Gehirns angesehen, auf das keine Reize mehr auftreffen.[224] Die Traumvirtualität ist also hier eher als Zufallsgeschehen zu betrachten, als Nebenprodukt der zerebralen Organisation. Dennoch mutet es seltsam an, dass die Trauminhalte so auffallend sexuell dominiert sind. Wenn die Zufallshypothese korrekt ist, müssten doch alle Inhalte gleich häufig vorkommen, oder man muss annehmen, dass die Grundgesamtheit des Unbewussten von sich aus im Wesentlichen aus erotischen Bildern besteht.

---

[221] M. Rees: In the Matrix. http://www.edge.org/3rd-culture03/rees-print.html
[222] Sigmund Freud: Die Traumdeutung. Über den Traum. In: Gesammelte Werke 2/3. Imago, London 1942, S. 401.
[223] Vgl. auch Edward O. Wilson: Die Einheit des Wissens. Siedler, Berlin 1998, S. 103.
[224] J. Allan Hobson: Schlaf. Gehirnaktivität im Ruhezustand. Spektrum Akademischer Verlag, Heidelberg 1990.

Die Fluchtwelt *'por antonomasia'* für das Virtuelle ist die phantastische Literatur. Dort sieht man die Freude des Menschen am Werk, virtuelle Wesen zu denken und zu erleben. Niemand hat das Entstehen von Phantasmen besser malerisch umgesetzt als Francisco Goya[225] mit seinem Gemälde: „El sueño de la razon produce monstruos".

Vermutlich ist hier nicht „sueño" im Sinne von Traum, sondern von Schlaf gemeint, was auch besser mit den oben erwähnten naturalistischen Erklärungen unserer virtuellen Tiefenwelt harmoniert. Die Monster sind wohl all jene von der Vernunft und dem klaren Wachbewusstsein beiseite geschobenen virtuellen Objekte, die der Sozialisierungsprozess als moralisch untragbar verurteilt hat. Nicht nur sexuelle, sondern auch aggressive Triebfaktoren treiben in dieser Ecke des Bewusstseins ihr Unwesen. Nicht immer führen sie nur ein Schattendasein, manchmal brechen die virtuellen Realitäten mit Macht an die Oberfläche und überwältigen die Person. Der psychische Ort der virtuellen Monster ist nicht nur der Tiefschlaf oder der Traum, sondern in erster Linie der Halbschlaf (la duermevela). Dort träumt man mit offenen Augen; man hat Zugriff auf Inhalte des Wachbewusstseins, das Auftauchen der Monster ist nicht allein der unbeeinflussbaren Neurochemie des Gehirns überlassen. So kann man sich eine virtuelle Welt erdenken, die Versatzstücke der natürlichen Realität in neuer Form kombiniert und zugleich die dabei unvermeidlichen Brüche durch Phantasmen überbrückt. Manche Menschen sind in der Lage, den Halbschlaf auf den gesamten Lebensstil zu übertragen, sie sind dann Tagträumer, die auch im anscheinenden Wachzustand mehr in der virtuellen Welt zu Hause sind als in der natürlichen Realität, wobei dieser Begriff auf den externen Beobachter rekurriert, der seine Sicht des Wachträumenden angibt. Von dieser Art war wohl auch Cervantes' *Don Quijote de la Mancha*, der sich nächtelang in die Welt der alten Ritter (hidalgos) vertiefte, derart, dass die für jeden Außenstehenden einschließlich seines Schildknappen Sancho Pansa längst verflossene Geschichte für Don Quijote die einzige authentische Realität wurde („...para él no había otra historia más cierta en el mundo").[226] Don Quijote lebte authentisch in seiner Ritterwelt. Seine zeit-

---

[225] Eine der wenigen komplett erhaltenen Ausgaben der ersten Auflage von *Los Caprichos* aus dem Jahr 1799 befindet sich in der Kunstgalerie Böttingerhaus Bamberg. Es ist Goyas erste grafische Folge und besteht aus 80 „Sittenbildern", in denen er Laster des Adels und des Klerus sowie Missstände der Gesellschaft gleichermaßen kritisiert.

[226] Miguel de Cervantes: Don Quijote de la Mancha. Edición de Martin Riquer, RBA, Barcelona 1994, S. 101.

genössische Umgebung, die ihm immer die Virtualität seiner Vorstellung einreden wollte, hielt er für unkundig und voreingenommen.

Wieweit lässt sich das Schicksal von Cervantes' zentraler Figur generalisieren? Leben wir möglicherweise alle mehr oder weniger in einer selbst errichteten Welt, ist Selbsttäuschung, sowohl kollektive wie individuelle, überhaupt Teil unserer Existenz? Jedenfalls ist es ein Faktum der Kulturgeschichte, dass sich die Menschen immer mit Wesen umgeben haben, für deren physische Existenz es nicht den leisesten Hinweis gibt. Es gibt eine Zoologie der Untiere, ein Bestiarium der Monster,[227] die trotz aller Fiktion unzweifelhaft eine sozialpsychologische Funktion haben. Rafael Herra[228] vermutet, dass die Erfindung der verbotenen, verfluchten, perversen Wesen mit politischer Herrschaft und Unterdrückung zu tun hat; ich meine, dass auch individuelle Faktoren eine Rolle spielen, es könnten Projektionsfiguren sein, die Auffänger von Triebwünschen darstellen.

Auch die Sciencefiction-Literatur enthält eine Fülle von Fabelwesen, die als Aufhänger von Wunschvorstellungen dienen, denen terrestrische Realitäten nicht entsprechen können. Im Mittelalter war die Vorstellungswelt des Normalbürgers besetzt von Dämonen und bösen Geistern, die ihm das Leben erschweren.[229] Umberto Eco macht in seinem Roman *Der Name der Rose* die Allgegenwärtigkeit von Monstern deutlich.[230] Überdies enthält die christliche Lehre eine Fülle von gutartigen und bösartigen Dämonen. In der Dämonologie, die genauso wie die Diabologie und die Angelologie die spirituelle Unter- und Überwelt beschreibt, werden die Regeln der erlaubten und verbotenen Beziehungen der Menschen zu diesen virtuellen Zwischenwesen spezifiziert, und damit der Rahmen der weißen und schwarzen Magie bestimmt.[231] Ohne die Morphologie dieser polyvalenten ontologischen Zwitter genau zu schildern, reicht deren Hochschätzung doch aus, um einzusehen, dass der Mensch psychisch in Vorstellungswelten lebt, die vom naturalistischen Standpunkt aus gesehen Luftschlösser sind, die aber sein Handeln stärker beeinflusst haben als die

---

[227] Rafael A. Herra: Lo Monstruoso y lo Bello. Editorial de la Universidad de Costa Rica, Costa Rica 1988.

[228] Ebenda, S. 22.

[229] Peter Segl: Die Anfänge der Inquisition im Mittelalter. Böhlau, Köln 1993.

[230] Umberto Eco: Der Name der Rose. Hanser, München 1982.

[231] Eduard J. Dijksterhuis: Die Mechanisierung des Weltbildes. Springer, Berlin 1956, S. 176.

grobsinnlichen Fakten.[232] Man kann auch vermuten, dass die speziell in der Vergangenheit oft widerwärtigen Lebensumstände der Menschen die innere Vergegenständlichung von Fabelwesen und glücklicheren Welten hervorgerufen und so im Sinne einer Kompensationstechnik zur Verzerrung von Realität geführt haben.

## 3. Drogenwelten

In die gleiche Richtung weist der Umgang der Menschen mit bewusstseinsverändernden Drogen. Die Beurteilung der Wirkung und die Einschätzung der Gefährlichkeit von halluzinogenen Stoffen sind heute durch Moralisierung, Kriminalisierung und Politisierung völlig verzerrt. Weder die historische noch die psychologische noch die individualistische Komponente des Drogenproblems kommen ausreichend in den Blick. Ethnologisch nachweisbar werden seit 6000 Jahren in 90 % aller menschlichen Populationen bewusstseinsaktive Substanzen verwendet, um künstliche, vom normalen Wachbewusstsein abweichende mentale Zustände zu erleben.[233] Allein diese Tatsache müsste den modernen, moralisierenden Drogenbewachern zu denken geben, um von der oberflächlichen Einschätzung des Drogenkonsums als eines neuzeitlichen Lasters weg zu kommen. Freuds Wertung der Drogenerlebnisse als Entlastung von den Mühsalen des Lebens, als ein Ausgleich für unbewältigte Konflikte und unausgelebte Wünsche weist vermutlich in die richtige Richtung.[234] Baudelaires Deutung der Bewusstseinserweiterung als eines „künstlichen Paradieses", nach dem die Menschen sich sehnen, weil diese Welt sehr viel Gram und Trübsinn birgt, ist sicher richtig.[235] Der Ausdruck „künstlich" weist darauf hin, dass hier ein natürliches Vorbild den Weg gewiesen hat, und dieses ist zweifelsohne die Sexualität. Der „kleine Tod", den fast alle Menschen mehr oder minder explosiv erleben, der aber bedauerlicherweise immer recht begrenzt ist, soll drogenunterstützt zu einem breiten, intensiven und länger anhaltenden Bewusstseinszustand ausgedehnt werden. Die Suche

---

[232] Vgl. Hans Peter Duerr: Traumzeit: Über die Grenze zwischen Wildnis und Zivilisation. Syndikat, Frankfurt am Main 1980, S. 56.
[233] Alexander Kupfer: Die künstlichen Paradiese. Metzler, Stuttgart 1996.
[234] Sigmund Freud: Das Unbehagen in der Kultur. In: Abriss der Psychoanalyse. Fischer, Frankfurt am Main 1986.
[235] Charles Baudelaire: Die künstlichen Paradiese. In: Ders.: Sämtliche Werke, Bd. 6. Hanser, München 1989.

nach solchen Erlebnisformen ist, wie man an dem längst verlorenen Krieg gegen den Drogenkonsum sieht, als ein genuiner „vierter Trieb" einzuschätzen,[236] woraus klar wird, dass den Menschen ein Zug zur Virtualität innewohnt, der sie vielleicht mehr noch als die Rationalität prägt. In jedem Fall erscheint es viel zu kurz gegriffen, den Wunsch nach alternativen Bewusstseinszuständen einfach unter der Rubrik „Laster" abzuheften, genauso wenig wie jemand, der sich in Bezug auf den dritten Trieb, die Sexualität, einige Variationen außerhalb des Standardmodells erlaubt, gleich in die Schublade „pervers" gesteckt werden sollte. Hinsichtlich des ersten und zweiten Triebes (Essen und Trinken) hat der Paternalismus der Tugendwächter ja nie so heftige Formen angenommen wie bei Sex und Drogen. Die staatlichen Bewacher der Gesundheit, die eine einzige Bewusstseinsform, nämlich die des nüchternen Wachbewusstseins, als verbindlich vorschreiben, haben die wichtige Rolle des willkürlich herbeigeführten Virtuellen nie begriffen, weil sie den Menschen nur unter der Arbeitsperspektive, als einen funktionsfähigen Lastesel sehen.[237]

Was die Erkenntnisseite des von Drogen veränderten Bewusstseins anbelangt, so gilt hier immer noch das weise Wort von William James:

„Ich glaube, dass unser normales, waches Bewusstsein – unser rationales Bewusstsein, wie wir es nennen können – nur eine bestimmte Art von Bewusstsein ist, und dass um dasselbe herum potentielle Bewusstseinsformen liegen, die ganz andersartig und von ihm nur durch ganz dünne Wände geschieden sind. Wir können durchs Leben gehen, ohne ihr Dasein zu ahnen; indes wenn nur das nötige Reizmittel angewendet wird, so zeigen sich bei der leisesten Berührung in voller Deutlichkeit bestimmte Formen geistigen Lebens, die aller Wahrscheinlichkeit nach eine – uns freilich entzogene – Bedeutung und Wirkungssphäre haben. Keine Gesamtweltanschauung kann eine abschließende sein, die diese andern Bewusstseinsformen ganz unberücksichtigt lässt."[238]

Diese Einschätzung einer drogeninduzierten alternativen Wahrnehmung steht mitnichten im Gegensatz zu einer naturalistischen Weltauffassung. Die stofflichen Zusammenhänge, welche die außergewöhnlichen Bewusstseinszustände hervorrufen, sind bekannt, wie weit man letztere

---

[236] Ronald K. Siegel: Intoxication. EP Dutton, New York 1989, S. 207.

[237] Vgl. dazu Bernulf. Kanitscheider (Hrsg.): Der vierte Trieb. In: Drogenkonsum – bekämpfen oder freigeben? Hirzel, Stuttgart 2000.

[238] William James: Die religiöse Erfahrung in ihrer Mannigfaltigkeit. Hinrich, Leipzig 1907, S. 363.

epistemisch interpretieren will, d. h. im Jamesschen Sinne von Repräsentationen „andersartiger" Realitäten sprechen will, ist erst einmal eine Ermessensfrage. Die beim Konsum von psychogenen Substanzen wie LSD auftretenden Bilder, Farben, Figuren bilden sicher eine eigene mentale Realität, die vielleicht ja auch Verweischarakter hat. Dies muss nicht unbedingt dem evolutionären Standpunkt widersprechen, wie man denken könnte: Wenn es subtile, virtuelle, durch Drogen zugängliche Wirklichkeitsausschnitte gibt, dann haben diese vielleicht in der Vergangenheit nicht die primäre Rolle gespielt, so dass sich das normale Wachbewusstsein als Verwalterin der materialen Realität einen Vorrang verschafft hat. Immerhin sind wir ja in der Physik auch auf eine Fülle von Mikro-Entitäten gestoßen, für die unser Sensorium taub ist, weil diese Realitätsbereiche evolutionsbiologisch irrelevant waren. Der methodische Grundsatz „Absence of evidence is not evidence of absence" ist auch bei der Frage nach der Realität der Inhalte von Drogenerfahrungen berechtigt. Jedenfalls handelt es sich hier um ein noch weitgehend unerforschtes psychologisches Gebiet, das momentan aufgrund eines restriktiven Betäubungsmittelgesetzes nicht weiter untersucht werden darf. Von besonderem Interesse wäre es dabei, den mentalen Überschneidungsbereich von religiös-mystisch-meditativen Erfahrungen, den außergewöhnlichen Bewusstseins-Zuständen beim Gebrauch von Rauschmitteln und der sexuellen Ekstase beim Orgasmus zu erforschen. Erste Ergebnisse[239] weisen darauf hin, dass in allen drei Bereichen ähnliche pharmakologische Mechanismen am Werk sind. Wenn sich dies bestätigt, hätte dies enorme Bedeutung für eine naturalistische Erklärung des Phänomens Religion, die ja durchwegs mit vom gewöhnlichen Realitätsverständnis her gesehen paranormalen, abartig-verzerrten Erfahrungen einhergeht. So wie beim sexuellen Höhepunkt eine Absenkung des mentalen Niveaus auf eine tiefere Wahrnehmungsebene erfolgt und die Mystiker immer von einer speziellen, sprachlich schwer zu fassenden Qualität des Seienden berichten, so erzählen auch die mit Opiaten und LSD Experimentierenden von qualitativ unvergleichlichen Zügen einer andersartigen Realität. Diese gesamte virtuelle Welt aus puritanischer Prüderie als nutzlose bis schädliche Erfahrungsebene abzuqualifizieren, hemmt den Erkenntnisfortschritt und stellt darüber hinaus einen ungerechtfertigten Paternalismus einer politi-

---

[239] Arnold Mandell: Toward a Psychobiology of Transcendence: God in the Brain. In: J. M. & R. J. Davidson: The Psychobiology of Consciousness. Plenum Press, New York 1980, S. 379-464.

schen Gruppe dar, die dafür weder die Berechtigung noch die Kompetenz besitzt.

## 4. Physikalische Virtualitäten

Manche werden geneigt sein, Virtualität im Sinne von alternativen Bewusstseinszuständen als Randbereich der Erfahrung anzusehen, bei dem es eine offene Frage ist, wie weit man sie ontosemantisch deuten soll. Eigenartigerweise taucht aber nun das Virtuelle – in einer etwas anderen Bedeutung – im Zentrum der Naturwissenschaft, wo man es eigentlich nicht vermutet hätte, auf, nämlich in der Quantenmechanik. Auch dort zeigen sich seltsame Phänomene, die hinsichtlich ihres realen Status umstritten sind bzw. Anwärter für eine intermediäre Existenzform darstellen, weil sie sich zumindest nicht leicht in das gewohnte Materielle fügen. Wenn man das berühmte Doppelspalt-Experiment in der Deutung von Richard Feynman – also ausschließlich im Teilchenbild – betrachtet, kommen seltsame Virtualitäten zum Vorschein. Ein Elektron ($e^-$), das von einer Quelle auf die zwei Spalte abgeschossen wird, durchkreuzt nicht nur beide Spalte, sondern läuft auf allen möglichen Bahnen, die mit der Energie des $e^-$ vereinbar sind.[240] Die Einbeziehung aller Wege ist unerlässlich, denn um die Wahrscheinlichkeit für das Auftreffen des $e^-$ auf dem Schirm zu erhalten, muss man sämtliche mögliche Bahnen summieren. So seltsam es auch erscheint, man muss die virtuelle Realität der *möglichen* Trajektorien des Teilchens in die Berechnung einbeziehen, um das *tatsächliche* Experimentalergebnis der natürlichen Realität zu gewinnen. Damit zeigt sich, dass die Kategorie der Möglichkeit, ganz im Sinne von Aristoteles, nicht zu vernachlässigende Wirkungen auf der kontrollierbaren empirischen Ebene hervorbringt, weshalb man das Potentielle nicht einfach in den Bereich der Illusionen abschieben kann.

Auf Virtualität stößt man noch an anderer Stelle in der Quantenphysik. In der Quantenfeldtheorie finden sich in den Feynman-Diagrammen der Wechselwirkung der Teilchen Anteile, die gewöhnlich als virtuelle Partikel gedeutet werden,[241] weil sie durch kleine, durch die Energie-Zeit-Heisenberg-Relation gestattete Verletzungen der Energie-Erhaltung zu-

---

[240] Vgl. Brian Greene: Das elegante Universum. Siedler, Berlin 2000, Abbildung auf S. 136.

[241] Siehe jedoch Mario Bunge: Virtual Particles and Virtual Processes: Real or Fictions? In: International Journal of Theoretical Physics 3, 1971, S. 507-508.

stande kommen. Diese virtuellen Zustände werden von der Theorie gefordert und spielen eine Rolle, um die Dynamik des Quanten-Vakuums zu verstehen. Auch in den stärksten einheitlichen Theorien, die heute vertreten werden, den Superstring-Theorien, tauchen virtuelle Prozesse auf. Wieder sind es die Heisenbergschen Streurelationen, welche ermöglichen, dass im Quantenvakuum, dem niedrigsten möglichen Energiezustand des Raumes, unentwegt virtuelle Saiten-Antisaiten-Paare (Strings) entstehen, die sich jedoch sofort wieder vernichten. Für die Wechselwirkungseigenschaften der Teilchen sind diese virtuellen Zustände der momentan kleinsten Teilchen unverzichtbar. Auf der anderen Seite darf man sich nicht zu dem Schluss verleiten lassen, dass durch diese neuen quantenmechanischen Zustände die Mikro-Realität entmaterialisiert wird. Immerhin sind diese Quantenzustände quantitativ berechenbar und in Experimenten wie der Lamb-shift und dem Casimir-Effekt prüfbar. Wenn man das früher erwähnte Wechselwirkungskriterium von Faktizität zugrunde legt, dann haben die virtuellen Elemente der Quantenwelt Realitätsstatus, weil sie sich auf der Beobachtungsebene auswirken.

In der Kosmologie zeigen sich Typen von Realitätsbereichen, die noch stärker von der Empirie entfernt sind als die Quantenobjekte und die dann nicht mehr das Wechselwirkungskriterium erfüllen, wonach als existierend betrachtet wird, was irgendwelche Spuren im Sichtbaren hinterlässt. Unser Universum ist von spezieller Art, muss es auch logischerweise sein, da sich zu späten Zeiten komplexe Systeme, Leben, Bewusstsein und Intelligenz entwickelt haben. Wie kann man nun die speziellen Randbedingungen (Expansionsfunktion, Kopplungskonstanten, Teilchenmassen) verstehen, die daran mitgewirkt haben, die reichhaltige Vielfalt von Systemen hervorzubringen? Wenn man nicht auf heute unglaubwürdige metaphysische Erklärungsmodelle wie einen transzendenten Schöpfer oder zielgerichtete Vitalfaktoren zurückgreifen will, bleibt unter den Voraussetzungen des Naturalismus die Möglichkeit, eine Vielfalt von Welten anzunehmen. Damit fängt man den Überraschungseffekt der akzidentellen Besonderheit dadurch auf, dass es eben nur der täuschende Selektionseffekt ist, der unsere Verwunderung über die fein abgestimmten Vorbedingungen hervorbringt. Aber was ist mit den anderen Welten? Sie „existieren" eigentlich nur in Abhängigkeit von einem logischen Argument, das unser Erstaunen über die Besonderheit unserer Welt reduzieren soll. Es ist jedoch nicht ausgeschlossen, dass durch kommende Erkenntnisse, z. B. die Ableitung der „fein abgestimmten" Teilchenmassen und Kopplungskonstanten aus einer starken Theorie der Quantengravitation, diese virtuellen, kausal entkoppelten Raumzeiten wieder verschwinden. Den meisten Kosmologen sind diese ontologischen Zwitter, die materiell existieren sollen, aber keine empirischen Spuren in unserer Welt hinterlassen können, eher unsympathisch. Sie scheinen die Grenze zur Metaphysik, die ja gerade durch Unprüfbarkeit gekennzeichnet war, zu verwischen. Der Fall der vielen kosmologischen Welten liegt allerdings insofern anders als die früheren Beispiele von Virtualität, da es durchwegs materiale, physikalisch beschreibbare Raumzeiten sein sollen, in denen es gesetzesartig zugeht, was man von Gebilden, die im Status der Möglichkeit oder die zukünftig irreal sind, nicht so einfach sagen kann. Mögliche Gegenstände haben keinen Zustandsraum, sie können nicht ihre Konfiguration mit der Zeit ändern, wohingegen in den vielen Welten der Kosmologie zeitliche Prozesse stattfinden, ihre Virtualität gründet nur in der epistemischen Unzugänglichkeit. Da unsere Welt aber umgekehrt für Beobachter der anderen Raumzeiten genauso kausal unzugänglich ist, ist die Situation symmetrisch. Anders gesagt, unser ontologischer Status verändert sich natürlich nicht dadurch, dass Beobachter anderer Welten uns nicht sehen können. Man könnte die Fiktion ins Leben rufen, einen „überweltlichen" Beobachter zu postulieren, der alle Welten aus der Vogelperspektive auf einmal überblickt. Dieser müsste schon ein Laplacescher Dämon sein, der zu keiner speziellen Welt gehört, denn aus einer einzelnen Welt ist die gesamte Menge ja gerade unbeobachtbar. Leider gibt es nicht den leisesten Hinweis darauf, dass solch ein ultimativer Beobachter existiert.

Auch ohne diesen haben sich jüngst neue kosmologische Argumente für die Existenz von Parallelwelten ergeben.[242] Aus der inflationären Perspektive lässt sich die Existenz eines unendlichen ergodischen Universums plausibel behaupten, das Hubble-Volumina mit allen Arten von Anfangsbedingungen enthält. Dies ist durch die Hintergrundstrahlung und die großräumige Materieverteilung gestützt. Ein solches Modell passt vorzüglich auf alle derzeitigen astrophysikalischen Daten. Wenn Andrej Lindes Idee von der chaotischen Inflation zutrifft, sollte es viele verschiedene Multiversen der ersten Art geben, wobei diese anderen Welten durch eine Physik mit unterschiedlichen physikalischen Konstanten, Raumzeit-Dimensionen und Teilchenmassen gekennzeichnet sind.

---

[242] Max Tegmark: Parallel Universes. In: John D. Barrow et al. (Hrsg.): Science and Ultimate Reality From Quantum to Cosmos. Cambridge Univ. Press, Cambridge 2003, S. 459-491.

In die gleiche Richtung weist die unitäre Quantenmechanik: Wenn die Bedingung der Unitarität in der Physik erfüllt ist, dann verzweigen sich die Welten bei jeden Quantenereignis, so dass alle Möglichkeiten (Parallelwelten) existieren. Wenn man zuletzt noch von der platonischen Annahme ausgeht, dass allen nur denkbaren, also widerspruchsfreien formalen Systemen eine Art von Existenz zukommt, dann erhält man die weiteste denkbare Ontologie überhaupt. Hier werden allerdings die nominalistisch oder konzeptualistisch eingestellten Wissenschaftsphilosophen abwinken, da damit die eingangs erwähnte Distinktion von begrifflichen und konkreten Objekten verletzt ist und die Unterscheidung von Mathematik und Physik ins Wanken gerät. Wenn wir erst einmal den extremen mathematischen Platonismus außen vor lassen, so lässt sich statuieren:

Virtualität – im Sinne von epistemischer Unzugänglichkeit – kommt in der exakten Wissenschaft vor und zwar sogar in verschiedenen Schattierungen, allerdings in einer Weise, die keine Gefahr für die Grundannahme des Naturalismus darstellt. Selbst wenn sich z. B. die Quanten-Kosmologie der chaotischen Inflation bewährte, dann würde es sich zwar um eine ontologische Erweiterung handeln, aber nicht um eine Gespenster-Welt, in der Wesenheiten ohne materiellen Träger herumspazieren. Es bliebe dabei, dass die Materie, anders organisiert, mit anderen Basiselementen aufgebaut, in andere Raumzeiten eingebettet, völlig verschiedene komplexe Strukturen errichten würde, ohne jedoch in einem reinen Geister-Dasein aufzugehen.

## 5. Synthetische Welten

Wenn man heute den Ausdruck „virtuell" hört, assoziiert man nicht irgendwelche exotischen Vorgänge der Quanten-Kosmologie, sondern denkt an die Welt des „Cyberspace". In diesem Ausdruck steckt noch die Herkunft dieser Räume aus der Kybernetik, der Lehre von den Steuerungsvorgängen (κυβερνήτης = Steuermann). Die zentrale Bedeutung liegt jedoch darin, dass „cyber" für künstliche Erschaffung steht, dass es sich also um synthetische Gedankenkonstruktionen handelt, welche in einem virtuellen Raum konstituiert werden. Die Aktivitäten, welche heute im virtuellen Raum (VR) angeboten werden, sind praktisch unübersehbar. Jeden Tag begegnet man neuen sprachlichen Verknüpfungen mit dem Ausdruck „virtuell". Man erhält den Eindruck, dass in allen Zweigen des kulturellen Lebens der Ehrgeiz vorhanden ist, mindestens einen virtuellen Sektor zu etablieren, so als ob ein Bereich nicht vollständig wäre, wenn es darin nicht eine virtuelle Ecke gäbe. Bemerkenswert erscheint es, dass man selbst bei den Computern, die die Schein-Realität hervorbringen, von virtuellen Maschinen spricht, wenn es sich um gedachte, abstrakte Speicherstrukturen, Operationseinheiten und Kontrollmechanismen handelt, mit denen man ein Problem lösen kann. Eine virtuelle Maschine liegt auch dann vor, wenn man mit Hilfe eines Programms auf einem Rechner die Funktionen und Reaktionen einer anderen Anlage abbildet, so dass dieser neue virtuelle Rechner alle Leistungen des Urbildes erfüllt. Für den Benutzer ist allerdings in erster Linie das wichtig, was an Inhalten auf seinem PC realisiert ist und wovon er sich emotional so vereinnahmen lassen kann, dass zumindest manche sich in ihrer Identität gefährdet sehen.

Der Bereich, der sich dem häufigen Benutzer des Internet am meisten aufdrängt, ja eigentlich nur mit Gewalt übersehen werden kann, ist die Sexualität. Demjenigen, der zu diesem Gebiet ein traditionelles, auf natürlichem Kontakt beruhendes Verhältnis hat, gibt die Welt des virtuellen Eros einige Rätsel auf. Auf den ersten Blick erscheint „Cybersex", die virtuelle Liebe ohne die physische Berührung im physikalischen Raum, ein Widerspruch in sich zu sein, etwas so Absurdes wie „Hohe Minne" oder Fernwirkungs-Erotik. Aber dies ist wohl zu kurz gedacht, weil das menschliche Gehirn im erotischen Bereich ein enormes Vorstellungs-Potential entfaltet. Die soziale Realität ist jedenfalls anders. Die Begeisterung für virtuelle Erotik scheint ungebrochen zu sein. Nach einer Studie des Soziologen Thomas Jendrosch[243] stammen jene Begriffe, die am häufigsten mit der Maus angeklickt werden, aus dem erotischen Bereich. Unter den ersten 100 Schlagworten, die mit Suchmaschinen geordert werden, sind nur 10, die nichts mit diesem Gebiet zu tun haben. 40 % der Erwachsenen, die zu Hause einen PC besitzen, „informieren" sich regelmäßig über erotische Themen oder lassen sich aus dem Netz anregen oder unterhalten. Auf der anderen Seite gestehen nur 31 % diese Nutzung ein, was darauf hinweist, dass man der Öffentlichkeit nicht gerne mitteilen möchte, welche Wünsche sich in der endothymen Tiefe befinden. Man kann allerdings nicht ausschließen, dass viele Benutzer des Netzes erst im Laufe des Navigierens auf vordem unentdeckte Seiten in ihren emotionalen Zentren gestoßen sind. Kaum ein Mensch kennt sich selber hinreichend. Es bedarf der äußeren Anregung, die latenten Gefühlsregungen zu aktivieren, und es setzt die Scham vor sich selber herab, zu sehen, dass man mit diesen Wünschen nicht allein ist.

---

[243] Thomas Jendrosch: Sex sells. GIT-Verlag, Darmstadt 2000.

Eine erste, vielleicht oberflächliche Deutung des erwähnten soziologischen Befundes könnte sein, dass der Großteil der Menschen mit seinem aktualen Sexualleben nicht zufrieden ist, bzw. dass die sexuelle Grundausstattung im natürlichen Leben einer Verstärkung im Virtuellen bedarf. Aber vielleicht steckt auch noch mehr dahinter. Man könnte sich vorstellen, dass nicht nur bestimmte Varianten des Sexualverhaltens mit dem aktualen Partner nicht durchspielbar sind, sondern dass es konstitutiv für Sexualität ist, nach künstlichen, also virtuellen, Paradiesen zu suchen, unabhängig davon, wie freizügig der jeweilige Partner sein mag. Dies würde bedeuten, dass selbst bei Erfüllung aller exotischen sexuellen Wünsche eine Disposition zur erotischen Traumwelt bleibt, weil die Virtualität Vorzüge hat, die von der materialen Realität niemals einholbar sind. Wenn es so wäre, dass die Phantasieräume selbst bei optimalen Realisierungsbedingungen nie ausgeschöpft werden können, dann bedeutet dies eine *Eigenständigkeit des Virtuellen*, die nicht in der Unvollkommenheit der empirischen Realität gründet, sondern eine autonome Wertigkeit besitzt. Gerade der intensive Gebrauch, der von den Medien, die erotische Bilderwelten liefern, gemacht wird, weist in einer Zeit, die nicht mehr völlig unaufgeklärt ist, auf eine innere Bedeutsamkeit der Vorstellungswelt hin, die mehr ist als ein defizienter Modus der naturalen Realität.

Die Welt der virtuellen Erotik wirft aber auch neue ethische Fragen auf. Eigentlich möchte man meinen, dass in fiktiven Welten die moralische Beurteilung von Handlungen nicht relevant ist, da letztere ausschließlich im physikalischen Erfahrungsraum stattfindet und nicht im virtuellen Cyber-Raum. Anscheinend werden die Aktivitäten im Raum der Möglichkeiten jedoch nicht so neutral gesehen, wie eine ernsthafte Diskussion über einen Ehemann zeigte,[244] der allzu heftig mit einer virtuellen Schönen im Netz schäkerte, was die im physikalischen Raum befindliche Ehefrau zu keineswegs virtuellen Eifersuchtsszenen veranlasste. Handelt es sich nun ethisch gesehen um eine zwanghafte Überreaktion oder ist die hypothetische Wechselwirkung mit einer unter Umständen synthetisch konstruierten Person (wie Lara Croft) moralisch relevant? Abgesehen davon, ob Zelomanie überhaupt ein empfehlenswertes Verhaltensmuster darstellt, geht es hier nur um die Frage, ob der virtuelle Status des Objektes der Begierde an der Berechtigung von moralischen Reaktionen wie Entrüstung, Abscheu, Entsetzen irgendetwas ändert. Gerade der sensible Bereich der Sexualität ist ein gutes Erprobungsfeld für die ontologische

---

[244] Fredrika Gers: Vom Chat zum Bett. In: Der Spiegel special 3/1997, S. 34.

Dignität von nicht-materialen Cyber-Gestalten. Werden sie wirklich als realer empfunden als beispielsweise Romanfiguren und bedeutet die stärkere Visualität, die anstelle der blassen Eindrücke einer Erzählung tritt, einen Sprung im Existenzcharakter und damit auch in der moralischen Dimension? In der früher angeführten Diskussion über die Wertung virtueller Eskapaden des Ehemannes hatte man sich pragmatisch auf die alleinige moralische Relevanz des Geschehens in der physischen Raumzeit geeinigt: „If you don't put it in, it ain't cheating" wurde als Kriterium der Abgrenzung von moral-relevanter und moral-irrelevanter Realität festgelegt. Es kann bezweifelt werden, ob damit alle Partner von virtualitätssüchtigen Netzseglern schon zufrieden sind, immerhin ist doch im Allgemeinen der Wunsch vorhanden, dass die Liebesgespielin auch mental im Bewusstsein des Gefährten vorhanden ist und dieser nicht permanent an virtuelle erotische Wesen denkt. Allerdings bemerkte schon Sigmund Freud, dass diese Bedingung in der Regel nicht erfüllt ist. So machte er die folgende Beobachtung, die er durch Befragung von Patienten herausgefunden hatte: Wenn ein Mann und eine Frau im Bett sind und Liebe machen, gibt es immer vier Menschen im gleichen Raum, das Paar und jene zwei, an die die beiden denken. Die Virtualität scheint sich einfach nicht vertreiben zu lassen. Überdies würde die Beschränkung des virtuellen Raumes, der ja auch die gesamte Phantasiewelt umfasst, an psychische Vergewaltigung grenzen. Muss man nicht die Fütterung und Verwaltung des Bewusstseins dessen Eigentümer zugestehen, kann selbst ein Nahestehender wie ein Sexualpartner ein Recht beanspruchen, auch noch die mentalen Inhalte und die Phantasie-Räume der Gefährtin zu kontrollieren? Die Abgrenzungsschwierigkeiten zeigen, dass die Virtualität – durchaus im Sinne von Aristoteles – nicht einfach als ein Nichtseiendes betrachtet werden kann, da die Rückwirkungen der künstlichen Paradiese auf die materiale Welt nicht zu vernachlässigen sind. Ontologisch gesehen handelt es sich sicher um Schattenreiche, sie bestehen nicht aus Elektronen, Protonen und Neutronen, aber über die Schnittstelle des Bewusstseins haben die einheitlichen „Cyber-Inhalte" effektive Wirksamkeit, die sich nicht übersehen lässt.

Die Wirkung der virtuellen Vorstellungswelten kann auch medizinisch zu therapeutischen Zwecken eingesetzt werden.[245] Sexualmediziner befürworten sogar die Stimulierung der Sinne durch erotische Bilderwelten, weil auf diese Weise invasive und medikamentöse Behandlungen von

---

[245] Götz Kokott: Die Sexualität des Menschen. Beck, München 1995.

sexuellen Dysfunktionen umgangen werden können. Zweifelsohne ist es für den Organismus schonender und absolut nebenwirkungsfrei, das Sexualzentrum im Gehirn durch Bereicherung der virtuellen Erotik zu stimulieren als mit lokal wirkenden Pharmaka oder endokrinologischen Eingriffen in den Hormonhaushalt des Menschen. Erotographie, wie man wesentlich besser die Beschreibung gedachter sexueller Aktivitäten nennt und damit den Bezug zur πόρνη vermeidet, zeigt sehr deutlich die mentale Wirksamkeit von Vorstellungswelten auf. Auch hier handelt es sich nicht um ein Durchbrechen natürlicher Vorgänge, sondern nur um die Effizienz des Virtuellen, ohne das im Bereich der Sexualität fast gar nichts läuft.

## 6. Schnittflächen

Einen viel tieferen Eingriff in den anthropologischen Bestand durch virtuelle Elemente stellt die momentan noch ziemlich utopische Idee des Cyborgs dar, eines Wesens, das eine gekoppelte Existenzform organischer und elektronischer Materie darstellt, wobei über den elektronischen Kanal jede Art von Information in das Gehirn eingespeist werden kann. Der Futurist Hans Moravec[246] hat schon vor einiger Zeit die Konzeption eines biologisch-technischen Androgyns entworfen, der die hybriden Züge beider Systemarten aufweist. Abgesehen von der technischen Durchführbarkeit, die hier nicht zur Diskussion steht,[247] scheint mit diesem Schritt wirklich ein Eingriff in die Natur des Menschen verbunden zu sein, der über die Beeinflussung durch virtuelle Objekte im Informationsnetz weit hinausgeht. Einmal ist davon die ererbte Natur des Menschen, sein evolutionsbiologisch erworbenes Repertoire an Handlungsmustern betroffen, zum anderen wird der Zugang zum Informationsspeicher des Menschen an der rationalen Kontrolle vorbeigeleitet, was bedeutet, dass es möglich wäre, das Wesen des Menschen, ohne dessen Reflexion überhaupt zu berühren, zu ändern. Damit wäre jeder Form der Manipulation von Überzeugungen Tür und Tor geöffnet, die naturwüchsige Stabilität der menschlichen Natur wäre in Gefahr.

---

[246] Hans Moravec: Robot: Mere Machine to Transcendent Mind. Oxford University Press 2000.

[247] Vgl. Robbie Davis-Floyd et al. (Hrsg.): Cyborg Babies: From Techno-Sex to Techno-Tots. Routledge, New York 1998.

Ähnlich wie auch beim Problem der positiven Eugenik träte die normative Frage auf, *welche* biologisch-elektronischen Hybriden denn erzeugt werden sollen und wie diese organisch-technischen Zwitterwesen denn informatorisch gefüttert werden dürfen. So wie bei der Eugenik der negativen Abschirmung pathogener Gene eine gewisse Berechtigung nicht abgesprochen werden kann, so könnte man sich eine hilfreiche Unterstützung bei bestimmten Defekten des menschlichen Geistes vorstellen, wie die Verbesserung der Gedächtnisleistung oder eine Stärkung des formalen Schließens. Aber alle „positiven" Manipulationen inhaltlicher Natur, wo wirklich anthropologisch konstitutive Reaktionsmuster und Kognitionsformen wesentlich verändert werden, sind problematisch. Schon die Implantation eines Sprach-Chips ins Gehirn, welche schlagartig dem Träger eine perfekte Kompetenz in einer Sprache zueignen würde, die er nie gelernt hätte, würde biographische Seltsamkeiten erzeugen. Wie ein exotischer Block läge die neue Sprache in seinem Bewusstsein, unverbunden mit den übrigen Lernerfahrungen und ohne Konnex mit seinem Lebensschicksal. Es muss vermutet werden, dass hier Bruchzonen im Selbstbewusstsein und Verwerfungen der Identität auftauchen würden, die die Psyche gar nicht verarbeiten könnte. Die Biographie eines Menschen formt seine Identität schrittweise. Wenn nun schlagartig neue Inhalte und Kompetenzen im Bewusstsein auftauchten, von deren Zustandekommen die Person nichts wüsste, müsste sie annehmen, dass ihre Gen-Identität, ihre Entwicklungslinie gestört wäre, dass sie nicht mehr der kausale Nachfolger des früheren Ich sei. Vielleicht käme die Person auch auf den Gedanken, dass sie Opfer einer neurobiologischen Verschwörung geworden wäre und jemand mit ihr bösartige Experimente vornähme. Nicht zuletzt könnte sich in der Person die Idee festsetzen, dass alle erlebte Realität virtuell und Hilary Putnams Fiktion wirklich sei, wonach sie de facto ein Gehirn in einer Nährlösung wäre, dem alle Inhalte von einem Neuro-Ingenieur eingetrichtert würden.[248]

Die Techniker der Robotik quellen über vor Ideen, das unvollkommene Denkvermögen des historisch gewachsenen biologischen Menschen zu verbessern.[249] Der Cyborg ist ein noch sehr unvollkommener Näherungsschritt an ein höheres Denkwesen, der noch die gesamten evolutionsbiolo-

---

[248] Hilary Putnam: Reason, truth and history. Cambridge Univ. Press, Cambridge 1981, S. 1-21.

[249] Valentin Braitenberg: Künstliche Wesen. Verhalten kybernetischer Vehikel. Vieweg, Braunschweig 1986.

gischen Defekte mit sich schleppt. Ein wirklicher Fortschritt gegenüber den begrenzten Theorie-Räumen des denkenden Primaten ist nach Auffassung der futuristischen Technologen nur durch Überwindung des biologischen Trägermaterials und seiner Begrenzung zu erreichen. Anthropologisch würde dies aber nun wirklich eine Abdankung des Menschen bedeuten, da er damit die höchsten geistigen Leistungen, einschließlich der Regelung seiner eigenen Angelegenheiten, der Optimierung durch eine ihm überlegene Instanz abtreten müsste. Die Verteidiger einer starken Künstlichen Intelligenz (KI)-These gehen auch so weit, die Abtretung von Kompetenz, z.B. bei der Organisation globaler Strukturen, zu befürworten, weil der Mensch Probleme einer höheren Komplexität verursacht, als er gedanklich und pragmatisch handhaben kann.[250] Obwohl die Leistungsfähigkeit der heutigen Rechner und robotischen Maschinen die Abdankung des Menschen noch nicht als unmittelbar bevorstehend erscheinen lässt, ja zum Teil die Erwartungen der KI heftig enttäuscht worden sind,[251] kann es sein, dass durch die Globalisierung Druck auf die Kreativität der Techniker ausgeübt wird, die Entwicklung so voranzutreiben, dass durch passende Reduktion von Komplexität die chaotischen Züge der Globalität umgangen oder vermieden werden können. Posthumanität muss also nicht heißen, dass wir Sklaven eines artifiziellen „homo superbus" werden, der uns kognitiv und axiologisch lenkt, sondern dass sich die Unübersehbarkeit der globalen Strukturen so transformieren lässt, dass wir mit unserem gewachsenen Denkvermögen der Dinge Herr werden. Dies setzt aber wohl voraus, dass wir die Entwicklung der posthumanen „Denkzeuge" nicht aus dem Auge verlieren und dass wir die Kontrolle über die Aufgabenstellungen dieser Instrumente künstlichen Denkens behalten. Wenn sie uns bei der Reduktion von Komplexität der globalen Probleme zur Hand gehen, werden sie wertvolle Helfer sein, die gewiss nicht die Vorherrschaft über den Menschen beanspruchen.[252]

Eine gewisse Kränkung ist aber mit der Höherentwicklung der künstlichen Intelligenz wohl unvermeidbar verbunden. Allein schon die Tatsache, dass wir Menschen durch die globale Vernetzung Probleme erzeugen, die

---

[250] Rolf Eckmiller: Denken nach Menschenart. Zur Physik und Biologie der Kognition. Vortrag während des Europäischen Forums in Alpbach/Österreich vom 17.-28.8.1991.

[251] Daniel Crevier: AI: The Tumultuous History of the Search for Artificial Intelligence. Basic Books, New York 1993.

[252] Hans Moravec: Die Evolution postbiologischen Lebens. http://www.heise.de/tp/r4/artikel/6/6055/1.html.

wir mit unserem ererbten Verstand nicht mehr lösen können, wird als Demütigung empfunden. Wenn die kommenden Denkzeuge ein gewisses Maß an autonomer Aktivität überschreiten und neue kulturelle und spirituelle Produkte generieren, die wir nicht hinwegeskamotieren können, werden wir uns mit diesen Erzeugnissen arrangieren müssen. Eine Zeit lang werden wir diese kulturellen Artefakte durch den Ausdruck „virtuell" verkleinern können, aber dann wird sich doch die Vorstellung nicht abweisen lassen, dass der menschliche Geist nicht die höchste Entwicklungsstufe aller denkbaren Intelligenz erreicht hat.

„Vor Ablauf des nächsten Jahrhunderts wird der Mensch seine Stellung als das intelligenteste und das leistungsfähigste Wesen auf Erden verloren haben", meint Ray Kurzweil, der optimistische Computerpionier.[253] Er kommt zu diesem Schluss, indem er das Mooresche Gesetz von der exponentiellen Entwicklung der Computerleistung extrapoliert. Seit dem Anfang des vorigen Jahrhunderts haben sich Arbeitsgeschwindigkeit und Komplexität der Rechenanlagen alle zwei Jahre verdoppelt, was einer Vervierfachung der Leistungsfähigkeit entspricht. Alle zwei Jahre kann die doppelte Menge an Transistoren auf einen integrierten Schaltkreis gepackt werden. Wenn man annimmt, dass diese Tendenz anhält, müssten die Computer um 2020 herum die Speicherkapazität und die Rechengeschwindigkeit des menschlichen Gehirns erreichen, und wenn dies eintritt, ist natürlich zu vermuten, dass die Rechner das rein akzidentelle Niveau der humanen Intelligenz schnell übertreffen werden. Zwar hoffen die Bewahrer der Tradition immer noch, eine Art von Unvergleichbarkeit der historisch gewachsenen Intelligenz mit dem maschinellen Denkvermögen zu retten, indem sie zwar die Geschwindigkeit, Zuverlässigkeit und Speicherkapazität der KI nicht leugnen, aber auf die Flexibilität und Offenheit der natürlichen Intelligenz (NI) hinweisen. Die Kritiker des in der starken KI-These inkludierten Funktionalismus betonen, dass die Übertragbarkeit der Denkalgorithmen auf andere Träger als das menschliche Gehirn zur absurden Konsequenz führen würde, dass beliebige zusammengewürfelte Konfigurationen dieser Trägermaterie unter Umständen als lebendig oder gar als beseelt angesehen werden müssten.[254]

---

[253] Ray Kurzweil: Homo s@piens. Leben im 21. Jahrhundert. Was bleibt vom Menschen? Econ, München 2001, S. 18.

[254] Zur Kritik des Funktionalismus vgl. Michael Kary / Martin Mahner: How Would you know if you synthesized a Thinking Thing? In: Minds and Machines 12 (2002), S. 61-86.

Hier kann man jedoch einwenden, dass die logische Möglichkeit, dass unter Myriaden von Permutationen einer riesigen Komponentenmenge eine Kombination emergentes Leben repräsentiert, zu vernachlässigen ist gegenüber all jenen Möglichkeiten, die weder Leben noch Denken aufweisen. Die Idee, dass durch spielerische Zufallsprozesse aus irgendwelchen toten materiellen Komponenten denkende Wesen entstehen, denen man dann moralische Beachtung schenken müsste, lässt sich logisch nicht völlig ausschließen, erscheint aber aufgrund der minimalen Wahrscheinlichkeit ohne Relevanz. Spätestens jedoch, wenn das heute utopisch erscheinende Projekt gelingen sollte, die Struktur des menschlichen Gehirns – z. B. auf dem Wege der Kernspintomographie – auf einen PC zu kopieren, wird es schwierig sein, der technischen Realisierung den Persönlichkeitsstatus abzusprechen. Und wenn dann dieses kopierte, elektronisch verankerte neuronale Netz zu einer höhren Intelligenz-Form weiter entwickelt wird, werden sich die NI-Wesen auch mit den Resultaten dieses KI-Systems auseinandersetzen müssen. Man kann dann erwarten, dass die Produkte dieser KI-Systeme, also die Ideenerzeugung, neue unbekannte Formen annehmen, die eine Weiterentwicklung heutiger Ideation darstellen und alle Bereiche der Kultur betreffen.

Dies dürfte vor allem in der Region von Metaphysik und Religion auf Widerstand und Unverständnis stoßen, denn dies sind jene Bereiche, die am wenigsten darauf vorbereitet sind, relative Durchgangsstadien zu höheren Formen des Wissens zuzulassen. Gerade jene Gebiete, die essentiell von der Vorstellung einer unverrückbaren Gewissheit leben, die wie das Christentum ein hohes Wahrheitsethos haben, wie Karl Rahner es formuliert hat,[255] werden es nicht so einfach absorbieren können, wenn die zentralen religiösen Ideen als Vorformen einer höheren Spiritualität zu sehen sind, die mit wachsender Vernunft immer tiefere Einsichten in uns noch verschlossene geistige Bereiche mit sich bringt. Den Entwicklungsgedanken konsequent auf Verstand und Vernunft, das logische Denken und die kreative Ideation zu übertragen, ist in seiner revolutionären Bedeutung noch gar nicht durchdacht worden. Gerade in Bezug auf die Logik sind wir eigentlich überzeugt, dass ein Widerspruch, den wir entdeckt haben, unwiderruflich gilt und auch von einem höher entwickelten Verstandesvermögen nicht mehr relativiert werden kann. Aber können wir in dieser Sache von unserer Verstandesstufe her ganz sicher sein?

---

[255] Karl Rahner: Was ist Häresie? In: Schriften zur Theologie. Benziger, Einsiedeln 1962. Bd. 5, S. 527-576.

Speziell die Religionen arbeiten gerne mit höheren nichtempirischen Kognitionsformen, die nur dem dafür besonders prädisponierten Adepten zugänglich sind. Hier berühren sich in einer Art *coincidentia oppositorum* Virtualität und Erkenntnisskepsis. Die kritischen Skeptiker halten alle so genannten religiösen Einsichten für eine illusionäre Verzerrung von natürlicher Realität, wohingegen die Protagonisten der Religion gerade die scheinbare Virtualität als Garant für höchste Realität ansehen: Gott als das *ens realissimum*.[256] Natürlich hängt dieser Gegensatz von einer Wertung der Erkenntnisquellen ab; die Sicherheit des theologischen Wissens ist weder rational noch empirisch, sondern durch Überzeugung gestützt, die in sich selber gründet; logisch gesehen stellt sie also eine petitio principii dar, aber das ficht den Vertreter dieser „Wahrheiten" nicht an. Was aus naturalistischer Perspektive höchst virtuell erscheint, hat aus dem Blickwinkel des Gläubigen „mehr" Realität als die irrtumsbehaftete Erscheinungswelt. Ein wirklich zwingendes Argument dafür, dass unsere Möglichkeiten der Einsicht, seien sie logisch, empirisch oder mystisch-transrational, nicht eine strukturale Relativität besitzen, die an der physiologischen Begrenztheit unseres Gehirns liegt, lässt sich nicht angeben. Auch ein Mystiker, der per Meditation phänomenale Tiefblicke in supernaturale Seinsbereiche gewonnen hat, muss mit dem Zweifel leben, dass seine Wesensschau durch die akzidentellen Gegebenheiten seines Werkzeuges der Intuition beschränkt ist. Vielleicht sind alle Realitäten, die naturalen grobsinnlich-greifbaren wie die schemenhaften virtuellen, nur *Schatten* einer umgreifenden ultimaten Realität, die wir aufgrund der evolutionsbiologischen Restringiertheit unserer Denkzeuge nicht fassen können. Eine Ahnung davon erhält man, wenn man an die Branwelten der Superstringtheorie denkt, in deren Rahmen die Vermutung geäußert wird, dass wir auf der Oberfläche (Mem-bran) einer höherdimensionalen Raumzeit leben.[257] Nur der Rand einer Branwelt ist die Domäne unserer Erfahrung, die vollständige Realität ist um vieles reichhaltiger und komplexer. In diesem Fall spannt die spekulative Vernunft der mathematischen Physik den Bogen zu den hochdimensionalen Welten. Doch es lässt sich nicht ausschließen, dass mit einer verstärkten Verstandestätigkeit weitere Rea-

---

[256] Thomas von Aquin: Summa Theologica I 85,3. Die Deutsche Thomas-Ausgabe. Vollständige, ungekürzte deutsch-lateinische Ausgabe der Summa Theologica. Hrsg. von Dominikanern und Benediktinern Deutschlands und Österreichs. Anton Pustet, Salzburg/Leipzig 1934.

[257] Maurizio Gasperini / Gabriele Veneziano: The Pre-Big Bang Scenario in String Cosmology. In: Physics Reports Bd. 373 (2003). S. 1-212.

litätsbereiche erschlossen werden können, die uns heute exotisch anmuten. Auch Newton hätte gestaunt, wenn man ihm etwas über gekrümmte Riemannsche Räume erzählt hätte. Da das Dimensionsproblem der Raumzeit – die Frage, warum die Zahl 3 +1 unter den mathematischen Möglichkeiten ausgezeichnet ist – als ungelöst betrachtet werden muss, sind Spekulationen über höherdimensionale Realitäten nicht völlig aus der Luft gegriffen. Es muss jedoch als zweifelhaft betrachtet werden, ob wir als Bewohner des niedrigdimensionalen Schattenreiches jemals einen eindeutigen theoretischen Zugang zu der vollen ultimaten Realität vollständiger Dimensionalität haben werden. Ebenso ist es ein zweifelhaftes Unterfangen, von unserer Ebene der NI die Denkerzeugnisse höherer KI-Niveaus antizipieren zu wollen. Das Einzige, was sich gefahrlos projizieren lässt, ist wohl die Muster-Vorhersage[258] (pattern-prediction), nämlich, dass die kognitiven Gehalte der komplexeren Systeme emergente Qualitäten besitzen werden, die unsere Vorstellungskraft sprengen. Dies ist kein sehr spezifisches Ergebnis, eigentlich nicht mehr als eine technologische Verlagerung von Karl Poppers These gegen den Historismus, dass nämlich kulturelle und gesellschaftliche Entwicklung nicht vorhersagbar ist, weil wir nicht wissen können, welche radikal neuen Ideen Forschern zukünftiger Generationen einfallen werden. Sicher, so viel können wir der Komplexitätsentwicklung entnehmen, werden es Inhalte sein, die den dann vorliegenden künstlichen Theorie- und Vorstellungsräumen entsprechen.

Konkreteres können wir jedoch konstatieren, wenn wir uns die heutigen Traumfabriken ansehen, die bereits genug futuristisches Empfinden antizipieren, so u. a. ein Aufweichen der Identität der Person, zumindest wenn man den Protagonisten der philosophischen Theorie der neuen Medien, wie Sherry Turkle, folgt.[259] Persönlichkeit bedeutet genidentische Permanenz eines einzigartigen Individuums in der Zeit. Aus der Sicht des Partizipators im Netz scheint sich diese Invarianz immer mehr aufzulösen, dies ist zumindest der phänomenologische Befund. Diesen gilt es zu hinterfragen. Die beteiligten Navigatoren des Netzes erleben sich als Wesen, bei denen „sich die Grenzen zwischen dem Realen und dem Virtuellen [...] dem einheitlichen und multiplen Selbst [...] zunehmend verwischen. In den Echtzeitgemeinschaften des Cyberspace wandeln wir an der Schwelle

---

[258] Zu diesem Begriff vgl. Friedrich von Hayek: Die Theorie komplexer Phänomene. Mohr, Tübingen 1972, S. 21.
[259] Sherry Turkle: Leben im Netz. Identität in Zeiten des Internet. Rowohlt, Hamburg 1999.

zwischen dem Realen und dem Virtuellen entlang, wobei wir uns in dem Maße entwerfen, wie wir, unsicheren Schrittes, weitergehen."[260] Ist das Pendeln zwischen naturaler Realität und virtueller Existenz nun eine Art induzierter Schizophrenie, eine Form der Weltflucht aus der physikalischen Raumzeit in den Cyberraum des Netzes nach dem Motto, das natürliche Leben ist nicht mein bestes Fenster?[261] Man ist zuerst versucht, die Berichte der Teilnehmer an den virtuellen Gesellschaftsforen (MUD) des Netzes als Pathologien zu interpretieren, wenn diese davon erzählen, dass sich deren Ichs aufspalten, zu parallelen Identitäten entwickeln, die in Nebenwelten existieren. Und vielleicht liegt man hier auch gar nicht so falsch, wenn man hört, dass für diese Deutung französische Postmoderne wie Jacques Lacan u. a. Pate gestanden haben, die auch ein gebrochenes Verhältnis zur Welt der Materie haben und bei denen sich die Realität in einen Fächer von Perspektiven auflöst. Es mutet nicht nur kontraintuitiv, sondern geradezu widersprüchlich an, wenn elektronische Rechner, die auf den beiden Basistheorien der klassischen Physik aufbauen, der Mechanik und der Elektro-Dynamik, die Grundlage für die idealistische Auflösung der erkenntnistheoretischen Objektivität und bewusstseinsunabhängigen Realität liefern sollen. Turkle nennt das Beispiel einer virtuellen Vergewaltigung, bei der eine Figur eines Spielers – natürlich mit Worten – zu einem gewaltsamen Sexualakt gezwungen wurde.[262] Wenn man von dem Prinzip Gebrauch macht, dass in textgestützten virtuellen Welten Worte Taten sind, stellt sich auch das Problem der moralischen Verantwortlichkeit. Aber will man wirklich so weit gehen, den gesamten Bereich erotischer Virtualität ethisch aufzuladen und damit aus der Handlungsneutralität herauslösen? Auf diese Weise verzichtete man auf die Möglichkeit einer kathartischen Wirkung, bei der extreme Spannungszustände in der Person sozialverträglich gelöst werden. Es ist doch denkbar, dass jemand, der permanent von sexuellen Gewaltphantasien geplagt ist – seien sie aktiv oder passiv –, diese im realen Leben aber nicht umsetzen kann, sie im Netz sozialverträglich abarbeitet, ohne an natürlichen Personen Schaden zu stiften. Insgesamt muss das Schadensprinzip auch auf die virtuelle Welt übertragbar sein. Wer kann geschädigt werden? Kann man Neben-Personen in virtuellen Parallelwelten schädigen?

---

[260] Ebenda, S. 11.
[261] Gemeint ist hier die Assoziation mit „Windows".
[262] Sherry Turkle: Leben im Netz, S. 19.

Die Strategen des Internet haben sich auf eine Mischregulation geeinigt: Die Forderungen für Einträge ins Netz (Requests for Comments = RFCs), die am 7. April 1989 von einer Gruppe von Studenten niedergelegt worden sind, gründen auf den Regeln, dass
1) alle alles sagen dürfen,
2) dass nichts offiziell ist und
3) dass Festlegungen durch Konsens erzielt werden müssen.

Der erste Grundsatz klingt maximal liberalistisch, der zweite sucht die moralische Neutralität der Inhalte zu bekräftigen und erst der dritte beinhaltet eine gewisse Rückkopplung, die man minimalethisch deuten kann. Wäre man völlig von der deontischen Neutralität aller im Netz geäußerten Inhalte überzeugt, könnte man auf den dritten Grundsatz verzichten. Aber so weit wollten sich Regel-Utilitaristen doch nicht vorwagen, das Schadensprinzip der natürlichen Realität wurde auch für den virtuellen Bereich als hilfreich angesehen. Schaden ist aber ein kausaler Begriff, und wenn man festhält, was seit der Stoá unumstritten ist, dass Irreales nicht wirken kann, so ist damit eine implizite Realität virtueller Gehalte ausgesprochen.

Zu den ans Absurde grenzenden Beispielen gehört die Geschichte einer sich selbst organisierenden *virtuellen Ökonomie* in einem Netz-Spiel namens *EverQuest*. In diesem Spiel ging es darum, mythische Monster zu erlegen, wobei die Geschicklichkeit in Ebenen notiert wird ($L_1 - L_5$) und die Erfolge in einer speziellen virtuellen Währung, „Platin-Stücke", bezahlt werden. Ein Mitspieler, der Ökonom Edward Castranova, bemerkte zu seinem Erstaunen, dass bei Internet-Auktionen die virtuelle Beute nach einiger Zeit nicht nur in virtueller, sondern darüber hinaus in realer ($) Währung gehandelt wurde. Es ergab sich eine Entsprechung von einer „Platin-Münze" zu einem US-Cent. Durch das Jagen von virtuellen Monstern wurden so Äquivalent-Werte in der realen amerikanischen Wirtschaft geschaffen. Bei einem Vergleich mit realen Ökonomien ergab sich, dass die nur virtuell existierende *EverQuest*-Wirtschaft reicher war als die mancher mittlerer Staaten. Selten hat man von einer derartig deutlichen Verschränkung von virtueller und realer Welt gehört, bei der die Rückwirkungen der Schattenwelt auf die Materie in Form harter Währung zu greifen waren.[263]

Alle Überlegungen zum Thema kreisen letztlich um die ontologische Dignität der virtuellen Ebene. Gehört diese in den Bereich der irreführenden Phänomene, der trughaften Illusion, in die philosophische Kategorie

---

[263] Clive Thompson: Game Theories. http://www.walrusmagazine.com.

der Irrwege der Erkenntnis oder ist sie ein Anzeichen für die Unbegrenztheit des menschlichen Kognitionsvermögens? David Deutsch optiert für die letzte Alternative: die Virtuelle Realität ist, wie er sich etwas kryptisch ausdrückt, „eine zentrale und grundlegende Eigenschaft des Multiversums",[264] ein Ausdruck, den er von einer exotischen Interpretation der Quantenmechanik geborgt hat, der aber auch im Simulationskontext als Vielfalt von epistemischen Aspekten eines Phänomenbereiches Verwendung finden kann. Wie kann man nun die möglichen Grenzen der Virtuellen Realität abstecken, wenn man sich zuerst einmal an den Möglichkeitsraum der Logik und dann enger auch an die möglichen Zustände der Systeme der Physik hält, um diese Gedanken zu konkretisieren? Antizipationen von Welterfahrungen können die externe Außenwelt betreffen, dies ist der praktische Bereich etwa eines Flugsimulators, aber auch inneren Wahrnehmungen eröffnet sich bei Drogeneinnahme ein tiefer Möglichkeitsraum. Deutsch meint, dass der Bereich des logisch Unmöglichen niemals, auch nicht durch künstliche Methoden, erfahrbar ist – aber wird einem beim Anblick von Zeichnungen des genialen Maurits C. Escher nicht doch so etwas suggeriert? Natürlich sind die anschaulichen Vorkommnisse in den physikalisch möglichen Nebenwelten am interessantesten, weil sie näher an unserer konkreten Erfahrung liegen und weniger absurd scheinen als etwa Gamows Phantasien von $\hbar$, c und G.[265] Wenn man die Fiktion verwendet, das Gehirn direkt mit einem künstlichen Bildgeber zu verbinden, kann man vermutlich alle von der Physik unserer Welt erlaubten Prozesse in dem Bewusstsein dieses Gehirns erzeugen. Deutsch will letztendlich darauf hinaus, dass naturwissenschaftliches Denken einer Simulation gleichkommt, nämlich der Erzeugung gesetzesmäßig möglicher Umwelten, ja im bestimmten Sinne auch physikalisch unmöglicher Unwelten, wie sie ja Gamow[266] schon angedacht hat, als er mit Variationen der Naturkonstanten $\hbar$, c und G spielte, die alle in unserer Welt nicht vorliegen. Streng genommen verschwimmt aus dieser Sicht die strikte Unterscheidung von Tatsache und Fiktion, sie werden zu Deutungsalternativen. Damit wird auch die semantische Trennung von Physik und Mathematik unscharf, da letztere ja als eine Form der virtuellen Realität betrachtet werden kann, in der denkbare Welten simulativ erzeugt werden.

---

[264] David Deutsch: Die Physik der Welterkenntnis. dtv, München 2000, S. 118.
[265] George Gamow: Mr. Tompkins im Wunderland oder Träumereien von c, g und h. Zsolnay, Wien 1954.
[266] Ebenda, S. 40.

Damit bestreitet Deutsch auch die früher erwähnte Distinktion von konkreter und abstrakter Realität. Rein phänomenologisch kann man wohl von einer Vorstellungswelt der Mathematik sprechen. Die Handhabung der abstrakten Gebilde setzt sicher die Einbildungskraft voraus, sich anschauliche Platzhalter vorzustellen, die die formalen Operationen begleiten, aber eigentlich – wenn man den reinen semantischen Gehalt des schematischen Operierens mit den mathematischen Zeichen betrachtet – sind die virtuellen Gebilde redundante Objekte, die nur aufgrund der Vernetztheit der verschiedenen Gehirnareale notwendig erscheinen. Von der „reinen Vernunft" her betrachtet, von einer Denkmaschine, die nicht durch den visuellen Kortex und das Limbische System mit nichtformalen Aufgaben belastet wäre, müssten diese virtuellen Begleitwelten der mathematischen Tätigkeit nicht existieren. So gesehen spiegelt die Notwendigkeit, das mathematische Denken zu „verweltlichen", die Situation des empirischen Denksystems, das Mathematik betreibt, wider, wird aber nicht durch die formalen Systeme erzwungen, die in der Tat keine Konkretheit besitzen und daher auch nicht als „Welten" anzusprechen sind. Deutsch bezeichnet sich zwar noch als Realist, ist dies aber höchstens in einem transzendentalphilosophischen Sinn, wo Realität, als Zugeständnis an den Alltagsverstand, ein kümmerliches Dasein als Grenzbegriff fristet. Das Gleichsetzen aller Formen des Wissens in Physik, Logik, Mathematik und Philosophie sowie von Imagination, Fiktion und Phantasie als nur verschiedene Programme des Wirklichkeitssimulators „Gehirn"[267] bedingt de facto eine semantische Einebnung aller externen Bezüge von Sprache. Der die Realitätsteile auszeichnende Begriff der „Referenz", der den ontosemantischen Bezug charakterisiert, ist hier nicht mehr wiederzufinden. Die virtuelle Realität ebnet den Aufbau der Hierarchie der Wirklichkeit in ähnlicher Weise ein, wie in der Phänomenologie durch den Begriff der „Erscheinung" alle ontologischen Unterschiede glattgebügelt werden, da hinter diesen Begriff vom phänomenologischen Ansatz her nicht zurückgegangen werden kann.[268] So kann man nicht umhin, diese Position als *virtuellen Idealismus* zu bezeichnen, auch um ihn von benachbarten Formen (transzendentalem, absolutem Idealismus...) abzugrenzen. Wenn dem so ist, dann greifen natürlich auch alle kritischen Einwände, die je schon

---

[267] David Deutsch: Die Physik der Welterkenntnis. Auf dem Weg zum universellen Verstehen. dtv, München 2000, S. 136.

[268] Für eine Auseinandersetzung mit der so genannten „Neuen Phänomenologie" speziell von Hermann Schmitz vgl. Bernulf Kanitscheider: Realität, Gesetze und Phänomene. In: Erwägen Wissen Ethik 15 (2004), Heft 2, S. 175ff.

gegen den idealistischen Standpunkt vorgebracht worden sind und die hier nicht wiederholt werden müssen.[269]

Sieht man einmal von der erkenntnistheoretischen Frage ab, so bleibt festzustellen – jenseits aller Grübeleien über den Realitätsstatus der Virtualität –, dass die Gesellschaft in höchstem Maße durch die Ubiquität der virtuellen Cyberwelt betroffen ist. Arturo Escobar sprach bereits 1994 von einer Anthropologie der Cyberkultur,[270] die sich vor allem in der Künstlichen Intelligenz und in der Biotechnologie manifestiert. Allerdings scheint die gesellschaftliche Situation in einer Übergangsphase zu sein, die „Ergriffenheit" durch die neuen Medien ist noch nicht so fortgeschritten, dass man die Resultate der Transformation in Richtung auf eine Virtualisierung sichtbar festmachen kann. Überall zeigen sich Einflüsse, aber das soziologische Bild ist doch noch sehr heterogen. Es kann ebenso gut sein, dass sich in Zukunft anstatt des Landes Kyberien wieder eine Gegenbewegung zur Cyberkultur entwickelt, die Natur im ursprünglichen Sinn anstrebt, vielleicht dann, wenn die Menschen durch zu viel Virtualität übersättigt sind. Man könnte den Eindruck haben, dass sich ein Phasenübergang in Richtung auf die Virtualisierung der Gesellschaft anbahnt, aber es lässt sich auch nicht ausschließen, dass die Schwankung sich wieder wegdämpft, wie man dies bei diversen technischen Errungenschaften beobachtet hat. Auch in sozial-ethischer Hinsicht wirft die Errichtung der globalen Kommunikationsgesellschaft neue Probleme auf, da zwischen denen, die an der Welt der Medien und der virtuellen Realität teilhaben, und jenen, die keinen Zugang besitzen, ein neuer Graben aufgerissen wird.

So viel scheint jedenfalls, trotz aller Unsicherheit bei der Einordnung des Virtuellen, sich deutlich abzuzeichnen: Es lässt sich mitnichten einfach in den Bereich der nutzlosen Epiphänomene der Materie abschieben. Das Virtuelle folgt dem natürlich Materialen wie ein Schatten. So wie dieser sich nicht vertreiben lässt, sondern höchstens missachtet werden kann, so bleibt das gespenstische Zwischenwesen dem grobsinnlich Realen auf den Fersen. Wenn man die Virtualität der Mikrowelt beiseite lässt – die vielleicht nur ein interpretatorisches Missverständnis der Quantenphysik darstellt –, so manifestiert sich auf den höheren Ebenen der Komplexität die schattenhafte Erweiterung der Materie in fast natur-

---

[269] Bernulf Kanitscheider: Philosophie und moderne Physik. Wissenschaftliche Buchgesellschaft, Darmstadt 1979.

[270] Arturo Escobar: Welcome to Cyberia. Notes on the Anthropology of Cyberculture. In: Current Anthropology 35, 3.6.1994, S. 211-231.

gesetzlich zu nennender Form. Überall, wo die Materiezustände eine bestimmte morphologische Größenordnung überschreiten, taucht wie aus dem Untergrund der Möglichkeitsraum der Andersheit auf. Wenn die Materie eine bestimmte Komplexitätsschwelle überschreitet, scheint sie automatisch reflektierende Zustände zu entwickeln, die ihr Sosein in Frage stellen und alternative Propensitäten durchmustern: Warum ist nicht alles ganz anders und gibt es diese Alternativen vielleicht doch irgendwo? Komplexe Materie besitzt somit eine natürliche Entwicklungstendenz zur Möglichkeit, zur Virtualität und Irrealität. Wie kann man eine solche Tendenz in einen umfassenden Naturalismus einfügen? Muss man nun annehmen, dass dieser sich selbst transzendiert, dialektisch aufhebt oder ontologisch transformiert? Keine solchen exotischen Manöver scheinen wirklich notwendig zu sein, wir können mühelos das Virtuelle im Rahmen der Entwicklung von Komplexität in hochgeordneten Systemen begreifen. Ab einer bestimmten Schwelle der Organisation eines Systems sind interne Repräsentationen der Umgebung des Systems möglich, ja sogar die inneren Struktureigenschaften desselben werden metarepräsentierbar. Aus dieser komplexen Ordnung ergibt sich die Virtualität als Reflexionseigenschaft über den eigenen Aufbau des Systems mit der Fähigkeit, Parallel-Formen, Alternativen und Irreales zu fokussieren. Virtuelles ist somit kein Schein, sondern Ausdruck der kreativen Kraft hoch geordneter Systeme.

# VI. Endzeit und Sinnversprechen

## 1. Antike Vorstellungen

Ob die Zeit an ein Ende kommen kann, ist eine Frage, die früher ausschließlich im Rahmen von Metaphysik und Theologie erörtert wurde. Für den Alltagsmenschen ist Zeit eine kontinuierliche Größe, deren Rand nie sichtbar wird. Allenfalls wird ihm bewusst, dass die Dauer mancher Prozesse endet, dass Dinge ihre Struktur verlieren, dass Menschen von uns gehen. Kant erinnert in einer kleinen Schrift daran, dass man von jemandem am Ende seiner Lebenszeit sagt, er gehe aus der Zeit in die Ewigkeit.[271] Wie er aber unumwunden zugibt, ist der Begriff Ewigkeit nicht gleichwertig mit der unendlichen Dauer der Existenz eines Wesens, sondern eigentlich eine unzeitliche Größe, von der man sich gar keine positive Vorstellung machen kann, d.h. die eigentlich nur durch die Negation des Zeitlichen bestimmt ist. Ewigkeit als permanente Aktualität könnte am ehesten mit der Begrifflichkeit unendlicher Mengen in Zusammenhang gebracht werden, in denen alle Elemente simultan vorhanden sind. Nicht umsonst begreift man Zeit oft als jenes Medium, das dafür sorgt, dass nicht alles zugleich geschieht.

Betrachtungen über das Ende der Welt nennt man *eschatologisch*. Für Kant bestand die Welt ausschließlich aus den Gegenständen möglicher Erfahrung; wir fassen eingedenk des Geltungsbereiches der heutigen Kosmologie den Weltbegriff weiter. Auch jene Objekte, die den Rand des sichtbaren Universums längst überschritten haben, gehören zum physikalischen Universum. Dementsprechend lautet die eschatologische Frage, wie alles Existierende sich zu sehr späten Zeiten entwickelt, wohin es tendiert und wie sein Endzustand beschaffen sein mag. Die griechische Wurzel des

---

[271] Immanuel Kant: Das Ende aller Dinge. In: Ausgewählte kleine Schriften. Felix Meiner, Hamburg 1965, S. 89.

Wortes „ἔσχατος", wie sie in Verbindungen wie „ἔσχατος ανδρῶν" oder „τὸ ἔσχατον τῆς αγορᾶς" vorkommt, meint soviel wie „entlegen", „fern", „äußerstes Ende", war also in erster Linie nicht kosmologisch, sondern topographisch gemeint. Erst später erhielt das ἔσχατον seinen heutigen endzeitlichen Sinn.

Natürlich haben sich die griechischen Denker auch Gedanken über die ἔσχατα gemacht, die Vorgänge, die auf lange Sicht mit den Dingen geschehen. Zuerst waren die Menschen naheliegenderweise mit dem individuellen Schicksal der Seele nach dem Tode befasst, ob sie einfach erlischt, ob sie in einen anderen höheren Zustand transformiert wird oder ob sie sich vor einem transzendenten Gericht im Jenseits verantworten muss. In sekundärer Hinsicht bewegte die Menschen auch das Endgeschick ihres Volkes und letztlich der gesamten Menschheit. Diese als *kollektive Eschatologie* anzusprechende Perspektive war schon für das Selbstverständnis des antiken Menschen von Belang; sie tritt besonders in moderner Zeit, da wir auch quantitativ große Zeiträume theoretisch überblicken können, in das Zentrum des Interesses. In Zeiten der Bedrohung durch globale Kriege taucht natürlich immer wieder die Frage nach der Langzeit-Existenz der Menschheit, ja jeder intelligenten technischen Zivilisation auf. Immerhin kann man es ja nicht völlig ausschließen, dass alle mit höherer Intelligenz ausgestatteten Ethnien ab einer bestimmten Komplexität metastabil werden.

Über die Veränderung des Kosmos in langzeitlicher Hinsicht kursierte in der griechischen Antike eine Reihe von metaphysischen Ideen. Dominant war sicher die Vorstellung einer *zyklischen Kosmogonie*, d. h. einer periodischen Abwechslung des chaotischen Urzustandes, der von einem nachfolgenden neuen, ähnlichen Anfangszustand abgelöst wurde. Gedanken zu einem Weltenbrand und einer Wiederingangsetzung des kosmischen Geschehens finden sich übrigens in allen indogermanischen Kosmologien.[272]

Bezüglich der *individuellen Eschatologie* finden sich bei Homer eher pessimistische Schicksalsvorstellungen. Der Moira (Μοιρα), dem jedem Menschen bei seiner Geburt zugeteilten Geschick, unterworfen geht der Mensch einem trüben Schattendasein im Hades entgegen, ohne eine Aussicht auf Wiedererweckung. Auch die Spätzeitperspektive von Völkern

---

[272] Vgl. dazu Manfred Stöckler: Der Riese, das Wasser und die Flucht der Galaxien. Keip, Frankfurt am Main 1990.

fasst Homer bereits ins Auge. Der Fall von Troja[273] lässt den Untergang von Völkern ahnen. Bei Hesiod stoßen wir auf die Vorstellung von Zeitaltern, Epochen mit spezifischen Entwicklungsstufen. Der Kosmos insgesamt entstand aus dem dunklen, strukturlosen Abgrund des Chaos,[274] beginnt damit aber auch schon einen Abstieg, ohne allerdings je wirklich unterzugehen.[275] Wie man sieht, ist hier der Gedanke einer nichtzyklischen Veränderung ausgesprochen, der eine Wertminderung und einen kosmischen Verfall beinhaltet. Allerdings konnte der unwiederbringliche Zerfall des Universums erst mit dem Einbringen der Thermodynamik in das kosmische Geschehen vernünftig begründet werden.

Eine Vorform moderner kosmologischer Abstiegsideen finden sich jedoch schon bei Anaximander, der neben der γένεσις (Werden) auch immer die φθορά (Vergehen) erwähnt.[276] Allerdings verwendet er eine zyklische kosmische Zeit, die einer niemals abbrechenden Folge von Weltperioden zugrunde liegt. Eschatologie erhält bei Anaximander einen besonderen Sinn, da er nicht nur unendlich viele aufeinander folgende Welten, sondern auch ebenso viele simultan existierende Kosmen vermutet.[277] In allen diesen Welten gibt es danach verschiedene Endzeitszenarien. Die vorherrschende Eschatologie der griechischen Antike war also sicher kreisläufig. Niemand hat die Unabhängigkeit der kosmischen Ordnung von transzendenten Mächten und ihre gesetzmäßige Wiederkehr eindrucksvoller formuliert als Herakleitos: „Diese Welt, dieselbige von allen Dingen, hat weder der Götter noch der Menschen einer gemacht, sondern sie war immer und ist und wird immer sein ein ewig lebendiges Feuer (πῦρ ἀείζῳον), nach Maßen sich entzündend und nach Maßen (d. h. zu der ein für allemal festbestimmten Zeit) erlöschend."[278] Ebenso betont Empedokles die Permanenz der Stoffe, aus denen alle irdischen Dinge aufgebaut sind. Die Welt kann neue Formen annehmen, ist aber in ihrem Verlauf unbegrenzt.[279]

---

[273] Homer: Ilias 24, 728ff.
[274] Hesiod: Theogonie, 116.
[275] Hesiod: Erga, 109.
[276] Aetius I 3,3.
[277] Aetius II, 1,8.
[278] Herakleitos: Das Weltgesetz, Fragment 30. In: Wilhelm Capelle: Die Vorsokratiker: Fragmente und Quellenberichte. Körner, Stuttgart 1953, S. 142.
[279] Empedokles: Elementenlehre. Fragment 17. In: ebenda, S. 195.

Damit ist ebenso deutlich, dass kein Ende der Welt sein kann, dass nur die kosmischen Prozesse eine periodische Variation aufweisen, womit in erster Linie der Idee eines statischen Universums widersprochen wird. Der Kosmos ist ein Prozess, der dem zeitlichen Aufstieg genauso wie dem Zerfall unterworfen ist, und die Götter als Teil des Universums sind vielleicht unsterblich, aber auch der kosmischen Ordnung unterworfen.

An die Idee der kosmischen Periodizität knüpft dann später die Stoa mit ihrem Gedanken des kosmischen Weltenbrandes (ἐκπύρωσις) und der Wiederentstehung neuer Welten (διακόσμησις) an.

Vor allem in der jüngeren Stoa wurde dann Heraklits Idee auch mit sittlichen Elementen verbunden. Die Vorstellung einer Reinigung durch das Feuer (ἡ διὰ πυρὸς κάθαρσις) mit einer darauf folgenden Wiederherstellung der kosmischen Ordnung (ἀποκατάστασις) zeigt die tiefe Verbundenheit des menschlichen Schicksals mit der Gesetzlichkeit des Universums. Hier kündigt sich eine Idee an, die – allerdings ohne den normativ-sittlichen Aspekt – in der Moderne breiten Raum gewonnen hat, die Abhängigkeit der menschlichen Existenz von den kosmischen Parametern. In der Antike trennte man jedoch noch nicht so klar die normativen und die deskriptiven Komponenten des menschlichen Daseins. Die auf die pythagoreische Schule zurückgehende Idee von der Reinigung der menschlichen Seele durch kosmische Wanderungen ist dann auch in Platons eschatologische Vorstellungen eingegangen. Die Seele des Menschen ist zwar im Körper gefangen, hat aber an den Ideen teil, sie kann auf dem Wege der Erinnerung zu ihrem Ursprung zurückkehren. Im Mythos des Pamphyliers Ἤρ[280] entwickelt Platon, wie die Seele nach vielen Kreisläufen der Wiedergeburt sich vom Leib befreien kann, um dann in das Reich der Götter einzugehen, das Platon auch in den Gestirnen des Himmels verwirklicht sieht.[281] Die platonische Eschatologie besitzt somit eine endliche kosmologische Kreisstruktur, die aber auf den Endzustand der geistigen Vervollkommnung ausgerichtet ist. Diese spiritualistische Orientierung der Langzeitperspektive hat der christlichen Endzeitvorstellung ihre philosophische Richtung vermittelt. Das Christentum hat aber später die alternativen Denkhorizonte der griechischen Antike, die wir eben geschildert haben, völlig ausgeblendet und sich ganz auf die linear fortschreitende Zeitstruktur des Kosmos konzentriert.

---

[280] Platon: Politeia 616c.
[281] Platon: Politeia 614e.

Gleichzeitig mit dem spirituell gesonnenen Pythagoreismus kündigt sich in der Gedankenwelt von Leukipp und Demokrit eine materialistische Langzeitperspektive an, die aber von vornherein nicht mit ethischen Komponenten beladen ist. In der Kosmogonie denkt Demokrit in Kategorien des Indeterminismus, das Universum ist nach ihm von selbst und ganz zufällig (ἀπὸ ταὐτομάτον καὶ τυχής) entstanden.[282] Die kosmische Entwicklung trägt zwar das menschliche Schicksal, insofern sie die Bedingungen seiner Existenz liefert, aber mit dem sittlichen Dasein des Menschen hat das Universum nichts zu tun.

Epikuros von Athen bedient sich dann des atomistischen Materialismus, um die metaphysischen Transzendenzvorstellungen Platons als mythische Illusionen zu vertreiben. Für ein glückliches Leben sind die Vorstellungen eines Schattenreiches und erst recht Ideen von göttlichen Gerichtshöfen mit ihren willkürlichen Urteilssprüchen nur Hindernisse. Ein konsequenter Materialismus befreit den Menschen von einer Eschatologie des Schreckens. Letztlich ist die kosmische Entwicklung, mag sie nun zyklisch oder linear, statisch oder dynamisch ablaufen, für ein gutes hedonisches Leben irrelevant, da keine Seele das Ende des Körpers je überleben wird. Das Verlöschen der Seele mit dem Tod nimmt den Menschen die Angst vor jenseitigen unerfreulichen Reinigungsprozeduren und dunklen Gerichtshöfen. So ist Epikurs Eschatologie radikal individualistisch, wenngleich nicht nihilistisch, denn der Sinn des Daseins erschließt sich im endlichen Dasein und in der Teilhabe an den Freuden des Lebens.

„Ich wüsste nicht, was ich mir überhaupt noch als ein Gut vorstellen kann, wenn ich mir die Lust am Essen und Trinken wegdenke, wenn ich die Liebesgenüsse verabschiede und wenn ich nicht mehr meine Freude haben soll an dem Anhören von Musik und dem Anschauen schöner Kunstgestaltungen."[283]

Lukrez wird dann nicht müde, die epikureische Lehre von der Irrelevanz der persönlichen Unsterblichkeit zu betonen: „Nil igitur mors est ad nos neque pertinet hilum, quandoquidem natura animi mortalis habetur."[284] [Nichts geht also der Tod uns an und reicht an uns nirgends, da der Seele Natur sich hat als sterblich nunmehr erwiesen.]

Der volle Sinn und die lebensphilosophisch tragende Bedeutung der Befreiung von der Furcht vor transzendenten Gerichtshöfen und jenseiti-

---

[282] Simplicius zu Aristoteles Physik 327, 14.
[283] Diogenes Laertius X, 6.
[284] Lukrez: De rerum natura III, 830.

gen unangenehmen Existenzformen der Seele werden erst richtig deutlich, als das Christentum die platonischen Reinigungsvorstellungen dramatisch verschärft. Epikurs und Lukrez' individuelles eschatologisches Nichts besitzt demgegenüber eine befreiende emanzipatorische Funktion. Der konsequente Naturalismus ist die Garantie dafür, dass der Mensch auch ohne Bedrohung durch finstere Mächte vom Leben Abschied nehmen kann.

## 2. Offene Zeit

In der griechischen – wie auch der indischen – Kosmologie überwiegen die zyklischen Weltmodelle, eine naheliegende Erweiterung der vielen beobachtbaren periodischen Vorgänge in der Natur. Offene Endzeitlichkeit, also einsinnige unperiodische Szenarien tauchen im Zendavesta Zarathustras und dann vor allem in der jüdisch-christlichen Lehre des Alten und Neuen Testamentes (AT, NT) auf. Im AT ist oft die Rede von Zeiten, in denen Gott das ewige Reich der Gerechtigkeit und des Friedens errichten wird: „Und es wird ein Reis hervorgehen aus dem Stamm Isaaks und ein Zweig aus seiner Wurzel Frucht bringen. Auf ihm wird ruhen der Geist des Herrn, der Geist der Weisheit und des Verstandes, der Geist des Rates und der Stärke, der Geist der Erkenntnis und der Furcht des Herrn." (Jesaja 11, 1-2)

Im NT wird mehrfach gesagt, dass durch Christus das Endziel, das Gott mit der Welt vorhatte, bereits erreicht sei. Für die, die ihm folgen, ist gewährleistet, dass sie das ewige Leben umfangen wird: „Wahrlich, wahrlich, ich sage euch: Wer mein Wort hört und glaubt dem, der mich gesandt hat, der hat das ewige Leben und kommt nicht in das Gericht, sondern er ist vom Tode zum Leben durchgedrungen." (Joh. 5, 24)

Aber die Dichotomie ist deutlich, wer sich *nicht* überzeugen lässt oder bei wem die inneren Widerstände zu groß sind, hat Schlimmes zu erwarten. Damit sind jene Drohungen ausgesprochen, von denen Epikur und Lukrez die Menschen befreien wollten.

Jede Zyklizität oder Wiederingangsetzung des kosmischen Geschehens ist mit der Einmaligkeit des Gottesreiches bzw. der Erlösungstat Christi unvereinbar. Auch eine Parallelität der Prozesse des Universums in irgendwelchen Nebenwelten ist undenkbar, weil dadurch sittliches Handeln in einer Welt möglich wäre, das nicht von der Erbsünde und nicht von der Erlösungstat Christi abhinge. Die Unwiderruflichkeit der kosmischen

Geschichte unter dem Blickwinkel des jüdisch-christlichen Theismus fokussiert sich auf die Frage des Schicksals des Einzelnen am Ende aller Zeiten, wird er erlöst oder verdammt?

In dieser für den Christen alles entscheidenden eschatologischen Frage hat Augustinus in seiner Gnadenlehre die bis heute authentische Interpretation der einschlägigen Schriftstellen geliefert. Die wichtigsten Bezugsstellen der Schrift sind einerseits die alttestamentliche Geschichte von der Mutter mit den ungleichen Zwillingen, Esau und Jakob (Gen. 25-27), denen Gott, anscheinend völlig ungerechtfertigt, eine ungleiche Behandlung zukommen lässt, andererseits Paulus' Brief an die Römer (IX, 10-29), in dem er versucht, diese Willkür Gottes aufzuklären. An der schwierigen Frage, warum Gott schon vor der Geburt der beiden Kinder einen Zwilling liebt und den anderen hasst (1. Mose 25,23) entzündet sich Augustinus' Erbsünden- und Gnadenlehre. Er hat sie in seiner Antwort an Simplicianus, einen neuplatonischen Christen aus Mailand, der auch durch dieses Problem beunruhigt war, entwickelt. Kurt Flasch hat diesen zentralen Text christlicher Eschatologie in unüberbietbarer Klarheit und schonungsloser Offenheit erklärt und interpretiert.[285] In diesem Text verbindet sich die finsterste Abwertung der Menschheit folgerichtig mit einem endzeitlichen Horror-Szenarium.

„Alle Kinder Adams sind beladen mit *Schuld*, nicht also nur mit den *Folgen* einer Schuld. Alle Menschen haben die ewige Hinrichtung verdient. Die überwiegende Mehrheit der Menschen endet tatsächlich in ewigem Unglück und körperlicher Qual. Und in dem Blut, das dabei fließt, mögen die wenigen Erwählten ihre frommen Hände waschen, bevor sie Jubellieder singen."[286]

Speziell das letzte Bild, das in heutigen Lesern die Assoziation eines eschatologischen Schlachthauses hervorruft, stützt sich auf einen Psalmvers (57, 11), „der Gerechte wasche seine Hände im Blut des Sünders". Man könnte denken, dass es sich dabei um ein Bild oder eine Metapher handelt. Bei Augustinus ist der blutrünstige Endzeit-Sadismus aber tatsächlich ernst gemeint. In seiner Deutung hat Gott vorgesehen, dass die Erwählten vom Himmel her beobachten, wie fast alle Menschen endlose körperliche Höllenqualen erleiden. Der Sinn dieses perversen Voyeurismus besteht darin, dass den Auserwählten klar gemacht wird, dass sie

---

[285] Kurt Flasch: Logik des Schreckens. Augustinus von Hippo. De diversis quaestionibus ad Simplicianum I 2. Dietrich'sche Verlagsbuchhandlung, Mainz 1990.
[286] Ebenda, S. 11.

*grundlos* und ohne Rücksicht auf ihre Verdienste während ihres irdischen Lebens vermittels eines völlig irrationalen Richterspruches Gottes der Gnade teilhaftig geworden sind. Diese sadistische christliche Eschatologie hat in der Folge die Rechtfertigung für die Inquisition, die Verfolgung der Häretiker und die gewaltsame Bekehrung der Indios im neuentdeckten Amerika geliefert.

Wie Norbert Greinacher nachgewiesen hat, sind dafür auch noch andere Schriftstellen bedeutsam, besonders das Gleichnis vom Großen Gastmahl (Lukas 14, 15-24). Das dort verwendete vieldeutige „Compelle intrare" (Nötige sie hereinzukommen) wurde von den Glaubensboten als Freibrief für eine gewaltsame Mission interpretiert. Wieder ist es Augustinus, der aus der Lukasstelle schließt, dass die Kirche berechtigt sei, Ungläubige mit Gewalt zur Übernahme des christlichen Glaubens zu zwingen. Das dahinterstehende ethische Argument ist der Zweck-Mittel-Vergleich. Das erhabene Ziel der ewigen Seligkeit ist von so hoher Wertigkeit, dass jedes Mittel, auch jenes, das den Widerspenstigen Schmerzen bereitet, zu rechtfertigen ist. Nach Greinacher wurde Augustinus' Deutung der Lukasstelle die Grundlage „zur Rechtfertigung der Folterung von Ketzern, der Hexenverbrennungen, der Inquisition, der Judenpogrome und der Unterdrückung der Indios".[287]

Für die Verteidiger einer freundlicheren, humaneren Deutung der christlichen Botschaft drängt sich vermutlich der Vorwurf der parteilichen Selektivität auf, wenn sie diese Berichte von den Folgen bestimmter Deutungen von Schriftstellen lesen. Aber das anvisierte Schicksal der Menschen zu späten eschatologischen Zeiten ist überdeutlich in den Textstellen dokumentiert. Diese rufen die Frage auf den Plan: Wieweit ist Grausamkeit systemimmanent in der christlichen Lehre verankert, in welchem Maße ist es nicht nur eine Sache zufälliger Auswahl einzelner martialischer Stellen, sondern ein innerer durchgängiger Zug der gesamten Lehre, zu Atrozitäten zu verleiten? Der einstige Theologe und heutige Soziologe Horst Herrmann sieht den Grund für die latente Neigung der christlichen Institutionen zur Gewalt als fundamentales Element der Lehre an und nicht nur als Konsequenz einer irregeleiteten, nur von politischen Interes-

---

[287] Norbert Greinacher: Bekehrung durch Eroberung. In: Innsbrucker geographische Studien. Bd. 21 (Hrsg. A. Borsdorf). Innsbruck 1994, S. 137; Bernulf Kanitscheider: Im Innern der Natur. Philosophie und moderne Physik. Wissenschaftliche Buchgesellschaft, Darmstadt 1996, S. 182.

sen geleiteten Vernunft.[288] Aus seiner Sicht ist es das gestörte Verhältnis dieser Religion zur Sexualität, welches sich in kompensierender Form in der Gewalt Bahn bricht. Wie ein roter Faden zieht sich die Triebfeindlichkeit vom Eunuchenwort im Evangelium (Mat. 19, 12) über die verschiedenen Stellungnahmen der Kirchenväter (Tertullian, Clemens, Origines, Johannes Chrysostomos) bis zur maßgebenden Deutung des Augustinus, der durch die Verbindung des Sexualaktes mit dem Sündenfall das schlechte Gewissen der Gläubigen beim Lustgewinn untermauerte.[289]

Augustinus' heute als schaurig empfundene Endzeitperspektive ist mit einer Fülle von zentralen metaphysischen Fragen verbunden, woraus man wieder erkennt, wie tief die Eschatologie mit der philosophischen Systematik verschränkt ist. Als ein unveränderlich gedachtes Sein kann Gott keinen Wechselwirkungen unterliegen,[290] folglich darf er sich in keiner Weise vom sittlichen Verhalten der Menschen bei seiner Entscheidung, ob er sie erlöst oder verdammt, leiten lassen; daraus folgt wieder die absolute Irrationalität seiner Entschlüsse bezüglich des Endschicksals des Menschen. Die Grundlosigkeit betrifft sogar den allerersten Anfang des christlichen Daseins, die Zuwendung zum Glauben. Auch wenn der Mensch in sich das Gefühl der freien Entscheidung zum Glauben entdeckt, so ist dies eine Täuschung, auch der Wille zum Glauben ist ein Ergebnis der göttlichen Gnade und entstammt nicht dem Verdienst des Menschen. Selbst wenn sich der Mensch aus eigenem Antrieb für Gott entschiede, könnte dies weder ein notwendiger noch hinreichender Grund für die Erlösung sein.

Die endzeitlichen Erwartungen des Bischofs von Hippo über das transzendente Schicksal der Menschen mögen uns gelindes Grauen einjagen, aber auch die *kosmologische* Eschatologie der christlichen Lehre kommt in der Offenbarung des Johannes zu nicht minder spektakulären Voraussagen. Die Konkretheit der apokalyptischen Vorstellungen ist beeindruckend (Offenbarung 8-10). Als die sieben Engel mit ihren Posaunen zu

---

[288] Horst Herrmann: Sex & Folter in der Kirche. Orbis, München 1998, S. 161. Darauf weist auch die über Jahrhunderte währende Menschenjagd hin, die immer mit Schriftstellen und Belegen durch Autoritäten der Kirche begründet wurde. Die circa eine Million Opfer der Hexenverfolgung lassen sich kaum als fahrlässigen Ausrutscher in der Schriftinterpretation deuten. (Vgl. Horst Herrmann: Hexenfolter. In: Die Folter. Eine Enzyklopädie des Grauens. Eichborn, Frankfurt am Main 2004, S. 179.)

[289] Georg Denzler: Die verbotene Lust. Piper, München 1988, S. 43f.

[290] Kurt Flasch: Logik des Schreckens, S. 44.

blasen beginnen, wird eine Kette von Katastrophen ausgelöst, wobei gespenstische Untiere und Fabelwesen ihre Vernichtungsarbeit auf der Erde mit großer Akribie durchführen. Bemerkenswert sind auch die zum Teil deutlichen Zeitangaben über Auferstehung und Verweildauer des Satans in seinem Gefängnis (Offenbarung 20,6), die zumindest andeuten, dass Johannes sich das kosmische Drama nicht in der unbestimmten Zukunft, sondern in historischen Zeiträumen vorgestellt hat. Die Endzeitvorstellungen der Apokalypse, so schwierig sie auch zu deuten sein mögen, haben immerhin einen Kristallisationskern, der an das früher erwähnte abartige Verhältnis der christlichen Religion zur Sexualität anschließt. Johannes' Fantasien verdichten sich in Richtung auf die Quelle allen Unheils, die erotische Verlockung des Weibes, die den Geist des Mannes umgarnt und ihn in sündige Leidenschaften verstrickt. Eschatologie hat somit auch einen sexuellen Brennpunkt. Johannes hat wohl von der zentralen Stellung der Sexualität gehört, die diese in Mesopotamien in der Religion der Großen Mutter innehatte. Er charakterisiert sie als die „große Hure", welche auf einem „scharlachroten Tier" sitzt, das mit „gotteslästerlichen Namen über und über bedeckt war" (Offb. 17, 3). Damit zeigt sich, dass die im Weib inkarnierte Verführung zur Abkehr vom rechten Weg letztlich die Ursache für die Notwendigkeit des eschatologischen Gerichtes Gottes ist. Aber Johannes ist sich sicher, dass die Lustdirne vernichtet wird: Gott wird Sorge tragen, dass die Auserwählten sie „bis zur Nacktheit ausplündern, ihr Fleisch verzehren und im Feuer verbrennen werden" (Offb. 17, 17). Damit erhält der Endzeit-Wahn ethische Dimensionen. Es bedurfte nur der passenden Interpretation, um die Johanneische Hassorgie auf die Frau umzusetzen. Das Gerichtsdrama am Ende aller Zeiten stellt somit eine in ferner Zukunft liegende, moralische Stützung von Verurteilungen dar. Eschatologie fungiert hier als Drohung gegen jenes Verhasste, das der männlichen patriarchalischen Religion den unüberwindbaren Gegenpol liefert: das mit heidnischer Sexualmagie ausgestattete Weib als permanente Bedrohung des Heils des verführbaren Mannes. Die furchtbare Umsetzung dieser durch die eschatologische Perspektive motivierten Projektion ließ in der Folge nicht auf sich warten. Es bedarf einer unabhängigen Analyse zu ergründen, warum sich Menschen solche blutrünstigen Endzeitszenarien ausgedacht haben und vor allem, warum sie derart folgenreich in die Tat umgesetzt wurden.

Peter Sloterdijk hat darauf hingewiesen, dass die psychologische Raffinesse der Höllenvision darin besteht „eine Intuition zu haben von dem, was für einen anderen das Unerträglichste wäre, und es auf dessen Wiederholung anzulegen".[291] Wenn man das Unangenehmste für eine menschliche Seele und ihren Körper in den Blick nimmt und einen Ort aussucht, an dem sich praktischerweise dieses Quälen permanent fortführen lässt, hat man das Maximum erreicht, das man diesem Wesen antun kann. Sloterdijk weist dabei auf Dantes untere Höllenstadt hin,[292] mit der der Dichter die Vorstellung von nichtabbrechenden Folterungen lebendig gestaltet hat. Das entscheidende Moment ist dabei die unabsehbare Zeitlichkeit. Dante sorgt in seinen Folter-Mechanismen dafür, dass die Zerstückelten, Zerrissenen, Erwürgten immer wieder hergestellt werden, um den Prozess des Quälens von neuem beginnen lassen zu können. Anders als bei allen irdischen Qual-Mechanismen, die in der Destabilisierung des menschlichen Körpers letztlich doch eine Grenze finden, sorgt Dante in seiner *Infernotechnologie* für die unbegrenzte Fortführung der Torturen, indem er die zyklische Wiederherstellung der Körper und ihrer Schmerzempfindlichkeit fordert. Die psychologischen Motivationen der Infernologie sind sicher vielfältig und vermutlich sowohl im machtpolitischen wie auch im sexualrepressiven Bereich zu suchen; ebenso kann depressiver Selbstzweifel und psychotischer Identitätsverlust eine Rolle für die mittelalterlichen Höllenphantasien gespielt haben. Kein Zweifel besteht daran, dass der Gebrauch dieser Vorstellungen und ihr Aktivierungspotential unzähligen Menschen das irdische Leben zur Hölle machten, obwohl die Religion, in die dieses Inferno eingebettet war, doch vorgab, ihnen die Erlösung zu bringen.

Wenngleich die Deutung der apokalyptischen Chiffren noch vielfach im Dunkeln liegt,[293] weist die Phantastik des Endzeitdramas darauf hin, dass man sich damals das Ende aller Dinge nur in gewaltsamer Form denken konnte.[294] Ein langsames, unspektakuläres, asymptotisches Auslaufen der kosmischen Prozesse, wobei zu späten Zeiten immer weniger passiert, hätte zu jener Zeit nicht in die Gerichts-Dramaturgie der religiösen Fantasie gepasst. Erst die naturalistischen Eschatologien, wie sie unter Einfluss

---

[291] Peter Sloterdijk: Sphären II. Suhrkamp, Frankfurt am Main 1999, S. 634.
[292] Dante Alighieri: Die Göttliche Komödie. 28. Gesang, V. 24. Piper, München 2002.
[293] Klaus Koch: Ratlos vor der Apokalyptik. Mohn, Gütersloh 1970.
[294] Es gibt auch Vermutungen, dass die apokalyptischen Monster einer drogenunterstützten Phantasie entsprungen sind (Alexander Kupfer: Die künstlichen Paradiese. Metzler, Stuttgart 1996).

der Naturwissenschaft entworfen wurden, haben auch die Möglichkeit eines sanften, undramatischen Endes des Universums ins Auge gefasst.

Religionen scheinen generell wenig übrig zu haben für Endzeitszenarien, in denen die materiellen Vorgänge sich immer mehr einer inaktiven Leere anschmiegen; offenbar ist die kosmische Verödung nicht zur Aktivierung der Menschen, zu ihrem sozialen Einsatz, ihrer Opferbereitschaft einsetzbar. Kosmische Gewalt, spektakuläre Katastrophenvorgänge passen augenscheinlich besser zur Disziplinierung, zur Machtausübung und zum normativen Zwang. Ein verebbendes Universum, das zu späten Zeiten nur gähnende Langeweile ausstrahlt, ist keine Motivationsgrundlage für die soziale Funktion der Religionen, die Gemeinschaft zu festigen, die hierarchische Dominanzstruktur zu zementieren und den despotischen Herrscher in seiner Rolle zu bestätigen.

## 3. Vertrauen in die Natur

Schon jetzt, wo wir die Ideengeschichte nur bis in die Spätantike verfolgt haben, tut sich ein wichtiger Zusammenhang zwischen der großräumigen kosmischen Einbettung des Menschen und seinem Selbstverständnis auf, genauer zwischen dem Weltverständnis und der jeweiligen zeitgebundenen Anthropologie. Die Langzeitentwicklung des Kosmos steckt auch weitgehend den Sinnhorizont der Menschen einer Epoche ab. Blenden wir noch einmal zurück. In der Antike waren Ziel des individuellen Lebens und Handlungsspielräume weitgehend durch Glücksvorstellungen und durch die Optimierung des gelungenen Lebens bestimmt. Der Kosmos als Arena des nach vernünftigen Grundsätzen zu optimierenden Lebenslaufes bot reichlich Mittel, um von der Fülle des Daseins glücksfördernden Gebrauch zu machen. Besonders die Stoiker betonten immer wieder, wie wohl es die Vorsehung ($\pi\rho\acute{o}\nu o\iota\alpha$) mit uns meint und wie diese uns so reich beschenkt hat, so dass es nur an uns ist, ein sinnvolles, erfülltes Dasein anzustreben. Panaitios verteidigt einen Naturbegriff, der durch schöpferische Urkraft gekennzeichnet ist; eine Natur, in der die $\lambda\acute{o}\gamma o\iota$ $\sigma\pi\varepsilon\rho\mu\alpha\tau\iota\kappa o\grave{\iota}$ die Welt vernunftgemäß gestalten.

Hier ist, anders als in der bizarren Welt der Apokalypse und den infernalischen Endzeitvisionen der Kirchenväter, alles auf Rationalität und Regelhaftigkeit ausgerichtet. Cicero hat im Sinne von Panaitios das Walten der Vorsehung vor allem in der Langzeitstabilität der Welt gesehen: „[...] stabilis est mundus atque cohaeret ad permanendum [...]".[295]

Nichts ist hier von einer Katastrophen-Angst vor einem Spätzustand des Universums zu spüren. Im Gegenteil, der Kosmos ist auf Unverletztheit, Sicherheit (incolumitas) angelegt. Die Vorsehung hat Pflanzen, Tieren und Menschen ein günstiges Habitat bereitet. Der Körper des Menschen, seine Sinneswerkzeuge sind darauf vorbereitet, den λόγος wahrzunehmen. In diesem teleologischen, organologischen Weltbild kommt das optimistische hellenistische Naturgefühl zum Ausdruck. Die Natur ist nicht nur lebenserhaltend, sondern auch ästhetisch erhebend. Sie hat für alles gesorgt, „ut homo nulla re egeat". Ihre Buntheit (ποικιλία) ist ein Indiz dafür, dass die Vorsehung weitsichtig unserem Schönheitssinn entsprechend die Welt ausgestattet hat.

Das ästhetische Moment verliert in der Folge im Kontext christlicher Heilserwartung an Bedeutung. Wohl betonen noch Kirchenväter wie Gregor von Nazianz, dass man aus der Harmonie und Ordnung der Welt auf deren Schöpfer zurückschließen könne, dennoch enthalten Kunst und Naturschönheit auch ein verführerisch ablenkendes Element, das vom eigentlichen Fernziel des wahren Christentums wegführt. Es ist das Weltgericht als eschatologischer Fernpunkt, das die Aufmerksamkeit der Gläubigen fokussieren soll, die Betrachtung der gegenwärtigen Schönheit der Welt ist diesem Ziel kaum dienlich. Demgemäß lautet auch der Auftrag an die Lebensgestaltung des frühchristlichen Menschen: Nicht mehr die Gestaltung des Lebens in Einklang mit der Natur (ὁμολογουμένως τῇ φύσει ζῆν) ist das Ideal, sondern nach dem Gebot des obersten Gesetzgebers mit Blickpunkt auf den in unbestimmter Ferne liegenden Gerichtstag zu leben, lautet nun der Auftrag. An diesem Zielpunkt der Welt, wo sich individuelle und kosmische Eschatologie treffen, erfüllt sich das Geschick des Menschen.

Der Umbruch von der späthellenischen zur frühchristlichen Welt muss als „psychologischer Erdrutsch" angesehen werden,[296] heftiger sind wohl nie Wertetafeln umgestürzt worden und dies wird gerade am Brennpunkt „Weltenende" sichtbar. Es verliert sich die kosmologische Perspektive und in das Zentrum des Interesses tritt das personale Leben nach dem Tod und die körperliche Unsterblichkeit. Das Eschaton wird nun wesentlich trans-

---

[295] Cicero: De Natura Deorum II, 115.
[296] Hubert Cancik: Zur Entstehung der christlichen Sexualmoral. In: A. K. Siems (Hrsg.): Sexualität und Erotik in der Antike. WBG, Darmstadt 1988.

zendent verstanden und damit verbindet sich eine deutliche Entwertung der Natur und aller weltlichen Dinge. Bei Origines findet sich noch eine eschatologische Figur, die Einfluss durch den christlichen Platonismus zeigt und eine Rückkehr der gefallenen Welt zu Gott durch kosmische Läuterungs- und Erziehungsprozesse verspricht. Aber die orthodoxe Meinung schließt sich nicht an diese Lehre von einem autonomen Aufstieg der Seele an; zutiefst überzeugt von der sündhaften Verstrickung der Menschen in die Laster der Welt leugnet Augustinus, wie wir schon gesehen haben, jede Form einer eschatologischen Selbstheiligung.

Hier sei es gestattet, einen kontrastierenden Blick auf nichtabendländische Religionen zu werfen, bei denen gerade die ungeheuren kosmischen Zyklen dem Menschen die Möglichkeit geben, sein Schicksal ständig zu verbessern. Eschatologie und Ethik greifen im Hinduismus und Buddhismus dabei ineinander: die riesigen Epochen (kalpas, yugas, mahayugas) erlauben es, bei jeder Reinkarnation sein Karma zu verbessern, bis zuletzt Samadhi bzw. das Nirwana erreicht wird, aber dazu muss man dem Menschen die Kraft zugestehen, den moralischen Aufstieg durch die kosmischen Epochen selbst zu bewerkstelligen, eine Fähigkeit, die im Christentum durch die Sünde des Urvaters verbaut war. Die Lehre von der Seelenwanderung und der Wiedergeburt transformiert somit den Sinn der Eschatologie, diese wird wichtig für die selbstheiligenden Aufstiegsvorstellungen, aber nicht für ein endzeitliches Gericht, das eine einmalige, nicht widerrufliche Verurteilung vorsieht.

## 4. Neugierde und Wahrheit

Das Interesse am Lauf der Natur und an der Wandlung ihrer Gestalten schwindet im Verlauf des Mittelalters weiterhin. Welterkenntnis und Himmelsbetrachtung, in griechischer Antike die wertvollste Tätigkeit des Menschen, wird zur lasterhaften Neugierde degradiert, zur concupiscentia oculorum, die nur die Gefahr des Vergessens um das eigene Seelenheil in sich birgt. Laktanz macht sich lustig über die Kugelgestalt der Erde durch die Vorstellung von Antipoden und beschreibt sie als Menschen, die Füße über dem Kopf tragen müssten.[297] Theodor von Mopsuestia, Bischof dieser Stadt in Kilikien, lehrte die Tabernakel-Form des Universums und behauptete, dass die Planeten von Engeln angeschoben werden. Die Ta-

---

[297] Laktanz: De Divine Institutione. Kap. 24. duCerf, Paris 1973-1987.

bernakel-Theorie wurde dann von Kosmas Indicopleustes vertieft und muss wohl als der Stand des Wissens in der Kosmologie im sechsten nachchristlichen Jahrhundert angesehen werden.[298]

Die Langzeitperspektive der Kosmologie ist ebenso rein theologisch besetzt, es geht ausschließlich um die leibliche Auferstehung der Toten; der Ausblick auf Gericht, Fegefeuer und Hölle dient zur Stützung moralischen Wohlverhaltens. Eschatologie wird praktisch ausschließlich um der ethischen und politischen Disziplinierung der Untertanen willen betrieben, welche naturgemäß mit drohenden Ereignissen beladen werden mussten, weil weder eine statische Unveränderlichkeit noch eine friedliche, unspektakuläre Endzeit irgendjemanden beeindruckt hätte. An eine objektivierende, natürliche Endzeitlehre war im Früh- und Hochmittelalter bei den starken religiösen Vorbehalten gegen Welterkenntnis nicht zu denken. Im Hochmittelalter findet sich durch das Eindringen der Schriften des Aristoteles zwar eine Neubewertung des Weltwissens. So betont Thomas von Aquin, dass im Prinzip alles Wissen gut sei,[299] aber auch für ihn besteht die letzte Glückseligkeit des Menschen in der Betrachtung Gottes,[300] wohingegen Aristoteles das Weltall als höchstes Objekt der Bewunderung angesehen hatte. Man täte dem Geist der mittelalterlichen Philosophie sicher Unrecht, wenn man ihm eine völlige Hörigkeit gegenüber allem Offenbarungswissen und eine ausschließlich vom Glaubensgehorsam geleitete Vernunft zuschriebe. Es gab durchaus Gestalten, die auf subtile Weise Widerstand gegen den einheitlich theistischen Hauptstrom leisteten, wie Boetius von Dacien und Siger von Brabant.[301] Ersterer vertrat in seiner Abhandlung *Von der Ewigkeit der Welt* eine strenge Trennung von natürlichem und übernatürlichem Bereich. Siger verteidigte unter dem Deckmantel der doppelten Wahrheit Thesen, die einem schwachen Naturalismus nahe kommen: Die Bewegung in der Welt kann aus Vernunftgründen heraus nicht einfach beginnen oder enden, Gott wird für die Existenz und die Aufrechterhaltung der Welt gar nicht gebraucht, auch wenn der Glaube dies fordert, denn dieser hat nichts mit kausalen Begründungen zu tun, weil für den Glauben die wissenschaftliche Methodologie sowieso nicht zuständig ist. Die Hüter des rechten Glaubens waren allerdings wachsam

---

[298] Kosmas Christliche Topographie. Hrsg. von J. W. McCrindle. Halduyt Society, London 1897.

[299] Thomas von Aquin: Summa contra gentiles, Buch 1,2.

[300] Thomas von Aquin: Summa Theologica. 2. Band, 3. Unters., 8. Artikel.

[301] Georges Minois: Geschichte des Atheismus. Böhlau, Weimar 2000, S. 76.

und ließen Siger den rationalistischen Freiraum nicht durchgehen. Thomas von Aquin verurteilt 1270 die Lehre von der doppelten Wahrheit und 1277 wird Siger zum Ketzer erklärt.[302] Immerhin deutet die latent immer vorhandene Hochschätzung der Vernunft als Wissensquelle darauf hin, dass sich die Neugierde um die Natur und deren Entwicklung auch im Mittelalter nicht unterdrücken ließ. Die Anerkennung des Weltwissens um seiner selbst willen gewinnt erst in der Renaissance wieder an Boden. Die Freude am Prozess des Verstehens ohne theologische Hintergrundmotivationen und der autonome Gebrauch des Verstandes, um die Vielfalt der Welt zu begreifen, kommen bei den Renaissance-Universalgelehrten wie Leonardo da Vinci[303] und Erasmus von Rotterdam[304] zum Ausdruck. Letzterer kritisiert die intellektualistischen Begriffsspielereien der Scholastik als unfruchtbar und propagiert die Teilnahme an Wissen und Welt, wofür ihn Luther als Epikureer bezeichnet, was damals ein ausdrückliches Schimpfwort war. Allerdings bleibt daneben auch die augustinische Gedankenlinie wirksam, die im protestantischen Bereich über Luther bis Kierkegaard die Nutzlosigkeit und die Belanglosigkeit alles Wissens von der Natur betont, in dem Subjektivität und Innerlichkeit ausgeblendet erscheinen, da dies alles nur vom eigentlichen Fernziel der ewigen Seligkeit in Gott ablenkt. Aus dieser Sicht ist für eine säkulare Humanität kein Platz, wenn von Menschlichkeit gesprochen wird, dann ausschließlich unter dem fernen Ziel der christlichen Eschatologie.

„Nur das Religiöse kann vermöge der Hilfe des Ewigen bis ins Letzte Menschgleichheit, Menschlichkeit durchführen, die gottgemäße, die wesentliche, die nicht-weltliche, die wahre, die einzig mögliche Menschgleichheit, Menschlichkeit; und darum ist auch – es sei gesagt zu seiner Verherrlichung – das Religiöse die wahre Menschlichkeit."[305]

Wieder sieht man, wie das Eschaton letztlich sogar die Anthropologie bestimmt, das Wesen und die Rolle des Menschen im Gesamtverband der Natur. Bei einer theologischen Besetzung der Eschatologie, in der der

---

[302] Ebenda, S. 78.

[303] „Denn es gibt nach Leonardo keine wahrhafte Erfahrung ohne Analyse der Erscheinungen und es gibt kein anderes Mittel, diese Analyse durchzuführen, als das der mathematischen Demonstrationen" (E. Cassirer: Individuum und Kosmos in der Philosophie der Renaissance. WBG, Darmstadt 1963, S. 123).

[304] Erasmus Desiderius von Rotterdam: Lob der Torheit. Reclam, Stuttgart 2002.

[305] Søren Kierkegaard: Der Einzelne. In: Gesammelte Werke. Eugen Diederich, Düsseldorf 1951. 33. Abteilung, S. 96 ff.

Mensch zentral auf Tod, Auferstehung, Endgericht und Weltvollendung ausgerichtet wird, bleibt kein Raum für eine eigenständige säkulare Betrachtung der Weltentwicklung; das Bild der Welt ist völlig von der alles überdeckenden Figur des Menschen dominiert. Wohingegen er aus naturalistischer Perspektive eine seiner peripheren Einbettung in das Weltganze entsprechende marginale Bedeutung erhält, eine Sicht, die mühsam zuerst durch die Aufklärer[306] und dann durch Schopenhauer und Nietzsche erarbeitet werden musste. Für die Theologie ist es selbst heute noch kaum möglich, den Menschen als eine – kosmisch gesehen – bedeutungslose Durchgangserscheinung zu akzeptieren.

Nun, so muss man der historischen Gerechtigkeit halber hinzufügen, waren im 18. Jahrhundert kosmologische Langzeitentwicklungen kaum ein Thema naturwissenschaftlicher Untersuchungen. Selbst als die neue Mechanik und Gravitationstheorie Newtons sich gegenüber der Cartesischen Wirbeltheorie durchgesetzt hatte, konnte man sich kaum auf eine adäquate kosmologische Modellvorstellung einigen. Newton selbst schwankte zwischen der Konzeption einer endlichen Sterneninsel im grenzenlosen Raum und der Vorstellung von einem homogen mit Sternen besetzten unendlichen Universum. Wie immer aber auch die Materieverteilung im unendlichen Raum zu denken sei, in jedem Fall wurde der Kosmos damals statisch gedacht, erst im 20. Jahrhundert ließ sich zeigen,[307] dass es sogar eine klassische dynamische Kosmologie geben könne. Newtons eigene Überlegungen zu Anfang und Ende der Welt gingen gar nicht konform mit seiner Mechanik, die von sich aus keine Anfangs- und Endpunkte der homogenen Zeit zulässt, sondern waren von alttestamentarischen Genealogiebetrachtungen geprägt, mit denen er die Randpunkte der kosmischen Laufdauer bestimmen wollte.[308] Dadurch wird deutlich, dass Newton die Eschatologie noch gar nicht als eine wissenschaftliche Disziplin betrachtete und die Laufdauer des Universums als religiöses Problem ansah.

---

[306] Paul Thiery d'Holbach: System der Natur oder von den Gesetzen der physischen und der moralischen Welt. Suhrkamp, Frankfurt am Main 1978.

[307] Otto Heckmann: Theorien der Kosmologie. Springer, Berlin 1968.

[308] Niccolo Guicciardini: Newton: Ein Naturphilosoph und das System der Welten. Spektrum, Heidelberg 1999, S. 43.

## 5. Transzendenz-Skepsis

Es muss als Verdienst des *vorkritischen* Kant angesehen werden, den Schritt vom statischen zum dynamischen Kosmos getan und den Entwicklungsgedanken der Welt aus dem Chaos vollinhaltlich entworfen zu haben. Allerdings hängt er – in der vorthermodynamischen Zeit kein Wunder – noch der Idee der Zyklizität in der kosmischen Entwicklung an und glaubt, dass immer wieder neue Welten aus der Asche der vergangenen entstehen werden.[309] Andererseits bemerkt Kant in der eingangs erwähnten Abhandlung, dass die „Idee eines Endes aller Dinge ihren Ursprung nicht von dem Vernünfteln über den *physischen*, sondern über den *moralischen* Lauf der Dinge in der Welt"[310] hernimmt. Aber auch er stellt die bemerkenswerte Frage, warum denn die Menschen in ihren religiösen und metaphysischen Ideen überhaupt so begierig waren, ein Ende der Welt sich vorzustellen und dann noch eines, das für den größten Teil von ihnen ein Ende mit Schrecken enthält. Kant vermutet, dass die Menschen die Welt nur insofern überhaupt als sinnvoll betrachten können, als vernünftige Wesen darin dem Endzweck ihres Daseins entgegenstreben. Eine Welt, die nicht vom Ende her ihre Sinnkonstitution erfährt, wäre danach wie ein Schauspiel, das ohne erkennbaren Ausgang einfach schließt. Dass speziell das kosmische Drama aus christlicher Perspektive derart mit Schrecken belegt ist, geht sicher auf die Überzeugung von der sittlichen Verderbtheit des Menschengeschlechtes zurück, eine Vorgabe, die Kant zu karikierender Kritik veranlasst.

Dazu erzählt er eine skurrile Geschichte von einem persischen Witzbold, die besonders die Auffassung parodieren soll, wonach der menschliche Wohnort eine Kloake sei, in der aller Unrat aus anderen Welten gelandet ist. Im Paradies mussten die Menschen nach dem Genuss der herrlichsten Früchte nicht ihren Wohnort mit Unrat beschmutzen, er verlor sich durch „unmerkliche Ausdünstung". Ausnahme war jener inkriminierte Baum, der Früchte trug, deren Rückstände sich nicht verdampfen ließen. Da unsere Stammeltern ja wie bekannt doch vom verbotenen Baum aßen, zeigte ihnen ein Engel, um die Verschmutzung des Paradieses zu vermeiden, die Erde in weiter Ferne als den Abtritt des ganzen Universums. Aus dieser Hinterlassenschaft sei das Menschengeschlecht entstanden. Das

---

[309] Immanuel Kant: Allgemeine Naturgeschichte und Theorie des Himmels. Berlin 1924.

[310] Immanuel Kant: Das Ende aller Dinge. Hamburg 1965, S. 91.

Vergnügen, mit dem Kant diese Satire erzählt, weist darauf hin, dass er selber nichts davon hielt, die Erde als Wohnort zu verunglimpfen.

Jedenfalls besteht kein Zweifel, dass aus der christlichen Perspektive der Sinn des Daseins sich vom Spätschicksal der Welt erschließt und vom Ende der Zeit her gedacht wird. Insofern die Wissenschaft hier kaum irgendwelche Erwägungen angestellt hatte, war dort ein spekulativer Freiraum vorhanden, der mit Offenbarungs-Ideen gefüllt werden konnte. Bis in die Gegenwart bestimmt die Theologie das Ziel des Menschen ausgehend von seinem Schicksal am Ende der Welt. Eschatologische Verkündigung, so sagt noch Rudolf Bultmann, redet vom „Ende dieses irdischen Menschen und seiner Welt".[311] So zeigt die theologische Perspektive eine innere Verschränkung von Weltenende und Jenseitserwartung, wobei vor der Ausarbeitung naturwissenschaftlicher Endszenarien durch die Ausdehnung der Gültigkeit der Thermodynamik auf das Langzeitschicksal der Welt die Theologen freie Hand hatten. Als sich dann die Anzeichen verdichteten, dass das katastrophale Endzeitszenarium von der thermodynamischen Entwicklung der Welt kaum gestützt wird, geriet auch das christliche Telos und damit die eschatologische Sinnbestimmung des Menschen in Zweifel. Allerdings gab es bereits vor der ersten eschatologischen Revolution, die durch die Extrapolation der Thermodynamik durch Rudolf Clausius auf das Spätschicksal des Kosmos hervorgerufen wurde, Klagen, dass naturwissenschaftliche Theorien ein Bedrohungspotential für das traditionelle Menschenbild enthalten würden.

In der Tat hatte schon Newton diese Gefahr erkannt und versucht, die atheistischen Konsequenzen des mechanistischen Weltbildes, wo das Universum eine autonome Maschine darstellt, die von ewigen Zeiten an bis in die unbestimmte Zukunft ihren Gang geht, abzuwehren.[312] Die permanente Bewegung liegt recht eigentlich dem Maschinenmodell zugrunde, denn was sollte den ewigen Prozess aufhalten, da das Universum doch keine Umgebung besitzt, die der Bewegung Einhalt gebieten könnte.

Schon die Ergebnisse der neuen Astronomie, wie sie seit Kopernikus das Selbstverständnis des Menschen in mehreren Wellen überrollt hatten,

---

[311] Rudolf Bultmann: Glauben und Verstehen [1933]. Siebeck, Tübingen 1966. Band 1, S. 39.

[312] Alexandre Koyré: Von der geschlossenen Welt zum unendlichen Universum. Suhrkamp, Frankfurt am Main 1969.

waren von vielen Autoren von John Donne[313] bis Goethe[314] als anthropologisch bedrohlich empfunden worden. Die Erweiterung des mittelalterlichen hierarchischen Kosmos zu einem unbegrenzten homogenen Universum, in dem in unermesslichen Zeiten in langsamer Entwicklung alle Formen des Seienden entstanden sind, widersprach dem christlichen Platonismus, wonach alle Gestalten der Welt Abbilder göttlicher Ideen seien.[315] Die dramatischste Veränderung für das Weltbild und speziell seine eschatologische Perspektive war sicher die Einsicht, zuerst von Thomas Digges gewonnen,[316] dass eine kopernikanisch beschriebene Planetenwelt keines Randes mehr bedarf und der Raum natürlicherweise *unendlich* sein muss. Damit wurde klar, dass es lineare Bewegungsprozesse geben konnte, die beliebige Zeit beanspruchen, und dass das Universum einen unerschöpflichen Rahmen für alle denkbaren Formen und Gebilde, die sich in der Zukunft noch entwickeln würden, bildet.

## 6. Entwicklungsideen

Ab 1700 verstärkt sich auf allen natürlichen Ebenen dann auch folgerichtig der Entwicklungsgedanke. Der Frage nach der Stellung des Menschen im Raum tritt nun die entsprechende Frage nach seiner Position im Ganzen der Zeit zur Seite. War die Unerheblichkeit des Menschen im unermesslichen Weltraum schon durch die teleskopische Erweiterung der Sichtbarkeitsgrenzen augenscheinlich geworden, so trat nun durch die Verzeitlichung der Natur die Beliebigkeit des temporalen Intervalls hervor, in dem dieses Wesen sich auf einem durch nichts ausgezeichneten Gesteinsplaneten vorfindet. Je mehr die metaphysisch uneinholbare Kontingenz der raumzeitlich zufälligen Position des Menschheitsgeschehens sichtbar wurde, desto weniger wurde es möglich, ein Weltbild aufrechtzuerhalten,

---

[313] John Donne: Anatomy of the world, First Anniversary [1611]. Zitiert nach: Alexandre Koyré: Von der geschlossenen Welt zum unendlichen Universum. Suhrkamp, Frankfurt am Main 1969, S. 37.

[314] Johann Wolfgang von Goethe: Werke. Band 14. Hamburg 1966, S. 81.

[315] Vittorio Hösle: Platonismus und Darwinismus. Wissenschaft & Öffentlichkeit, Freiburg 2001.

[316] Thomas Digges: A Perfite Description of the Coelestiall Orbes. Marshe, London 1585.

in welchem dem Kosmos ein erster Grund und ein letzter Zweck zugedacht werden konnten.[317]

Immer schwieriger wurde es, in die Welt einen fernzeitlichen Sinn oder gar eine umfassende Wertstruktur zu integrieren. Zwar versuchten gedankenreiche Philosophen um die Wende vom 18. zum 19. Jahrhundert noch, den rollenden Stein aufzuhalten. Kant, der in der *Kritik der Urteilskraft* bereits weitsichtig die Konzeption der Selbstorganisation des Universums entwirft,[318] schreckt vor dem letzten Schritt der Naturalisierung zurück und nimmt den Menschen als moralisches Wesen aus der Naturkausalität heraus, indem er ihm ein noumenales Reich des Handelns aus Freiheit zuordnet.[319]

Fichte identifiziert den vordem fürsorglich tragenden Schöpfergott mit der sittlichen Weltordnung, was ihm dann auch prompt eine Anklage wegen Atheismus einbringt.[320] Liest man heute die damals inkriminierte Abhandlung,[321] muss man den Richtern genau genommen Recht geben; die Identifizierung des obersten personalen Wesens, das auch die Endentscheidung über Tod und Verdammnis fällt, mit einem abstrakten ethischen Prinzip ist mit einem strikten Theismus unvereinbar, zumindest der Verdacht des Pantheismus war wohl begründet und dieser ist, wie Schopenhauer bekräftigt, nichts als ein geschönter Atheismus.[322] Auch die Teleologie des Universums erfuhr eine ähnliche Auflösung und Verwässerung, langsam, aber stetig wurde selbst im deutschen Idealismus anthropozentrisches Terrain aufgegeben. Die Übertragung des menschlichen Strebens nach Zielen auf die Welt im Großen erscheint zunehmend als unstatthafte Analogie, als eine anthropomorphe Übertragung, die sich an keinem Phänomen festmachen lässt. Glaubt Schelling noch, dass in der sich differenzierenden Weltordnung ein Plan zum Ausdruck kommt, so destruiert

---

[317] Für das Folgende vgl. die akribischen Weltbildanalysen von Franz Josef Wetz: Die Gleichgültigkeit der Welt. Knecht, Frankfurt am Main 1994.

[318] Immanuel Kant: Kritik der Urteilskraft § 80.

[319] Vgl. dazu Kuno Fischer: Immanuel Kant und seine Lehre. Winter, Heidelberg 1909, S. 569.

[320] Klaus-Michael Kodalle: Fichtes Entlassung. Der Atheismusstreit vor 200 Jahren. Königshausen & Neumann, Würzburg 1999.

[321] Johann Gottlieb Fichte: Über den Grund des Glaubens an eine göttliche Weltregierung. In: Philosophisches Journal, Bd. VIII, 1798, S. 1-20.

[322] Arthur Schopenhauer: Einige Worte über den Pantheismus. In: Arthur Schopenhauers Werke in fünf Bänden. Hrsg. von Ludger Lütkehaus. Band 5. Parerga & Paralipomena II. Haffmans, Zürich 1988, S. 95 ff.

Hume eine solche Idee bereits als hybride menschliche Arroganz.[323] Mit der Durchsetzung des Kopernikanismus geht die unbedeutende Stellung des Menschen in Raum und Zeit einher, ebenso glaubt in der ersten Hälfte des 19. Jahrhunderts kein seriöser Denker mehr, dass das gesamte Universum, das durch die Bestätigung der Fixsternparallaxe (Bessel 1838) bereits beträchtliche Ausmaße angenommen hatte, um des Menschen willen geschaffen worden ist.[324] So waren der raumzeitliche und auch der teleologische Anthropozentrismus um diese Zeit bereits verlassen worden. Allenfalls versuchten die romantischen Naturphilosophen einen Restidealismus zu retten, wonach der Mensch eine axiologische Sonderstellung besitzt. Immerhin konnten sie darauf hinweisen, dass er im Stufenbau der Natur einen besonderen Rang behaupten kann, insofern er über Verstand, Vernunft und Moralität verfügt. Aus damaligem Wissen waren dies geistige Vermögen, die sich nicht aus Natur erklären lassen, dem Menschen aber andererseits den Zugang zu einem scheinbar eigenständigen ontologischen Reich der Ordnung und der Werte ermöglichen. Selbst wenn der Mensch an einem beliebigen, durch nichts ausgezeichneten Ort des Universums lebt, so verleihen ihm Erkenntnis und Wertstreben eine Würde und Erhabenheit, die auch *sub specie aeternitatis* nicht verloren gehen.

Doch die Wissenschaft machte auch vor der axiologischen Besonderheit nicht halt. Vernunft und die Fähigkeit, den Dingen eine Werteordnung zuzuschreiben, wurden als neurobiologische Dispositionen entschlüsselt und somit ebenfalls in den unteleologischen Naturzusammenhang eingeordnet. Speziell die Vernunft verlor ihre Fähigkeit, Sonderstellungen zu verleihen, da man aus evolutionären Überlegungen ihre Begrenztheit erkannte und sie darüber hinaus nur als Sonderform einer allgemeinen Intelligenz bisher unbekannter Leistungsfähigkeit taxieren lernte. Es mutet seltsam an, dass schon im Zeitalter des Rationalismus viel über intelligente Lebewesen auf anderen Himmelskörpern nachgedacht wurde. Kant spekuliert im Rahmen seiner *Allgemeinen Naturgeschichte und Theorie des Himmels*[325] über hochintelligente Wesen auf anderen Planeten und Leibniz setzt deren Existenz im Rahmen seiner Überlegungen zur Theodizee ein,

---

[323] David Hume: Dialogues concerning Natural Religion. Oxford Univ. Press, New York 1959.

[324] Georg Christoph Lichtenberg: Nikolaus Copernicus. Gesammelte Schriften, Wien 1844, Bd. 4, S. 7.

[325] Immanuel Kant: Allgemeine Naturgeschichte und Theorie des Himmels. In: Kants gesammelte Schriften. Berlin 1924.

um die Bilanz der Übel in der Welt etwas aufzubessern.[326] Von daher hätte man bereits eine Erschütterung der allzu hoch angesiedelten Erhabenheit der speziell menschlichen Vernunft erwarten können.

Es erübrigt sich zu sagen, dass die moderne Neurobiologie mitnichten irgendetwas von den grandiosen anthropozentrischen Würdekonzepten bestätigen konnte.[327] Das menschliche Gehirn ist sicher *erstaunlich* in seiner strukturalen und funktionalen Komplexität, möglicherweise gibt es relativ wenige derartige Systeme in unserer Galaxis, weil die Anfangs- und Randbedingungen für die Entstehung solcher denkenden Materiegebilde sehr speziell sind. Doch nichts von alledem rechtfertigt das arrogante metaphysische Pathos, das bei der Würde des menschlichen Geistes immer mitgedacht wird. Ein Langzeitsinn ist aus dem Gehirn nicht zu gewinnen, was immer es sich noch ausdenkt. Keines der Rückzugsgefechte, mit denen objektive, langzeitliche, den Menschen überdauernde Sinnhaftigkeiten gewahrt werden sollten, hatte Bestand. Die letzten Ausläufer des Kampfes um einen perennierenden Sinn der menschlichen Existenz für eschatologische Zeiten zogen sich bis ins 20. Jahrhundert hinein. Noch Anfang des vorigen Jahrhunderts bemüht sich Max Scheler, eine geistige Entität, den so genannten νοῦς, aufzuweisen, der von allen organischen Kontaminationen exempt dennoch das Wesen der Menschen bestimmen sollte.

Dies war dieselbe Zeit, in der Rudolf Carnap[328] die Vergeblichkeit aller Bemühungen demonstrierte, mit dubiosen metaphysischen Termen, für die niemand die Anwendungsbedingungen angeben kann, philosophische Probleme zu etablieren, die letztlich kognitiv leer sind. Der νοῦς des Anaxagoras, bei dem schon Aristoteles seine Zweifel hatte, wie er wirken könnte, gehört sicher in die Klasse der Begriffe, die eine nostalgische Sehnsucht nach einer verlorenen Bestimmung des Menschen ausdrücken, aber von denen niemand die Bedingung kennt, wann sie in der Erfahrung vorliegen. Gerade *weil* Scheler den Nous von allen neurobiologischen Bedingungen entkoppelt hat, ist er funktionslos für die Anthropologie.

Noch ehe die herbste Enttäuschung aller optimistischen, melioristischen, sinnkonservierenden Endzeitideen kommen sollte, nämlich der

---

[326] Gottfried Wilhelm Leibniz: Die Theodizee. Felix Meiner, Hamburg 1979.
[327] Franz Josef Wetz: Die Würde des Menschen ist antastbar. Klett-Cotta, Stuttgart 1998.
[328] Rudolf Carnap: Die Überwindung der Metaphysik durch logische Analyse der Sprache. In: Erkenntnis Bd. 2, Heft 4 (1932), S. 219-241.

zweite Hauptsatz der Thermodynamik, ahnten einige Romantiker bereits, dass trotz aller denkerischen und moralischen Leistungen des Menschen ein Fernziel des Ganzen nur illusionäre dichterische Verklärung der rauen Faktizität sei, dass es mit dem eschatologischen Sinnbestand der Welt nichts auf sich habe. Niemand hat diese Ahnung besser dramatisiert als Jean Paul in seiner „Rede des toten Christus vom Weltgebäude herab, dass kein Gott sei".[329] Jean Paul nimmt mit bewundernswerter Antizipation vorweg, was später Naturwissenschaft explizit fundieren sollte. Wenn der Himmel aus menschlicher Sicht eine Wüstenei ist, die Milchstraßen trostlose leere Einsamkeiten und nur die Erde eine winzige Oase des Lebens, auf der durch naturgesetzliche Notwendigkeit und extremen Zufall Leben und Bewusstsein entstand, dann muss der objektive Sinnnihilismus die Folge sein. Jean Paul lässt seinen Träumer des gottlosen Weltgebäudes wieder in den Schoß der christlichen Religion hinein aufwachen, aber das naturalistische Weltbild der Wissenschaft bietet genau jenen Albtraum, der den Schläfer in Angst und Schrecken versetzte. Hätte Jean Paul Jacques Monod lesen können, würde er mit Erstaunen festgestellt haben, dass dort die Rolle des Menschen haargenau derjenigen seines Schläfers gleicht. Als Zigeuner am Rande eines beliebigen galaktischen Systems muss sich der Mensch mit seiner unbedeutenden kosmischen Rolle sowie mit der völligen Nichtigkeit seiner eschatologischen Bedeutung abfinden, wenn er sich nicht selber Sand in die Augen streuen will. Schonungslos hat Nietzsche die Monodsche Vision der totalen Vereinsamung und der völligen endzeitlichen Unwichtigkeit vorweggenommen:

„In irgend einem abgelegenen Winkel des in zahllosen Sonnensystemen flimmernd ausgegossenen Weltalls gab es einmal ein Gestirn, auf dem kluge Thiere das Erkennen erfanden. Es war die hochmüthigste und verlogenste Minute der 'Weltgeschichte': aber doch nur eine Minute. Nach wenigen Athemzügen der Natur erstarrte das Gestirn, und die klugen Thiere mussten sterben. – So könnte Jemand eine Fabel erfinden und würde doch nicht genügend illustriert haben, wie kläglich, wie schattenhaft und flüchtig, wie zwecklos und beliebig sich der menschliche Intellekt innerhalb der Natur ausnimmt; es gab Ewigkeiten, in denen er nicht war; wenn es wieder mit ihm vorbei ist, wird sich nichts begeben haben."[330]

---

[329] Jean Paul: Siebenkäs. Erstes Blumenstück. Reclam, Stuttgart 1983, S. 295.
[330] Friedrich Nietzsche: Über Wahrheit und Lüge im außermoralischen Sinne. In: Kritische Gesamtausgabe, Bd. 1. Hrsg. von G. Colli und M. Montinari. dtv, München 1988, S. 875.

Durch unser heutiges Wissen von der Sternentwicklung und der daraus folgenden Tatsache, dass das Zeitalter, in dem Sterne als alleinige Energiequellen für Leben existieren können, streng begrenzt ist, folgt, dass auch der Geist das Universum nur als Durchgangsphase „behaust" und alsbald wieder spurlos verschwinden wird. Objektiv betrachtet wird die kleine „geistige Schwankung" in der materiellen Entwicklung des Universums völlig untergehen. Wie viele solcher „spirituellen Fluktuationen" im Universum auftauchen und vergehen, ist nicht bekannt, aber selbst wenn sie zahlreich wären, würden sie letztlich alle im materiellen Fluss der Vergänglichkeit genauso verschwinden wie unsere geistige Aktivität. In der Langzeitperspektive retten auch keine Spekulationen über außerirdische Intelligenzen, denn die Theorie der Sternentwicklung ist objektiv und maßgebend für alle möglichen intelligenten Wesen, und für sie gilt, wie Ortega es formuliert hat: „sumergimos en el flujo histórico de lo corruptible".[331] Auf lange Sicht wird alles Leben, alle Intelligenz und alles Geistige im Fluss der Vergänglichkeit untergehen.

Neben der kosmologischen Situation, in der sich der Mensch befindet, gibt es noch eine methodologische Begründung, warum der Mensch mit noch so viel Anstrengung in der Welt selber keine objektive Sinnhaftigkeit entdecken wird. Es war Max Weber, der darauf hingewiesen hat, dass die Wertfreiheit der Wissenschaft es grundsätzlich unmöglich macht, die Frage zu beantworten, „ob diese Welt, die sie beschreibt, wert ist zu existieren, ob sie einen Sinn hat und ob es einen Sinn hat, in ihr zu existieren".[332] Nun könnte jemand den Vorschlag machen, gerade aus diesem Grund die wertfreie, objektive, sinnsterile Wissenschaft durch eine Konzeption mit stärkerem axiologischen Engagement zu ersetzen. Dies ist in der Vergangenheit auch immer wieder versucht worden, allerdings mit dem Ergebnis, dass philosophische Autoren ihre persönlichen emotiven Wertintuitionen in die Welt projizierten, um sie anschließend als objektive Werthaftigkeit zu präsentieren. Wir haben den Versuch Max Schelers, den νοῦς, den Geist, als obersten objektiven Wert zu etablieren, besprochen und erkannt, dass hier eine willkürliche Gewichtung einer bestimmten menschlichen Fähigkeit vorliegt, die man genauso auch durch eine andere ersetzen könnte, abgesehen davon, dass wir den Nous einfach mit dem

---

[331] José Ortega y Gasset: Ideas para una Historia de la Filosofía. Buenos Aires ²1944, S. 55.

[332] Max Weber: Gesammelte Aufsätze zur Wissenschaftslehre. Siebeck, Tübingen 1988, S. 594.

Denkvermögen des Gehirns identifiziert haben, was ja nicht im Sinne Schelers war. Aber warum soll das Denken so viel wichtiger sein als alles andere? Wem das Grübeln weniger Freude bringt als Sport, Musik oder Erotik, der wird zu einem völlig anderen Ansatz der Wertobjektivierung gelangen. Eine wirkliche faktische Verankerung solcher Werte vermisst man immer. Sie ist auch einfach nicht etablierbar, weil die Realität letztlich nicht werthaftig ist. Natürlich haben *Wertungen* einen physiologischen Ort, dies muss ja sein, weil sie sonst inexistent wären, aber ihre hypostasierte Projektion auf etwas Extrazerebrales ist eine Illusion.

## 7. Sinnperspektiven

Max Weber hat aber nicht nur die Werthaftigkeit der Natur destruiert, er hat auch einen Hinweis gegeben, wo man in Sachen Sinnhaftigkeit noch fündig werden könnte: es sind die kulturellen Errungenschaften. Obgleich sie auch nur einen mit Wert *bedachten*, endlichen Ausschnitt aus der sinnlosen Unendlichkeit des Weltgeschehens darstellen, kann durch die Beschäftigung mit Kultur und die Weiterarbeit am kulturellen Erbe für das temporäre Lebensintervall eine gewisse Ablenkung von der eschatologischen Perspektive erreicht werden. Damit wird die Möglichkeit ins Auge gefasst, das Sinnproblem unter zwei Bezugssystemen oder Aspekten zu fassen. Unter objektivem Blickwinkel bleibt es bei dem Werteverlust des Menschen durch seine Einordnung in den Naturzusammenhang und das Wissen, dass *sub specie aeternitatis* alle Güter seiner kulturellen Anstrengung dem Verfall anheim gestellt sind, subjektiv jedoch können wir unser endliches Lebensintervall sehr wohl sinnvoll gestalten, ja es gibt sogar eine Fülle von kulturellen, musischen und körperlichen Aktivitäten, die freudenspendende Substitute für die unerreichbare Chimäre des objektiven Sinns darstellen.[333]

Die neuere einzelwissenschaftliche Forschung hat seit Max Weber an der Analyse der menschlichen Situation kaum etwas geändert. Nichts hat sich in der Naturwissenschaft stärker durchgesetzt, besser bestätigt als die kühnen Extrapolationen der Thermodynamiker des 19. Jahrhunderts über den *Wärmetod*. Das Szenarium wurde zwar relativistisch modifiziert und auch die Quantennatur der Systeme hat eine quantitative Verschiebung mancher Prozesse sowie auch neue exotische Spätstadien der Materie mit

---

[333] Mit Vorschlägen für eine der Endlichkeit des Daseins angemessene Lebensgestaltung werden wir uns im abschließenden Kapitel beschäftigen.

sich gebracht. Wenn man jedoch das kosmische Drama unter der Interessenperspektive des Menschen betrachtet, sind alle diese Differenzen zwischen dem klassischen, relativistischen und dem quantenhaften Schicksal des Universums unerheblich. Wenn man sich nicht an bestimmte, höchst spekulative quantenkosmologische Szenarien anklammert und nur das Spätschicksal des Standard-Modells zugrunde legt, ändert sich nichts an der Diagnose Ortegas oder Max Webers. So ist es auch ratsam, dass man erstweilig das plausibelste kosmische Schauspiel als Richtschnur für lebenspraktische Einstellungen wählt und nicht darauf vertraut, dass jene hochspekulativen Modelle sich bewähren, die dem eigenen Wunschdenken und den tradierten metaphysischen Sinnkonzeptionen entgegenkommen. Auf Grund der Vorläufigkeit und Fallibilität alles menschlichen Wissens kann jeder, der mit dem gegenwärtigen Szenarium der Kosmologie unzufrieden ist, darauf hoffen, dass die Wissenschaft in der Zukunft alternative, für den Menschen heimeligere Entwürfe produzieren wird. Es fragt sich allerdings, ob eine solche Warteposition sinnvoll ist und nicht eher als Zeitverschwendung angesehen werden muss, angesichts der schwachen Auspizien, dass das Universums sich zu späten Zeiten doch noch in eine für den menschlichen Geist freundliche Behausung verwandeln wird.

## 8. Die Gleichförmigkeit der Welt

Jede Wissenschaftssituation ist charakterisiert durch ein Standardmodell und einen Halo spekulativer Vermutungen, in dem versucht wird, den Rand des etablierten Wissens weiter hinauszuschieben. Während im normalen standardisierten Erkenntnismodell das empirisch bewährte Wissen weiter bekräftigt, gestützt und abgesichert wird, versuchen experimentierfreudige Spekulanten mit offensiven Methoden neue Erkenntniswege zu erschließen. Von den vielen gedanklichen Alternativen scheitern notgedrungen fast alle, wie die Geschichte der modernen Kosmologie beweist: Seit 1922/24 existiert das Standard-FLRW-Modell[334] auf der Basis von Einsteins Gravitationstheorie, es wurde seitdem von zahlreichen Konkurrenztheorien attackiert, darunter die Kinematische Relativität von Edward Milne, die Steady State Theorie von Bondi/Gold/Hoyle, die Skalar-Tensor Theorie von Brans/Dicke, die variable G-Theorie von P. A. M.

---

[334] Nach den vier maßgebenden Entdeckern Friedmann, Lemaître, Robertson und Walker benannt.

Dirac.[335] Keine von ihnen konnte das FLRW-Modell aus der Bahn werfen, es wurde in wachsendem Maße bestätigt und so ist es sinnvoll, bei allen naturphilosophischen Folgerungen dieses bewährte Modell zugrunde zu legen. Im einfachsten Fall des heute am besten bestätigten Urknall-Modells ($H_0$ = 72 km/sMpc und $\Lambda > 0$)[336] müssen wir davon ausgehen, dass der Kosmos auf ewige Zeit beschleunigt expandieren wird. Dabei ist es die virtuelle Materie des Quantenvakuums, die diese immerwährende Expansion antreibt. Ab einer bestimmten Rotverschiebung Z* und für späte Zeiten (t >> t*)[337] nähert sich die Expansionsrate einem asymptotischen Wert

$$H_\infty = \sqrt{\frac{\Lambda c^2}{3}},$$

der gänzlich durch die kosmologische Konstante, die die Energie des Quantenvakuums repräsentiert, bestimmt ist.[338] Es handelt sich dabei um ein Modell mit sphärischer Geometrie und endlichem Volumen, das für alle Zeiten weiter expandiert. Zum gegenwärtigen Zeitpunkt sind rekollabierende Weltmodelle vom empirischen Material her nicht gestützt und es weist alles darauf hin, dass die Ausdehnung des Raumes unbeschränkt zunimmt. Damit ist auch Zeit in Hülle und Fülle vorhanden, derart dass sich alle Materiezustände, die überhaupt mit den physikalischen Gesetzen vereinbar sind, nach und nach einstellen. Adams und Laughlin[339] haben das Schicksal aller Teilsysteme des Universums mit anwachsendem Skalenfaktor und sinkender Temperatur der Hintergrundstrahlung genau gezeichnet. In den Galaxien kommt die Sternbildung zum Erliegen, auch in den strahlungsärmsten Sternen enden die thermonuklearen Reaktionen spätestens nach $10^{14}$ Jahren. Endzustände der Sternentwicklung wie Weiße Zwerge, Neutronen-Sterne und Schwarze Löcher halten sich noch eine Zeit lang, bis sie durch quantenmechanische Effekte aufgelöst werden. Die

---

[335] Vgl. dazu Bernulf Kanitscheider. Kosmologie. Reclam, Stuttgart 2003.

[336] $H$ = Hubbleparameter, $H_0$ = dessen heutiger Wert, $\Lambda$ = kosmologische Konstante.

[337] Wendy Freedman et al: Final results from the Hubble Space Telescope key project to measure the Hubble constant. In: Astrophys. Journal 553 (2001), S. 47-72.

[338] Ludwig Bergmann / Clemens Schaefer: Lehrbuch der Experimentalphysik. Bd. 8, Sterne und Weltraum. De Gruyter, Berlin 2002, S. 572.

[339] Fred Adams / Greg Laughlin: Die fünf Zeitalter des Universums. DVA, Stuttgart 2000.

vermutliche Instabilität des Protons macht Planeten und kalten Sternruinen den Garaus und selbst die langlebigen Schwarzen Löcher verdampfen letztendlich in die letzten verbliebenen stabilen Teilchen. Dies ist die maßgebende Modellvorstellung für alle an der physikalischen Eschatologie anknüpfenden philosophischen Überlegungen; es ist fruchtlos und Zeitverschwendung, Spekulationen an mögliche, aber nicht realisierte kosmologische Szenarien anzuhängen.

Es mag sein, dass in dem verbleibenden, extrem ausgedünnten Gas noch irgendwelche Vorgänge ablaufen, wie Freeman Dyson[340] behauptet hat, für das Selbstverständnis des Menschen sind diese Vorgänge irrelevant. Wenn man nicht exotische Zusatzannahmen macht, sondern die eschatologische Extrapolation nur auf das gesicherte Standard-Modell aufbaut, bleibt der Schluss unausweichlich, dass es in der Geschichte des Kosmos nur eine befristete Zeitzone der Bewohnbarkeit gibt. Alle Lebensformen sind Durchgangsphänomene in einem ewig expandierenden Universum, genauso wie Nietzsche dies antizipiert hat. Nach heutigem Wissen ist Leben auf das Intervall $10^9 \leq t \leq 10^{14}$ Jahre beschränkt, unser planbares Leben sogar noch viel enger: In 5 Milliarden Jahren, wenn die Sonne in das Rote-Riesen-Stadium tritt, ist es mit jeglichem Leben auf unserer Mutter Erde vorbei. Wenn man den Begriff des Lebens nicht willkürlich ausdehnt und darunter auch noch irgendwelche komplexen Superstring-Zustände begreift, dann müssen wir uns damit abfinden, dass unsere Lebensform zusammen mit dem, was wir Intelligenz nennen, ein peripheres, temporal begrenztes Phänomen ist, das angesichts eines zeitlich unendlichen Universums kaum Gewicht besitzt. Ellis und Coule haben gezeigt, dass alle Rettungsversuche, das intelligente Leben bis an das Ende des Universums auszudehnen, zum Scheitern verurteilt sind.[341] Von Teilhard de Chardin bis Frank Tipler kamen wohl viele Denker nicht von der Zwangsvorstellung los, dass speziell die von den Menschen entworfene Religion (Teilhard) oder die von ihnen gedachten Ideen (Tipler) irgendeine eschatologische Bedeutung haben müssten, derart, dass sich das Universum auf den Punkt $\Omega$ (Christus) oder auf die Ideen unserer Computer ausrichten müsste. Man möchte meinen, dass David Hume[342] seine Kritik am kosmologischen Anthropozentrismus nie geschrieben habe, wenn mo-

---

[340] Freeman Dyson: Zeit ohne Ende – Physik und Biologie in einem offenen Universum. Brinkmann und Bose, Berlin 1989.

[341] George F. R. Ellis / David H. Coule: Life at the End of the Universe? In: General Relativity and Gravitation 26, 7 (1994), S. 731-739.

[342] David Hume: Dialoge über natürliche Religion. Felix Meiner, Hamburg 1968.

derne Autoren immer noch das Universum zu späten Zeiten nach unseren Gedanken gestalten wollen. Von der Zentralität unserer Existenz geht wohl immer noch dieselbe Faszination aus wie einst, als der Mensch wirklich nicht seine Rolle in der Natur abschätzen konnte.

So ist es philosophisch sinnvoll, anstatt über Ausweich-Strategien nachzusinnen, sich mit dieser eschatologischen Situation abzufinden und die anthropologischen Konsequenzen der gegenwärtig gültigen kosmologischen Astrophysik zu überdenken. Äußerungen des Entsetzens über Langzeitkonsequenzen der physikalischen Eschatologie sind übrigens alt. Schon Josef Loschmidt spricht von dem „terroristischen Nimbus" des zweiten Hauptsatzes der Thermodynamik, weil dieser in der kosmologischen Version von Rudolf Clausius besagt, dass die Entropie des Weltalls einem Maximum zustrebt. Dadurch erscheint dieser Satz, wie Loschmidt es ausdrückt, „als vernichtendes Prinzip des gesamten Lebens im Universum".[343] Auch hier kommt wieder der Wunsch zum Ausdruck, „Leben im Universum" möge bewahrt bleiben, unsere spezielle Biodiversität soll, dies suggeriert Loschmidts Abscheu vor dem Wärmetod, weiterbestehen. Aber was bewegt eigentlich die Menschen, wenn sie unbedingt ihre Lebensform, möglichst noch mit dem von ihnen inaugurierten Wertesystem, bis in die extreme Zukunft bewahrt wissen wollen? Eine Vermutung wäre, dass hier wieder eine typische Freudsche Kränkung vorliegt. Sie können es nicht ertragen, dass das, was ihnen als höchster Wert erscheint, von der astrophysikalischen Warte aus betrachtet eine kaum auffallende Schwankung im kosmischen Geschehen darstellt. Es geht offenbar von der kosmischen Perspektive eine Art Faszination aus, die auch die Physiker immer wieder motiviert, die Frage des Lebenssinnes von diesem Blickwinkel her zu stellen. Steven Weinberg hat mit seiner viel zitierten Bemerkung: „Je begreiflicher uns das Universum wird, um so sinnloser erscheint es auch"[344] eine Lawine von Kommentaren losgetreten,[345] die aber dem Tenor nach das Erstaunen zum Ausdruck bringen, warum denn eigentlich ein rein materielles System wie das physikalische Universum ein Träger von Sinn sein soll und dem Menschen in seinem isolierten planetaren Dasein

---

[343] Josef Loschmidt: Über den Zustand des Wärmegleichgewichts eines Systems von Körpern mit Rückschluss auf die Schwerkraft. Sitzungsberichte der kaiserlichen Akademie der Wissenschaften, Mathematisch-naturwissenschaftliche Klasse. 73, Wien 1876, S. 128-142.

[344] Steven Weinberg: Die ersten drei Minuten. Piper, München 1977, S. 212.

[345] Steven Weinberg: Der Traum von der Einheit. Bertelsmann, München 1993, S. 265.

Leitfaden und Handlungsorientierung liefern kann.³⁴⁶ Weinberg selber fand seine frühere Bemerkung einfach nostalgisch.

Dies ist vermutlich die richtige Einschätzung, es ist die verlorene Geborgenheit, das abhanden gekommene Sicherheitsgefühl einer Höhle, das den Menschen angesichts der Kälte und Gleichgültigkeit des Weltraumes immer wieder zu kognitiv unredlichen Umgehungen der faktischen astrophysikalischen Situation treibt, zu einem Gefühl, irgendwo da draußen in den unendlichen Räumen muss es ein Sinnzentrum geben, eine gleißende Zentralsonne der Bedeutung, die Licht und Orientierung verspricht. Aber es ist nichts von alledem. Ein Universum, wie es das expandierende Urknall-Modell beschreibt, hat keine Mitte, keinen Rand und kein Ziel. Und damit müssen wir leben.

## 9. Kränkungen

Es ist umstritten, wie viele Beleidigungen der Mensch durch die Resultate der Wissenschaft schon zu gewärtigen hatte³⁴⁷ und wie viele noch kommen werden.³⁴⁸ Aber für viele Menschen scheint doch die objektive Ziellosigkeit des Universums bedrohlich zu wirken, andernfalls würden nicht bis in die Gegenwart immer wieder an die metaphysische Vergangenheit anknüpfende Sinnentwürfe getätigt, wie Teilhard de Chardins spirituelles Entwicklungs-Modell aufzeigt. In der Gegenwart war es vor allem Hans Blumenberg, der noch einmal die Kränkung des Menschen durch das Wissen um sein „bloßes in-der-Welt-sein" ausgesprochen hat. Die Einsicht in die „Fast-Spurenlosigkeit unseres begrenzten Daseins" nennt Blumenberg die „bitterste aller Entdeckungen, die empörendste Zumutung der Welt an das Leben".³⁴⁹ In Anschluss an Blumenberg hat in jüngster Zeit Franz Josef Wetz diesen Gedankenfaden aufgenommen und besonders betont,

---

[346] Alan Lightman / Roberta Brawer: The Lives and Worlds of Modern Cosmologists. Harvard Univ. Press, Cambridge 1992.

[347] Rudolf Carnap: Psychologie in physikalischer Sprache. In: Erkenntnis 3 (1932), S. 109.

[348] Gerhard Vollmer: Die vierte bis siebte Kränkung des Menschen – Gehirn, Evolution und Menschenbild. In: Ders.: Auf der Suche nach der Ordnung. Hirzel, Stuttgart 1995, S. 43.

[349] Hans Blumenberg: Lebenszeit und Weltzeit. Suhrkamp, Frankfurt am Main 1986, S. 79; zum Werk Blumenbergs vgl. auch: Franz Josef Wetz: Hans Blumenberg zur Einführung. Junius, Hamburg 1993.

dass es schon die Teilhaftigkeit des Menschen an der ihm mit völliger Gleichgültigkeit gegenüberstehenden Welt ist, die ihn des Sinnbezuges beraubt. Allein die Tatsache, ein Stück der materiellen Welt zu sein, ein Untersystem der lebendigen Natur, schafft die Situation der Zumutung und Kränkung. „In die Welt geboren zu werden, wird nun zur härtesten Zumutung, die dem Menschen zustoßen konnte."[350] Verstärkt wird dieser Befund durch die Tatsache der Spurenlosigkeit, durch das Wissen um das Versanden aller Bedeutsamkeiten, die im Laufe eines Lebens einen Menschen bewegt haben. Es ist deshalb wohl nicht zu viel behauptet, wenn man die Tatsache, dass das Weltall nach unserem Ausscheiden völlig ungerührt, unverändert, unbetroffen weiter existiert, so als ob niemals etwas gewesen wäre, als *eschatologische Kränkung* bezeichnet. Viele moderne Denker waren von dieser Situation des Spurlos-in-der-Versenkung-Verschwindens betroffen.

Auch der spanische Philosoph Miguel de Unamuno bezeichnet Wissenschaft und Logik als die grausamsten Tyrannen (Los más crueles tiranos), weil sie uns unmissverständlich auf unsere Stäubchenhaftigkeit in der Natur hinweisen.[351] Das tragische Lebensgefühl hat seine Wurzeln gerade in dem Faktum, dass unser größter Wunsch, permanente Spuren in der Welt zu hinterlassen (dejar huellas), nicht in Erfüllung geht. Das sichtbare Universum empfindet Unamuno als absolute Enge, als Gefängnis für das Streben nach Verewigung, und mit einer für einen Philosophen ungewöhnlichen Heftigkeit ruft er aus: „¡Eternidad!, ¡eternidad! Éste es el anhelo; la sed de eternidad es lo que se llama amor, es que quiere eternizarse en el. Lo que no es eterno tampoco es real."[352]

Kann ein im Kulturleben integrierter Schriftsteller noch darauf hoffen, einige Jahrzehnte, wenn es hoch kommt einige Jahrhunderte beachtet zu werden, so bleibt dem einfachen Werktätigen nur der Trost, dass seine Familie ein Andenken an ihn bewahrt. Aber kaum jemand täuscht sich darüber hinweg, dass er nach spätestens zwei Generationen vergessen wird.

---

[350] Franz Josef Wetz: Die Gleichgültigkeit der Welt. Knecht, Frankfurt am Main 1994, S. 130.

[351] Miguel de Unamuno: Del sentimiento trágico de la vida. Madrid 1999, S. 130.

[352] Miguel de Unamuno: Del sentimiento trágico de la vida. En los hombres y en los pueblos. Biblioteca Nueva, Madrid 1999. III,40. [Ewigkeit ! Ewigkeit ! Darin besteht die Sehnsucht; das Verlangen nach Ewigkeit ist das, was man Liebe nennt, darin will man verharren. Was nicht ewig ist, ist auch nicht wirklich.]

Diese von den meisten Menschen als tragisch empfundene Situation der zeitlichen und räumlichen Kontingenz ihres Daseins bildet die Basis für die Kompensationsangebote der Religionen. Religion ist ein menschliches Universale, eine ethnische Invariante, die sich im Rahmen der kulturellen Explosion im oberen Paläolithikum entwickelt hat. Es muss zu dieser Zeit gewesen sein, dass den Menschen die kognitive Dissonanz zwischen ihrem Selbstverständnis und der feindlichen Welt voll zu Bewusstsein kam. Sie griffen zu einer Strategie der Kontingenzbewältigung, die sie bis heute beibehalten haben, sofern sie nicht vom Virus der rationalistischen Skepsis angesteckt wurden: Sie suchten Vertrauen, Sicherheit, Verlässlichkeit in einem unsichtbaren, unerreichbaren Reich. Entlastung von Kontingenz durch Transzendenz ist bis heute das funktionelle Basis-Schema, mit dem die Religionen den gewünschten Ausgleich zu einer als unertragbar empfundenen Weltverlorenheit und physischen Unsicherheit zu schaffen suchen. Es gibt heute gute Gründe, den Ursprung der Religion als evolutionäre Adaption anzusehen,[353] obwohl es auf den ersten Blick seltsam erscheint, dass natürliche Organismen so viel Zeit und Energie in die Bindung an eine empirisch unzugängliche imaginäre Realitätsebene stecken, die direkt nicht der Lebenserhaltung oder der Reproduktion dient.

Als moderner Naturalist wäre man geneigt, kurzschlüssig ökonomisch zu denken und zu fragen, warum die Völker den enormen Aufwand mit den fiktiven Götter-, Geister-, Dämonen-, Feen- und Nymphen-Welten getrieben haben, anstatt direkt die realen Überlebensprobleme anzupacken. Die Kulturgeschichte spricht jedoch gegen einen solchen kruden, auf Sparsamkeit angelegten Reduktionismus. Die Entlastung vom existenziellen Druck muss so vorteilhaft gewesen sein, dass die Investition in das Supernaturale dem Überleben dienlich war. Wenn Religiosität eine Adaption ist, dann werden verschiedene soziale Phänomene verstehbar, z. B. die fast völlige Wirkungslosigkeit aufklärerischer Argumente in breiteren Kreisen der Bevölkerung. Seit der Sophistik, als Protagoras seine skeptischen Argumente der Religionskritik äußerte und Straton von Lampsakos dem Naturalismus den Weg bereitete, wurden kritische Philosophen nicht müde, die erkenntnistheoretische Brüchigkeit und argumentative Schwäche aller religiösen Kontingenzbewältigungen aufzuzeigen. Aber obwohl Voltaire, Hume, Russell oder Mackie das „Wunder des Theismus" be-

---

[353] Caspar Soeling / Eckart Voland: Toward an evolutionary psychology of religiosity. In: Neuroendocrinology Letters. Special Issue, Suppl. 4, Vol. 23, Dezember 2002, S. 98-104.

staunten,[354] außer einer kleinen intellektuellen Schicht wurden breite Gruppen nicht wirklich erreicht. Allen vernichtenden logischen Analysen zum Trotz tauchen in regelmäßigen Abständen die alten theistischen und teleologischen Begründungsfiguren wieder auf.

Akribische Analysen des Theodizee-Problems, bei denen jede nur denkbare Lücke in der Vereinbarkeit der „Güte Gottes" mit den „Übeln der Welt" berücksichtigt wurde, wodurch die Unhaltbarkeit des traditionellen Theismus mit aller Genauigkeit demonstriert werden konnte,[355] haben kaum Wirkung gezeigt, die emotive Stärke der Wünsche überwindet, wie es scheint, alle rationalen Barrieren.

Das zweite soziale Phänomen, das bis in die Gegenwart virulent geblieben ist, ist das enorme Aktivierungspotential, das in den religiösen Überzeugungen liegt und die Menschen zu rational nicht verstehbaren Opfern motiviert, zwar auch zu entbehrungsreichen Hilfsaktionen, aber ebenso zu schrecklichen Aggressionskriegen, die unter dem Banner des jeweiligen höchsten Wesens geführt werden. Diese Ambivalenz der religiösen Motivierungen hat den Versuch auf den Plan gerufen, Bilanzierungen vorzunehmen: Hat die Religion den Menschen mehr Glück oder mehr Unglück gebracht, mehr Trost oder mehr Verzweiflung? Dies mag als eine akademische Frage erscheinen angesichts der oben erwähnten stammesgeschichtlichen Verankerung der Religion. Aber für den modernen Skeptiker, der sich emotional schon etwas von den phylogenetischen Ursprüngen gelöst hat, mag die dokumentierte Tatsache der Religion als unheilvolle Errungenschaft der menschlichen Kultur[356] als Verstärkung des Zweifels dienen. Die eschatologische Überhöhung der Welt in Richtung auf ein Reich der Transzendenz kann nur tragisch genannt werden, denn obwohl vermutlich biologisch unausweichlich, hat sie den Menschen überwiegend ins Unglück geführt.

Überdies wird eine evolutionsbiologische Erklärung von Religiosität vermutlich in dem Kreis der Anhänger als Kränkung empfunden werden, wenngleich sich diese in ihrem Innern trösten können, dass ein naturalistisches Verständnis des Ursprungs der Religionen nicht die rationale Begründung ihrer Inhalte ausschließt. Dass es damit allerdings nicht zum

---

[354] John Leslie Mackie: Das Wunder des Theismus. Reclam, Stuttgart 1997.
[355] Gerhard Streminger: Gottes Güte und die Übel der Welt: das Theodizeeproblem. Mohr, Tübingen 1992.
[356] Edgar Dahl: Die Lehre des Unheils: Fundamentalkritik am Christentum. Goldmann, München 1995.

Besten steht, haben die früher erwähnten Philosophen in systematischen Untersuchungen gezeigt. Wie heftig das Bedürfnis nach dem Übersinnlichen im Menschen verankert ist, zeigen überdies die vielen Alternativen, die zu den Lehren der Großkirchen angeboten werden. Wenn die Inhalte der tradierten Religionen als brüchig empfunden werden, dann lockt nicht der kalte nüchterne Naturalismus der Wissenschaft, sondern eine meist noch absurdere esoterische Alternative. Manchmal allerdings schlagen die traditionellen metaphysischen Deutungsmuster selbst in den modernsten, anscheinend völlig rationalen Entwürfen wieder durch. Als Beispiel mag Edward Fredkins informationstheoretische Seelenlehre dienen, bei der er vermittels einer Umdeutung der menschlichen Seele als des informationsverarbeitenden Teils des Körpers alte – von der analytischen Philosophie des Geistes längst abgehakte – Platonismen wiedererstehen lässt.[357] Nach Fredkin ist die Seele nicht nur eine immaterielle, existierende Substanz, sondern auch der Wiedergeburt, der Unsterblichkeit, der Trennung vom Körper und sogar der Präexistenz fähig.[358] Dieser informatorische Dualismus reproduziert die alten metaphysischen Sehnsüchte in neuer zeitgemäßer Verkleidung: Wenn die immaterielle digitale Seele auf einem anderen Träger implantiert wird, kann sie weiterleben und ihre Wirkung entfalten. So werden die wohl nur evolutionsbiologisch zu erklärenden metaphysischen Wünsche auch in die modernsten technischen Konzeptionen hineingetragen, ungeachtet aller Bedenken der analytischen Philosophen,[359] die die Computer-Metaphysiker meist großzügig übersehen.

## 10. Den Tag nützen

Was bleibt denn nun für all jene, die kein intellektuell gespaltenes Weltbild – mit einer mystischen Nachtsicht und einer rationalen Tagsicht – wünschen, die der Vernunft gar kein Opfer abverlangen möchten, sich nicht für Computer-Metaphorik begeistern können und auch nicht in eschatologische Depression versinken wollen? Es besteht kein Zweifel, dass der Wertverlust des Menschen, den dieser durch die naturwissenschaftlichen Umbrüche erfahren hat, nach Verarbeitung und Bewältigung verlangt. Einige wenige werden daran denken, dass die metaphysischen

---

[357] Edward Fredkin: On the Soul [2000]. http://digitalphilosophy.org/on_the_soul.htm.

[358] Ebenda, S. 6.

[359] Mario Bunge: Philosophy in Crisis. Prometheus Books, New York 2001, S. 58.

Sinnmodelle einer modernisierenden Transformation bedürfen, einer Anpassung an gegenwärtige wissenschaftliche Erkenntnis. Doch momentan zeigt sich in der intellektuellen Landschaft trotz Computer-Analogien kein Anhaltspunkt für eine metaphysische Erneuerungsbewegung. Die Relevanz der Naturalisierung der Anthropologie schlechtweg zu leugnen, erscheint auf der anderen Seite als Vogel-Strauß-Politik. Die neuen Erkenntnisse der Verhaltensgenetik, der Neurobiologie lassen die Befindlichkeit und die Stimmungen des Menschen einfach nicht unberührt.

Man kann sich mit Gewalt ein Dasein neben der wissenschaftlich-technischen Welt einreden, sich eine spirituelle Autonomie vorspielen, leben kann man in dieser virtuellen Parallelwelt nicht. Spätestens, wenn der eigene Körper Schwächen zeigt, wenn man von Krankheit betroffen ist, wenn die Kräfte schwinden, merkt man, dass man ein Stück zerbrechliche Natur ist.

Aber vielleicht gibt es ja noch einen anderen Ausweg, auf den u. a. Franz Josef Wetz hingewiesen hat,[360] nämlich an unseren *Einstellungen* zur kosmischen Lage des Menschen eine Änderung vorzunehmen. Muss denn unbedingt die Tatsache, dass der Mensch nun von der Wissenschaft als ein Element der Natur entschlüsselt worden ist und dass er nur eine flüchtige Rolle im kosmischen Geschehen spielt, als Hindernis für ein gelungenes endliches Dasein gelten? Ist es nicht vielmehr so, dass man den Menschen über Jahrhunderte hinweg mit problematischen Zentralitätserwartungen beladen hat, die sich dann rational nicht einlösen ließen? Wenn das christlich-platonische Gedankengebäude den Menschen in der *scala naturae* in eine ausgezeichnete Position rückte, ihn mit einem über aller Materie stehenden Geist ausstattete, ihn mit einem von aller Naturkausalität exemten freien Willen begabte (um seine Sündhaftigkeit von der Güte Gottes kausal abzutrennen), dann sind es diese historischen Rollen, welche den Menschen in die fatale Lage der Zentralitätsenttäuschung gebracht haben. Diese historische Hinterlassenschaft ist die Bürde, die der moderne, von der Wissenschaft vereinnahmte Mensch tragen muss. Er steht in der Spannung zwischen geschichtlich bedingter ontologischer Sinnhaftigkeit und szientistischer Dekonstruktion von objektiver Bedeutung. Hätten Religion und Metaphysik den Menschen niemals mit der Last der objektiven Sinnhaftigkeit beladen, wäre diese Erwartungshaltung nicht

---

[360] Franz Josef Wetz: Die Gleichgültigkeit der Welt. Knecht, Frankfurt 1994, S. 135.

entstanden und dann hätte es auch nicht zu dieser Enttäuschung durch die Wissenschaften kommen können.

Aus dieser Frustration durch eine naturalistische Anthropologie erwächst aber auch der Anstoß zu einer *Überwindung* der unerfüllten Sinnerwartung. Wenn man eingesehen hat, wie vermessen und überzogen die tradierten Sinnzusagen waren, dämpft sich auch der Schmerz um den Verlust der imaginären Sonderstellung des Menschen im Kosmos. Es bleibt vielerorts zwar das Unbehagen am wissenschaftlichen Weltbild, speziell wo es den Menschen betrifft, bestehen, ja einige Autoren versuchen sogar, in verzweifelten Rückzugsgefechten neue Nischen aufzuschließen,[361] wo sich analyseresistente Kulturphänomene finden sollten, an denen der Szientismus scheitern könnte. Auch die passive Resistenz ist nicht zu übersehen, die der Anmutung entgegengebracht wird, das personale Dasein des Einzelnen aus einem wissenschaftlichen Blickwinkel zu betrachten. Aber warum eigentlich sollen Emotionen, Empathien, Einstellungen, Werthaltungen, Intentionen, Handlungsalternativen nicht in den psychobiologischen und pharmakologischen Kontext eingebettet werden? Verlieren mentale Phänomene wirklich an Qualität, Intensität, Aktualität und Tragweite, wenn sie naturwissenschaftlich entschlüsselt werden? Erklären heißt nicht wegerklären, auch das, was man reduktionistisch verstehen kann, behält seine Wertigkeit, verschwindet nicht von der Bildfläche, nur weil es von einer fundamentaleren ontologischen Ebene her begriffen werden kann. Es geht ja nicht um die Erlebniswelt, der Reichtum von Kunst, Natur und Erotik schwebt gleichsam intangibel über den Ebenen der Entschlüsselung. Letztere werden sich auch in den kommenden wissenschaftsgeschichtlichen Epochen noch mehrfach verändern. Was immer sich die Theoretiker der Zukunft über das Zustandekommen der Emotionen ausdenken werden, in ihrer phänomenologischen Qualität wird die ästhetische Ebene ihre Dignität bewahren.

Auch wenn die Sachlage klar ist, bleibt das *didaktische Problem* bestehen, wie man dem Menschen beibringen kann, dass er ein Stück vergänglicher Natur ist und dass die Welt keine Quelle von objektivem Sinn darstellt. Gegenständen und gar der Welt im Ganzen Sinn zuzuschreiben, ist ein Relikt aus der magischen Epoche der Frühzeit des Menschen. Das Übertragen von anthropischen Kategorien wie Zielhaftigkeit, Zweckgerichtetheit, Bedeutungsartigkeit auf Gegenstände der Natur nennt man

---

[361] Rainer Koltermann: Grundzüge der modernen Naturphilosophie: ein kritischer Gesamtentwurf. Knecht, Frankfurt am Main 1994.

*Animismus*[362] und es rührt von jener Zeit her, da man hinter den unverständlichen Kräften der Natur eine zielstrebige Seele vermutete. Wenn diese Einsicht sich durchsetzt, dann müsste der Weg gebahnt sein für eine Therapie des Sinnentzugssyndroms. Eine derartige Heilbehandlung besteht eigentlich nur in dem Verfahren, das Bewusstsein der Menschen von der kosmologischen Langzeitperspektive auf die terrestrische Kurzzeitperspektive umzulenken. Zugleich muss dem Menschen klar gemacht werden, dass die objektorientierte Sinnbindung eine Sackgasse darstellt, dass er vielmehr sich in seinem Innern umsehen sollte nach Motiven für ein gelungenes Dasein. Die eschatologische Sichtweise, so erhaben und voller intellektueller Genugtuung sie für die in die Forschung Involvierten ist, für die individuelle Sinnstiftung und das private Glücksstreben ist sie untauglich. Auch wenn wir uns mit einiger Anstrengung mit den ernüchternden Befunden der Wissenschaft über die Welt abgefunden haben und uns das metaphysische Pathos der traditionellen Institutionen nicht mehr trifft, stehen wir doch, jeder einzelne, vor unseren Lebensproblemen, wie Wittgenstein auch am Ende seines *Tractatus* feststellt.[363] Das Wissen um die Natur des Weltalls ist keine Quelle des Trostes für bizarre Lebenslagen, ferne Galaxien enthalten keine Orientierungen für die Sorge um uns selbst. Die Glücksverheißungen aller an Objektivität orientierten Gedankengebäude, sei es Wissenschaft oder transzendenz-geleitete Metaphysik, sind heute brüchig und obsolet geworden.[364]

Was bleibt uns dann aber an Leitideen für die Gestaltung eines freudvoll gelungenen Lebens? Vielleicht hilft eine Retrospektive. Schon in der griechischen Antike waren sich manche Denker der Tatsache bewusst, dass eine zu starke Fixierung auf die unendlichen Räume und die Vielzahl der Welten nicht glückbringend sein kann. Sie sahen den Schatten des Nihilismus aufziehen, wie ihn Nietzsche später explizit gemacht hat. Epikuros von Athen machte klar, dass die Wissenschaft den Menschen das wichtige Geschäft der Entmythologisierung abnehmen kann, indem sie uns von der Furcht vor dem Zorn der Götter befreit. Da das Welt-Wissen selbst aber aus sich heraus nicht glückbringend ist, erscheint es unausweichlich, dass es einer besonderen Einstellung bedarf, um mit dem

---

[362] Gonzalo Puente Ojea: Elogio del Ateísmo. Los espejos de una ilusión. Siglo veintiuno editores. Teoría, Madrid 1995, S. 79ff.
[363] Ludwig Wittgenstein: Tractatus logico-philosophicus. 6.52.
[364] R. Taylor: Sisyphos und wir. In: Christoph Fehige: Der Sinn des Lebens. dtv, München 2000, S. 87.

Schrecken fertig zu werden, dass wir eine unendliche Zeit nicht existierten und nach kurzem Leben abermals unendlich lang nicht sein werden. Epikur schlägt vor, der Härte der Situation zu begegnen, indem wir uns auf den endlichen verfügbaren Zeitraum konzentrieren, am besten sogar auf den kommenden Tag und die darin realisierbaren Möglichkeiten. Das Schicksal des Universums zu späten Zeiten, aller dramatische Wandel der Natur, so der Rat des Gartenphilosophen, soll uns nicht mit Gram und Bitterkeit erfüllen, denn Sinn hat auch das, was weder überzeitlich ist noch unendlich währt. Die Unendlichkeits-Metaphysiker und Transzendenz-Verteidiger haben uns unnötigen Schrecken eingejagt, indem sie uns predigten, dass Wert im letzten nur etwas besitzen kann, das achronisch und atopisch existiert. Epikur hat uns das Gegenteil gelehrt, auch alles Endliche, wie immer es auch zerfällt, hat seinen zeitlichen und räumlichen Wert gehabt.

Horaz hat diese epikureische Lebensmaxime in die zeitlosen Worte gekleidet:[365]

> Tu ne quaesieris, scire nefas, quem mihi quem tibi
> finem di dederint, Leuconoë, nec Babylonios
> temptaris numeros. ut melius, quidquid erit, pati
> seu pluris hiemes seu tribuit Juppiter ultimam
> quae nunc oppositis debilitat pumicibus mare
> Tyrrhenum: sapias, vina liques, et spatio brevi
> spem longam reseces. dum loquimur, fugerit invida
> aetas: carpe diem quam minimum credula postero.

Wir wissen nicht genau, wen Horaz mit Leuconoë gemeint hat, aber wer immer sie war, sicher hat er Recht, nicht den Astrologen zu trauen, wie die kommenden Tage verlaufen werden. Auch sie wissen nicht, wie viele Winter Jupiter für uns noch vorgesehen hat und wie lange wir noch die Wogen des Tyrrhenischen Meeres an die Gestade schlagen hören können. Besser ist es, den Wein heute zu öffnen, diesen Tag zu ergreifen und nicht dem nächsten zu trauen.

---

[365] Horaz: Oden I, XI, 8.

**Praktische Philosophie**

# I. Wie sollen wir leben?

## 1. Materialismus und die Lust

Wenn der Materialismus als maßgebende Ontologie Recht hat, wie wirkt sich dies auf der Ebene des Handelns, der moralischen Verantwortung, der Werte und des Umgangs mit den Mitmenschen aus? Es kann nicht ohne Einfluss auf die normative Ebene bleiben, ob Normen und Werte Entitäten in einem spirituellen Reich sind oder genauso wie alle Agentien der Welt eine funktionale oder strukturelle Rolle auf der materiellen Ebene selbst spielen. Es muss sich auf die Ethik auswirken, wenn die Ziele der menschlichen Handlungen in sensorischen Zuständen bestehen, die letztlich physiologischer Natur sind. Genau diese Annahme macht der klassische Hedonismus, wie er in der materialistischen Tradition der griechischen Philosophie verankert ist. Diese tritt schon sehr früh auf den Plan, genauer gesagt schon vor dem spiritualistischen Idealismus Platons, nämlich bei Leukipp und – übertragen auf die menschliche Seele – bei Demokrit. Der oberste Lebenswert besteht darin, sich zu freuen: Die Heiterkeit des Gemütes, die Euthymie (εὐθυμία) ist das höchste Gut im Leben.[366]

Die Verflechtung von Lebensfreude und naturalistischer Welteinstellung kommt nicht von ungefähr. Da es im Naturkonzept des Atomismus nur temporäre Zusammenballungen der Elementarbausteine alles Seienden gibt, somit keine unsterblichen Götter und keine den Tod überdauernden substantiellen Seelen, ist das einzige, woran man sich lebenspraktisch halten kann, das natürliche physische Dasein in seiner endlichen Erstreckung. Diese Lebenseinstellung hat sich schon in der Antike mit den drei Schlüsselwörtern „Wein, Weib und Gesang" assoziiert,[367] die abstrakter

---

[366] Demokrit: Das Beste für den Menschen ist es, sich so viel als möglich zu freuen und sich so wenig wie möglich zu betrüben (Fragment 189).
[367] Plutarch: Quaestionum convivalium libri IX 7, 8, 4, 4.

dann mit den Genusskomplexen Drogen, Sexualität und Kunst umschrieben werden können. Diese drei Bereiche haben etwas gemeinsam, nämlich eine Veränderung des nüchternen, auf Lebensbewältigung ausgelegten Normalbewusstseins. Bewusstseinserweiternde Substanzen verschieben den Vorstellungsraum, sexuelle Ekstase erschüttert das gewöhnliche Körpergefühl, und ästhetisches Erleben verändert die Wahrnehmung der Objekte. Hedonistischer Materialismus hat also mit der sinnlichen Empfindung, mit dem lebendigen Körper zu tun, wobei die zugehörige Leitwissenschaft die Physiologie ist – und nicht die (idealistische) Metaphysik. Das Streben nach freudvollen körperlichen Zuständen ist dabei mit der materiellen Konstitution der atomistischen Leiblichkeit des genießenden Lebewesens verbunden und hat nichts mit überirdischer Ontologie zu tun. Demokrit weist nur darauf hin, dass ein über die Maßen ungestümes Verfolgen des Luststrebens die Ausgewogenheit des Gemütes stören kann, und man somit vermeiden muss, für unbändige Freuden später teuer zu bezahlen. Auch die materialistische Lust-Ethik kennt also eine klug durchdachte physiologische Optimierungs-Arithmetik der Lebensfreude.[368]

Die späteren Interpreten haben diese Feinabstimmung von Begehren und Klugheit häufig nicht verstanden. Deshalb gilt bis heute der Hedoniker, der Genussmensch, als wenig respektabler Zeitgenosse. Zunächst wirft man ihm vor, dass er sich zumeist zu Lasten seiner Mitbürger vergnüge, eine geringe Arbeitsmoral besitze und so gut wie keine Solidarität mit der Gemeinschaft aufweise. Bis heute muss er sich oft den Vorwurf des Schmarotzertums gefallen lassen, obwohl ihm ja im Grunde nichts anderes übrig bleibt, als jene Mittel zur Lebensgestaltung einzusetzen, die er davor erarbeitet hat. Faulheit macht sich also auch für einen Hedonisten nicht bezahlt, da ihm dann das Vermögen fehlt, das er wie alle anderen benötigt, um sich das Leben zu verschönern.

De facto hat der Hedonist, der philosophische Verteidiger der Lust (ἡδονή), in der Geschichte der Denksysteme geringe Reputation, er war häufig Zielscheibe der Kritiker. Dies allerdings nicht nur aus Gründen des Sozialneides, sondern auch, weil man Zweifel an der philosophischen Kohärenz dieses Lebensstiles hatte. Gegner waren zumeist die Verteidiger der Tugend, der sozialen Ordnung, des Staatswesens und der Religion. Vor allem letztere konnten sich verständlicherweise nicht damit abfinden, dass etwas derart Unsakrales wie das persönliche Lustempfinden in den Mittelpunkt der Lebensaufmerksamkeit gestellt wurde. Viele philosophi-

---

[368] Michel Onfray: Theorie des verliebten Körpers. Merve, Berlin 2001, S. 83.

sche Systeme, die sehr oft ja nur die Weiterführung der Landesreligion waren, schlossen sich der Meinung an, dass philosophische Verteidiger einer Lust-Ethik sozial bedenkliche Maulwürfe seien, die man bekämpfen müsse. Hinzu kommt das Misstrauen in die vernunftuntergrabende Ekstase, die mit freudvollen Aktivitäten verbunden ist. Der Hedonismus gilt bis in unsere Zeit als subversiv, als bindungsloser Narzissmus!

Die wesentlichen Verteidiger der Lebensfreude in der griechischen Antike waren Aristippos von Kyrene, Eudoxos von Knidos, Epikuros von Athen, partiell Aristoteles, cum grano salis Platon, allerdings nur, wenn man seine mittleren Dialoge *Symposion* und *Phaidros* berücksichtigt, wo er dem Eros – speziell in der Knabenliebe – unter einigen Kautelen Berechtigung zugesteht.

Bereits aus der griechischen Frühzeit der Philosophie kennen wir Dokumente zum Hedonismus mit stark kontrastierenden Wertungen. Rauschhaft ekstatische Zustände – von Nietzsche später das Dionysische genannt – wurden der vernunftgesteuerten apollinischen Mentalität entgegengestellt. Bei den entsprechenden Wertungen taucht schon recht früh der ordnungspolitische Gesichtspunkt auf. Individuelle Leidenschaften und außergewöhnliche Bewusstseinszustände, wie sie durch psychoaktive Substanzen hervorgerufen werden, sah man vielfach als eine Bedrohung der Sozialstruktur an. Man erkannte das subversive Potential für die tradierte Ordnung, als man merkte, dass diese seelischen Zustände die Tendenz haben, den Einsatz und die Opferbereitschaft für die Gemeinschaft zu untergraben. Später hat sich eingebürgert, von der Amoral der Ekstase und von der Tugendhaftigkeit der Nüchternheit zu sprechen.

Die Ambivalenz der mentalen Erregungszustände, wenn Menschen von heftigem sexuellen Verlangen erfasst werden, wird in der frühen griechischen Literatur und Philosophie breit thematisiert. Bereits Homer erzählt eine charakteristische Geschichte. Eine der vielen Szenen, in denen er die Macht des ἔρως (Eros) schildert, ist das Treffen von Zeus und Hera auf einem Gipfel des Ida-Gebirges in Kreta, wo der Göttervater plötzlich von einem unwiderstehlichen Verlangen nach seiner Gattin Hera (Ἥρα) erfüllt wird.[369] Mit vielen Komplimenten, in denen er zum stimulierenden Vergleich alle seine früheren Liebesbeziehungen aufzählt, bringt er die Gemahlin dazu, sich mit ihm aufs Lager zu begeben, allerdings nicht ohne vorher das Gebirge in ein dichtes Gewölk zu hüllen, das den Blick auf das Geschehen von außen verwehren soll. Offenbar waren auch die Götter von

---

[369] Homer: Ilias, 14. Gesang, Vers 312-338.

einem Gefühl der Intimscham erfüllt und wollten nicht, dass das genitale Geschehen von außen eingesehen werden kann.

Auch Hesiod schildert in seiner Theogonie ἔρως als ein Wesen, das aus freien Männern entscheidungsunfähige Sklaven macht: „Aller Götter und aller Menschen Sinn und verständige Absicht bezwingt er in ihrer Brust."[370] ἔρως bricht über die Menschen herein und raubt ihnen die Autarkie und die Fähigkeit unabhängigen Handelns. Vor allem dem Mann wird attestiert, dass er, wenn er von der Schönheit einer Frau fasziniert ist, aller Vernunft verlustig geht. Theophrast (372-287 v.d.Z.), aus der Schule des Aristoteles, bringt die erotische Anziehung mit der Irrationalität zusammen, ἀλόγιστον nennt er den Eros. Auch Platon meint, dass das sexuelle Begehren νοῦς und φρήν, Vernunft, Verstand und Wille, außer Funktion setzt.[371] Menschen unter dem Einfluss des Eros verlieren die σωφροσύνη (sophrosýnê), die Selbstbeherrschung, sind einem wahnhaften Zwang unterworfen (μανία, ἀνάγκη), dem sie aus eigener Kraft kaum entkommen können. Die Anziehungskraft zwischen den Geschlechtern – und bei den Griechen genauso bei der homosexuellen und der Knabenliebe – respektiert keine sozialen Institutionen und ethischen Normen. Sie durchbricht auch die ehelichen Bindungen,[372] wie der Fall Paris und Helena ja zeigt. Immerhin war Helena die Frau des spartanischen Königs Menelaos. Auch bei Apuleios hören wir ein ähnliches Urteil: *amor omnium matrimonium corrumpens.*[373]

Die Griechen kannten auch die Parallele von Liebe und den bewusstseinsverändernden Substanzen, die wir heute *Drogen* nennen. Euripides verwendet mehrfach den Ausdruck μεθύων ἔρωτι, trunken vor Liebe.[374] Der klassische Tragiker war zwar nicht gerade als Frauenfreund bekannt, sah es aber dennoch als frevelhaft an, sich der Liebe zu widersetzen: „Denn Eros ergreift nicht nur Männer und Frauen, sondern er verwundet auch die Seelen der Götter über uns [...] und ihn vermag auch der allmächtige Zeus nicht abzuwehren, sondern er gibt nach und beugt sich willig."[375] Der höchste Gott der Griechen war – anders als der jüdische

---

[370] Hesiod: Theogonie, Vers 116.
[371] Platon: Phaidros 238 b-c.
[372] Sophokles: Antigone 781-800.
[373] Apuleios: Metamorphosen 4, 30, 4.
[374] Euripides: Iphigenie in Aulis, 543-557.
[375] Euripides: Tragödien und Fragmente, Band 5. Darmstadt 1981, S. 185.

Jahwe – ein lebenszugewandter Freund aller Genüsse, das direkte Sinnbild hellenischer Daseinsfreude.

Charakteristisch für die Verankerung des erotischen Elementes im Numinosen ist die Gestalt der *Aphrodite,* sie repräsentiert die Heiligkeit des sexuellen Ursprunges des Menschen. Jeder Mensch verdankt seine Existenz dem Mysterium des Orgasmus, dem für den Einzelnen undurchschaubaren ekstatischen Bewusstseinszustand. Aphrodite stellt das Symbol des Wissens dar, dass jeder Mensch aus Lust entstehen muss, und dass sein gesundes Leben nur durch die Praxis der natürlichen Körperfunktionen erhalten werden kann. Durch ihre Beziehungen zum Kriegsgott Ares, mit dem sie Eros, das Wahrzeichen der Knabenliebe, zeugte,[376] und zum Ekstasegott Dionysos (ein Sohn des Zeus und der Prinzessin Semele) umgreift die Liebesgöttin beide Formen der Sexualität, die den Griechen gleich teuer waren, so gleichwertig, dass sie sich oft nicht entscheiden konnten, welcher Verführung sie folgen sollten.[377] Aphrodite war in ihrer Gunst nicht parteiisch, sie war genauso zuständig für eheliche Geschlechtlichkeit und Fortpflanzung wie auch für den Verkehr mit Hetären, Knaben und die homoerotischen Beziehungen der Erwachsenen.[378] Ihre Entstehungsgeschichte drückt deutlich die Rolle aus, die ihr zugedacht war: Der Gott Kronos hatte Uranos mit einer Sichel Hoden und Penis abgeschnitten, letzterer fiel ins Meer, befruchtete eine Muschel und daraus entstand Aphrodite, die deshalb auch die aus dem Meer auftauchende Schaumgeborene (Ἀφρογένεια, Ἀναδυομένη) genannt wird. Da sie in Zypern an Land stieg, wird sie oft auch als Kypris angesprochen. Die philosophische Bedeutung des Aphroditekultes besteht in seiner eindeutigen Betonung der Werthaftigkeit der sexuellen Freuden. Aus griechischer Perspektive war der Geschlechtsverkehr oder auch schon die Vorstellung erotischer Bilder eine Form des Gottesdienstes, da man ja in beiden Fällen den Wert, den diese Göttin repräsentierte, aktualisierte.

Ein Konzentrationspunkt der Lebenslust war das *Symposion.* Dort gab es ausreichend Gelegenheit, beide Arten der Bewusstseinsveränderung miteinander zu verbinden. Der Alkohol spielte dabei die Rolle eines Sorgenlösers und Hemmungsbefreiers, um den Übergang zum συμπλέγμα, der Liebesverflechtung, zu erleichtern. Die Erniedrigung der Hemm-

---

[376] Homer, Odyssee VIII, 267-366.
[377] Anthologia Palatina XII, 86.
[378] Carola Reinsberg: Ehe, Hetärentum und Knabenliebe im Antiken Griechenland. Beck, München 1993.

schwelle scheint damals eine ebenso große Rolle wie heute gespielt zu haben. Auch die Ambivalenz des Alkohols war offenbar bekannt, denn Aristoteles konstatiert ganz klar, dass man nüchtern schneller zum Orgasmus kommt, eine Erfahrung, die auch noch heute wohl jeder nachvollziehen kann. Er begründet dies damit, dass beim Nüchternen die Kanäle des Körpers leerer sind, so dass der Samen besser durchdringen kann.[379] Ganz generell gilt wohl für alle Drogen, dass sie das originäre sexuelle Erleben schwächen, wenngleich Halluzinogene gelegentlich die Illusion induzieren, es zu verstärken, was aber mit den physischen Reaktionen nicht übereinstimmt.

Zur Vorstellung der sexuellen Erregung und des Wunsches nach Vereinigung mit dem Liebespartner als einer Art Besessenheit passen auch gut die aus hellenistischer Zeit erhaltenen *Zaubersprüche*, mit denen Männer versuchten, die begehrte Frau in den Zustand extremen Verlangens und zur Überwindung ihrer Hemmungen zu bringen. So heißt es in einem dieser Sprüche: „Anubis, Gott der Erde und der Unterwelt und des Himmels [...], sammle deine ganze Macht und deine ganze Kraft gegen Tigeros, der Sophia Tochter: endige ihren Hochmut und ihre Vernunft und Schamhaftigkeit."[380] Mit diesem Zauberspruch soll der natürliche Widerstand der Frau beseitigt werden, um sie für den ungestümen Mann zugänglich zu machen. Man kann die Existenz dieser hellenistischen Zauberformeln als Hinweis auf eine auch in dieser Kultur vorhandene Libido-Diskordanz ansehen, die durch den magischen Zauber überbrückt werden sollte. Eine andere Deutung wäre eine aus der Natur der Frau (soziobiologisch würde man heute sagen aus ihren Reproduktionsinteressen) resultierende Scheu, ihre Libido gleich zu Anfang offen zu legen.

Philosophisch gesehen haben die Glücksvorstellungen eine sensualistische und damit eine materialistische Wurzel. Demokrit war jedenfalls Anreger und Vorbild für alle späteren Hedonisten, sowohl in der Naturlehre (Atomismus) wie auch in der Ethik. Aber erst bei Epikur hängen beide Gebiete systematisch zusammen und verbinden sich mit einem ausgeprägten erkenntnistheoretischen Empirismus, der das sinnlich Erfahrbare als Quelle des Erkennens ansieht. Allerdings restringiert Epikur den Schlüsselbegriff der Glücksethik, indem er nicht die Lust selber als höchstes Ziel setzt, sondern die unlustfreie Ausgeglichenheit.

---

[379] Aristoteles: Problema Physica IV, 9.
[380] Alf Önnerfors (Hrsg.): Antike Zaubersprüche. Reclam, Stuttgart 1991, S. 35.

Uneingeschränkt wurde der Hedonismus allerdings bei den Kyrenaikern verteidigt. ἡδονή (hêdonê) ist das τέλος, das oberste Ziel, das höchste Gut. Lust gilt dabei nicht nur als Abwesenheit von Schmerz, als der neutrale Zustand zwischen den positiven und negativen emotionalen Kategorien, sondern Aristippos charakterisiert die Lust als „die zum Bewusstsein gelangte sanfte Bewegung",[381] den freudvoll wahrgenommenen Zustand. Nicht die Nullpunktzustände auf der emotionalen Skala, Schmerz- und Lustlosigkeit, sind anzustreben, sondern das positiv getönte emotionale Empfinden ist der höchste Wert. Lust ist somit als aktiv, bewusst und kinetisch zu begreifen, sie ist mit Tätigkeit, Reflexion und Bewegung verbunden. Die Motivation zu seiner Ethik kam für Aristipp aus der Beobachtung der empirischen Basis des Hedonismus: Es ist das natürliche Streben aller Lebewesen (Tiere, Kinder, Erwachsene) nach Lust. Dieses Bestreben hat man später psychologischen Hedonismus genannt. Als deskriptive These scheint wenig Zweifel an dieser Urtendenz aller Lebewesen zu bestehen, die überhaupt ein sinnliches Empfindungszentrum besitzen, auch wenn manche unter ihnen durch den Einfluss von Wertungen vorgeben, dieses Streben nicht zu besitzen oder behaupten, es überwunden zu haben. Aristipp gibt jedoch keine apriorische Werteordnung bezüglich der Lustarten vor. Er beruft sich auf keine Wertevidenzen bezüglich des Typus der Lustqualitäten: μή διαφέρειν τε ἡδονήν[382] (kein Unterschied besteht zwischen einer Lust und der anderen), in Bezug auf die Arten der Lust kann man also keine verbindlichen Empfehlungen geben, z. B. welche von der hedonistischen Triade, Wein, Erotik oder Musik, man bevorzugen soll. Der Sybarit, der Genießer, muss für sich die adäquate Wahl treffen. Es ist damit Sache des Individuums, die Lustarten zu wählen, die ihm die Maxima des Empfindens liefern. Man muss in dieser Offenheit wohl die weise Einsicht des Aristippos erblicken, dass der Verschiedenheit der Menschen Rechnung zu tragen ist; die physiologischen Sensibilitäten sind einfach zu unterschiedlich, um eine einheitliche Reihung der Lustformen vorzuschlagen.

Aus dem psychologischen Streben aller Menschen nach irgendeiner Form des sinnlichen Genusses folgt in natürlicher Weise die Empfehlung, soweit es die Umstände gestatten, diesem Streben zu folgen. Dem Luststreben zu folgen, bedarf somit *keiner Begründung*, nur wenn man jeman-

---

[381] Diogenes Laertius II, 85 (vgl. auch Aristokles bei Eusebios Praeparatio Evangelica XIV 18, 32).

[382] Diogenes Laertius II, 87.

den hindern will, eine freudebringende Tätigkeit auszuüben, liegt Begründungsbedarf vor. Der Mathematiker Eudoxos von Knidos hat diese wichtige Begründungsfigur des Hedonismus betont. Aus der Natürlichkeit des Luststrebens folgt, dass nur *Verbote* für lustvolle Tätigkeit begründungsbedürftig sind, bei Fehlen einsichtiger Gründe gilt das permissive Prinzip des Gewährenlassens.

Die Lust ist nach Aristipp ein Gut, unabhängig davon, wie sie zustandegekommen ist oder welche Folgen sie haben mag; es gibt somit keine konventionellen Einschränkungen bezüglich der Erzeugung der Lustempfindungen und der Formen des Auslebens aller Strebungen. Mit einem solchen liberalistischen Grundsatz waren Spannungen mit den Verteidigern der Rechte der Gesellschaft vorprogrammiert. Für diese war es evident, dass das Ausleben der individuellen Lustdispositionen inkompatibel mit den Interessen der Gemeinschaft sei. Den Hedonisten bekümmern die Folgen seiner Handlungen allerdings in erster Linie insofern, als sie ihm Hindernisse bei der Erreichung seiner Fernziele bereiten könnten, und erst sekundär, insoweit die Gesellschaft betroffen ist.

Wenn die Folgen hedonistischen Handelns vermutlich in großer Unlust bestehen, wird der kluge Mensch das Lusterlebnis meiden. Damit ist überdies die Verbindung zum *Konsequentialismus* vorhanden, der folgenorientierten Ethik. Völlig kopflos darf auch der individuelle Hedonist nicht seinem Luststreben folgen. Selbst wenn er nur das eigene Glück im Auge hat, muss er vermeiden, mit den Genuss-Ambitionen seiner Mitmenschen auf Kollisionskurs zu gehen. Es bedarf des Einsatzes der φρόνησις, des Denkvermögens zur Folgenabschätzung, niemals sollte man blind dem Luststreben nachgeben, denn man könnte sich damit ein Defizit für künftigen Genuss einhandeln.

Die Überlegtheit des Handelns geht auch aus Aristipps Grundsatz hervor, den er angelegentlich eines Vorwurfs geäußert hatte, dass er mit der Hetäre Lais zusammenlebe. Der Philosoph und eine Hetäre, wie kann dies angehen? Dabei war es zu damaliger Zeit keineswegs anstößig, wenn ein ausreichend betuchter Grieche mit Prostituierten Verkehr hatte. Ein Problem hätte nur auftauchen können – besonders da die Lais eine ausnehmend schöne Frau war –, wenn der Philosoph im Rausch der Sinne die *Orientierung* verliert. Aristipps Antwort war kurz und bündig: „ich besitze, aber werde nicht besessen (ἔχω καί οὐκ ἔχομαι)".[383]

---

[383] Athenaios XII, 544d.

Der besonnene Weise gibt sich der Sinnenlust hin, aber nicht in dem Maße, dass er von ihr weggerissen wird, dass er seine Haltung, seine Ausgeglichenheit verliert. Auf der anderen Seite schützt die Vernunft auch vor unnötigen Skrupeln. Als man Aristipp berichtete, dass seine Lais auch mit Diogenes Verkehr hatte, meinte ersterer ungerührt: „Ich habe die Lais, damit sie mir Freude bringt, nicht damit sie anderen keine bereitet."[384] Ihm war klar: Eifersucht und die Idee des sexuellen Privateigentums sind keine lustfördernden Ideen. In dieser Hinsicht gibt es auch Parallelen mit dem Kynismus; auch die Kyniker (z. B. Diogenes von Sinope) waren kontratraditional eingestellt. Soziale Regeln sind Konventionen, der Weise braucht sich nicht an konventionelle Vorschriften zu halten, die die Herrschenden nur zur Unterdrückung der Bürger eingeführt haben. Deshalb finden sich bei den Kynikern auch überraschende Vorschläge bezüglich Promiskuität und Frauengemeinschaft, die man eher in den Kreisen der Kyrenaiker vermutet hätte. Beide Strömungen haben einen Überschneidungsbereich, die Verachtung für gesellschaftliche Vorschriften. Die Gewichtung der Lust ist jedoch bei Kynikern und Kyrenaikern verschieden; erstere betreiben Sexualität zur Entspannung, letztere zum Genuss. Diogenes von Sinope macht es sehr drastisch deutlich, dass die beste Art, von den Zwängen der Sexualität loszukommen, deren Praxis ist,[385] wohingegen der echte Hedonist nach Maßnahmen sucht, den sexuellen Genuss zu erhöhen. Auch Aristipp lehrte die Steigerungsfähigkeit der Lust; letztlich besitzt sie keine obere Grenze, so meinte er, es sei Sache des Einfallsreichtums, das stärkste Empfinden seinem Körper zu entlocken. Die Frage, wie man das Erleben steigern, wie man die Schranken der Lust weiter hinausschieben kann, hat alle Theoretiker der ἡδονή von Ovid über LaMettrie bis Wilhelm Reich immer wieder beschäftigt. Es darf ja auch nicht übersehen werden, dass ein Übermaß an Genuss irreversible Schäden hinterlassen könnte, etwas, das nun gar nicht im Sinne eines Langzeit-Hedonismus ist. Man sollte über die menschliche Natur Bescheid wissen, ehe man sich in zu heftige lustvolle Abenteuer stürzt. Nicht umsonst war der bedeutendste Naturphilosoph der vorsokratischen Ära, Demokrit, auch der erste Hedonist. Jedenfalls ist hier eine deutliche Schnittstelle von Naturphilosophie und Ethik zu sehen. Eine naturalistische Ethik, speziell eine

---

[384] Athenaios: Deipnosophistae XIII, 588.
[385] Georg Luck: Die Weisheit der Hunde. Texte der antiken Kyniker. Kröner, Stuttgart 1997, Nr. 385.

Glücksethik, wird auf die Sensibilitäten des Körpers Rücksicht nehmen und die Normen nach dessen Möglichkeiten und Grenzen ausrichten.

So sehr die Griechen einerseits darauf versessen waren, die physischen Möglichkeiten der Sexualität auszuschöpfen – was sich künstlerisch reichhaltig in den antiken Vasenmalereien manifestiert[386] –, so sahen sie doch auch das zerstörerische Potential und die gefährliche Macht der völligen Entfesselung der Triebsphäre und suchten nach Mitteln (φάρμακα), um eine Gleichgewichtssituation zwischen lustvollem Genießen und anarchischem Chaos der Gefühle zu etablieren. Hier muss man nun die Funktion der ἀρετή (Tugend) ansiedeln. Die Zähmung der Triebkräfte durch den Einsatz rationalistischer Kategorien kann man sehr schön an Platons Veredelung der Knabenliebe durch die Vermittlung von ἀρετή studieren.

Um Missverständnissen vorzubeugen, muss man immer wieder betonen, dass die dorische Knabenliebe eine gesetzlich und religiös anerkannte Institution war, deren Praxis sich kein Grieche schämen musste.[387] Ganz im Gegenteil: Es wurde, wie Cicero berichtet, als schändlich angesehen, wenn ein Jüngling keinen erziehenden Liebhaber fand.[388] Man vermutet, dass die Knabenliebe ihren Ursprung in einem prähistorischen magischen Ritual hat. Die Idee dabei war, dass ein kräftiger, sexuell leistungsfähiger Mann dem Knaben auf dem Wege des Spermas, worin man die seelische Kraft und die Libido manifestiert sah, positive Charaktereigenschaften übertrug.[389]

Eine bedeutsame Rolle bei der Transformation des körperlich Triebhaften in das Geistige spielt bei Platon seine dualistische Trennung zwischen der spirituellen Liebe der Seele des anderen und dem irdischen Wunsch nach körperlicher Befriedigung, Entspannung, was sich begrifflich in seiner Unterscheidung der Aphrodite οὐρανία und der Aphrodite πάνδημος ausdrückt.[390]

---

[386] Vgl. das hochinstruktive Werk von Angelika Dierichs: Erotik in der Kunst Griechenlands. Zabern, Mainz 1993.

[387] Carola Reinsberg: Ehe, Hetärentum und Knabenliebe im Antiken Griechenland, S. 163.

[388] „obprobio fuisse adulescentibus, si amantes non haberent" (Cicero: rep. IV,3). Vgl. W. Kroll: Knabenliebe. In: Paulys Realencyclopädie des Klassischen Altertums Band XI,1, Stuttgart 1966, S. 897-906.

[389] Erich Bethe: Die dorische Knabenliebe. In: A. K. Siems: Sexualität und Erotik in der Antike. Darmstadt 1988, S. 45.

[390] Platon: Symposion 180 c-e.

Der verwirrte Geisteszustand des Verliebten und sein Wunsch nach Vereinigung mit dem Geliebten werden zum Streben nach metaphysischem Wissen umgeprägt. So hielt Platon die Knabenliebe, das emotional-pädagogische Verhältnis des ἐρωτής (älterer Liebhaber) mit dem ἐρώμενος (geliebten Knaben), für eine sublime Art des spirituellen Aufstiegs auf erotischem Wege.[391] Wenn die Knabenliebe mit geistiger Erziehung verbunden war, hatte auch Platon nichts gegen den körperlichen Vollzug einzuwenden. Wenn der Liebhaber seinem geliebten Knaben Weisheit und Tugend vermittelt, dann ist auch nichts Schädliches daran, wenn der Knabe seinem Erzieher körperlich gefällig ist. „Denn wenn so beide zusammentreffen, Liebhaber und Liebling, dass jeder seine Meinung für sich hat, jener die, dass er Recht daran tue, dem Liebling, der ihm gefällig geworden, jeglichen Dienst zu erzeigen, dieser aber die, dass es recht sei, dem, der ihn weise und gut macht, was es auch immer sei zu erweisen, und dann auch jener wirklich vermag, zur Weisheit und Tugend behilflich zu sein, dieser aber begehrt, zur Bildung und zu jeglicher Art der Weisheit Hilfe zu erlangen, dann also, wenn diese beiden Satzungen in eins zusammenkommen, da allein trifft es auch zu, dass es schön ist für den Liebling, dem Liebhaber gefällig zu sein, sonst aber nirgends."[392] Da aus heutiger biopsychologischer Sicht der dualistische Ansatz in Erotik und Sexualität unglaubwürdig erscheint, könnte man dazu neigen, Platons tugendphilosophische Rechtfertigung des päderastischen Eros als probate Rationalisierung anzusehen, die er erfunden hat, um diese nicht prokreative Form der Sexualität zu verteidigen. Es ist ja nicht unbekannt, dass sehr oft die Rationalität eingesetzt wird, um verborgene emotive Strebungen zu rechtfertigen. Eine solche Deutung wäre aber wohl unhistorisch, weil eine ganze Reihe weiterer antiker Autoren die Knabenliebe in dieser geistigen Dimension gesehen hat.[393] Immerhin führte Platons Tugendkonzept des ursprünglich rein physisch gedachten Eros letztlich zu dessen metaphysischer Transformation im christlichen Verständnis als Komponente der Liebe zu Gott (ἀγάπη).

---

[391] Platon: Symposion, 184 e.
[392] Ebenda.
[393] Dafür spricht auch, dass viele Dichter wie Anakreon und Pindar auch vom ästhetischen Standpunkt die Knabenliebe verherrlicht und sogar höher als die Frauenliebe eingeschätzt haben (vgl. Pindars Gedicht auf Theoxenos, Fragment 123B).

Beim späten Platon bahnt sich dann andererseits eine Umwertung des sexuellen Geschehens an. Er kritisiert in erster Linie den Verlust der Vernunftkontrolle, der mit der Liebesleidenschaft verbunden ist: „Denn die Lust ist das Unzuverlässigste unter allen Dingen, so dass, wie die Rede geht, in den Lüsten des Geschlechtstriebes, welche für die größten gehalten werden, sogar der Meineid die Verzeihung der Götter erhält, weil nämlich die Lüste wie die Kinder auch nicht die mindeste Vernunft haben."[394] Damit spricht Platon jenes Argument gegen die sexuelle Lust aus, das dann durch die Geschichte hindurch Karriere machen sollte, die Aufhebung der Verstandeskontrolle im Zustand der Erregung. Dagegen haben sich die Hedonisten immer gewehrt, indem sie darauf hinwiesen, dass der Verstandesverlust nur ein kurzes Intervall um den Höhepunkt der sexuellen Aktivität andauert, wohingegen der Verzicht auf die emotionelle Entladung den Menschen in einem permanent gespannten Zustand zurücklässt, der genauso, wenn nicht schlimmer, die Tätigkeit des Verstandes beeinträchtigt. Näher an der Natürlichkeit des Sinnlichen war Platons bedeutendster Schüler. Aristoteles leugnet den psychologischen Hedonismus, das faktische Luststreben keineswegs.[395] Er wertet aber dann die Arten der Lust nach der seiner Meinung nach objektivierbaren Stufenleiter der Werte der Objekte des Begehrens und erklärt die Freude am Erkennen der Ordnung und Harmonie des Weltalls als vornehmstes Ziel. Ob diese metaphysische Gewichtung ganz seinen ehrlichen Überzeugungen entsprach oder einer späteren Rationalisierung am Schreibtisch, werden wir nie erfahren. Jedenfalls muss auch er recht viel Freude mit seiner geliebten Hetäre Herpyllis gehabt haben, die, wie Athenaios berichtet, in der Lage war, seine Sonderwünsche zu erfüllen.[396] Hans Baldung Grien hat dann in der Renaissance diese Bemerkung mit viel Phantasie in Szene gesetzt. Es konnte letztlich aber historisch nicht vollständig geklärt werden, ob diese Vermutung von Hans Baldung, wonach Herpyllis Aristoteles als Reittier verwendet und mit der Peitsche traktiert hat – die Symbolisierung der Abdankung der Vernunft gegenüber dem Trieb –, irgendeinen Rückhalt in den tatsächlichen Vorlieben des Akademikers hatte.

In der Moderne setzt man sehr oft einen Hedonisten mit einem Epikureer gleich. Man kann aber Zweifel anmelden, ob eine solche Identifizierung gerechtfertigt ist: Epikuros verschiebt, wie schon erwähnt, den

---

[394] Platon: Philebos, 65c.
[395] Aristoteles: Nikomachische Ethik VII, 12-15, 11526.
[396] Athenaios: Deipnosophistae XIII, 589; Diogenes Laertius V,12.

ἡδονή-Begriff in Richtung auf den neutralen Nullpunkt der Lustskala, dorthin, wo der Mensch weder Schmerz noch Freude fühlt, wo er ausgeglichen und mit sich und der Welt zufrieden ist. Epikur hält somit am Lustaxiom fest, wählt aber einen anderen Bezugspunkt zur Beurteilung des optimalen Lebensgefühles. Als anzustrebenden Glückszustand erklärt er die καταστηματική ἡδονή (katastematische Lust), den ruhigen, statischen Zustand der ἀταραξία, der ausgeglichenen Seelenruhe. Dies kann aber nicht bedeuten, dass Epikur sich sexualfeindlich verhalten oder das Recht des Körpers auf Befriedigung nicht anerkannt hätte, nur sollten die möglichen Nachteile des Übermaßes beachtet werden. So lesen wir im 13. Aphorismus, der in einer griechischen Handschrift des Vatikans erhalten ist: „Ich habe vernommen, dass dich der Kitzel in Deinem Fleische übermäßig zum Geschlechtsverkehr treibt. Folge ihm, wie du magst, aber sorge dafür, dass du dabei die Gesetze nicht übertrittst, nicht den Anstand verletzt, keinen dir nahestehenden Menschen kränkst, deine Gesundheit nicht zerrüttest und dein Vermögen nicht vergeudest."[397] Gerade das Letzte dürfte damals wie heute das gravierendste Problem darstellen, da für den, der Abwechslung wünscht, speziell die käufliche Liebe teuer werden kann. Auch in griechischer Zeit galten die Freudenmädchen als teuer und finanziell schwer zufrieden zu stellen.

Nicht ganz gelöst ist die Frage, warum Epikur sich zu einer solchen Abschwächung der hedonistischen Position gedrängt sah. Es könnte sein, dass platonische Argumente ihn veranlasst haben, die kyrenaische Lust der Bewegung ἡ ἐν κινήσει ἡδονή zu modifizieren. Lust käme damit eher einem zeitunabhängigen *Zustand* zu als einem *Prozess*. Allerdings scheint es schwierig zu sein, alle genussreichen Tätigkeiten als Zustände auszuzeichnen, nicht nur die Sexualität, für die Bewegung doch konstitutiv ist, sondern auch sämtliche freudvollen Abläufe zeigen ein kinematisches Moment. Als profaneres Argument hat Hermann Usener, der Herausgeber der Epicurea, vermutet, dass es die Krankheit Epikurs im höheren Alter war, die ihn zu dieser semantischen Verschiebung veranlasst hat. Wenn man aufgrund einer manifesten Krankheit permanent Schmerzen hat, kann die schmerzfreie Ruhe zum höchsten Glück werden. Jedenfalls sahen bereits antike Autoren die begriffliche Inkohärenz des epikureischen negativen Hedonismus und werteten den positiven Hedonismus der Kyrenaiker

---

[397] Epikur: Philosophie der Freude – eine Auswahl aus seinen Schriften. Hrsg. von Johannes Mewaldt. Kröner, Stuttgart 1973, S. 70.

als wesentlich besser einsehbar.[398] Spöttisch hat man deshalb die katastematische Lust auch als die Beschreibung des Befindens lebender Leichen benannt,[399] eine Charakterisierung, die wohl nicht allzu sehr fehlgeht. Jedenfalls deckt der Begriff nicht das ab, was im gewöhnlichen Sprachgebrauch bei der Beschreibung eines lustvollen Vorganges wie einer Liebesnacht bis in den frühen Morgen erfahren wird.

Der *negative Hedonismus* Epikurs und die Dominanz der Tugenden bei den Stoikern hat in der Philosophiegeschichte wesentlich mehr Zustimmung und Verstärkung erfahren als die bedingungslose Befürwortung körperlicher Lustmaximierung. Es ist zu vermuten, dass für diese Wertung das Naturell der überreflexiven Grübler selbst die Ursache ist. Die permanente Selbstreflexion und das intensive Bedenken der Prinzipien des eigenen Handelns behindern die Aktivität selbst. So nimmt es nicht wunder, dass der *positive Hedonismus* höchstens ein halbes Dutzend echte Vertreter in den 2.500 Jahren der Geschichte der Philosophie gefunden hat. Möglicherweise waren es auch gesellschaftliche Rücksichten, die Berufsphilosophen daran gehindert haben, allzu offen den Wert der Lüste zu verteidigen.

Mit den Stoikern beginnt sich bereits die Wertung von den Leidenschaften in Richtung auf die Tugenden zu verschieben. Man darf sich diese Transformation aber nicht zu dramatisch vorstellen. Die Hallenleute (στωικοί) waren keine Asketen und überdies tolerante Menschen. Vom Gründer der gesamten Denkrichtung, Zenon aus Kition, wird berichtet, dass er mit seinem Lieblingsschüler Persaios zusammenlebte. Persaios hatte sich aber in eine hübsche Hetäre verknallt, zögerte jedoch aufgrund seiner Beziehung mit Zenon, sie nach Hause mitzubringen. Als Zenon einmal das Mädchen zufällig traf, nahm er es bei der Hand, schob sie in das Zimmer des Persaios und schloss die Tür hinter ihnen zu.[400] Aber auch Zenon betonte, dass die Leidenschaft nicht so weit gehen sollte, dass die Selbstkontrolle verloren geht. Als er einmal in den schönen jungen Knaben Chremonides verliebt war, hielt er sich in der Beziehung zurück, weil er, wie er sagte, „Angst habe, Fieber zu bekommen".[401] In seiner Frühschrift *Politeia* schlägt Zenon (Ζήνων) vor, alle tüchtigen Bürger (σπουδαῖοι) zu einer Gemeinschaft der Freundschaft und des ἔρως zu-

---

[398] Cicero: De finibus bonorum et malorum II, 114.
[399] Clemens von Alexandria: Stromateis II, 21.
[400] Athenaios XIII, 607c.
[401] Diogenes Laertius VII, 1, 17.

sammenzuführen, mit völliger Frauengemeinschaft unter dem Einschluss von homoerotischen Beziehungen.

Die späteren Stoiker, mit Kleanthes von Assos beginnend, werden dann zunehmend frommer, tugendsamer, asketischer und kritisieren die Lustlehren der Epikureer. Nach Cicero muss jede Ethik eine Tugendlehre sein, die ausdrückt, in welcher Weise das sittlich Gute ohne Bezug zu den Gefühlen und Wünschen der Menschen, angestrebt werden soll. Mit der Würde des Menschen verträgt es sich nicht, den Begierden, dem schwankendsten Teil des Geistes, nachzugeben.[402] Damit begegnen wir einem wichtigen, immer wiederkehrenden Motiv gerade bei der Forderung nach Dämpfung der sexuellen Leidenschaft. In der ekstatischen sexuellen Erregung verändert sich das Verhalten der Menschen dramatisch. Es zeigt ungebremste animalische Züge, die mit der Vorstellung einer würdevollen sittlichen Person nicht vereinbar zu sein scheinen. Die Würde des Menschen erscheint somit als ein blockierendes Element für das Ausleben der triebhaften Dispositionen. Seneca führt dann vor allem die latente Instabilität aller lustvollen, insbesondere der sexuellen Aktivitäten an. Er sieht andauernd den drohenden Exzess. Dieser permanente Metastabilitätsverdacht gegenüber lustvoller Tätigkeit hat bei Essen und psychoaktiven Drogen vielleicht noch eine bestimmte Berechtigung, aber gerade die Erfahrungen im Bereich der Sexualität lehren doch, dass der Überaktivität eines Paares durch die natürliche Erschöpfung ziemlich bald Grenzen gesetzt sind. Gesundheitsschädliche Auswüchse sind bei Ess- und Trinklust viel schneller erreicht als bei der Liebesaktivität, die die Natur recht gut geregelt hat.

So sehr die Stoiker auch in den Details ihrer Weltauffassung differieren, sie sind sich jedoch in ihrem idealen Menschenbild einig, das im Weisen besteht, der leidenschaftslos ist, die Affekte ($πάθη$) beherrscht, die Begierden ($ἐπιθυμίαι$) besiegt hat und unentwegt an sittliche Vervollkommnung und perfekte Pflichterfüllung denkt. Man sieht leicht ein, dass sich eine solche Pflichtethik der Unempfindlichkeit ($ἀπάθεια$) gut in die Staatsräson einfügt. Diese von hohem sittlichen Ernst getragene Haltung haben sich in der Folge viele Philosophen zu eigen gemacht mit dem Effekt, dass die meisten von ihnen gut angepasste Stützen von Staat und Landesreligion geworden sind, wie es Schopenhauer später ausgedrückt hat. Die hedonistischen Kritiker, die das individualistische, unangepasste anarchische Element betonen, wiesen hingegen auf die mangelnde Kreati-

---

[402] Cicero: De finibus bonorum et malorum II, 12.

vität hin, die mit dem stoischen Ethos verbunden ist. Schöpferische Aktivität in sozialer, wissenschaftlicher und künstlerischer Hinsicht ist eher bei bizarren, unangepassten leidenschaftlichen Charakteren zu erwarten. Immerhin hat der Ausdruck ἀπαθής im Griechischen auch die Bedeutung von „stumpfsinnig".

## 2. Individualität und Selbstsorge

Ehe wir die Transformation des Hedonismus weiter verfolgen, müssen wir auf ein gemeinschaftliches Element beider hedonistischer Varianten hinweisen: In jedem Fall beinhaltet diese Form der Ethik das Moment der *Individualität*. Im Griechischen läuft diese unter dem Begriff ἐπιμέλεια ἑαυτοῦ, der *Selbstsorge*. Selbstsorge ist nicht nur Selbstreflexion, Selbsterkenntnis, das delphische γνῶθι σαυτόν, sondern bedeutet auch das sich Kümmern um die eigene Person; mit Selbstsorge ist nicht Selbstsucht, Egoismus gemeint, sondern Pflege und sorgfältige Verwaltung des eigenen Ich. Das Prinzip ist leicht einsehbar: Man muss Ordnung im eigenen Haus haben, ehe man sich um die πόλις kümmert. Platon macht dies deutlich: Man kann keine verantwortliche Rolle im Staat übernehmen, wenn man mit sich selber nicht zurecht kommt.[403] Jemand, der psychisch zerrissen ist, der eine schwankende, instabile Persönlichkeit darstellt, ist als Staatslenker ungeeignet. Die politische Erfahrung lehrt es zur Genüge: Ein Paranoiker als Regierungschef ist das Schlimmste, was man sich vorstellen kann. Auch Aristoteles stimmt hier zu: Selbstliebe ist der natürliche Ausgangspunkt des Handelns: „Jeder ist sich selbst der beste Freund, und darum soll man auch sich selbst am meisten lieben."[404] Selbstwertschätzung ist die Voraussetzung für den amikalen Umgang mit anderen; wer sich selber hasst, mit sich entzweit ist, kann die Brücke zu Freunden, zur Gemeinschaft nicht finden. Selbstsorge, Eigenliebe wurde später fälschlich mit Eitelkeit, rücksichtslosem Egozentrismus und mangelnder Solidarität mit der Gemeinschaft verbunden. Man sah in der Ferne den bedenkenlosen Potentaten, der in Verfolgung seiner ideologischen Ziele über Leichen geht. All dies ist aber mit dem zur Lust korrelativen Begriff nicht gemeint. Selbstsorge im hellenistischen Sinn ist nicht aggressiv gedacht, sie bedeutet nur, dass der Ausgangspunkt sozialen Handelns das eigene Ich ist. Aus heutiger Warte würde man vielleicht an den Gen-Egoismus der Sozio-

---

[403] Platon: Alkibiades I 133e.
[404] Aristoteles: Nikomachische Ethik, Buch 9, 1168b, 5-10.

biologie denken. Dieser schließt ja auch die Möglichkeit des Altruismus ein, jedoch abgestuft nach dem jeweiligen Verwandtschafts-Verhältnis. Auch intuitiv ist es jedem Alltagsmenschen evident, dass man sich in abgestufter Weise zuerst um seine Kinder und Enkel sorgt und dann asymptotisch schwächer werdend für den Rest der Menschheit einsetzt, mit dem man weniger Gene gemeinsam hat.

Die Selbstsorge ist in der christlichen Ära in Verruf gekommen, weil sie schlecht mit dem Gedanken des Opfers, der Aufgabe individueller Interessen, harmoniert. Die Betonung und Pflege des empirischen Ichs galt als Weltverhaftetheit, Befangenheit im Diesseits, als heidnische Bindung an die geringwertige Materie. Eine extreme Form der Aufgabe des Ich findet man dann in der christlichen Mystik: Das Ziel, die Verschmelzung mit der Gottheit, bedingt eine Rücknahme des Individuellen und eine Unterordnung gegenüber dem höchsten spirituellen Wesen. Naturgemäß müssen dann auch die Interessen des Einzelnen dem geistigen Ziel geopfert werden. Individualismus hat nach der rein christlichen Ära erst wieder in der partiell heidnischen Renaissance Aufnahme gefunden.

Im hellenistischen Hedonismus bedeutet Selbstsorge jedoch der Primat der Individualität und des Privaten. Als wesentlich, aber doch nachgeordnet, wird dann die Versorgung der Interessen der Kinder und des Freundeskreises angesehen. Freundschaft hat einen hohen Status im hedonistischen Denken, denn sie führt zur *Glücksverstärkung*. Der Freund ist ein Spiegel des eigenen Ich, an seinem Glück hat man teil. Im aufgeklärten Eigeninteresse kümmert man sich also um das Wohl des Freundes. Die Betonung der Selbstsorge impliziert keinen totalen Rückzug aus der πόλις, aber ein abgestuftes Interesse, einen begrenzten Einsatz für die Gemeinschaft. In keinem Fall ist die Opferung des Lebens für die politischen Ziele der Regierung mit Selbstsorge und Hedonismus vereinbar, bedeutet doch der Tod das Ende aller freudvollen Sinnlichkeit. Eine *Wehrpflicht* ist vermutlich nur mit einer spirituellen Metaphysik moralisch zu rechtfertigen. Nur wenn die Seele des gefallenen Kriegers ihre Belohnung in einer besseren Welt erwarten darf, ist das Opfer des eigenen Lebens unter der Perspektive der Gegenseitigkeit und des wertmäßigen Ausgleichs sinnvoll. Ein Sterben fürs Vaterland ist mit dem rein materialistischen Hedonismus unvereinbar, weil die adäquate Kompensation für den Einsatz den tapferen Krieger nicht mehr erreichen kann. Bis in die Gegenwart muss deshalb aus der Sicht einer hedonistischen Ethik die Wehrpflicht als unmoralisch bezeichnet werden.

Generell gesteht das Staatskonzept des Hedonisten der Ordnung des Gemeinwesens nur eine „Nachtwächterrolle" zu; der Staat soll Sorge tragen, dass im kleinen Kreis unter den Bedingungen von Ruhe und Ordnung störungsfrei philosophiert und geliebt werden kann, dazu müssen – allerdings begrenzte – Opfer gebracht werden. Der Hedonist lehrt also nicht den totalen Rückzug aus allen Belangen der πόλις, er sieht natürlich, dass sein friedlicher Garten verlockende Beute für räuberische Nachbarn werden könnte. Somit wird der Staat gebraucht, er soll mit freiwilligen (!) Helfern für Stabilität der Verhältnisse sorgen, aber niemand darf gezwungen werden, seine individuelle Sicherheit der Permanenz des Staates zu opfern. Motivatorisch primär ist für den Hedonisten, was er auch jedem anderen zugesteht, die Beschäftigung mit dem eigenen Körper. Dieser ist kategorial nicht von der Seele verschieden; der Leib-Seele-Dualismus ist eine metaphysische Illusion. Somit gibt es keinen Unterschied zwischen ἡδονή τῆς ψυχῆς (Lust der Seele) und ἡδονή τῆς σαρκός[405] (Lust des Körpers). Beiden zusammen in untrennbarer Einheit gilt die Primärsorge des Hedonisten, Körperpflege und Seelenmassage fördern dasselbe Wesen.

Die dualistische Differenzierung spukt bis in die Gegenwart in den Köpfen auch dem Hedonismus wohlmeinend gegenüberstehender Denker. Wenn man jedoch Ernst macht mit einer monistischen Ontologie des menschlichen Körpers, ist sinnliche und geistige Lust nicht wertmäßig stufbar. Zudem ist der neuronale Ort, an dem alle Lust letztendlich entsteht, immer derselbe. Die Reizzonen des Körpers, von denen das Vergnügen seinen Ausgang nimmt, noch einmal ethisch zu gewichten, ist unbegründete Willkür. Ob das Auge durch die Schönheit einer Landschaft, das Ohr durch klingende Harmonien, das Gehirn durch einen kühnen Gedankengang oder die Liebeswerkzeuge durch eine ekstatische Vereinigung erfreut werden, ist aus hedonistischer Sicht einerlei.

Eine Wertung nimmt der Hedonist wohl aber zwischen den öffentlichen Anliegen des Staates und den Wünschen des Individuums vor. Der Genuss von Essen, Trinken, Liebe, Kunst, Natur rangiert vor den Zielen des Staates, das Reich zu mehren, Hegemonie über die Nachbarn auszuüben, politische Vormachtstellung einzunehmen und den Nationalismus zu schüren. Hedonisten sind also nur begrenzt gute Staatsbürger, eher sind sie Kosmopoliten. Das Weltbürgertum hat von den Epikureern sogar auf die

---

[405] Hubert Cancik: Zur Entstehung der christlichen Sexualmoral. In: A. K. Siems: Sexualität und Erotik in der Antike. WBG, Darmstadt 1994, S. 347-374.

Stoiker übergegriffen, die sonst mit ihrer Tugendethik die Staatsräson stützten. So betont der Rhodier Panaitios,[406] als man ihm die athenische Bürgerschaft zuerkennen wollte: „Für den, der die Grenzen des menschlichen Wesens kennt, genügt die Polis, die ihm die Natur zugewiesen hat." Aus hedonistischer Sicht gibt es keine autonome Staatsräson, die Normen und Pflichten des Einzelnen vorgibt, sondern das Gemeinwesen wird vom Individuum aus konstituiert. Das Subjekt, die Person, ist Gegenstand ethischen Bedenkens, die individuelle Entfaltung ist Ziel der normativen Ordnung des Hedonismus und die Kollektivstruktur muss nach dieser Bedingung optimiert werden. Hedonismus ist somit auch eine Art Versicherung, dass die staatliche Ordnung nicht zum Selbstzweck wird und dass machtgierige Herrscher unter Berufung auf die höhere Wertigkeit der Staatsidee den Einzelnen versklaven bzw. in unheilvolle Kriege bringen. Der Hedonist kann auch darauf hinweisen, dass alle Kriege im Nachhinein von allen Beteiligten als Verlustgeschäft angesehen worden sind und dass friedlicher Wettbewerb in jedem Fall allen Völkern mehr Wohlstand und Lebensqualität sichert.

Selbstsorge und ἡδονή sind wie gesagt korrelative Begriffe: Weil das Luststreben des Einzelnen eine Naturanlage des Menschen, eine anthropologische Konstante ist, muss die oberste Norm in der Pflege dieses Begehrens liegen. Weil der natürliche Ort der Lust aber immer nur die individuelle Person ist – ein Kollektiv von Menschen ist kein Organismus und hat keine Empfindungen –, ist die Selbstliebe der logische Ausgangspunkt der Normengestaltung. Selbstsorge bedeutet, dass die Wartung und Ordnung des Personkerns notwendig ist, um zu ungestörten Lustempfindungen zu gelangen. Selbstentzweiung behindert ein gelungenes, glückliches Leben. Mehr als je zuvor scheint heute der Aufruf zur Pflege der eigenen Person notwendig zu sein. In Zeiten wirtschaftlicher Prosperität, an denen wir, gemessen an früheren Jahrhunderten, immer noch teilhaben, scheint die Uneinigkeit mit sich selber, die psychische Zerrissenheit stärker zu sein als in Epochen der Lebensnot. Dieser seltsam anmutende Befund weist darauf hin, dass viele Menschen doch noch schlecht mit Freiheit und Wohlstand genießerisch umgehen können. Höchstens ältere Menschen, die die Not des großen Krieges und die Zeit der Armut danach noch lebhaft in Erinnerung haben, zeigen eher Dankbarkeit und können sich der Zeitumstände freuen.

---

[406] Panaitios: Proklus zu Hesiod E 707.

Eine unauflösliche Spannung bestand von jeher zwischen dem individualistischen Hedonismus und dem kollektivistischen Ordnungsdenken. Man traute dem Ideal des persönlichen Glücks nicht die systembildende und -erhaltende Kraft zu, eine stabile Ordnung zu etablieren. Man übersah dabei zumeist, dass die schwache Ordnung des Hedonismus *selbstorganisiert* sein könnte. In der Tat kann sie sich auch durchaus „induktiv" bilden, d. h. von der individuellen Handlungsmaxime zum kollektiven Verhaltensmuster. Es ist dann eine spontane, dezentrale bzw. polyzentrische Ordnung, die als Resultat der Wünsche und Interessen der Individuen zustande gekommen ist. Die starke Ordnung des Kollektivismus ist hingegen als *Fremdorganisation* zu begreifen. Elitäre Vernunft bei Platon oder Gott im Christentum geben die hierarchische Ordnung vor. Der mittelalterliche Staat ist genau nach diesem Muster organisiert, wobei Gott als oberster δεσπότης fungiert. Der spanische Philosoph Ramón Queraltó hat sehr treffend die fremdorganisierte hierarchische Ethik mit einer Pyramide verglichen und die liberale moderne selbstorganisierte Ethik mit einem Netz oder einem Verband (retículo). Bei der pyramidalen Ethik steht der oberste undiskutierbare Wert an der Spitze und steuert alle untergeordneten Handlungsmaximen, wohingegen bei einem Netz, in dem die einzelnen Knoten die Werte darstellen, es keine ausgezeichnete Dominanz einer bestimmten Wertvorstellung geben kann.[407]

In der Vergangenheit hatte die Idee einer sich selbst bildenden Normenstruktur wenig Resonanz, man hielt sie im Grunde für unzuverlässig. Auch aus diesem ordnungspolitischen Grund wurde Epikurs Philosophie immer als staatsgefährdend betrachtet, politisch subversiv und metaphysisch religionsfeindlich. Der Hedonist und Epikureer war nicht nur der Anwalt der Lust, sondern viel weitergehend der Verteidiger der individualistischen Freiheit, d. h. der Vorläufer dessen, was im 19. Jahrhundert dann zum Liberalismus wurde. In politischer Hinsicht ist Hedonismus der Ausdruck des Widerstandes der Individuen gegen die „Domestizierung" durch das Kollektiv, der Protest des Einzelnen gegen die Unterjochung durch den Willen einer anonymen Menge oder einen von einer Leitidee besessenen Volksführer.

---

[407] Ramón Queraltó: Etica, tecnología y valores en la sociedad global. El caballo de Troya al revés. Tecnos, Madrid 2003, S. 159ff.

## 3. Weltangst und Weltflucht

Angefangen hat die Umwertung der Lebensfreude, speziell der sexuellen Lust, beim späten Platon. Hier bahnt sich eine Umwertung an, die dann zu jenem psychologischen Erdrutsch der christlichen Sexualmoral führt, der die Degradierung aller lustvollen Aktivitäten einschließt. Platon, der in seiner Jugendzeit den verschiedenen Formen des ἔρως durchaus aufgeschlossen war, wie z. B. seine Liebesgedichte an den Knaben Dion und an verschiedene Hetären belegen,[408] kritisiert in erster Linie den Verlust der Vernunftkontrolle, der mit der Liebesleidenschaft verbunden ist. Wie er im Philebos, seiner Spätschrift, ausführt, sind die Lüste und speziell die des Geschlechtstriebes so beschaffen, dass sie den Menschen völlig den Kopf vernebeln, derart, dass sogar die Götter ein Einsehen haben und im Falle eines Meineides in Zusammenhang mit Liebesdingen Verzeihung gewähren.[409] Der rauschartige Bewusstseinszustand beim Geschlechtsakt kommt Platon auf einmal abstoßend vor. Er misstraut der Selbstregulierung der naturwüchsigen Grundausstattung des Menschen und fürchtet, dass dieser davon bedroht ist, von seinen Basisinstinkten weggerissen zu werden. Es mutet seltsam an, dass der späte Platon so große Furcht artikuliert, von den Lüsten verfolgt zu werden, denn üblicherweise erlahmt mit der Potenz auch die Libido. Ohne körperlichen Antrieb sollte auch die Sorge vor der Verfolgung durch die unkontrollierbaren Begierden abnehmen. Aber vielleicht ist der kausale Zusammenhang gerade umgekehrt: Solange der Philosoph im Vollbesitz seiner Kräfte war, neigte er dazu, die lustvollen Aktivitäten zu verteidigen. Mit schwindendem Vermögen werden ihm die Erlebnisse von Jugend- und Mannesalter fremd, und das Unvermögen transformiert sich philosophisch in lustfeindliche Argumente.

Jedenfalls urteilt Aristoteles rundweg ausgewogener. Er tritt durchweg für das rechte Mittelmaß in Bezug auf die Praxis der lustvollen Leidenschaften ein.[410] Der Mensch muss einen Weg funden zwischen Übermaß (ὑπερβολή) und extremer Leidenschaftslosigkeit (ἔκλειψις). Unkontrolliertes Verfolgen aller Begierden endet unweigerlich in Lebenskatastrophen, das völlige Fehlen von Triebhaftigkeit in Antriebslosigkeit im Lebensvollzug und in steriler Langeweile. Der wohlabgewogene Einsatz der Begierden führt zum guten, gelungenen Leben, das weder in Ausweg-

---

[408] Diogenes Laertius III, 30.

[409] Platon: Philebos, 65c.

[410] Aristoteles: Nikomachische Ethik II, 1106 b 25-26.

losigkeiten noch in Langeweile mündet. Ein reflektierter Einsatz der Leidenschaften kann sogar als Tugend (ἀρετή) bezeichnet werden. Jedenfalls ist nach Aristoteles der Mensch keineswegs den ihm naturhaft zukommenden Strebungen willenlos (ἀκούσιος) ausgeliefert. Er kann sie zum Gegenstand rationaler Reflexionen machen und damit überlegt steuern. Es ist zu bemerken, dass Aristoteles somit auch den zum triebhaften Lebensvollzug konversen Lebensablauf der asthenischen erlebnisarmen Langeweile in Rechnung stellt, denn dieser bildet genauso eine Bedrohung für ein erfülltes Leben wie die überschäumende Triebhaftigkeit. Seltsamerweise haben spätere, vor allem stoische Autoren immer nur die Sorge vor der Begierde (ἐπιθυμία) geschürt und die triebhafte Seele (ἐπιθυμητικόν) als Krankheit bewertet. Kaum oder nur sehr selten wurde auf die Gefahr der emotionalen Flachheit, der affektiven Eintönigkeit bei zu viel Rücksicht auf die Vernunft hingewiesen. Selbst die von Aristoteles so gelobte Mäßigung (μετριοπάθεια) trägt den Keim der Mittelmäßigkeit in sich, zu viele angstvolle Bedenken hinsichtlich hypertropher Triebaktivität können auch das Lebensglück paralysieren. Wer nicht in der Lage ist, zumindest temporär seine Tugenden schlafen zu legen, wird manche Höhepunkte des Lebens nie erfahren. Das Umgehen mit den Leidenschaften gleicht somit einem Gang zwischen Scylla und Charybdis. Zu viel hedonistische Tollkühnheit kann zwar wunderbare Erlebnisse zeitigen, aber auch den emotionalen Absturz. Zu viele Bedenken tragen den Keim des Versäumnisses in sich, zu späten Lebenszeiten meldet sich dann die Reue, am Leben vorbei gegangen zu sein.

Platons Abwertung der Sinnlichkeit wurde dann durch lustfeindliche religiöse Bewegungen wie die Gnosis und den Manichäismus verstärkt. Dies führte unter dem christlichen Einfluss vor allem von Paulus und den Kirchenvätern wie Johannes Chrysostomos dazu, dass Sexualität ausschließlich auf die monogame Ehe, mit dem alleinigen Ziel der Prokreation und als Heilmittel gegen die Begierde, als *remedium concupiscentiae*, beschränkt wurde.[411] Alle außereheliche Sexualität, männliche und weibliche Homophilie und natürlich die Knabenliebe wurden unter Strafandrohung verboten. Es entwickelte sich etwas, was im römischen Recht völlig unbekannt war, eine Bestrafung von sexuellen Handlungen. So stand auf Päderastie die Todesstrafe, und einige radikale Sittenhüter wollten sogar

---

[411] Hubert Cancik: Zur Entstehung der christlichen Sexualmoral. In: A. K. Siems: Sexualität und Erotik in der Antike. WBG, Darmstadt 1994, S. 349.

noch den beteiligten Knaben töten.[412] Es ist zu vermuten, dass die heftige Ablehnung der Knabenliebe durch die Kirchenväter das bis zum heutigen Tage anhaltende Unverständnis für diese griechische Spielart der Sexualität bestimmt hat und dadurch auch die rechtsethische Verurteilung bewirkte.

Wie kann man diesen Umbruch im Wertesystem verstehen? Der Schlüssel dazu findet sich in Augustinus' Erbsündenlehre. Als Folge des Sündenfalls sind die menschlichen Geschlechtsorgane nicht mehr dem Willen und der lenkenden Vernunft unterworfen. Augustinus spricht – da er schließlich 15 Jahre mit zwei Konkubinen zusammengelebt hat – ganz aus Erfahrung. Diese Körperteile, so konstatiert er, führen ein absonderliches Eigenleben: Zur Unzeit melden sie sich, und wenn sie gebraucht werden, versagen sie oft den Dienst. Noch gewichtiger ist aber, was Augustinus mit psychoanalytischem Tiefblick herausarbeitet: „Die Libido", so schreibt er in seinem Werk *Über den Gottesstaat*, „bringt den ganzen Menschen in Wallung, worauf jene Wollust folgt [...], die auf ihrem Höhepunkt angelangt, fast alles Denken und Wachbewusstsein auslöscht."[413] Nach Augustinus bedroht der *Orgasmus* den Verstand, den Willen und sogar die Identität; die Autarkie, die Einheit des Ich-Bewusstseins, alles, was eine kontrollierte Person ausmacht, geht im Sexualakt verloren. Damit nimmt er deutlich erkennbar Freud vorweg: In Bezug auf sein Triebleben ist der Mensch nicht Herr im eigenen Haus.[414] Was Augustinus in seiner psychologischen Analyse fand und mit der mythischen Erzählung der Ursprungssünde zu erklären sucht, hat für die darauffolgenden Philosophen in hohem Maße die Weichen gestellt. In der abendländischen Ethik spielt die Sexualität eine Schlüsselrolle, und der Gegensatz von Trieb und Vernunft ruft die unterschiedlichsten Lösungen und Regelungsvorschläge hervor. Je nach weltanschaulicher Nähe oder Ferne von den christlichen Kernaussagen formulieren die Philosophen mehr asketische oder mehr hedonistische Ansätze. Thomas von Aquin äußert sich zwar zurückhaltender in Bezug auf die geschlechtliche Lust als Augustinus. Er meint nur, dass im Zeitintervall der sexuellen Erregung der Heilige Geist abwesend sei. Da nach ihm das oberste Gut des Menschen im vernunftgemäßen Leben besteht, können Handlungen, die unzweifel-

---

[412] Ebenda, S. 353.
[413] Augustinus: De civitate Dei XIV, 16.
[414] Sigmund Freud: Eine Schwierigkeit mit der Psychoanalyse. In: Ders.: Gesammelte Werke, Bd XII. Fischer, Frankfurt 1947, S. 7-11.

haft die Verstandeskontrolle ausschalten, nicht gutgeheißen werden. In jedem Fall sind nach Thomas die intellektuellen Freuden, vor allem, wenn sie sich auf den obersten Wert, nämlich Gott, richten, höherstehend als die Lust der Sinne. Liest man Thomas aus heutiger psychologischer Perspektive, so bekommt man Zweifel, ob es ihm wirklich ausschließlich um die Optimierung des Vernunftgebrauches gegangen ist. Denn er hätte eigentlich eher für die Entlastung von körperlichem und seelischem Druck plädieren müssen, da Hunger, Durst und sexuelle Spannung doch gerade die Vernunft daran hindern, sich auf abstrakte, leibferne Zusammenhänge zu konzentrieren. Die Geschichte der Askese hat doch gezeigt – und von einer einfachen Bilanzierung der psychischen Energie her ist es eigentlich klar –, dass der Aufwand, der zur Zügelung der Triebwelt eingesetzt werden muss, für die Durchführung kreativer geistiger Tätigkeiten verloren geht. Aus Thomas' Gewichtung der Lust beim ehelichen Koitus wird klar, dass er doch apriorische Vorgaben im Sinne hat.[415] Das Zeugungsvergnügen ist zwar nicht *direkt* sündhaft, hat aber doch unverlierbar seinen Ursprung in der sittlichen Schlechtigkeit des Stammvaters.[416] Aus diesem Grund waren auch Theologen des Frühmittelalters der Meinung, dass die Zeugung im Urzustand vor dem Sündenfall zwar auch durch den Koitus, aber ohne jede sinnliche Lust vonstatten gegangen wäre. So meint Honorius von Autun (12. Jahrhundert), dass sich die Geschlechtsorgane so empfindungslos zusammengefügt hätten, wie „das Auge sich zum Schauen öffnet".[417] Umgekehrt bedeutet natürlich jede intensive Aktivierung der Geschlechtsorgane über den Zeugungszweck hinaus nach Thomas eine schwere Sünde, wobei der Hauptgrund in der Tatsache liegt, und hier ist er sich mit Augustinus einig, dass die Wollust den Verstand zuweilen bis zum Wahne verdunkelt. Diesen Wahn positiv zu werten, konnte sich der

---

[415] Die Beschränkung der Lust auf den [ehelichen] Koitus ist bei Thomas sehr wörtlich gemeint; dies wirkt sich bis in die Praxis der modernen Reproduktionstechnologien aus. Die katholische Kirche hat nicht nur die heterologe Insemination, also die Verwendung von außerehelichen Keimzellen für die künstliche Befruchtung untersagt, sondern auch die homologe Insemination mit dem Samen des Ehemannes, da dieser ja nur durch Masturbation gewonnen werden kann. Thomas von Aquin beurteilt nämlich die Selbstbefriedigung als eine noch größere Sünde als den Ehebruch, weil erstere direkt Gottes eigene Gesetze der Natur verletzt, während letztere unmittelbar nur in Rechte des Nachbarn eingreift. (Thomas von Aquin: Summa Theologica, I-II, 153)

[416] Thomas von Aquin: Summa Theologica I, II, Questio 34.

[417] Anmerkungen zur Summa Theologica Questio 98, München 1941, S. 419.

Aquinate nicht durchringen. Zu stark war die axiologische Schichtvorstellung in der Anthropologie: Die Vernunftschicht gehört einer höheren Ebene des Seins an als die animalische Natur des Menschen.[418] Erst die moderne Biopsychologie konnte die Verschränkung der verschiedenen Teile des Gehirns klären, womit auch die Überbewertung der kognitiven Aktivitäten des Neokortex gegenüber der Rolle des Limbischen Systems unplausibel wurde. Aus naturalistischer Sicht ist die axiologische Stufung von Intellekt und Emotion eine willkürliche Gewichtung ohne Fundamentum in re.

Bis in die Gegenwart hat sich die Einstellung des römisch-katholischen Christentums bezüglich des Trieblebens nicht geändert: Der inzwischen von Papst Johannes Paul II. heilig gesprochene Josemaría Escrivá de Balaguer, der Begründer des Opus Dei, schreibt verpflichtend die Abtötung aller Wünsche vor: „Wo keine Abtötung, da keine Tugend."[419] Aber auch bei ihm bricht der kompensatorische, spirituelle, transzendente „Hedonismus" wieder durch, wenn er die Jenseits-Perspektive eröffnet: „Wir wollen in dem armen gegenwärtigen Leben den Leidenskelch bis zum letzten Tropfen leeren. – Was bedeuten zehn, zwanzig oder fünfzig Jahre Leid..., wenn dann die Herrlichkeit kommt, für immer, für immer..., für immer?"[420]

Legt man nur die offizielle Lehrmeinung der katholischen Kirche, wie sie uns in den Vertretern der Hochscholastik entgegentritt, zugrunde, würde man meinen, dass im Mittelalter eine durchweg milde, durch starke ethische Kontrollvorschriften gebremste Leidenschaftlichkeit vorherrschte. Ein Blick auf die weniger offizielle Literatur lehrt Gegenteiliges; die strengen Regelungen der Kirchenlehrer[421] und die daraus abgeleiteten Sittenkataloge bewirkten offenbar eine hohe Triebspannung, die sich irgendwo Bahn brechen musste.[422] Man kann hier die psychologische Beobachtung machen, die für fast alle Epochen gilt, dass der Trieb eine *biologi-*

---

[418] Hier waren sicher auch neuplatonische Vorstellungen wirksam, die mit der Stufengliederung alles Seienden auch die Befreiung des stoffgefesselten Menschen in Richtung auf reine Geistigkeit auf dem Wege der Askese verbanden. (Plotin: enneades 4, 7 [2], 10, 27)

[419] Josémaria Escrivá de Balaguer: Der Weg. Adamas Verlag, Köln 1982, Nr. 180.

[420] Ebenda, Nr. 182.

[421] Karlheinz Deschner: Das Kreuz mit der Kirche. Econ, Düsseldorf 1974.

[422] Paul Englisch: Geschichte der erotischen Literatur. Püttmann, Stuttgart 1927, S. 93.

*sche Konstante* darstellt, die durch rigorose Unterdrückung nicht verändert werden kann, im Gegenteil: Wie bei der Kompression eines Gases steigen Druck und Temperatur stark an. Für diesen Zusammenhang gibt es speziell im Mittelalter eine Fülle von Beispielen, wie trotz externer Repression sogar unter religiösem Deckmantel die Lava der Begierde wieder hervorbricht. Dies wird auch unter der Tarnung des Marienkultes deutlich, in dessen Rahmen man sich detaillierte Gedanken machte über die Sanktifikation Marias im Schoße ihrer Mutter Anna und die übernatürliche Menschwerdung Christi, die eine Reflexion über dessen nichtsexuelle Entstehung geradezu herausforderte. Die ganze Dialektik der Triebverdrängung wird deutlich bei der frühmittelalterlichen Dichterin und Nonne Roswitha von Gandersheim (935-975), die mit dem offiziellen Motiv, die Anfeuerung der Tugend und die Vertreibung des Lasters zu bewirken, Komödien nach Art des römischen Dichters Terenz verfasste. Unter dem Vorwand, dass die Schilderungen unsittlicher Verhaltensweisen auf den Leser eine abstoßende und damit tugendfördernde Wirkung ausüben, beschreibt die phantasiereiche Nonne alle Arten von gewaltsamen Formen der Sexualität. In ihren Bordellszenen werden Vergewaltigungen, Päderastie sowie sadistische und masochistische Handlungen so liebevoll ausgeschmückt, dass wohl kein Zweifel über den Verdrängungsprozess bleiben kann, der in dieser triebhaften Dichterin stattgefunden hat. Bemerkenswerterweise nahm niemand Anstoß an dieser verdeckten Form von Triebäußerungen, sie durfte sogar Otto dem Großen und dem Bischof von Mainz ihre Werke überreichen.

Auch in den Kompendien zur Dämonen- und Teufelslehre, die im Hochmittelalter entstanden, finden sich offene und versteckte Darstellungen extremer orgiastischer Praktiken der Teufelsbündler. Papst Gregor IX. erließ 1233 seine Bulle *Vox in Rama* gegen die Teufelsfeste, und 1484 brachte Innozenz VIII. die Hexenbulle *Summis desiderantibus affectis* auf den Weg, in der auch die Verurteilung des Geschlechtsverkehrs von Männern und Frauen mit dem Teufel enthalten ist. Der daraufhin von Jakob Sprenger und Heinrich Institoris verfasste *Hexenhammer* kann geradezu als ein Codex sexueller Paraphilien angesehen werden.[423] Der diesem Werk hinzugefügte Anhang *Formicarino* des päpstlichen Inquisitors Johannes Nidar schwelgt in besonders extremen sexuellen Vorstellungen, so dass man nicht umhin kommt, den Teufel als Projektionsfigur unter-

---

[423] Jakob Sprenger / Heinrich Institoris: Der Hexenhammer (Malleus maleficarum) von 1487. dtv, München 1987.

drückter Triebenergie zu denken. Über das fröhliche Treiben der Geistlichkeit im Mittelalter ist mehr als genug veröffentlicht worden,[424] zumeist auch unter dem Aspekt der Genugtuung, dass dem Menschen die Enthaltsamkeit eben nicht bekommt und dass der sinnlose Kampf gegen die biologische Natur des Menschen schon von seiner Ausgangslage her als verloren angesehen werden muss. In einigen Ansätzen zeigte sich sogar der Versuch, offen die Tyrannei der sexuellen Oppression zu durchbrechen. So verfasste der Nuntius von Papst Julius II., Johannes Casa, ein Traktat, worin er die Homosexualität (damals Sodomie genannt) lebhaft in Schutz nimmt.[425] Und Papst Sixtus IV. gestattete seinen Kardinälen, die Knabenliebe während der drei heißen Monate des Jahres zu praktizieren,[426] was ihm wohl nicht schwer fiel, da er selbst bisexuell war. Diese Ausflüge in ein liberaleres Umgehen mit dem gesamten Komplex der Lebensfreude führten jedoch nicht zur generellen Akzeptanz aller Varianten des libidinösen Bedürfnisses, sondern die Ausschweifungen der Kurie wurden als esoterische Sonderrechte der Päpste und Kardinäle verstanden und hatten nicht den Charakter von Freibriefen für die bürgerliche Allgemeinheit.

Luther brachte insofern eine für den Hedonismus positive Note ins Spiel, als er das zölibatäre Ideal für naturwidrig und unsinnig hielt. In seinem Traktat *Vom ehelichen Leben* von 1522[427] bejaht er das natürliche Recht des Menschen auf sinnliche Lust. Weil der Trieb zum sexuellen Vergnügen nun einmal vorhanden ist, geht es nicht an, den Menschen zur Keuschheit zu verpflichten, zudem es ihm auch gar nicht möglich ist, ein solches Gelübde zu halten. Luthers naturrechtliche Apologie der Sexualität geht sogar so weit, dass er impotenten Personen, die den Partner nicht geschlechtlich befriedigen können, die Ehe verweigert, bzw. wenn sich diese Unfähigkeit erst im Laufe der Ehe einstellt, erlaubt, dass sich der andere Teil außerehelich schadlos hält. Wenn die Frau sich hartnäckig dem Geschlechtsverkehr verweigert, gilt nach Luther das Prinzip: „Willst du nicht, so will eine andere, will die Frau nicht, dann darf die Magd." Daraus sieht man, dass der Interpretationsspielraum von Prinzipien der Sexualmoral wesentlich von der Triebstärke des Betroffenen abhängt. Viel Deutungsfreiheit nahmen sich zur Zeit Luthers auch die Zölibatäre der

---

[424] Vgl. Paul Englisch: Geschichte der erotischen Literatur, S. 107.
[425] Otto von Corvin: Pfaffenspiegel. Pan-Verlag Rolf Heise, Berlin 1926, S. 187.
[426] Nigel Cawthorne: Das Sexleben der Päpste. Taschen, Köln 1999, S. 172.
[427] Martin Luther: Gesammelte Werke, Bd. X, 2. Abt. Luckhardt, Berlin 1887 – Weimar 1920, S. 267.

katholischen Fraktion, die, um das Keuschheitsgelübde mit den Freuden der Venus zu verbinden, das Votum so interpretierten: Armut im Bade, Gehorsam bei Tische und Keuschheit vor dem Altar.[428] Durch diese *Regionalisierung der Tugenden* eröffnete sich für Mönche und Nonnen ein weiterer Handlungsspielraum, den sie auch weidlich nützten. Wie sehr Luther mit seiner These von der Unerfüllbarkeit des Triebverzichtes Recht hatte, wird deutlich durch die verdeckte Form, in der sich bei einigen Moraltheologen die Libido Bahn bricht, und zwar als Anweisungen im Beichtspiegel und bei der Einschätzung der Sündhaftigkeit bestimmter sexueller Handlungen. Der Begründer des Redemptoristenordens, Alfons von Liguori – 1788 heilig gesprochen –, versteckte seine unbewältigten Triebspannungen in einer Moraltheologie, die als Anweisungen für den die Beichte abnehmenden Priester kaschiert waren.[429] In minutiösen Details analysiert er das Sexualverhalten mit der offiziellen Intention, theologische Ordnung in das zur Devianz neigende Geschlechtsleben zu bringen. Tatsächlich aber spiegelt sich darin die erotomanische Freude am Ausmalen der lustvollen Feinheiten des Sexus. Durch solche Beispiele lässt sich untermauern, dass in der menschlichen Natur ein unveränderliches, ideologisch kaum zu bewältigendes Potential zur Lustverwirklichung steckt, das selbst unter den widrigsten Randbedingungen sich zu aktualisieren weiß. Für den hl. Alfons müssen die Anfechtungen der Sexualität, der „Stachel des Fleisches", bis ins hohe Alter fühlbar gewesen sein, was ihn zu quälenden Zweifeln veranlasste, ob er sich noch im Stande der Gnade befinde.

Die Problematisierung des Sexuellen im 18. und 19. Jahrhundert zeigt überdeutlich, wie gesellschaftliche Interessen und tradierte Wertvorstellungen einen – letztlich aussichtslosen – Kampf mit den endogenen Steuerfaktoren der menschlichen Natur führten.[430] Es ist nicht erstaunlich, dass das Sexuelle stärker unterdrückt wurde als die Aggression,[431] weil letztere gesellschaftlich nutzbar gemacht werden kann, z. B. für Kampfesfreude beim Kriegsdienst oder für Kolonialisierung und technische Expansion.

---

[428] Paul Englisch: Geschichte der erotischen Literatur, S. 124.
[429] Alfons von Liguori: Theologia moralis. 2. Aufl. Manz, Regensburg 1881, Bd. VI.
[430] Karlheinz Deschner: Das Kreuz mit der Kirche. Eine Sexualgeschichte des Christentums. Econ, Düsseldorf 1974, S. 326.
[431] Jos van Ussel: Sexualunterdrückung. Geschichte der Sexualfeindschaft. Focus, Gießen 1977.

Die sexuelle Energie jedoch verpufft wirkungslos in einer Zweiergruppe oder einem kleinen Kreis von Beteiligten, und die dabei frei werdende Arbeit kommt nur dem Vergnügen der Akteure zugute, während für das Kollektiv dabei nichts herausspringt. Die Invarianz des Naturwüchsigen zeigte sich jedoch in der Tatsache, dass alle Versuche der Tabuisierung von Triebhandlungen kontraproduktiv waren. Die Entsexualisierung führt zur sexuellen Obsession, zur sexuellen Besessenheit.[432] Dies manifestierte sich bis in den Marienkult hinein, in den Bereich der christlichen Mysterien, die vielfach in einer eindeutigen Weise erotisch aufgeladen waren. Maria wurde zur Platzhalterin für unerfüllte Wünsche, die spirituelle und die körperliche Liebe verschmolzen zu einer verschränkten Emotion. Mystikerinnen wie Mechthild von Magdeburg und Therese von Avila hatten in ihren Visionen eine Fülle von unübersehbaren Sexualsymbolen. Der Santa Teresa wurde mehr als einmal die *gracia del dardo* (Gnade des Pfeiles) zu Teil, immer wieder spricht sie von dem „goldenen Speer", der sie durchdringt und in Verzückung versetzt. So kommt doch, was Menschen beiderlei Geschlechts gewöhnlich zusammentreibt, in leicht verstehbarer Symbolik zum Vorschein, auch wenn die heilige Therese sicher alle erotischen Konnotationen ihrer mystischen Texte von sich gewiesen hätte. Aber es muss gerade als ein Zeichen der unveränderlichen Natur des Menschen angesehen werden, dass auch extrem antihedonistische kulturelle Einflüsse nicht in der Lage sind, die originären, biologisch fundierten Strebungen zum Erlöschen zu bringen. Diese werden zwar verwandelt, verkleidet, bis zur Unkenntlichkeit spirituell transformiert, verlieren aber dennoch nicht ihre Steuerfunktion für das menschliche Verhalten.

## 4. Musik als Refugium des Hedonismus?

Man möchte meinen, dass das christliche Abendland, nachdem nun der erotisch-sexuelle Bereich weitgehend zurückgedrängt worden war, eine Ersatz-Nische für die Sinnenfreude bereitgehalten hätte, und denkt dabei zuerst vielleicht an *die Musik* und sekundär an *den Tanz*. Zumindest erstere hätte, wenn sie in wortloser Instrumentalform erscheint, doch den religiösen Gehalten kaum gefährlich werden können, da die Sprachlosigkeit auch Kritikfreiheit nach sich zieht. So hätte man sich denken können, dass die Musik als ideologiefreies Refugium den Hütern der „wahren" Metaphysik gelegen gekommen wäre, um vom gefährlichen Vernunft-

---

[432] Ebenda, S. 48ff.

gebrauch abzulenken. Der geschichtliche Verlauf des Verhältnisses von Musik und Philosophie ereignete sich aber wohl ganz anders.[433] Wieder war es offenbar Platon, der der Musik wegen ihrer Sinnenfreude misstrauisch gegenüberstand:[434] Tonarten, Musikinstrumente und Rhythmen sollen im idealen Staat nach dem Grundsatz der Wohlanständigkeit der Seele reguliert werden. Er fürchtete offenbar den Verführungscharakter bestimmter Klänge und vermutete, dass Menschen, die sich dem wohlklingenden Genuss hingeben, auch gegenüber anderen Lüsten nicht lange resistent bleiben würden.

Verstärkt wurden diese Bedenken auch von der Vernunftunzugänglichkeit der Musik. Selbst wenn sie in vokaler Form auftritt, ist die klangliche Komponente eines Liedes oder Gesanges der diskursiven Analyse unzugänglich. Die Klänge können harmonisch und nach musikalischer Form klassifiziert werden, aber sie bieten keinen Angriffspunkt für eine Bedeutungs-Untersuchung. Somit besitzt der Klang einen direkten, nicht durch die Vernunft erfassbaren Zugriff auf die Sinnlichkeit, setzt dort Erregungen frei, die, jeglicher normativer Kontrolle entzogen, reine Sinnenlust repräsentieren. Die den reinen Klängen fehlende semantische Ebene, die Unmittelbarkeit, mit der „absolute Musik" das Nervensystem affiziert und in lustvolle Schwingungen versetzt, machte sie hedonismusverdächtig. Auch wenn die Musik seit der Spätantike zu den sieben freien Künsten gerechnet wurde – dies auch nur wegen ihres mathematisch-pythagoreischen Ursprungs –, galt sie bei den sie bewertenden Philosophen weniger als die sprachlich artikulierte Dichtkunst. Exemplarisch mag Immanuel Kants kuriose Einschätzung der Tonkunst kurz zur Sprache kommen.[435] Da Musik „ohne Begriffe spricht" und anders als die Dichtung nichts „zum Nachdenken übrig lässt", ist sie „mehr Genuss als Kultur", womit sie sich aus kantischer Sicht als von minderem Wert qualifiziert. Als „Sprache der Affekte" ist Musik Sinnenreiz und bringt Wohlgefallen und angenehme Gemütsbewegungen hervor, aber aus der Erkenntnisperspektive kann sie nur den untersten Platz unter den schönen Künsten einnehmen. Für Kant als trockenen Intellektualisten ist ein außerbegrifflicher, nicht zum Wissen führender Sinnengenuss kein sinnvoller Zeitver-

---

[433] Franz Josef Wetz: Die Magie der Musik. Warum uns die Töne trösten. Klett-Cotta, Stuttgart 2004, S. 148.

[434] Platon: Politeia 398 c – 403c.

[435] Immanuel Kant: Kritik der Urteilskraft (Phil. Bibl. Bd. 39). Meiner, Hamburg 1954, § 53, S. 218-222.

treib. Vollends zeigt Kant seine persönliche Abneigung, speziell gegen häusliche Musik, wenn er sie mit dem sich ausbreitenden Geruch eines parfümierten Schnupftuches vergleicht, der von allen umgebenden Personen als Belästigung empfunden wird.[436] Am ehesten kann sich Kant noch eine gesundheitliche Förderung durch Musik vorstellen, indem er das Tonspiel in eine Reihe mit dem Glücksspiel und dem Gedankenspiel rückt. Schon an diesem Beispiel sieht man, dass gegenüber wertenden Einordnungen der Musik und ihrer Wirkungen Skepsis am Platz ist, da speziell Philosophen offenbar von Berufs wegen eine geringe Sensibilität und Offenheit für die Feinheit von Klangkombinationen mitbringen, zugleich mit dem Vorurteil fehlender Begrifflichkeit als eines Mangels an die Musik herangehen und nicht zuletzt der nicht auf Wissenszuwachs angelegten tonlichen Lebensfreude nichts abgewinnen können. Natürlich erweitert das Anhören oder der praktische Vollzug eines Musikstückes nicht unser Wissen über die Welt, genauso wenig wie die freudvolle Vereinigung mit unserer Liebespartnerin; um aber der intellektualistischen Engführung der Lebenspraxis zu entkommen, muss man erst einmal den Sinnengenuss neben der Erkenntnis als gleichberechtigten Wert in die Hierarchie erstebenswerter Ziele einordnen. Wenn Hegel die Instrumentalmusik als „geistlos", als fern von Vernünftigkeit und Verstehen charakterisiert, dokumentiert er damit seine geringe affektive Sensibilität und eine unausgesprochene, axiologische Intellekt-Lastigkeit. Die Ablehnung des musikalischen Hedonismus folgt somit letztlich dem gleichen Schema wie die Aversion gegen eine allgemeine lustorientierte Lebenspraxis. Gerade in ihrer transintellektuellen reinen Sinnenhaftigkeit hat die Musik, die nur sich selbst will, nur den punktuellen momentanen Klang-Zustand als alleinigen Sinn anbietet, viel mit der Ekstase des Liebesaktes gemeinsam. Vielleicht hat niemand eindrucksvoller als Richard Wagner in seinem *Tannhäuser* in der Szene des Venusberges („Naht euch dem Lande...") die Autonomie und Bedingungslosigkeit der Lebensfreude in Musik gesetzt. Selbst wenn er der Dramaturgie der Oper folgend Tannhäuser wieder aus dem Reich der Venus entfliehen lässt, wird im Tanz der Bacchantinnen die Einheit der musikalischen und erotischen Leidenschaft deutlich. Damit kommt auch eine neue unmetaphysische Lebenswertigkeit zum Ausdruck, Venus-Aphrodite taucht als Symbol dafür auf, dass sich in der Hierarchie der Ziele das Irdische in den Vordergrund schiebt und dass die Menschen wieder geneigt sind, den Himmel „den Spatzen zu überlassen" (Heine).

---

[436] Immanuel Kant: Kritik der Urteilskraft § 53, S. 222.

Damit war der Weg offen, auch die Musik als ein sensualistisches Geschehen zu begreifen, das zu seiner Rechtfertigung keiner sprachlichen Deutung bedarf, das auch ohne Hilfestellung durch das Wort direkt auf das Gemüt der Menschen zielt, einzig und allein um ihnen Freude zu machen. Wenn es denn keine Semantik der Noten analog der Bedeutungslehre der Worte gibt, stellt sich auch die Wahrheitsfrage nicht.[437] Womit sollte auch das Hauptthema des ersten Satzes der *Eroica* übereinstimmen, wenn man hier das Adäquationskriterium der Wahrheit verwendete? So wie Drogenerlebnisse und sexuelle Ekstase reine Anregungszustände des ZNS bilden und keinen Verweischarakter haben, sind musikalische Exzitationen der emotiven Zentren, die einfach Freude bringen, ohne Vehikel für einen kosmischen Sinn, einen göttlichen Auftrag oder eine metaphysische Dimension des Seins zu bilden. Musikerlebnisse sind hedonistischer Selbstzweck; Töne, Klänge, Akkorde, Melodien, Arpeggien, Kadenzen sind reine Genussobjekte, die das Leben verschönern und viel besser als alle zweifelhaften metaphysischen Versprechungen Glück in das vielfach unerfreuliche Dasein bringen. Die großen Meister haben es verstanden, mit ihrer intuitiven Genialität jene Klangformationen hervorzuzaubern, die ihren sensiblen, aber weniger kreativen Mitmenschen Zustände unbeschreibbarer Freude bereiten. Diese Glückserfahrungen behalten ihren Wert auch dann, wenn die Klänge keinen metaphysischen Sinn transportieren, keinen überweltlichen Ursprung haben und nur für die auf diesem Planeten gewachsenen Sinnenwesen verständlich sind. Was uns Glück bringt, muss nicht für die Ewigkeit sein; so kann sich Musikdeutung ohne Verlust von der Last der Überzeitlichkeit befreien und sich mit dem Verständnis bescheiden, dass Klänge, die unser Leben begleiten, eben zur alten hedonistischen Trias gehören, die einer tieferen Begründung weder fähig noch bedürftig ist. Die Mühe, einen objektivierbaren, intersubjektiv vermittelbaren Tiefsinn in Sonaten, Quartetten und Symphonien aufzudecken, lässt sich sparen. Die Zeit, die man verwendet, um über den Sinn eines Musikstückes metaphysisch zu meditieren, lässt sich trefflich nützen, um das Stück zu spielen. Hier liegt vermutlich auch ein Grund für die vielfältige interpretatorische Differenz des Musikgeschehens. Praktizierende Musiker sehen weniger Grund, hintersinnige Deutungen und Erklärungen für ein bestimmtes Streichquartett zu liefern, im Unterschied zu den passiven Konzertkonsumenten, die viel Zeit haben, während der Aufführung zu sinnieren, ob der Komponist mit einem bestimmten übermäßi-

---

[437] Franz Josef Wetz: Die Magie der Musik, S. 213.

gen oder verminderten Dreiklang eine besondere Stimmungslage ausdrücken wollte. Der Spieler ist absorbiert durch die Konzentration, den Rhythmus (Pausen zählen!) und die Intonation (freie hohe Einsätze!) und ist glücklich, wenn er seinen Part korrekt in das Tongefüge einpassen konnte. Das Erfolgserlebnis allein trägt zu seinem Glück bei, während der Zuhörer zumeist keine Vorstellung hat, was sich an Schwierigkeiten hinter einer nur einigermaßen geglückten Wiedergabe verbirgt. So sind die Musizierenden so stark in das Tongeschehen eingebunden, dass gar kein Bedarf entsteht, den Klangablauf noch einmal aus der distanzierten Vogelperspektive zu betrachten, genauso wenig wie zwei Liebende das Bedürfnis haben, das freudvolle Geschehen metaphysisch zu überhöhen oder in einen kosmischen Sinnhorizont einzubetten. So ist die Sinnfrage vermutlich als Ausdruck der Distanz, der musischen Ferne, der intellektualistischen Nüchternheit eine Perspektive, die dem aktiven Teilnehmer fern liegt, die sich selbst dann noch nicht aufdrängt, wenn er den Bogen weggelegt hat und das Klangerlebnis Revue passieren lässt.

Es besteht daher kein Zweifel, dass Musik als semantisch unbelastetes Sinnengeschehen gefasst werden kann, als eine Wechselwirkung zwischen der physikalischen Erzeuger-Ebene der mechanischen Schwingungen und der physiologischen Empfindungs-Ebene der sensorischen Tonempfindung. Die nüchterne naturalistische Erklärung raubt dem Glücksbringer Musik keineswegs seinen Zauber, genauso wenig wie das Wissen um die biochemischen Mechanismen der Erotik und Sexualität die Freude am Liebesspiel verdirbt. *Erklären heißt nicht Wegerklären, sondern sachgerecht entschlüsseln.* Dass mit dem mechanischen Aspekt der Klangerzeugung noch nicht alles Notwendige gesagt ist, wird schon dadurch deutlich, dass es ja auch auf den speziellen Algorithmus der Klangerzeugung ankommt. Die Genialität der Meister bestand gerade darin, jene Tonerzeugungsregeln zu finden, die menschliche Sensorien auf das Empfindlichste reizen, so dass in ihnen die erhabensten Gefühle ausgelöst werden. Die Tatsache, dass all diesem Geschehen numerische algorithmische Beziehungen zugrunde liegen, ist dem Hörer niemals bewusst und wenn er es hinterher erfährt, stört das sein Erleben genauso wenig, wie wenn man ihm die korrekte physikalische Erklärung der Rotfärbung des Himmels beim Sonnenuntergang mitteilt. Auch in der Musik zerstört der naturalistische Materialismus nichts von dem Zauber der Klangwelten, sie behalten ihre Faszination und Erlebniskraft, selbst wenn auf diesem Gebiet alles mit rechten (ontologisch betrachtet materiellen) Dingen zugeht.

Dabei ist die Erklärungskraft des physikalistischen Paradigmas noch bei weitem nicht ausgeschöpft. Es bleibt bis heute eine offene Frage, ob das menschliche Sensorium eine innere, ererbte Prädisposition besitzt, bestimmte Klänge als angenehm zu empfinden oder ob hier allein Kulturtradition wirksam ist.[438] Als gesellschaftliches Faktum kann man nicht übersehen, dass auch beim hörgeschulten Konzertpublikum atonale, serielle, dodekaphone, aleatorische Musik, wie sie sich seit Beginn des vorigen Jahrhunderts entwickelt hat, auf fast völlige Ablehnung stößt, ja dass die nun 100 Jahre währenden Versuche der Konzertveranstalter, die Akzeptanz für neue hochdissonante Musik zu erzwingen, gescheitert sind, was auf der Seite der Komponisten zumeist trotzige Resignation und Verachtung für die Musikkonsumenten ausgelöst hat. Auch hier erscheint mir die Fragestellung fruchtbar, ob die Verweigerung der Dissonanz als systematisches Konstruktionselement, nicht als spannungserhöhende Durchgangspassage, ihre Gründe in der menschlichen Natur hat, die sich letztlich nicht verändern lässt. Wenn dem so wäre, und es spricht einiges dafür, dann ergäbe sich letztlich auch eine naturalistische Erklärung für den Typus der am stärksten akzeptierten Musikform. Nicht historische und gesellschaftliche Konvention, sondern genetische Disposition gäbe den Ausschlag für das, was uns Menschen musikalische Freude bereitet. Verwunderlich erscheint dies nicht: Wenn das Spracherlernen auf einer evolutionsbiologischen Voraussetzung beruht, wenn für sexuelles Empfinden die Struktur der Organe maßgebend ist, warum soll Musikerleben nicht in gleicher Weise einem stammesgeschichtlich gewachsenen Fundament aufruhen? Das Gegenteil wäre sonderbar. Daraus lässt sich sogar eine prognostische Perspektive gewinnen. Man kann die Voraussage wagen, dass kein Anpassungsprozess nach und nach jede beliebige Klangkombination im Wandel der Zeit als akzeptabel erscheinen lässt. Möglicherweise werden die 300 Jahre Musikgeschichte von 1600 bis 1900 als Kulmination in die Entwicklung eingehen. Jedenfalls ist dies plausibler, als dass dereinst aus den Lautsprechern unserer Nachfahren fröhliche Zwölftonschlager ertönen und die Konzertsäle nur mehr mit durch Zufallsgeneratoren erzeugten aleatorischen Klangformen gefüllt sein werden. Die 100 Jahre Verweigerung jeglicher Akzeptanz von durchwegs dissonanter Musik sind eine ausreichende Stichprobe, um die Hypothese zu wagen, dass Musik kein rein kulturelles Phänomen darstellt, das die „tabula rasa" des menschlichen Empfindens mit beliebiger Kakophonie beglücken kann.

---

[438] Manfred Spitzer: Musik im Kopf. Schattauer, Stuttgart 2003, S. 169.

## 5. Die Ambivalenz der Tugenden

Nach diesem musikalischen Zwischenspiel zurück zur Entwicklung des Hedonismus. Es besteht kein Zweifel, dass der Renaissance-Humanismus in Italien die Führungsrolle bei der Renaturalisierung des Menschen innehatte. Seine triebhaften Züge erlangen wieder die in der Antike bedeutsame Stellung in der Anthropologie. Epikur wird zuerst noch vorsichtig im klerikalen Gewande reaktiviert, Lukrez aus der Versenkung hervorgeholt,[439] und in Form von witzigen Anekdoten kann Poggio Bracciolini (1380-1459) erotische Schwänke, die Fazetien, erzählen, die das neue positive erdnahe Lebensgefühl des Humanismus spiegeln. Ebenso gibt Boccaccios *Decamerone* und noch viel mehr sein *Corbaccio* die neue Offenheit wieder, mit der in Italien nun nach langer Zeit der tugendhaften Bedeckung die natürliche Triebhaftigkeit wieder an die Oberfläche tritt.

Aber nicht nur in der Literatur, auch in der theoretischen Ethik kommen die Tugenden der skeptischen Analyse in den Blick. Lorenzo Valla fragt nach den Motivationen für tugendhaftes Verhalten: Niemand verzichtet doch so einfach auf ein Vergnügen. Welchen Ersatz erhält denn jemand, der nach den Tugendregeln lebt? Vielleicht ist es Ehre, Ruhm, Ansehen, Geld? Valla dekonstruiert das sittliche Pathos der Tugendlehren nach dem Motto moderner Soziobiologen: Traue keinem erhabenen Motiv, wenn sich auch ein elementareres finden lässt. Valla verwendet in seinem Werk *De voluptate* auch naturalistische antizölibatäre Argumente: Die erzwungene Enthaltsamkeit ist ihm eine naturwidrige Qual. Wir sind, so meint Valla, nach dem Gesetz der Natur geboren worden, und so ist es auch natürlich, wenn wir wieder Kinder zeugen.[440] Valla stand bereits im Rufe, die Wollust als das höchste Gut zu erklären. Es ist nicht ganz geklärt, ob er unter dem Druck der Umgebung und um Anfeindungen auszuweichen diese kyrenäische Auffassung später wieder abschwächte.

Jedenfalls lobt er mit Hinweis auf die Abwechslung auch die „Lust jenseits der Sitte" und verteidigt die Verlockungen der Seltenheit bei den Genüssen. Wenn der Trieb drängt, sollte man sich nicht hindern lassen, die Frau eines anderen zu verführen. Auch den Seitensprung sieht Lorenzo Valla recht locker, letzten Endes kommt es ja nur darauf an, ob der Mann

---

[439] Die Entdeckung seines Lehrgedichtes „De rerum natura" durch Poggio Bracciolini war die vielleicht aufregendste Kulturtat des Spätmittelalters, da damit der heidnische Naturalismus in schriftlicher Manifestation greifbar wurde.

[440] Lorenzo Valla: De voluptate. De vero falsoque bono. Opera omnia. Basel 1540. Nachdruck Turin 1962, Bd. III.

ein geschickter Liebhaber ist und der Frau zu ihrem Recht verhilft. Unter Berufung auf Platon macht er dann sogar Reklame für eine allgemeine *Promiskuität*, wobei das gesamte Volk als eine Ehegemeinschaft aufzufassen wäre: „So hätten wir eine Bürgerschaft, einen Staat, eine Ehe und sozusagen ein Haus und eine Familie."[441] Alle diese Freiheiten begründet Valla durch Berufung auf die Natur, sie lehrt uns besser als das Julische Gesetz, was uns Glück bringt. Vallas Hedonismus hat auch eine deutlich pragmatische Komponente und richtet sich auf die Vermeidung von Kriegen. „Hätte Menelaus dem sehnsuchtglühenden Paris seine Helena [...] nur einen Monat abgetreten, dann wäre Paris sicher nicht zum Raub getrieben worden, wären nicht so viele herrliche Helden von Griechenland und Troia, wäre schließlich nicht Troia selbst ausgelöscht worden."[442] Keuschheit und Enthaltsamkeit vor allem in Form von gottgeweihten Jungfrauen hält er für moralische Vorurteile einer abergläubischen Religion und preist die freizügigen Liebesdienerinnen als die wahren Träger von Humanität. „Dirnen und Straßenmädchen machen sich um das Menschengeschlecht mehr verdient als enthaltsame, gottgeweihte Jungfrauen."[443] Immerhin, so könnte man hinzufügen, streben die keuschen Jungfern nur ihrer eigenen spirituellen Seligkeit entgegen, wohingegen die Freudenmädchen sich auch ihren Mitmenschen widmen und ihren Beitrag zur Stabilisierung der Gesellschaft leisten.

Niemand hat sich in der Folge mehr für die Emanzipation der naturwüchsigen Triebstruktur von den Restriktionen der Gesellschaft, Kirche und Obrigkeit eingesetzt als Pietro Aretino (1492-1556). Aretino knüpft an ein Prinzip aus der kynischen Philosophie an: „Naturalia non sunt turpia", Natürliches ist nicht verwerflich. Aus diesem naturalistischen Grundsatz von der moralischen Neutralität des sexuellen Geschehens leitet er dann die Berechtigung ab, diese Vorgänge in Kunst und Literatur freizügig darzustellen: „Hole der Teufel die erbärmliche öffentliche Meinung und die verflixte gute Sitte, die unseren Augen verbietet, gerade das zu sehen, was ihnen am meisten Vergnügen macht."[444] Dann argumentiert Aretino

---

[441] Lorenzo Valla: Vom wahren und falschen Guten. Königshausen & Neumann, Würzburg 2004, 1, 34, 1 bis 1, 41,1.

[442] Ebenda.

[443] Ebenda, 1, 43, 2.

[444] Pietro Aretino: Brief an Attista Zatti vom 19.12.1537. Zitiert nach Paule Findelen: Humanismus, Politik und Pornographie im Italien der Renaissance. In: Lynn Hunt (Hrsg.): Die Erfindung der Pornographie. Obszönität und die Ursprünge der Moderne. Fischer, Frankfurt am Main 1994, S. 91.

ganz biologistisch: „Ich bin der Meinung, wir sollten Nachbildungen des Werkzeuges, das Mutter Natur uns aus Selbsterhaltungstrieb gegeben hat, als Anhängsel an der Halskette und als Agraffe am Barett tragen, denn dies ist der Quell, dem die Fluten der Menschengeschlechter entspringen."[445] Mit dieser naturalistischen Begründung zeigt er sich als äußerster Antagonist einer Dämpfungsmoral, der alle Strategien für legitim hält, die Triebstruktur anzufeuern. Um dieses Ziel zu erreichen, setzt er das *Obszöne* ein, wie es in seinen Sonetten und Erzählungen zum Ausdruck kommt. Die stärkste Artikulation seiner an antike Freiheiten anschließenden Gedichte hat er in den Versen gefunden, die er den Zeichnungen des Giulio Romano (eines Schülers Raphaels) hinzufügte. Sein Freund Mercantonio Raimondi hatte die Zeichnungen in Kupfer gestochen. Die 16 Abbildungen, auf denen Kurtisanen die wichtigsten Positionen der Liebesvereinigung mit ihren edlen Liebhabern vorführen, kommentiert Aretino mit stimulierenden Sonetten, die damals jenseits der Grenze des Tolerierbaren lagen und deshalb sofort auf dem Index landeten. Die offen intendierten Zielsetzungen der Modi, die natürlichen Triebfunktionen durch Erweiterung des Phantasieraums zu verstärken – die genuine Absicht aller Erotographie –, macht das Werk zum Ausdruck eines unzweifelhaften Naturalismus. Die erotische Vorstellungswelt tritt in den Dienst der Physis, um die dort verankerten – im naiven Sinne als wertvoll erachteten – Strebungen zu ihrer optimalen Erfüllung zu bringen. Von einer Kontrolle durch platonische Werte oder Tugenden, die der Natur vorgeordnet sind, kann hier nicht mehr die Rede sein. Die Stimulation der Sinne, die Freude am Wechselspiel der Körper und an der gleichzeitigen sprachlichen Artikulierung des sexuellen Geschehens sind das unverhüllte Ziel der *Modi*. Aber Aretinos Intention geht weit über das praktische Ziel hinaus. Ideologisch betrachtet trifft er mit seiner erotischen Literatur die gesamte platonisch-christlich-idealistische Ethik und Metaphysik, welche mit dem normativen Naturalismus völlig inkompatibel sind. Es war nur konsequent, dass Papst Clemens VII., der der konservativen Richtung angehörte, versucht hat, Aretino erdolchen zu lassen, glücklicherweise erfolglos.

Die Tugendkritik von Valla und Aretino wurde später von den französischen Ironikern vertieft. La Rochefoucauld und Bernard de Mandeville haben die Entlarvung der wahren Motive hinter dem angeblichen sittlichen Tugendernst weitergeführt. In der berühmten Bienenfabel zeigt Mandeville den Steuermechanismus hinter den Tugendlehren auf. Um die auf

---

[445] Ebenda.

Lusterfüllung ausgerichteten individuellen Begierden auf das Gemeinwohl der Gesellschaft umzulenken, haben sich die Gesetzgeber einen schmutzigen Trick ausgedacht: Die Menschen sind enorm empfänglich für Schmeicheleien, also verspricht man ihnen eine *imaginäre* Belohnung für das Absehen von der *realen* Praxis der Leidenschaften, man verleiht ihnen den Status von tugendhaften Wesen. Diese erhabenen Gefühle sind das virtuelle Surrogat für die heldenhafte Opferung der Erfüllung des Luststrebens. Zugleich gelingt es den Moralwächtern und Ordnungsprotagonisten, die Lusterfüllung als Laster und den Verzicht auf den Naturtrieb als Tugend zu deklarieren.

Die ideologische Konfrontation zwischen den Bewahrern der platonisch-stoisch-christlichen Tradition und den paganen humanistischen Libertinisten erhält in der französischen Aufklärung eine metaphysische Basis, nämlich den *dynamischen Materialismus*. Es entwickelt sich eine Liaison zwischen atheistischem Naturalismus, demgemäß der Mensch eine komplexe atomare Konfiguration ist, und der Deutung des geschlechtlichen Geschehens als einer gleichberechtigten und nicht besonders ausgezeichneten Funktion dieses Stückes lebendiger Materie.

Schon bei Denis Diderot zeichnet sich das ab, was wir heute als das Emergenzkonzept der höher organisierten Formen der Materie bezeichnen. Ein komplexes Aggregat von Molekülen kann völlig überraschend neue Eigenschaften entwickeln, die auf der Elementenebene niemals vorkommen. Diderot nützt diese Einsicht für seine Naturalisierung des sexuellen Geschehens, denn die Sexualfunktionen des Körpers sind einfach *eine* von vielen seiner emergenten Qualitäten. Es ist eine Funktion der materiellen Struktur des Körpers wie der Herzschlag oder die Bewegung der Muskeln auch. In seinen geistreichen Erzählungen *Les Bijoux indiscrets* („Die indiskreten Kleinode") und *La Réligieuse* („Die Nonne") findet sich dann die normative Anwendung der materialistischen Ontologie.[446] In der *Nonne* schildert er die zerstörerischen Auswirkungen des verdrängten Geschlechtslebens im Klosterleben und in einem weiteren Werk, dem *Nachtrag zu Bougainvilles Reise*,[447] entwirft er die Utopie einer dem Sexualtrieb gemäßen Ordnung der Gesellschaft. Die Rechtfertigung für ein der Triebstärke entsprechendes sexuelles Leben gründet in dem materiell-

---

[446] Denis Diderot: Die indiskreten Kleinode. Deutscher Bücherbund, Stuttgart 1966.

[447] Denis Diderot: Œuvres complète. Hrsg. von J. Assézat und M. Tourneux. Paris 1875-77 (Nachdruck 1966); dt. Die Nonne. Propyläen, Berlin 1966.

chemischen Charakter des Geschlechtsaktes, völlig entgegen der spiritualistisch-idealistischen Tradition. Unter Diderots monistischem Blickwinkel verschwindet jeder Ansatzpunkt für eine Sündhaftigkeit der Fleischeslust, im Gegenteil, die Sexualität ist Ausdruck der *schöpferischen Kraft der Natur*. Die Einbettung des Menschen in den Gesamtverband der Natur hat so eine sexual-emanzipatorische Funktion, die Bestimmung des Menschen ist nicht, wie bei den deutschen Idealisten „das sich Bilden zur Vernunft", sondern der naturgemäße Gebrauch seiner physiologischen Grundausstattung. Darin liegen sein Ziel und sein Glück. Bei fast allen französischen Aufklärern des 18. Jahrhunderts findet sich die fruchtbare Symbiose von naturalistischer Philosophie und érotisme, sie stützen und verteidigen sich gegenseitig. Wenn man Voltaires Satire *La Pucelle d'Orléans* von 1725 liest,[448] spürt man das erotische Behagen, das ihm das Ausfalten der sexuellen Details, z. B. bei den Orgien der Nonnen im Kloster, bereitet. Man bemerkt aber auch die philosophische Argumentationsrichtung seiner satirischen Seitenhiebe gegen die spirituellen Werte der Askese, Jungfräulichkeit, Verklärung.[449] Die Botschaft des empiristischen Materialismus sagt sehr deutlich: Der Mensch ist nicht wesentlich Geist, er ist primär Sinnenwesen mit einer dünnen Patina an Vernunft. Voltaire entlarvt auf dem Wege des literarischen Bildes die vorgebliche Reinheit als Heuchelei und die scheinbare Heiligkeit als eine verbergende Fassade der Sinnenlust. Damit betreibt Voltaire das klassische Werk der moralischen Aufklärung weiter, der christliche Spiritualismus wird durch einen natürlichen Sensualismus ersetzt. Die Sinnlichkeit trägt stets den Sieg über die oft auch nur geheuchelte Keuschheit davon.

## 6. Natur und Mechanik

Voltaire ist aber noch in einem anderen Sinne ursächlich in eine Transformation der Werte involviert, die er vielleicht gar nicht als so drastisch eingeschätzt hat. Er ist dafür verantwortlich, dass Newtons Grundlegung der klassischen Physik, die *Mathematical principles of natural philosophy* von 1687, auf dem Kontinent, vor allem in Frankreich, schnell bekannt wurde, indem er zusammen mit seiner Geliebten, der Marquise Émilie du Châtelet, eine allgemein verständliche Einführung in die Newtonsche

---

[448] Voltaire: La Pucelle d'Orléans [1755]; dt. Die Jungfrau. Schünemann, Bremen 1985.

[449] Vgl. Paul Englisch: Geschichte der erotischen Literatur. Stuttgart 1927, S. 437.

Physik verfasste.[450] Dieses Werk förderte den Prozess der Mechanisierung der Natur ungemein und wirkte sich auch bis in den Bereich der Bewertung des sexuellen Geschehens aus. Wenn man voraussetzt, dass alles Leben auf stofflichen Vorgängen beruht und nach kausalmechanistischen Prinzipien abläuft, dann betrifft diese Naturalisierung auch das Geschlechtliche. Letztlich handelt es sich immer um Materie in Bewegung, Atomkomplexe, die durch Kräfte veranlasst werden, über Druck und Stoß miteinander zu wechselwirken. Die erotische Anziehung lässt sich dabei analog einer physikalischen Wechselwirkung deuten, eine Art Kraft mit kurzer Reichweite, wie Newton dies in seiner Optik angedeutet hatte.[451] Wenn man den Mechanizismus – etwa mit Laplace – wirklich als für alle Systeme gültig betrachtet, kann man daraus eine Rechtfertigung des *Libertinismus* herauslesen.[452] Begierde ist dann eine Disposition zur Bewegung, die der Materie inhärent ist. Deshalb gibt es keine Möglichkeit und keine Notwendigkeit, sich dieser Tendenz zu entziehen. Wenn die menschlichen Körper durch, wie Newton sagt, „blind metaphysical necessity" zueinander getrieben werden, macht es keinen Sinn, sich mit moralischen Vorschriften zu quälen oder sich abzumühen, der sexuellen Anziehungskraft zu entkommen. Auch der erotische Literat kann sich durch den Mechanizismus entlastet fühlen, er beschreibt ja nur die Bewegung der menschlichen Körper im Bett, so wie der Naturphilosoph die Kollision der Atome im Weltall wiedergibt.

Von diesem Argument der Natürlichkeit macht niemand exzessiveren Gebrauch als der Marquis de Sade. Die Erwähnung dieses Namens und die Verwendung seiner Denkmuster in einem ernsthaften philosophischen Traktat hatten bis vor etlichen Jahren schon einen skandalösen Hauch an sich. Biedere Bildungsbürger mochten sich nicht vorstellen, dass man bei einem schrankenlosen Erotiker wie de Sade irgendeinen verwertbaren Gedanken finden könnte.[453] Erst als Simone de Beauvoir darauf hinwies, wie man seine erotisch-exzitatorischen Texte von den argumentativen

---

[450] Voltaire: Éléments de la Philosophie de Newton [1738] ; dt. Elemente der Philosophie Newtons. Hrsg. von R. Wahsner und H. H. v. Borzeszkowski. De Gruyter, Berlin 1997.

[451] Isaac Newton: Opticks. Dover Publications, London 1952.

[452] Margaret C. Jacob: Die materialistische Welt der Pornographie. In: Lynn Hunt (Hrsg.): Die Erfindung der Pornographie, Fischer, Frankfurt am Main 1994, S. 132.

[453] Vgl. jedoch Rüdiger Safranski: Das Böse oder das Drama der Freiheit. Fischer, Frankfurt am Main 1999.

Passagen trennen kann,[454] wurde deutlich, dass die philosophisch irrelevanten Stimulations-Geschichten in einer moralisch virtuellen Vorstellungswelt angesiedelt sind, wo sie keinen Schaden stiften, aber auch ethisch unberücksichtigt bleiben können. Wo de Sade nüchtern argumentiert, kann man ihm zumindest eine Wegstrecke weit folgen. Er setzt die Naturwüchsigkeit der sexuellen Triebkraft ein, um eine weitgehende Befreiung von den gesellschaftlichen Zwangsbedingungen, die besonders im Ancien Régime vorherrschten, zu erreichen. Vieles, was er an Kritik an den tradierten christlichen Grundsätzen vorbringt, ist später von Nietzsche tiefer begründet worden. So etwa die überzogene Forderung der jesuanischen Ethik „Liebe deinen Nächsten wie dich selbst", wozu de Sade meint: „Es handelt sich nicht darum, seinen Nächsten zu lieben wie sich selbst, da dies allen Gesetzen der Natur zuwiderläuft und nur ihre Stimme alle Handlungen unseres Lebens leiten soll; es kann lediglich davon die Rede sein, unseresgleichen zu lieben wie Brüder oder wie Freunde, die die Natur uns gibt und mit denen wir umso besser in einem republikanischen Staatswesen zusammenleben müssen, als das Wegfallen des Abstandes notwendig die Bindungen enger werden lässt."[455]

Aus der modernen Verhaltensgenetik folgt, dass die Forderung Jesu, für den Nächsten die gleiche Empathie zu entwickeln wie für sich selbst, weit überzogen ist. Viel natürlicher und den Interessen entsprechend ist es, dem Mitmenschen eine den Verwandtschaftsverhältnissen adäquate, abgestufte Zuneigung entgegenzubringen, so wie es die Befürworter der antiken Selbstsorge auch schon wollten. So gesehen ist de Sades graduelle Sympathie für seine Zeitgenossen anthropologisch angemessen und rational plausibel.

Kann man in einigen Bereichen, speziell in der Sexualethik, de Sades libertinistischen Vorschlägen durchaus Positives abgewinnen, so gilt dies nicht für den Bereich der Aggression, wo er im Hinblick auf die weit verbreitete Vorliebe der Menschen, Artgenossen zu töten, sich dazu versteigt, das Verbot des Mordes abzuschwächen und zu relativieren.[456] Ich habe

---

[454] Simone de Beauvoir: Soll man de Sade verbrennen? Szczesny Verlag, München 1955, S. 7-86.

[455] D. A. F. de Sade: Die Philosophie im Boudoir oder die lasterhaften Lehrmeister. Könemann-Verlag, Köln 1995, S. 292.

[456] Ebenda, S. 313.

schon an anderer Stelle gezeigt,[457] dass eine Rücknahme des Tötungsverbotes zu Inkonsistenzen im Gesellschaftsmodell führt, weil der Verfechter einer solchen Abschwächung nicht ausschließen kann, selbst Opfer dieser Relativierung zu werden. Eine hedonistische Form des Zusammenlebens kann kein Handlungsmuster einschließen, das die Existenz der lustempfindenden Personen in Frage stellt. Selbst irreversible Schädigungen der sensorischen Teile des Körpers – wie sie in de Sades Visionen immer wieder geschildert werden – sind vom hedonistischen Standpunkt aus inkohärent, weil diese Defekte die kommenden Empfindungen beeinträchtigen.

An diesem Beispiel sieht man daher sehr deutlich, was praktischer Naturalismus *nicht* sein kann, nämlich ein schrankenloses Übernehmen aller Triebe und Strebungen ohne Kontrolle der Vernunft in Bezug auf die langzeitliche Stabilität des Verhaltensmusters. Ein sich über kurz oder lang selbst eliminierender Handlungstypus – weil sich der Träger ultimativen Schaden zufügt – ist auch im Rahmen einer rein säkularen Ethik unsinnig. Naturalismus in der Ethik kann immer nur heißen, den eingeprägten Strebungen des Menschen so weit wie möglich zu folgen, um seine internen psychischen Spannungen zu minimieren. Dies funktioniert gut im Bereich der Sexualität – wo eine Normierung praktisch überflüssig ist – aber nicht im Bereich der Aggression, wo man durchaus Sorge tragen muss, dass die Menschen sich nicht selbst schaden. Deshalb schrieb Rétif de la Bretonne seine *Anti-Justine* mit der Zielsetzung, viel freudvolle Animation hervorzurufen, ohne das Stilmittel der Gewaltsamkeit einzusetzen.[458] Er reflektierte zwar nicht theoretisch, jedoch intuitiv, dass die von de Sade geschilderten Gräueltaten den Begriff eines wohlverstandenen Hedonismus überschreiten. Es darf allerdings nicht verleugnet werden, dass Rétif von den Literaturhistorikern eher den seichten Erotographen zugerechnet wird, wohingegen sich mit de Sade die ernsthafte Philosophie auseinandergesetzt hat.[459] In jedem Fall zeigen die Schriften des exzentrischen Marquis die psychologische Nähe von Sexualität und Gewalt auf und weisen damit auch darauf hin, dass man mit naturalistischen Empfehlungen in der Ethik besonnen umgehen muss. Einmal mehr wird an seinen

---

[457] Bernulf Kanitscheider / Bettina Dessau.: Von Lust und Freude. Insel-Verlag, Frankfurt am Main 2000.

[458] Rétif de la Bretonne: Die Anti-Justine oder die Köstlichkeiten der Liebe [1798]. Müller und Kiepenhauer, Hanau 1966.

[459] Jean-Paul Sartre: Das Sein und das Nichts. Rowohlt, Hamburg 1985, S. 464ff.

Schriften klar, dass die hedonistische Optimierung eine Gratwanderung darstellt, wobei zu große Ängstlichkeit vor den Abgründen der Gefühle einem Verlust an Erlebnisintensität gleichkommt, wohingegen ein vernunftloses Ausliefern an Affekte zum Umschlag in den emotionalen Absturz führen kann. Wie viel aggressive Härte man ohne Schaden in das sexuelle Geschehen hineintragen kann, hängt danach auch von der Kontrolle und psychischen Reife der Beteiligten ab.

Wie schon erwähnt ist der mechanistische Naturalismus eine Quelle der Aufklärung. Ganz entgegen der Intention der frommen Urheber der klassischen Physik wie Gassendi, Newton, Hooke u. a. entwickelte sich aus dem materialistischen Mechanizismus eine Wiederbelebung der paganen Idee der Sexualität als etwas Natürlichem. Was Aretino nur auf der Basis von griechischen und römischen erotischen Schriftstellern postuliert hatte, wurde durch naturphilosophische Argumente unterfüttert. Atomistik und Mechanistik haben eine Fülle von sexualphilosophischen Konsequenzen. Nicht nur ist das Sexuelle ein ubiquitärer Zug der lebendigen Natur, der die Paare zusammentreibt wie die Gravitation die Himmelskörper, es folgen auch egalitäre Implikationen: Nach Newtons drittem Axiom (*actio = reactio*) ist die sexuelle Anziehung symmetrisch und die Körper spielen gleichberechtigte Parts im Geschehen. Damit wird die traditionalistische Rollenverteilung der Geschlechter, des aktiven Mannes und der passiven Frau, umgeworfen. Beide antriebsgeladenen Körper streben zueinander, wie Mond und Erde sich gegenseitig anziehen. Die Anwendung des dritten Newtonschen Gesetzes auf das Sexualverhalten zeigt sich unübersehbar. In der oft anonymen erotischen Literatur sind die neuen Stimmen für den egalitären Naturalismus oft die von Frauen, die sich die Freiheit nehmen, die männlichen Geschlechtsorgane ganz einfach als *Vergnügungsmaschinen* zu beschreiben: „ce long engin avec le plus gran plaisir du monde" heißt es in der *Ecole des filles, ou la philosophie des dames*.[460] Auf diese Weise hat die naturalistische Naturphilosophie die sexualphilosophische Orientierung vom lustfeindlichen Prokreations-Dogma abgewendet und in Richtung auf das hedonistische Ideal gedrängt. Auch der epikureische Leib-Seele-Monismus prägt sich in der Suche nach einem Ort der Seele im Körper aus. In dem ebenfalls anonymen Roman *L'Académie des dames* wird der Sitz der Seele ganz unbefangen in die Geschlechtsorgane verlegt, mit der einfachen Begründung, dass dort der Ort der höchsten Leiden-

---

[460] M. C. Jacob: Die materialistische Welt der Pornographie, S. 141.

schaft und der heftigsten Bewegung verankert ist.[461] Jedenfalls wird die Natur als geschlossene Einheit betrachtet, die in ihrer Gesetzlichkeit transparent ist und moralisch als völlig neutral aufgefasst werden kann. Die Leidenschaften sind aus dieser mechanistisch-materialistischen Sicht nicht da, um kontrolliert zu werden. Sie sind der Natur inhärent, nützlich, freudvoll und durchgehend positiv zu bewerten. Auch außergewöhnliche sexuelle Wünsche sind, weil naturwüchsig, moralisch harmlos. Natürlich gilt diese moralische Neutralität sexueller Handlungen nur, soweit nicht zerstörerische Impulse am Werk sind, die den Lustorganen selbst irreversiblen Schaden zufügen. Die Autoren der mechanistischen Erotik-Literatur haben diese Prämisse – mit Ausnahme von de Sade – unbewusst immer vorausgesetzt.

Dieser ethische Naturalismus des 18. Jahrhunderts war von heute aus betrachtet gewiss naiv, niemand würde – abgesehen vom logischen Problem des naturalistischen Fehlschlusses – so einfach alle Triebdispositionen, die im Menschen vorkommen, als unbedenklich ansehen. Aber dennoch ist nicht zu leugnen, dass die Naturalisierung der Sexualfunktionen die Moraldiskussion enorm entkrampft hat. Die Entschlüsselung der Leidenschaften als physiologische Dispositionen und die Sicht sexueller Praxis als naturales Geschehen hatten eine bedeutsame demystifizierende und ernüchternde Wirkung. Dies kommt in dem auch sonst bemerkenswerten Roman *Thérèse philosophe* von 1748 zum Ausdruck, wo die Sprecherin den Naturalismus auf das Freiheitsproblem im Kontext der Leidenschaften bezieht: „Die Zusammensetzung der Organe, die Disposition unseres Nervensystems, eine bestimmte Bewegung unserer Körperflüssigkeit bestimmen über die Besonderheit unserer Leidenschaften, über ihre Erregungskraft, sie üben einen Zwang auf unsere Vernunft aus, bestimmen unseren Willen in den kleinsten wie in den größten Handlungen unseres Lebens."[462] Freiheit kann also nur *innerhalb* des Naturzusammenhanges realisiert werden, als Abwesenheit von Zwang, aber nicht, indem wir uns, wie Kant meinte, in einem *mundus intelligibilis* gegen unseren eigenen Körper erheben.[463] Nirgendwo scheint dies evidenter zu sein als bei den Leidenschaften, die den Willen und unsere Entschlüsse formen und damit

---

[461] Ebenda, S. 146.
[462] Thérèse philosophe. In: Jean-Pierre Dubost: Eros und Vernunft. Athenäum, Frankfurt am Main 1988, S. 373.
[463] Immanuel Kant: Metaphysik der Sitten. Friedrich Nicolovius, Königsberg 1797, § 24.

unsere Handlungen verursachen. Wir fühlen uns frei, wenn wir uns ungestört unseren Passionen widmen können, ohne irgendwelchen Restriktionen ausgesetzt zu sein. Damit hat Thérèse die Vereinbarkeit von Freiheit und Determinismus formuliert wie sie heute weitgehend akzeptiert ist, was Kant jedoch noch für unmöglich hielt.

Dass Kant in praktischer Hinsicht kaum unter die Aufklärer zu rechnen ist, sondern die traditionellen Vorurteile weiterschreibt, sieht man auch aus seinem *Eherecht*. Der wechselseitige Gebrauch, den zwei Menschen von ihren Geschlechtsorganen machen (*usus membrorum et facultatem sexualium alterius*), ist nur in der Ehe erlaubt. Aus den Rechtsgesetzen der reinen Vernunft leitet Kant ab, dass sich Mann und Weib verehelichen müssen, wenn sie einander in ihren Geschlechtseigenschaften wechselseitig genießen wollen. Ebenso verurteilt Kant das Konkubinat und die Prostitution (*pactum fornicationis*).[464] Auch die Masturbation – die er wollüstige Selbstschändung nennt – lehnt er mit dem Argument der Unnatürlichkeit ab,[465] und Homosexualität figuriert bei ihm nur unter der abwertenden Bezeichnung *crimen carnalis contra naturam*. Aus diesen Kantischen Natürlichkeitsargumenten könnte man die Absurdität von naturalistischen Begründungen in der Ethik herauslesen, denn wenn ein Philosoph wie de Sade aus der Natur die absolute Freiheit für sexuelle Handlungen und ein anderer starke Restriktionen herausliest, taugt doch offenbar der Rekurs auf Natur nicht viel. Hierzu ist nur immer wieder anzumerken, dass die naturrechtlichen Begründungen nicht die *empirische Natur* des Menschen im Blick haben, sondern mit einem apriorisch axiologisch aufgeladenen Naturbegriff operieren. Kant hat sich nicht erst in der Tierwelt umgesehen, um sich zu vergewissern, was die Natur de facto so alles an Handlungsspielarten besitzt, sondern er hat die Natur des Menschen aus ihrem Begriff bestimmt. Hätte er sich über die Verhaltensmuster von Säugetieren und speziell Primaten informiert, wäre der Schluss unausweichlich gewesen, dass keine von den inkriminierten Handlungstypen *contra naturam* sind. Kants Verbote wurden zu seiner Zeit sehr Ernst genommen.

Es ist sattsam bekannt, dass das Masturbationsverbot, speziell als konservative Mediziner des 18. Jahrhunderts es mit pseudophysiologischen Argumenten zu untermauern versuchten, zu haarsträubenden Maßnahmen bei Jugendlichen geführt hat[466] und erst die Aufklärung durch die Sexual-

---

[464] Ebenda, § 26.
[465] Ebenda, Tugendlehre § 7.
[466] John Money: Venuses Penuses. Prometheus Books, New York 1986.

wissenschaft im 20. Jahrhundert Entwarnung gab und die völlige Harmlosigkeit der autoerotischen Aktivitäten klarstellte. Immerhin hatten auch die Philosophen mit ihrer ethischen Autorität hier beachtlichen Schaden gestiftet.

In einer Person kulminiert der ethische Naturalismus im 18. Jahrhundert in besonderer Weise, nämlich bei Julien Offray de LaMettrie. Er macht mit dem physiologischen Reduktionismus wirklich ernst und bezeichnet – anders als der halbherzige Descartes – den Menschen samt seiner mentalen Funktionen als Maschine. Heute regt diese damals radikale These angesichts der Ergebnisse der Neurobiologie des Bewusstseins und unseres Wissens um künstliche Intelligenz niemanden mehr auf. Auf dem Hintergrund von 2000 Jahren dualistischer Tradition versteht man aber die Entrüstung der Zeitgenossen, wenn LaMettrie behauptet: „Man darf also die Lust nur in den Sinnen suchen, und die angenehmsten geistigen Empfindungen sind nichts anders als sinnlich weniger spürbare Freuden."[467] Die moderne Biochemie der Gefühle stützt die Vermutung, dass ein kategorialer Hiatus zwischen geistiger Liebe und physischem Begehren eine metaphysische Illusion darstellt. Für LaMettrie jedenfalls ist seine monistische Ontologie die Basis der ethischen Argumentation. In Bezug auf die Steuerung der Leidenschaften ist er sehr optimistisch. Die Triebe selber sind ihre besten Führer. Ihren Hinweisen zu folgen ist besser, als die Vernunft zu befragen. Man lebt am besten *mit* seinen angenehmen Empfindungen, nicht gegen sie. Aber er weiß auch, dass die Schatten der Vergangenheit lang sind und dass es Menschen gibt, die, wie bereits Aristippos sagte, „wegen einer verkehrten Geistesverfassung eines Strebens nach Lust überhaupt nicht fähig sind".[468] So kommen die meisten Menschen doch nicht ganz ohne Leitung der Vernunft aus, und auch LaMettrie hat dafür sein *L'art de jouir* (1751) geschrieben.[469]

In der hedonistischen Tradition – im Gegensatz zur idealistischen Prinzipienethik – soll sich die Vernunft nicht an der Auswahl der Ziele selbst beteiligen, sie soll nur Mittel und Wege finden, den Leidenschaften zu ihrer optimalen Realisation zu verhelfen. David Hume hat dies in die bekannten Worte gekleidet: „Die Vernunft ist die Sklavin der Leidenschaf-

---

[467] Julien Offray de LaMettrie: La volupté. Zitiert nach H. P. Kondylis: Der Philosoph und die Lust, Keip, Frankfurt am Main 1991, S. 132.
[468] Diogenes Laertius II, 89.
[469] Julien Offray de LaMettrie: Die Kunst Wollust zu empfinden. LSR-Verlag, Nürnberg 1987.

ten, sie soll es sein und bleiben, sie kann nie eine andere Rolle beanspruchen, als den Leidenschaften zu dienen und ihnen zu gehorchen."[470] Hume meint damit, dass die Vernunft sich nicht als ein *repulsives* Prinzip verstehen soll, das den *attraktiven* lustvollen Betätigungen entgegenarbeitet, sondern die Vernunft soll uns vor Fehlern, Umwegen, Hindernissen auf dem Wege zur Lustrealisierung bewahren. Die Vernunft kann auch zur *Verfeinerung* und *Stimulierung* der Sinne, also für die Maximierung des Glücksempfindens eingesetzt werden, aber keinesfalls, um über rationale Zielvorgaben die Sinnesempfindungen zu dämpfen. In diesem Sinne sind auch die früher erwähnten literarischen Erzeugnisse der Erotographie von Aretino und Rétif de la Bretonne einzuordnen.

Wie stark persönliches Ermessen und individuelle Neigungen auch rationalistische Philosophen prägen, sieht man an Karl Poppers entsetztem Kommentar zu diesem Diktum David Humes, der ja in erkenntnistheoretischer Hinsicht, z. B. bezüglich des Induktionsproblems, als direkter Vorläufer des kritischen Rationalismus angesehen werden muss. So meint Popper: „Die Bändigung unserer Leidenschaften durch die sehr begrenzte Vernünftigkeit, deren wir fähig sind, ist nach meiner Ansicht die einzige Hoffnung für die Menschheit."[471] Poppers Angst vor den überbordenden Leidenschaften scheint größer zu sein als die Sorge, dass ein Zuwenig an Triebaktivität Langeweile und Spannungslosigkeit mit sich bringt. Karl Popper hat bei allem Einsatz für eine freiheitliche Gesellschaftsordnung niemals entlastende Äußerungen zum Sektor Affekte und Leidenschaften getan, obwohl gerade letzterer Zielscheibe der antiliberalen konservativen Geistesströmungen war. Hier war er allerdings nicht allein. Wie wir schon bei Kant gesehen haben, gehen die kognitive Aufklärung und die Liberalisierung der Sitten in der praktischen Vernunft sehr oft nicht parallel. Sowohl bei Kant als auch bei Popper sind für diese Asymmetrie und für die Zurückhaltung in Bezug auf eine Stellungnahme zur Triebwelt vermutlich persönliche biographische Faktoren maßgebend.

Bertrand Russell hat diesbezüglich die sicherlich richtige Vermutung geäußert,[472] dass Philosophen und andere Wissenschaftler aufgrund ihrer

---

[470] David Hume: Ein Traktat über die menschliche Natur. Felix Meiner, Hamburg 1973, S. 326.
[471] Karl R. Popper: Wie ich Philosophie sehe. In: G. Lührs (Hrsg.): Theorie und Politik aus kritisch-rationaler Sicht. Dietz, Bonn 1978, S. 1-16.
[472] Bertrand Russell: Die Eroberung des Glücks. Suhrkamp, Frankfurt am Main 1978, S. 101.

hohen Identifizierung mit dem Erkenntnisvorgang ein reduziertes Triebleben besitzen. Sie sind in ihrer Persönlichkeit so von ihrer Arbeit absorbiert, dass diese gleichsam als Barriere für ein tieferes Eindringen in die Triebsphäre fungiert. Aus dieser Blockade erklärt sich dann auch, dass in der Geschichte der Sexualethik eine häufige Befürwortung tugendethischer Positionen anzutreffen ist, wohingegen die hedonistische Position relativ selten verteidigt wird. In der Moderne ist Russell in dieser Hinsicht eine auffallende Ausnahme. Aus seinem persönlichen abwechslungsreichen und intensiven Liebesleben heraus bildete sich dann auch seine Einstellung zur Sexualethik, die explizit an David Humes Grundsatz anschließt, wonach die Leidenschaften die Vernunft leiten und nicht umgekehrt. Wünsche und Gefühle geben die Ziele des Handelns vor, die Vernunft agiert nur, indem sie die optimalen Wege zur Verwirklichung der Wünsche sucht. Russell hat diesen metaethischen Grundsatz speziell in der Sexualethik in die praktische Anwendung überführt. In seinem Werk über Ehe und Moral von 1929, für das er den Literatur-Nobelpreis erhielt,[473] trat er mit für die damalige Zeit unerhört progressiven Vorschlägen hervor. Russell befürwortete freie Liebe, außereheliche Geschlechtsverkehr und fordert zur Toleranz gegenüber deviantem Sexualverhalten wie Homosexualität auf. Seine Liberalität wurde seinerzeit mit Misstrauen betrachtet, und in den damals genauso wie heute extrem konservativen USA wurde seine Berufung an das City-College in New York durch eine Gruppe von frommen Traditionalisten, die in Russell einen Jugendverderber sahen, verhindert.

Russells Analyse des bürgerlichen Sexualkodex hebt vor allem zwei Komponenten hervor, einmal die *Sittsamkeit*, durch die das Obszöne tabuisiert wird – daher rührt die Ablehnung erotischer Darstellungen –, zum anderen die *Eifersucht*, welche den Zorn auf freie Partnerwahl hervorruft, wobei sich dieser Zorn in rationalisierter Form dann als moralische Entrüstung artikuliert. Nach Russell sollte dagegen das moralische Regelsystem der Förderung des menschlichen *Glücks* dienen und nicht der Stützung tradierter Vorurteile. Deshalb müssen Männern und Frauen jene sexuellen Freiheiten zugestanden werden, die ihren *Wünschen* entsprechen und gegen deren Erfüllung nur Irrationalität und Aberglaube Sturm lau-

---

[473] Bertrand Russell: Ehe und Moral. 2. Aufl. Verlag Darmstädter Blatt, Darmstadt, 1984.

fen.[474] Wie man an den vielen umstrittenen Fragen der Sexualethik sieht, hat die Aufklärung auf dem praktischen Sektor viel dringendere Aufgaben als auf dem theoretisch-metaphysischen, wo sich Skepsis und Kritik leichter durchsetzen. Im Handlungsbereich sind repressive Einstellungen viel hartnäckiger und werden wesentlich heftiger verteidigt, weil die Sozialstruktur ein noch stärkeres Anliegen der Traditionalisten bildet als das Reich der Ideen.

Das Problem der *Repression* war in der Folge in verschiedenen philosophischen Traditionen Gegenstand begrifflicher und ethischer Analyse. Während Bertrand Russell vor allem die empiristische und utilitaristische Gedankenlinie weiterverfolgte, entwarf Herbert Marcuse ein sexualphilosophisches Modell, das auf Harmonisierung von Triebfreiheit und gesellschaftlicher Ordnung abzielte. In Deutschland stand der hedonistischen Orientierung vor allem die Philosophie Hegels entgegen, der im Eudämonismus eine Versündigung gegen die geschichtliche Vernunft sah. Einfacher gesagt, der Hedonist rüttelt die Individuen auf, sich der „heroischen Domestizierung" durch den Staat zu widersetzen. Somit ist aus der Sicht Hegels jede Glücksethik im Grunde subversiv. Diese Spannung zwischen Individualinteresse und Unterwerfung durch das Kollektiv scheint auch durch schöne Utopien nicht zu beseitigen zu sein. Es kann letztlich nur Akzentuierungen geben, und der naturalistische Hedonist wird versuchen, den kollektivistischen Einengungen durch individuelle Freiheitsspielräume entgegen zu wirken. Auch Michel Foucault konstatiert in seinen tiefschürfenden Analysen, dass die Geschichte der Sexualität in erster Linie eine Chronik der zunehmenden Unterdrückung gewesen ist, wobei ein markantes Kennzeichen das *Schweigen* darstellt. „Das Eigentümliche der Repression, das, was sie von den einfachen Verboten des Strafgesetzes unterscheidet, soll demnach darin bestehen, dass sie zugleich als Verbannungsurteil und als Befehl zum Schweigen funktioniert, als Behauptung der Nichtexistenz und – konsequenterweise – als Feststellung, dass es bei alledem überhaupt nichts zu reden, zu sehen oder zu wissen gibt."[475] Nach Foucault gibt es überhaupt nur zwei Orte der Toleranz: das Bordell und die psychiatrische Klinik. Aber er geht noch einen Schritt weiter und versucht, den Diskurs über die Sexualunterdrückung selbst abermals macht-

---

[474] Bertrand Russell: Sexualethik. In: Warum ich kein Christ bin. Szczesny, München 1963, S. 162.
[475] Michel Foucault: Sexualität und Wahrheit. Suhrkamp, Frankfurt am Main 1979, S. 12.

politisch zu lokalisieren. Vielleicht ist ja, so meint er, das nicht endende Gespräch und die Beschwerde über die Repression nur der Platzhalter und der Ersatz für Veränderungen, die man den Individuen letztlich doch nicht zugestehen will. Möglicherweise handelt es sich bei der tolerierten Diskursivierung um eine beabsichtigte Integration einer virtuellen Freiheit, die in utopischer Schwebehaltung die Idealsituation in der Vorstellung antizipiert, um damit deren politische Realisierung auszusetzen. „Ein Hauch von Revolte, vom Versprechen der Freiheit und vom nahen Zeitalter eines anderen Gesetzes schwingt mit im Diskurs über die Unterdrückung des Sexes."[476] Die historische Perseveration und die offensichtliche Folgenarmut des gesamten Aufklärungsdiskurses sprechen für Foucaults These. Wir Aufklärer dürfen uns ungestraft bis in die unbestimmte Zukunft hinein beschweren. Damit sind wir gut beschäftigt und stören nicht den öffentlichen Frieden.

Vom Allgemeininteresse her gesehen, ist der hedonistische Protest immer amoralisch. Der Rekurs auf subjektives glückliches Erleben gilt den Generalisten nicht als zulässiges Element der Verteidigung einer Handlungsnorm, denn aus der Sicht des Kollektivs ist „das Glück des Individuums bestenfalls ein wertloser Zufall des Lebens".[477] Gerade in diesem Absehen vom Individuellen liegt die Inhumanität der kollektivistischen Abstraktion. Die Fokussierung auf das Allgemeingültige und Notwendige, die Hintansetzung des situativ Besonderen negiert das Anliegen dessen, der sich freut oder leidet. Besteht der naturalistische Hedonist auf seinem selbstgewählten Glück, reagiert das Kollektiv mit Disziplinierungsmaßnahmen. Dabei wird nichtkollektivisch orientiertes, abweichendes Verhalten in die Nähe zur Straftat gerückt. Die Kriminalisierung erreicht man sehr einfach durch begriffliche Gruppierung von Verhaltensmustern, indem man z. B. „Gewalt, Drogen, Sex" in einem Atemzug nennt. Dabei handelt es sich gar nicht mehr um die empirische Frage, ob Gewaltanwendung, Drogenkonsum und ungewöhnliche sexuelle Aktivitäten auch wirklich in Tateinheit vorzufinden sind, sondern durch das sprachliche Aneinanderrücken erzielt man einen gemeinschaftlichen selbstverstärkenden Diffamierungseffekt in den Köpfen von Leuten, die diesen linguistischen Hinterhalt nicht durchblicken. Damit erreicht man eine Diskriminierung von Bürgern, die sich fern vom *Ritualismus* bewe-

---

[476] Ebenda, S. 16.

[477] Herbert Marcuse: Eros und Kultur. Ein philosophischer Beitrag zu Sigmund Freud. Klett, Stuttgart 1957.

gen. Diesen Ausdruck haben die Soziologen für das kleinbürgerliche Spießertum eingeführt, also jenes Anhaften an die gewohnten Rituale des Verhaltens. Minoritäten werden dann als Außenseiter der Gesellschaft diffamiert, obwohl deren deviantes Verhalten keinesfalls sozial schädigend ist. Die Ächtung erfolgt, weil das Benehmen abweichend ist, und nicht weil irgendjemand davon irgendwelche Nachteile hat. Dieser letzte Umstand allein könnte aus einem naturalistischen Utilitarismus heraus ein Grund für eine Einschränkung von Handlungsmustern sein.

## II. Gestaltungsmöglichkeiten für unsere Lebenswelt

### 1. Drogenkonsum und Lebensfreude

Am deutlichsten kann man die antihedonistischen Strategien der Gesellschaft in den Einstellungen und Maßnahmen zum Drogenkonsum sehen, wo durch sprachliche Manöver eine moralische Abartigkeit suggeriert wird. Der Bremer Strafrechtler Lorenz Böllinger[478] hat mit dem Schlagwort von der „Amoral der Ekstase" jene Haltung eingefangen, die heute gegenüber außergewöhnlichen Bewusstseinszuständen vorherrscht. Der Konsum psychoaktiver Substanzen ebenso wie auch bestimmte Formen der Sexualität werden durch Stiftung von Assoziationen mit tatsächlichen Verbrechen marginalisiert, auch wenn der Praxis des Genusses bzw. der Durchführung der Sexualpraktik nicht der geringste Schädigungseffekt nachgewiesen werden kann. Hinzu kommt, dass nach dem liberalistischen Konzept unserer Verfassung Selbstschädigung gar nicht strafbar ist. Mit einem Terminus aus der Synergetik kann man davon sprechen, dass das deviant agierende Individuum durch das Moralsystem der Gesellschaft *versklavt* wird, wobei anders als in der Physik hier ein moralischer Sinn involviert ist. Der Hedonist ist also der Versklavung durch die soziale Kontrolle ausgesetzt, er bekommt psychischen Druck zu spüren, der ihn in Richtung auf standardisiertes Normalverhalten drängen soll. Der individualistisch orientierte Lustoptimierer wird vom bürgerlichen Kollektiv mittlerer Lust-Appetenz auf den Kurs des Lustverzichtes gezwungen, nicht

---

[478] Lorenz Böllinger: Betäubungsmittelstrafrecht, Drogenpolitik und Verfassung. In: Bernulf Kanitscheider (Hrsg.): Drogenkonsum – bekämpfen oder freigeben? Hirzel, Stuttgart 2000, S. 179-196.

weil er mit seinem exzessiven Verhalten Schaden an den Mitmenschen und an der Gemeinschaft anrichtet, sondern weil er sich vom mittleren Verhaltensmuster zu weit entfernt hat. Auch hier lässt sich das Foucaultsche Erklärungsmuster der scheinbaren oder Ersatz-Toleranz feststellen.[479] Es ist – wie man an diesen Zeilen sieht – erlaubt, sich über das Betäubungsmittelgesetz zu beschweren bzw. dafür zu argumentieren, dass Drogenkonsum Privatsache ist, aber die Praxis der Einnahme bewusstseinsstimulierender Substanzen bleibt davon unbetroffen, sie bleibt nach wie vor verboten. An die Stelle der Revolution tritt die Rede von Aufklärung, Befreiung und virtuellen Lüsten. Den Mächten zu widersprechen ist der Ersatz für die Möglichkeit, den Mächten entgegen zu handeln, eine Spiegelfechterei mit virtuellem Lustgewinn, bei der die bestehenden Machtverhältnisse nicht geändert werden. Damit ist auch der Machtaspekt der Repression offen gelegt: Wer Menschen beherrschen will, muss sie dort packen, wo sie am empfindlichsten sind. Das erklärt auch, warum Herrschende und Kirchenvertreter sich um die weniger intensiven Emotionen, die bei Sport, Spiel, Bewegung, Tanz, Essen und Trinken entstehen, weniger gekümmert haben; aber wir haben gesehen, dass selbst die wortlose Musik nicht als völlig ethisch neutral betrachtet werden konnte. Keine Institution hat je eine „Wander-Ethik" erfunden, um den Menschen vorzuschreiben, wie lange und wie schnell sie ihre Beine bewegen dürfen. Wohl aber hat man sich um Sexualität und in schwächerem Maße um Drogen gekümmert, obwohl hier einfach nur andere Körperteile involviert sind. Fast in allen Kulturen gab es eine Drogenethik, die erlaubte und verbotene bewusstseinsverändernde Stoffe trennt. Im Christentum ist Alkohol erlaubt, aber Hanfprodukte sind verboten, im Islam ist es umgekehrt! Die Sexualethik ist am stärksten ausgeprägt bei den monotheistischen Kulturen und hat sich hier in fast durchwegs restringierender Form manifestiert, vermutlich, weil die Machtansprüche von Kirche und Staat hier ein exorbitantes Ausmaß erreichten.[480] In vielen anderen Religionen ist die Sexualität wesentlich positiver in das Heils- und Erlösungsgeschehen integriert und auch die Götter und Göttinnen selbst sind nicht vom Triebgeschehen

---

[479] Michel Foucault: Sexualität und Wahrheit. Suhrkamp, Frankfurt am Main 1979, S. 16.
[480] Die Arten und Konsequenzen von Sexual-Verboten in der jüdisch-christlichen Tradition sind gut dokumentiert in den Werken von Georg Denzler (Die verbotene Lust. 2000 Jahre christliche Sexualmoral. Piper, München 1991) und bei Karlheinz Deschner (Das Kreuz mit der Kirche. Econ, Düsseldorf 1974).

ausgenommen, sondern, wie beispielsweise der Mythos von Shiva und Shakti zeigt, als kosmische Potenzen in die Natur eingeschlossen.[481]

In Bezug auf den *Drogenhedonismus* hat man sich immer wieder Gedanken gemacht, warum die monotheistischen Religionen niemals psychotrope Substanzen als Vehikel religiöser Erfahrung eingesetzt haben. Im Taoismus und Hinduismus wird sowohl die sexuelle als auch die drogeninduzierte Ekstase als unterstützendes Moment für die Annäherung an das Numinose eingesetzt. David A. J. Richards[482] hat die plausible Vermutung geäußert, dass aus der Sicht der christlichen Orthodoxie heraus Drogeneinsatz als Aufstiegshilfe zur Gottheit als gnostische Häresie erscheinen musste. Der in der jüdisch-christlichen Tradition unüberbrückbare Hiatus zwischen Mensch und Gott wäre durch den psychotropen Aufstieg vom Menschen aus geschlossen worden. Der Mensch hätte seine Selbstheiligung in Aussicht genommen; dieser autonome Weg einer Divination lässt sich aber mit der christlichen Anthropologie mit ihrer Vorgabe der Sündhaftigkeit, Schwäche und Verworfenheit der menschlichen Natur nicht verbinden. So ist es wohl die christliche Gnadenlehre, die dem Einsatz psychoaktiver Stoffe für religiöse Ziele im Weg steht. Die Hypothese Richards' leuchtet ein, umso mehr da im protestantischen Bereich, wo das Sündenbewusstsein besonders stark ausgeprägt ist, auch der pharmakologische Calvinismus stärker vertreten ist. Psychotroper Hedonismus ist in unserem Kulturraum nur in Form einer mäßigen Toleranz gegenüber Alkohol gegeben, ohne allerdings das dionysisch-orgiastische Element, das in der Enthemmung liegt, besonders zu betonen. Moderne Hedonisten wie Michel Onfray[483] stellen aber gerade diesen Wesenszug des Ethanols, der uns zum temporären Abkoppeln von Vernunftkontrolle und moralischer Zensur bewegt, heraus. Schon Freud hatte seinerzeit auf die Unentbehrlichkeit von euphorisierenden Substanzen hingewiesen: Das Leben, wie es uns auferlegt ist, ist zu schwer für uns, es bringt zu viele Schmerzen, Enttäuschungen, unlösbare Aufgaben. Um es zu ertragen, können wir Linderungsmittel nicht entbehren. Ernst Jünger hat u. a. dafür plädiert, die Be-

---

[481] Vgl. dazu Gerhard J. Bellinger: Sexualität in den Weltreligionen. Komet, Frechen 1999, S. 181.

[482] David A. J. Richards: Sex, Drugs, Death and the Law. Rowman & Littlefield, Totowa 1982, S. 158.

[483] Michel Onfray: Die genießerische Vernunft. Elster, Baden-Baden 1996. Vgl. auch Michel Onfray: Theorie des verliebten Körpers. Merve, Berlin 2001.

schwerden des Alters durch die Erlaubnis des Drogengebrauchs zu lindern.[484]

Spätestens in einem Alter, in dem die Begriffe Langzeitschädigung und Rücksichtnahme auf die Finanzen der sozialen Umgebung unanwendbar sind, könnte der Drogenkonsum unbedenklich frei gegeben werden, da auf die Gesellschaft dann in keinem Fall zusätzliche Kosten zukommen können. Wenn sich wirklich einer der älteren Herrschaften durch exzessiven Drogenkonsum selber vorzeitig verabschieden sollte, würde dies die allgemeine Kasse sogar entlasten. So mancher von Gebrechen und Perspektivenlosigkeit geplagte Insasse eines Greisenasyls könnte durch etwas Drogenhedonismus einen temporären Lichtblick in der Wartephase auf das Ende erleben. Eine kleine Prise LSD pro Woche wäre ein Akt der palliativen Humanität, wenn alle übrigen Freuden auf Grund körperlicher Hinfälligkeit nicht mehr möglich sind. Dazu müsste sich aber erst einmal die Grundeinstellung vom Drogencalvinismus in Richtung auf eine positive Bewertung außergewöhnlicher Bewusstseinszustände verschieben. So lange die einzige erlaubte halluzinogene Ekstase die Betäubung mit Alkohol darstellt, die wirklich nur körperlichen Schaden stiftet, wird beim Drogenkonsum kein Fortschritt zu erzielen sein.

Dieses Plädoyer für Drogenfreigabe für reife Erwachsene ist selbstredend nicht übertragbar auf Kinder und Jugendliche, sie müssen in jeder Hinsicht in besondere Obhut genommen werden. Genauso wie man sie vor „Messer, Gabel, Scher' und Licht" bewahrt, weil sie die Gefahren dieser spitzen Objekte nicht erkennen können, so sollten Jugendliche, bis sie besonnenen Gebrauch von bewusstseinsverändernden Substanzen machen können, keinen Zugang zu diesen Stoffen erhalten. Allein die Vernunft und die folgenorientierte Handlungsreflexion liefern die notwendige und wie ich meine auch hinreichende Bedingung für den selbstverantwortlichen Umgang mit dem eigenen Körper. Hedonismus ist an den Verstand und an Konsequenzenübersicht gebunden, Jugendliche müssen behutsam und mit Einfühlungsvermögen an die Lustpotentiale ihres Körpers herangeführt werden; die Gestaltung des gelungenen Lebens ist ein Lernvorgang, eine Optimierung, die zu frühen Zeiten der Ontogenese nicht erreichbar ist. Jugendschutz ist deshalb, anders als Erwachsenenbevormundung, kein inadäquater Paternalismus, sondern eine humanitäre Pflicht.

---

[484] Ernst Jünger: Annäherungen. Drogen und Rausch. Klett, Stuttgart 1970, S. 12.

## 2. Perspektiven für den Hedonismus

Was kann man unter den gegenwärtigen sozioökonomischen Randbedingungen für einen gelebten Hedonismus erwarten? Der ideologische Kampf um die geistige Vorherrschaft auf unserem Planeten ist voll entbrannt: Dabei scheint sich primär nicht der Antagonismus zwischen liberaler westlicher Ungebundenheit und orientalischem Totalitarismus aufzutun, sondern der Gegensatz etabliert sich zwischen einem säkularen Liberalismus und den verschiedenen Formen des monotheistischen Fundamentalismus. Diese haben allesamt keinen Sinn für hedonistische Lebensorientierung. Sie halten sie für dekadent, bindungslos und ohne Verantwortung gegenüber den absoluten Forderungen der göttlichen Instanzen.

*Fundamentalismus* bedeutet dabei das Vorhandensein von Grundsätzen, die, in einem absoluten Sinne wahr, unrevidierbar, jenseits jeder epistemischen Relativität Gültigkeit beanspruchen. Aus fundamentalistischer Sicht kann die Wahrheit eines heiligen Textes niemals von historischen, hermeneutischen, semantischen oder logischen Analysen betroffen werden. Die fundamentalistische Variante einer Weltanschauung hat somit gegenüber der orthodoxen Version Besonderheiten, die speziell den Umgang mit den zugrunde liegenden sakrosankten Texten betreffen. Sie deuten oder sogar rekonstruieren zu wollen, bedeutet *Blasphemie*. Die unverrückbaren Wahrheiten sind jeder wissenschaftlichen Erkenntnis übergeordnet; soweit sie normativ sind, gelten sie auch ohne Einschränkung für die Lebenspraxis. Im eigentlichen Sinne gibt es aus dieser Sicht gar keinen Konflikt zwischen Wissenschaft und Religion, der festgestellt und dann kognitiv überbrückt und beseitigt werden könnte, da nach fundamentalistischer Auffassung die Basis der religiösen Seite einer Kritik weder fähig noch bedürftig ist. Da der Fundamentalismus jedem Laizismus und jeder individualistischen Meinungsbildung diametral entgegengesetzt ist, kann es auch keine friedliche Koexistenz mit der Philosophie geben und schon gar nicht mit den atheistischen und naturalistischen Strömungen der griechischen Antike.

Wenn die fundamentalistischen Richtungen in den Hochreligionen überhand nehmen, wird der Spielraum für eine liberale, spielerische individualistische Lebensgestaltung extrem eng werden. Theonome Wertesysteme, vor allem wenn sie in institutionalisierter Form auftauchen, haben keinen Platz für individuelles Glücksstreben; hierarchisch geordnete Normengebäude mit transzendenter Verankerung versklaven das Individuum bedenkenlos.

Seit 600 Jahren – die neuzeitliche Aufklärung begann in der Renaissance – bemühen sich liberale Philosophen, den konservativen Ideologen Handlungsspielräume abzutrotzen. Bis heute mit wechselndem, aber doch einigem Erfolg. Wie Gilles Kepel in seinem eindrucksvollen Buch *Die Rache Gottes* gezeigt hat, sind radikale Moslems, Christen und Juden auf dem Vormarsch. Ihr Ziel ist es, ein monistisches Modell, „in dem das von Gott geoffenbarte Gesetz das ausschließliche Prinzip der Sozialordnung darstellt",[485] in der Welt durchzusetzen. Der heidnische Individualismus, der in der Renaissance und in der Aufklärung schrittweise nach antiken Vorbildern wieder realisiert wurde, ist ein hohes Gut. Deshalb sollten wir den Hedonismus nicht nur in dem elementaren Sinn einer Verteidigung des Zugangs zum Genuss sehen, sondern als Aufgabe, die gesellschaftliche Ordnung unabhängig von metaphysischen Prinzipien und religiösen Dogmen zu halten. Die Gegner des individuellen, guten, gelungenen Lebens werden nicht müde zu behaupten, dass so viel Freiheit zum sozialen Nihilismus und zu einer Anarchie der Werte führen muss. Aus diesem Vorwurf bemühen sich die Verteidiger der hierarchischen Ordnung Repressionskapital zu schlagen. Ein argumentativ sorgfältig durchgearbeiteter Hedonismus kann diese falsche Behauptung bezüglich seiner Konsequenzen leicht durchkreuzen. Wem also nicht Unterwerfung unter Ideologien und Fremdbestimmung durch historische Wertesysteme, sondern autarke, selbstverantwortete, eigenbestimmte Lebensführung ein Anliegen ist, der kann sich mit den klassischen Argumenten des Hedonismus gut zur Wehr setzen. Soviel ist jedenfalls klar: Die Freiheit wird uns nicht geschenkt, man muss sie sich erkämpfen!

---

[485] Gilles Kepel: Die Rache Gottes. Jüdische, christliche und islamische Fundamentalisten auf dem Vormarsch. Piper Verlag, München 1991, S. 279.

# Literaturverzeichnis

Adams, Fred / Laughlin, Greg: Die fünf Zeitalter des Universums. Stuttgart: DVA, 2000.
Albert, Hans: Kritische Vernunft und menschliche Praxis. Stuttgart: Reclam, 1977.
Albertus Magnus: Metaphysik. In: Ausgewählte Texte. Darmstadt: Wissenschaftliche Buchgesellschaft, 1981.
Alighieri, Dante: Die Göttliche Komödie. München: Piper, 2002.
Apuleius: Metamorphosen. Aus dem Lateinischen von A. Rode, hrsg. v. W. Haupt. Leipzig: Dieterich, 1991.
Aquin, Thomas v.: Die Deutsche Thomas-Ausgabe. Summa Theologica. Salzburg/ Leipzig: Anton Pustet, 1933.
Aretino, Pietro: Brief an Attista Zatti vom 19.12.1537. Zitiert nach Paule Findelen: Humanismus, Politik und Pornographie im Italien der Renaissance. In: Lynn Hunt (Hrsg.): Die Erfindung der Pornographie. Obszönität und die Ursprünge der Moderne. Frankfurt a.M.: Fischer, 1994.
Aristoteles: Categoriae et Liber de Interpretatione. Oxford: Oxford University Press, 1949.
Aristoteles: Werke. Begr. von Ernst Grumach, hrsg. von Hellmut Flashar. Darmstadt: Akademie Verlag, 1984 [1965 ff].
Armstrong, David: Recent work on the relation of mind and brain. In: Contemporary philosophy. A new survey, Vol. 4, 1982, S. 44-79.
Armstrong, David Malet: Naturalistische Metaphysik. In: Kanitscheider, B. (Hrsg.): Moderne Naturphilosophie. Würzburg: Königshausen & Neumann, 1984.
Aspect, Alain et al.: Experimental test of Bell's inequalities using time-varying analysers. In: Physical Review Letters 49, 1982, S. 1804.
Athenaios: Deipnosophistae [Das Gelehrtenmahl]. Aus dem Griechischen von U. und K. Treu. Leipzig: Dieterich,1985.
Augustinus: De civitate Dei [Vom Gottesstaat]. Aus dem Lateinischen von W. Thimme. 4. Aufl., München: dtv, 1997.
Augustinus: Logik des Schreckens. De diversus quaestionibus at Simplicianum. Hrsg. u. erkl. v. K. Flasch. Mainz: Dieterich'sche Verlagsbuchhandlung, 1990.
Balaguer, Josemaría Escrivá de: Der Weg. 10. Aufl., Köln: Adamas Verlag, 1982.

# Literaturverzeichnis

Barrow, John D. et al. (Hrsg.): Science and Ultimate Reality. From Quantum to Cosmos. Cambridge: Cambridge University Press, 2004.

Barrow, John D. / Tipler, Frank J.: The Cosmological Anthropic Principle. Cambridge: Cambridge University Press, 1986.

Bartels, Andreas: Grundprobleme der modernen Naturphilosophie. Stuttgart: UTB, 1996.

Bartley, William: Flucht ins Engagement. Tübingen: Mohr Siebeck, 1987.

Baudelaire, Charles: Die künstlichen Paradiese. In: Sämtliche Werke, Bd. 6. München: Hanser, 1989.

Beauvoir, Simone de: Soll man de Sade verbrennen? München: Rowohlt, 1955.

Bellinger, Gerhard J.: Sexualität in den Weltreligionen. Frechen: Komet, 1999.

Bergerac, Cyrano de: Les états et Empires de la lune. Paris: STFM, 1656.

Bergmann, Ludwig / Schaefer, Clemens: Lehrbuch der Experimentalphysik. Bd. 8, Sterne und Weltraum. 2. stark erw. u. aktualisierte Aufl., Berlin: de Gruyter, 2002.

Bethe, Erich: Die dorische Knabenliebe. In: Siems, A. K.: Sexualität und Erotik in der Antike. Darmstadt: Wissenschaftliche Buchgesellschaft, 1988.

Birkhoff, Garrett / Neumann, John v.: The Logic of Quantum Mechanics. In: Annals of Mathematics, Vol. 37, 1936.

Blumenberg, Hans: Lebenszeit und Weltzeit. Frankfurt a.M.: Suhrkamp, 1985.

Böllinger, Lorenz: Betäubungsmittelstrafrecht, Drogenpolitik und Verfassung. In: Kanitscheider, Bernulf (Hrsg.): Drogenkonsum – bekämpfen oder freigeben? Stuttgart: Hirzel, 2000.

Borel, Pierre: Discours nouveau prouvant la pluralité des mondes. Genf: Conte, 1657.

Braitenberg, Valentin: Künstliche Wesen. Verhalten kybernetischer Vehikel. Braunschweig: Vieweg, 1986.

Bretonne, Rétif de la: Die Anti-Justine oder die Köstlichkeiten der Liebe [1798]. Hanau: Müller und Kiepenhauer, 1966.

Bultmann, Rudolf: Glauben und Verstehen [1933]. Bd. 1, 6. unveränd. Aufl., Tübingen: Mohr Siebeck, 1966.

Bunge, Mario: Virtual Particles and Virtual Processes: Real or Fictious? In: International Journal of Theoretical Physics Vol. 3, No. 6, 1970, S. 507-508.

Bunge, Mario: Treatise on Basic Philosophy. Vol. 7/I. Dordrecht: Reidel, 1985.

Bunge, Mario: Philosophy in Crisis. New York: Prometheus Books, 2001.

Bunge, Mario / Mahner, Martin: Über die Natur der Dinge. Stuttgart: Hirzel, 2004.

Cancik, Hubert: Zur Entstehung der christlichen Sexualmoral. In: Siems, A. K. (Hrsg.): Sexualität und Erotik in der Antike. Darmstadt: Wissenschaftliche Buchgesellschaft, 1988.

Capelle, Wilhelm: Die Vorsokratiker: Fragmente und Quellenberichte. 4. Aufl., Stuttgart: Kröner, 1953.

Carnap, Rudolf: Scheinprobleme in der Philosophie – Das Fremdpsychische und der Realismusstreit. Frankfurt a.M.: Suhrkamp, 1976.

Carnap, Rudolf: Die Überwindung der Metaphysik durch logische Analyse der Sprache. In: Erkenntnis, Bd. 2, 4, 1932, S. 219-241.

Carnap, Rudolf: Psychologie in physikalischer Sprache. In: Erkenntnis 3, 1932.

Cassirer, Ernst: Individuum und Kosmos in der Philosophie der Renaissance [1927]. 2. unveränd. Aufl., Darmstadt: Wissenschaftliche Buchgesellschaft, 1963.

Cauchy, Augustin Louis: Sur les limites des connaissance humaines. In: Oeuvres complétes. IIe Série. Tome XV. Paris: Gauthier-Villars, 1974.

Cawthorne, Nigel: Das Sexleben der Päpste. Köln: Taschen, 1999.

Cervantes, Miguel de: Don Quijote de la Mancha [1605]. Edición de Martin Riquer. Barcelona: RBA, 1994.

Chaitin, Gregory: From Philosophy to Program Size. Key Ideas and Methods. Institute of Cyberbetics at Talinn Technical University, 2003.

Churchland, Paul M. / Churchland, Patricia Smith: Die Seelenmaschine. Eine philosophische Reise ins Gehirn. Heidelberg: Spektrum,1997.

Churchland, Patricia Smith: Neurophilosophy. MIT Press / A Bradford Book, Cambridge, 1986.

Cicero, Marcus Tullius: Werke in 3 Bänden. Hrsg. von L. Huchthausen. Berlin: Aufbau-Verlag, 1990.

Clarke, Samuel: Brief vom November 1715 an Leibniz. In: Robinet, A. (Hrsg.): Correspondance Leibniz – Clarke. Paris: Presses Universitaires de France, 1957.

Clemens von Alexandria: Stromateis. Aus dem Griechischen von O. Stählin. München: BKV, 1934-1938.

Cohen, I. Bernard (Hrsg.): Isaac Newton's Papers & Letters on Natural Philosophy and related documents. Cambridge: Cambridge University Press, 1958.

Colomer, Eusebio: Nikolaus von Kues und Raimund Lull. Berlin: De Gruyter, 1961.

Corvin, Otto v.: Pfaffenspiegel [1845]. 43. Aufl., Berlin: Pan-Verlag Rolf Heise, 1926.

Craig, William Lane: Creation and Big Bang Cosmology. In: Philosophia Naturalis, 31, 2, 1994, S. 217-224.

Craig, William Lane: „What place, then, for a creator?": Hawking on God and Creation. In: British Journal for the Philosophy of Science 41, 1990, S. 473-491.

Crevier, Daniel: AI: The Tumultous History of the Search for Artificial Intelligence. New York: Basic Books, 1993.

Dahl, Edgar: Die Lehre des Unheils: Fundamentalkritik am Christentum. München: Goldmann, 1995.

Darwin, Charles: The Descent of Man and Selection in Relation to Sex. London: John Murray, 1871.

Darwin, Charles: The origin of species [1859]. Philadelphia: University of Pennsylvania Press, 1959.

Darwin, Francis (Hrsg.): More Letters of Charles Darwin. Vol. 2., New York: John Murray, 1903.

Davidson, Julian M. & Richard J. (Hrsg.): The Psychobiology of Consciousness. New York: Plenum Pub Corp, 1981.

Davies, Paul: The Mind of God. London: Penguin Books, 1992.

Davis-Floyd, Robbie E. et al. (Hrsg.): Cyborg-Babies: From Techno-Sex to Techno-Tots. New York: Routledge, 1998.

Denzler, Georg: Die Verbotene Lust. 2000 Jahre christliche Sexualmoral? München: Piper, 1988.

Descartes, René: Die Prinzipien der Philosophie [1644]. 6. Aufl. unveränd. Nachdr. der 3. Aufl. v. 1908. Hamburg: Meiner, 1961.

Descartes, René: Meditationen über die Erste Philosophie [1641]. Stuttgart: Reclam, 1980.

Deschner, Karlheinz: Das Kreuz mit der Kirche. Eine Sexualgeschichte des Christentums. Düsseldorf: Econ, 1974.

Deutsch, David: Die Physik der Welterkenntnis. Auf dem Weg zum universellen Verstehen. München: dtv, 2000.

Dewey, John: Experience and Nature. New York: Dover Publications, 1958.

Diderot, Denis: Oeuvres complétes [1875-77]. Hrsg. v. J. Assézat und M. Tourneux. Paris: Garnier fréres, 1966.

Diderot, Denis: Die indiskreten Kleinode [1748]. Stuttgart: Deutscher Bücherbund, 1966.

Dierichs, Angelika: Erotik in der Kunst Griechenlands. Mainz: Zabern, 1993.

Digges, Thomas: A Perfit Description of the Caelestiall Orbes. London: Thomas Marshe, 1576.

Dijksterhuis, Eduard J.: Die Mechanisierung des Weltbilds. Berlin: Springer, 1956.

Diogenes Laertius: Leben und Meinungen berühmter Philosophen. Hrsg. v. K. Reich. Hamburg: Meiner, 1998.

Donne, John: Anatomy of the world, First Anniversary [1611]. In: Koyré, A.: Von der geschlossenen Welt zum unendlichen Universum. Frankfurt a.M.: Suhrkamp, 1969.

Dörner, Dietrich: Bauplan für eine Seele. Reinbek: Rowohlt, 1999.

du Bois-Reymond, Emil: Über die Grenzen des Naturerkennens. Die sieben Welträtsel. Leipzig: Veit, 1891.

Dubost, Jean-Pierre: Thérèse philosophe. In: Eros und Vernunft. Frankfurt a.M.: Athenaeum, 1988.

Duerr, Hans Peter: Traumzeit. Frankfurt a.M.: Syndikat, 1980.

Duff, Michael J. / Isham, Chris J.: Quantum Structure of Space and Time. Cambridge: Cambridge University Press, 1982.

Dyson, Freeman: Time without End: Physics and Biology in an Open Universe. In: Reviews of Modern Physics 51, 1979.

Dyson, Freeman: Zeit ohne Ende – Physik und Biologie in einem offenen Universum. Berlin: Brinkmann und Bose, 1989.

Eccles, John Carew: The Human Mystery. Berlin: Springer, 1979.

Eckmiller, Rolf: Denken nach Menschenart. Zur Physik und Biologie der Kognition. Vortrag während des Europäischen Forums in Alpbach/Österreich vom 17.-28.8.1991.

Eco, Umberto: Der Name der Rose. München: Hanser, 1982.

Eigen, Manfred: Selforganization of Matter and the Evolution of Biological Macromolecules. In: Naturwissenschaften 58, 10, 1971, S. 465-523.

Einstein, Albert: Mein Weltbild [1934]. Berlin: Ullstein, 1957.

Einstein, Albert: Über den gegenwärtigen Stand der Feldtheorie. Festschrift für A. Stodola. Zürich: Füßli, 1929.

Einstein, Albert: Kosmologische Betrachtungen zur allgemeinen Relativitätstheorie. In: Lorentz, H. A. / Einstein, A. / Minkowski, H.: Das Relativitätsprinzip. 6. Aufl., Darmstadt: Wissenschaftliche Buchgesellschaft, 1958.

Ellis, George F. R. / Coule, David H.: Life at the End of the Universe? In: General Relativity and Gravitation 26, 7, 1994, S. 731-739.

Ellis, George F. R.: The Universe Aruound Us. http://www.mth.uct.ac.za/~ellis/cos8.html.

Englisch, Paul: Geschichte der erotischen Literatur. Stuttgart: Püttmann, 1927.

Epikurus: Epicurea [1887]. Hrsg. von H. Usener. Roma: L'erma di Bretschneider, 1963.

Epikurus: Philosophie der Freude: Eine Auswahl aus seinen Schriften. Hrsg. von J. Mewaldt. Stuttgart: Kröner, 1973.

Ernst, Bruno (Hrsg.): Der Zauberspiegel des M. C. Escher. München: Taschen, 1978.

Escobar, Arturo: Welcome to Cyberia. Notes on the Anthropology of Cyberculture. In: Current Anthropology 35, 3.6.1994, S. 211-231.

Euripides: Tragödien und Fragmente, Band 5. Darmstadt: Wissenschaftliche Buchgesellschaft, 1981.

Fichte, Johann Gottlieb: Über den Grund des Glaubens an eine göttliche Weltregierung. In: Philosophisches Journal. Bd. VIII, 1978, S. 1-20.

Fischer, Kuno: Immanuel Kant und seine Lehre. Heidelberg: Winter, 1909.

Flasch, Kurt: Logik des Schreckens. Augustinus von Hippo. Mainz: Dieterich'sche Verlagsbuchhandlung, 1990.

Flew, Antony: God, Freedom and Immortality. A critical Analysis. New York: Prometheus Books, 1984.

Flohr, Hans: Die physiologischen Grundlagen des Bewusstseins. In: Enzyklopädie der Psychologie, Bd. 6, hrsg. von T. Elbert und N. Birnbaumer. Göttingen: Hogrefe-Verlag, 2002.

Foucault, Michel: Sexualität und Wahrheit, Frankfurt a.M.: Suhrkamp, 1979.

Fraassen, Bas van: The scientific Image, Oxford: Oxford University Press, 1980.

Frank, Philipp: Was bedeuten die gegenwärtigen physikalischen Theorien für die allgemeine Erkenntnislehre? In: Erkenntnis 1, 1930, S. 126-157.

Frankena, William K.: The naturalistic fallacy. In: Mind 48, 1939, S. 464-477.

Fredkin, Ed: Digital Philosophy. http://digitalphilosophy.org, 2001.

Fredkin, Ed: On the Soul. http://digitalphilosophy.org/on_the_soul.htm, 2000.

Freedman, Wendy et al.: Final results from the Hubble Space Telescope key project to measure the Hubble constant. In: The Astrophysical Journal 553, 2001, S. 47-72.

Freud, Sigmund: Die Traumdeutung. Über den Traum. In: Gesammelte Werke 2/3. London: Imago, 1942.

Freud, Sigmund: Eine Schwierigkeit mit der Psychoanalyse. In: Gesammelte Werke, Bd. XII, Frankfurt a.M.: Fischer, 1947.

Freud, Sigmund: Abriss der Psychoanalyse, Frankfurt a.M.: Fischer, 1986.

Freud, Sigmund: Das Unbehagen in der Kultur, In: Abriss der Psychoanalyse, Frankfurt a.M.: Fischer, 1986.

Gamow, George: Mr. Tompkins im Wunderland oder Träumereien von c, g und h, Wien: Zsolnay, 1954.

Gardner, Martin: Mathematical Games. The fantastic combinations of John Conway's new solitaire game „life". In: Scientific American 223, Oktober 1970, S. 120-123.

Gasperini, Maurizio / Veneziano, Gabriele: The Pre-Big Bang Scenario. In: String Cosmology. Physics Reports Bd. 373, 2003, S. 1-212.

Gers, Fredrika: Vom Chat zum Bett. In: Der Spiegel special, S. 34, 3/1997.

Goethe, Johann Wolfgang v.: Werke. Band 14. Hamburg: Christian Wegner, 1966.

Görnitz, Brigitte & Thomas: Der Kreative Kosmos. Geist und Materie aus Information, Heidelberg: Spektrum Akademischer Verlag, 2002.

Gott III, J. Richard / Li-Xin Li: Can the Universe create itself? In: Physical Review D 58, 023501, 1998.

Göttlicher, S. / Madjaric J.: Die Stärke der weiblichen Libido I, In: Sexualmedizin 17, 4, 1995, S. 103-108.

Greene, Brian: Das elegante Universum. Berlin: Siedler Verlag, 2000.

Greinacher, Norbert: Bekehrung durch Eroberung. In: Innsbrucker geographische Studien, Bd. 21, hrsg. von A. Borsdorf, Innsbruck: Institut für Geographie der Universität Innsbruck, 1994.

Grimaltos, Tobies / Pacho, Julián: La Naturalización de la Filosofía: Problemas y Límites. Valencia: Colección Filosofiás, 2005.

Grünbaum, Adolf: Some Comments on William Craig's 'Creation and Big Bang Cosmology'. In: Philosophia Naturalis 31 (2), 1994, S. 225-236.

Grünbaum, Adolf: The Poverty of Theistic Cosmology. Leibniz Lecture I. In: The British Journal for the Philosophy of Science 55 (4), 2003, S. 561-613.

Guicciardini, Niccolo: Newton: Ein Naturphilosoph und das System der Welten. Heidelberg: Spektrum, 1999.

Hanson, Norwood Russell: What I do not believe and other essays, Dordrecht: D. Reidel, 1971.

Hawking, Stephen William: Einsteins Traum. Reinbek: Rowohlt, 1994.

Hawking, Stephen William / Hartle, James: The wave function of the Universe. In: Physical Review 28, 1983, S. 2960.

Hayek, Friedrich August v.: Die Theorie komplexer Phänomene. Tübingen: Mohr, 1972.
Hayek, Friedrich August v.: The fatal Conceit: The Errors of Socialism. Chicago: University of Chicago Press, 1991.
Heckmann, Otto: Theorien der Kosmologie. Berlin: Springer Verlag, 1942.
Hegel, Georg Wilhelm Friedrich: Phänomenologie des Geistes [1807]. 6. Aufl., Hamburg: Felix Meiner Verlag, 1952 (Philosophische Bibliothek Bd.114)
Helmholtz, Hermann v.: Über die Entstehung des Planetensystems. In: Vorträge und Reden. Bd. II, Braunschweig: Friedrich Vieweg und Sohn, 1871.
Herra, Rafael A.: Lo Monstruoso y lo Bello. Costa Rica: Editiorial de la Universidad de Costa Rica, 1988.
Herrmann, Horst: Sex & Folter in der Kirche. München: Orbis, 1988.
Herrmann, Horst: Hexenfolter. In: Die Folter. Eine Enzyklopädie des Grauens, Frankfurt a. M.: Eichhorn, 2004.
Herschel, Friedrich Wilhelm: On the Construction of the Heavens. In: Ders.: Collected Papers. Hrsg. von J. L. E. Dreyer. Bd. 1, London: Oldbourne Press, 1912.
Hesiod: Erga kai emerai [Werke und Tage]. Übersetzt und hrsg. von O. Schönberger. Stuttgart: Reclam, 1996.
Hesiod: Theogonie. Übersetzt und hrsg. von O. Schönberger. Stuttgart: Reclam, 1999.
Hilbert, David: Naturerkennen und Logik. In: Die Naturwissenschaften 18, 1930, S. 959-963.
Hinterberger, Friedrich / Hüther, Michael: Von Smith bis Hayek und zurück. Eine kleine Geschichte der Selbstorganisationsidee in der Nationalökonomie. Gießen, o. J.
Hobart, Richard E.: Free Will as involving Determination and inconceivable without it. In: Mind XVIII, No. 169, Januar 1934, S. 1-27.
Hobson, J. Allan: Schlaf. Gehirnaktivität im Ruhezustand. Heidelberg: Spektrum Akademischer Verlag, 1990.
Holbach, Paul Henri Thiry d': System der Natur oder von den Gesetzen der physischen und der moralischen Welt, Frankfurt a.M.: Suhrkamp, 1978.
Homer: Ilias / Odyssee. Vollständige Ausgabe nach dem Text der Erstausgabe. Düsseldorf: Artemis & Winkler, 2001.
Horaz: Oden. Frankfurt: Insel, 1999.
Hösle, Vittorio: Platonismus und Darwinismus. Freiburg: Wissenschaft & Öffentlichkeit, 2001.
Humboldt Alexander v.: Kosmos: Entwurf einer physischen Weltbeschreibung, Frankfurt a.M.: Eichborn, 2004.
Hume, David: Dialogues concerning Natural Religion. New York: Oxford University Press, 1959.
Hume, David: Dialoge über natürliche Religion. 4. Aufl., Hamburg: Meiner, 1968.
Hume, David: Ein Traktat über die menschliche Natur. Hamburg: Meiner, 1973.

Hunt, Lynn (Hrsg.): Die Erfindung der Pornographie, Frankfurt a.M.: Fischer, 1994.
Huntemann, Georg: Biblisches Ethos im Zeitalter der Moralrevolution, Stuttgart: Hänssler, 1995.
Jacob, Magaret C.: Die materialistische Welt der Pornographie. In: Hunt, L. (Hrsg.): Die Erfindung der Pornographie, Frankfurt a.M.: Fischer, 1994.
James, William: Die religiöse Erfahrung in ihrer Mannigfaltigkeit, Leipzig: Hinrich'sche Buchhandlung, 1907.
Jean Paul: Siebenkäs. Erstes Blumenstück. Stuttgart: Reclam, 1983.
Jendrosch, Thomas: Sex sells. Darmstadt: GIT-Verlag, 2000.
Jourdain, Robert: Das wohltemperierte Gehirn. Heidelberg: Spektrum Akademischer Verlag, 2001.
Jünger, Ernst: Annäherungen. Drogen und Rausch. Stuttgart: Klett, 1970.
Kanitscheider, Bernulf: Geometrie und Wirklichkeit. Berlin: Duncker und Humblot, 1971.
Kanitscheider, Bernulf: Vom absoluten Raum zur dynamischen Geometrie. Zürich: Bibliographisches Institut, BI-Wissenschaftsverlag, 1976.
Kanitscheider, Bernulf: Philosophie und moderne Physik. Darmstadt: Wissenschaftliche Buchgesellschaft, 1979.
Kanitscheider, Bernulf: Wissenschaftstheorie der Naturwissenschaft. Berlin: de Gruyter, 1981.
Kanitscheider, Bernulf: Soziobiologie und Ethik. In: Braun, E. (Hrsg.): Wissenschaft und Ethik. Bern: Peter Lang, 1986.
Kanitscheider, Bernulf: Naturalismus und wissenschaftliche Weltorientierung. In: Logos, N. F. 1, Heft 2, 1994, S. 184-199.
Kanitscheider, Bernulf: Astrologie in wissenschaftstheoretischer Perspektive. In: Eberlein, G. L. (Hrsg.): Schulwissenschaft, Parawissenschaft, Pseudowissenschaft. Stuttgart: Hirzel/Wissenschaftliche Verlagsgesellschaft, 1991.
Kanitscheider, Bernulf: Von der mechanistischen Welt zum kreativen Universum. Darmstadt: Wissenschaftliche Buchgesellschaft (Abt. Verlage), 1993.
Kanitscheider, Bernulf: Im Innern der Natur. Philosophie und moderne Physik. Darmstadt: Wissenschaftliche Buchgesellschaft (Abt. Verlage), 1996.
Kanitscheider, Bernulf: Die Existenz der Menschheit – Höherentwickeln – Überleben oder Auslöschen? Vortrag an der Universität Graz 1999.
Kanitscheider, Bernulf: Kosmologie. Geschichte und Systematik in philosophischer Perspektive, 3. erw. Auflage, Stuttgart: Reclam, 2002.
Kanitscheider, Bernulf (Hrsg.): Moderne Naturphilosophie, Würzburg: Königshausen und Neumann, 1984.
Kanitscheider, Bernulf (Hrsg.): Drogenkonsum – bekämpfen oder freigeben? Stuttgart: Hirzel, 2000.
Kanitscheider, Bernulf/ Dessau, Bettina: Von Lust und Freude, Frankfurt a.M.: Insel-Verlag, 2000.
Kanitscheider, Bernulf / Wetz, Franz Josef: Hermeneutik und Naturalismus, Tübingen: Mohr Siebeck, 1998.

Kant Immanuel: Kritik der reinen Vernunft [1781]. Leipzig: Reclam, 1878.

Kant, Immanuel: Metaphysik der Sitten bey Friedrich Nicolovius. Königsberg, 1797.

Kant, Immanuel: Ausgewählte kleine Schriften. Hamburg: Meiner, 1965.

Kant, Immanuel: Immanuel Kants Werke. Hrsg. von A. Buchenau, E. Cassirer und B. Kellermann, Berlin: Cassirer, 1914.

Kary, Michael / Mahner, Martin: How Would you know if you synthesized a Thinking Thing? In: Minds and Machines 12, 2002, S. 61-86.

Kepel, Gilles: Die Rache Gottes. Jüdische, christliche und islamische Fundamentalisten auf dem Vormarsch. München: Piper, 1991.

Kierkegaard, Søren: Der Einzelne. In: Gesammelte Werke. Düsseldorf: Eugen Diederich, 1951.

Koch, Klaus: Ratlos vor der Apokalyptik. Gütersloh: Gütersloher Verlagshaus G. Mohn, 1970.

Kodalle, Klaus-Michael: Fichtes Entlassung. Der Atheismusstreit vor 200 Jahren. Würzburg: Königshausen und Neumann, 1999.

Kokott, Götz: Die Sexualität des Menschen, München: Beck, 1995.

Koltermann, Rainer: Grundzüge der modernen Naturphilosophie: Ein kritischer Gesamtentwurf. Frankfurt a. M.: Knecht, 1994.

Kondylis, H. Panajotis: Der Philosoph und die Lust, Frankfurt a.M.: Kneip, 1991.

Koyré, Alexandre: Von der geschlossenen Welt zum unendlichen Universum. Frankfurt a. M.: Suhrkamp, 1969.

Kroll, Wilhelm: Knabenliebe. In: Paulys Realencyclopädie des Klassischen Altertums, Band XI, 1 Stuttgart: Metzler, 1966.

Kupfer, Alexander: Die künstlichen Paradiese: Rausch und Realität seit der Romantik. Stuttgart: Metzler, 1996.

Kurzweil, Ray: Homo s@piens. Leben im 21. Jahrhundert. Was bleibt vom Menschen? München: Econ, 2001.

Laktanz: Divinae Institutiones. Paris: Ed. du Cerf, 1973-1987.

Lambert, Johann Heinrich: Cosmologische Briefe über die Einrichtung des Weltbaues. Augsburg: E. Kletts Wittib, 1761.

LaMettrie, Julien Offray de: Die Kunst Wollust zu empfinden. Nürnberg: LSR-Verlag, 1987.

Laplace, Pierre-Simon de: Expositon du système du monde, Paris: Cercle Social, 1799.

Leibniz Gottfried Wilhelm v.: Metaphysische Abhandlung. Philosophische Bibliothek Bd. 260, 2., durchges. Auflage mit erg. Literaturhinweisen. Hamburg: Meiner, 1958.

Leibniz, Gottfried Wilhelm v.: Vernunftprinzipien der Natur und der Gnade. Hamburg: Meiner, 1956.

Leibniz, Gottfried Wilhelm v.: Die Theodizee [1710]. Hamburg: Meiner, 1979.

Leibniz, Gottfried Wilhelm v.: Philosophische Schriften Band 5.2, Darmstadt: Wissenschaftliche Buchgesellschaft, 1989.

Lewis, H. D.: Clarity is not enough: Essays in Criticism of Linguistic Philosophy. London: Allen & Unwin Ltd., 1963.

Lichtenberg, Georg Christoph: Einige Worte über den Pantheismus § 68, o.O., 1851.

Lightman, Alan P. / Brawer, Roberta: Origins. The Lives and Worlds of Modern Cosmologists. Cambridge: Harvard University Press, 1992.

Liguori, Alfons v.: Theologia moralis. Bd. VI., 2. Aufl. Regensburg: Manz, 1881.

Loschmidt, (Johann) Josef: Über den Zustand des Wärmegleichgewichts eines Systems von Körpern mit Rückschluss auf die Schwerkraft. Sitzungsberichte der kaiserlichen Akademie der Wissenschaften, Mathematisch-naturwissenschaftliche Klasse 73, Wien, 1876, S. 128-142.

Luck, Georg: Die Weisheit der Hunde. Texte der antiken Kyniker. Stuttgart: Kröner, 1997.

Lukrez Carus, Titus: De rerum natura – Von der Natur. Hrsg. von Hermann Diels. Darmstadt: Wissenschaftliche Buchgesellschaft, 1993.

Lührs, Georg (Hrsg.): Theorie und Politik aus kritisch-rationaler Sicht. Bonn: Dietz, 1978.

Lumsden, Charles J. / Wilson, Edward O.: Genes, Mind and Culture. Cambridge: Harvard University Press, 1981.

Luther, Martin: Gesammelte Werke Bd. X, Berlin: Luckhardt, 1887.

Mackie, John L.: Das Wunder des Theismus. Stuttgart: Reclam, 1997.

Mandell, Arnold J.: Toward a Psychobiology of Transcendence: God in the Brain. In: Davidson, J. M. & R. J. (Hrsg.): The Psychobiology of Consciousness. New York: Plenum Press, 1980.

Marcuse, Herbert: Eros und Kultur. Ein philosophischer Beitrag zu Sigmund Freud. Stuttgart: Klett, 1957.

Marquard, Odo: Einheitswissenschaft oder Wissenschaftspluralismus? In: Küppers, B. O. (Hrsg.): Die Einheit der Wirklichkeit. München: Fink, 2000.

Marshall, Alfred: Principles of Economics – An Introductory Volume [1890]. London: Macmillan, 1920.

Martin, Hans-Peter / Schumann, Harald: Die Globalisierungsfalle. Reinbek: Rowohlt, 1996.

McCrindle, John W. (Hrsg.): The Christian Topography of Cosmas. In: Halcluyt Society Works, No. 98. London: Halcluyt Society, 1897.

Meinong, Alexius: Über Gegenstandstheorie, in: Untersuchungen zur Gegenstandstheorie und Psychologie, Leipzig: J.A. Barth, 1904.

Menger, Carl: Grundsätze der Volkswirtschaftslehre. Wien: W. Braumüller, 1871.

Miller, Arthur: On the History of the Special Theory of Relativity. In: Aichelburg, P. C. / Sexl, R. U. (Hrsg.): Albert Einstein. Braunschweig: Vieweg, 1979.

Minois, Georges: Geschichte des Atheismus. Weimar: Böhlau, 2000.

Money, John: Venuses Penuses. New York: Prometheus Books, 1986.

Montaigne, Michel de: La Théologie naturelle de Raymond Sebon [1569]. Paris: Flammarion, 1999.

Moravec, Hans: Robot: Mere Machine to Transcendent Mind. Oxford: Oxford University Press, 2000.

Mosterín, Jesús: Ciencia Viva, Reflexiones sobre La Aventura Intelectual de Nuestro Tiempo. Madrid: Espasa, 2001.

Moulines, Ulises Carles: ¿Es la vida sueño? In: Diánoia 38, 1992, S. 17-33.

Nagel, Ernest: Naturalism reconsidered. In: Proceedings and Adresses of the American Philosophical Association 2, 1955, S. 5-17.

Nagel, Thomas: What is it like to be a bat? In: Philosophical Review 74, 1974, S. 339-356.

Newton, Isaac: Opticks. London: Dover Publications, 1952.

Nietzsche, Friedrich: Über Wahrheit und Lüge im außermoralischen Sinne. In: Kritische Gesamtausgabe, Bd. 1., Hrsg. von G. Colli und M. Montinari, München: dtv, 1988.

Noether, Emmy: Invariante Variationsprobleme. In: Nachrichten von der Gesellschaft der Wissenschaften zu Göttingen. Göttinger Nachrichten, 1918, S. 235-257.

Onfray, Michel: Die genießerische Vernunft: die Philosophie des guten Geschmacks. Baden-Baden: Elster, 1996.

Onfray, Michel: Theorie des verliebten Körpers für eine solare Erotik. Berlin: Merve-Verlag, 2001.

Önnerfors, Alf (Hrsg.): Antike Zaubersprüche. Stuttgart: Reclam, 1991.

Origines: Homiliae in librum Josua, 12,8,2, Patrologiae cursus completus I, hrsg. von I. P. Migne, Paris: Parisiis, 1857.

Ortega y Gasset, José: Ideas para una Historia de la Filosofía. Buenos Aires, 1942.

Paley, William: Natural Theology; Evidences of the Existence and Attributes of the Deity [1802]. London: Gregg, 1970.

Pauly, August Fr. / Wissowa, Georg et al. (Hrsg.): Paulys Realencyclopädie der classischen Altertumswissenschaft. Bd. IV, Stuttgart: Metzler, 1970.

Platon: Sämtliche Werke. Hrsg. von Walter F. Otto, Hamburg: Rowohlt, 1878.

Plotin: Enneades [Die Enneaden des Plotin]. In: Plotins Schriften. Griech.-dt. von R. Harder. Bd. 1, Hamburg: Felix Meiner, 2004.

Popper Karl R.: Objektive Erkenntnis: Ein evolutionärer Entwurf. Hamburg: Hoffmann & Campe, 1995.

Popper Karl R.: Logik der Forschung, 6. verb. Aufl., Tübingen: Mohr, 1976.

Popper Karl R.: Conjectures and Refutations: The Growth of Scientific Knowledge. London: Routledge, 2002.

Popper Karl R.: Wie ich Philosophie sehe. In: Lührs, G. (Hrsg.): Theorie und Politik aus kritisch-rationaler Sicht. Bonn: Dietz, 1978.

Priestley, Joseph: The doctrine of philosophical necessity, illustrated. London: J. Johnson, 1777.

Prigogine, Ilya / Stengers, Isabelle: Das Paradox der Zeit. Zeit, Chaos und Quanten. München: Piper, 1993.

Primas, Hans: Chemistry, Quantum Mechanics and Reductionism. Perspectives in theoretic chemistry. Berlin: Spinger, 1983.

Puente Ojea, Gonzalo: Elogio del Ateísmo. Los espejos de una ilusión. Siglo veintiuno editores. Madrid: Teoría, 1995.

Putnam, Hilary: A Defense of Internal Realism. In: Realism with a human Face. Cambridge Mass.: Harvard University Press, 1992.

Putnam, Hilary: Reason, truth and history. Cambridge: Cambridge University Press, 1981.

Queraltó, Ramón: Ética, tecnología y valores en la sociedad global. El caballo de Troya al revés. Madrid: Tecnos, 2003.

Quine, Willard van Orman: Word and Object. Cambridge (Mass.): MIT Press, 1960.

Quine, Willard van Orman: Ontological Relativity, in: Ontological Relativity and Other Essays. New York: Columbia University Press, 1968.

Quine, Willard van Orman: Epistemology naturalized, in: Ontological relativity and Other Essays. New York: Columbia University Press, 1969.

Rahner, Karl: Was ist Häresie? In: Schriften zur Theologie. Bd. 5, Einsiedeln: Benzinger, 1962.

Randi, James: Lexikon der übersinnlichen Phänomene. München: Heyne, 1995.

Ratzinger, Joseph Card. / Amato Angelo: Erwägungen zu den Entwürfen einer rechtlichen Anerkennung der Lebensgemeinschaften zwischen homosexuellen Personen. www.Vatikan.va/.

Rauland, Marco: Chemie der Gefühle. Stuttgart: Hirzel, 2001.

Ray, John: The Wisdom of God. Manifested in the Works of the Creation. London: William Innis, 1691.

Rees, Martin: The Collapse of the Universe: An Eschatological Study. In: The Observatory 89, 1969, S. 193-199.

Rees, Martin: In the Matrix, http://www.edge.org/3rd-culture03/rees-print.html.

Reinsberg, Carola: Ehe, Hetärentum und Knabenliebe im Antiken Griechenland. 2. unveränderte Aufl., München: Beck, 1993.

Rescher, Nicolas: The Rise and Fall of Analytic Philosophy. In: American Philosophy today and Other Philosophical Studies, Lanhan: University Press of America, 1994.

Richards, David A. J.: Sex, Drugs, Death and the Law. Totowa: Rowman & Littlefield, 1982.

Ritter, Joachim / Gründer, Karlfried (Hrsg.): Historisches Wörterbuch der Philosophie, Bd. 6, Basel: Schwabe, 1984.

Robinet, André (Hrsg.): Correspondance Leibniz-Clarke. Paris: PUF, 1957.

Rorty, Richard M.: The Linguistic Turn: Essays in philosophical method. Chicago: University of Chicago, 1997.

Rothbard, Michael N.: Power & Market. New York: Columbia University Press, 1977.

Rotterdam, Erasmus v.: Lob der Torheit. Stuttgart: Reclam, 1949.

Ruse, Michael / Wilson Edward O.: Moral Philosophy as Applied Science. In: Philosophy 61, No. 236, 1986, S. 173-192.

Russell, Bertrand: On Denoting. In: Mind XIV, 1905, S. 479-493.

Russell, Bertrand: Sexualethik, in: Warum ich kein Christ bin? München: Szczesny, 1963.

Russell, Bertrand: Die Eroberung des Glücks: neue Wege zu einer besseren Lebensgestaltung. Frankfurt a.M.: Suhrkamp, 1978.

Russell, Bertrand: Ehe und Moral. 2. Aufl. Darmstadt: Verlag Darmstädter Blatt, 1984.

Sade, Donatien Alphonse François de: Die Philosophie im Boudoir oder die lasterhaften Lehrmeister. Köln: Könemann, 1995.

Safranski, Rüdiger: Das Böse oder das Drama der Freiheit, Frankfurt a.M.: Fischer, 1999.

Sartre, Jean-Paul: Das Sein und das Nichts. Hamburg: Rowohlt, 1985.

Scheler, Max: Die Stellung des Menschen im Kosmos. Darmstadt: Reichel, 1928.

Schopenhauer, Arthur: Einige Worte über den Pantheismus. In: Arthur Schopenhauers Werke in fünf Bänden. Hrsg. von L. Lütkehaus, Band 5, Parerga & Paralipomena II. Zürich: Haffmans, 1988.

Schrödinger, Erwin: Discussions of probability relations between separated systems. In: Proceedings of the Cambridge Philosophical Society 31, 1935, S. 555.

Segl, Peter: Die Anfänge der Inquisition im Mittelalter. Köln: Böhlau, 1993.

Sellars, Roy Wood: Evolutionary Naturalism. Chicago: Open Court, 1922.

Siegel, Ronald K.: Intoxication. Life in Pursuit of Artificial Paradise. New York: EP Dutton, 1989.

Siems, Andreas Karsten: Sexualität und Erotik in der Antike. Darmstadt: Wissenschaftliche Buchgesellschaft, 1994.

Simplicius: Kommentar zu Aristoteles Physik. Hrsg. von M. Diels [1882-95], Berlin: M. Hayduck, 1882.

Singer, Wolf: Verschaltungen legen uns fest. Wir sollten aufhören von Freiheit zu sprechen. In: Hirnforschung und Willensfreiheit. Zur Deutung der neuesten Experimente. Hrsg. von C. Geyer, Frankfurt a.M.: Suhrkamp, 2004.

Sloterdijk, Peter: Sphären II, Frankfurt a.M.: Suhrkamp, 1999.

Smart, John Jamieson Carswell: Ethics, Persuasion and Truth, London: Routledge Kegan & Paul, 1984.

Smart, John Jamieson Carswell: Our Place in the Universe. Oxford: Blackwell Publishers, 1989.

Smith, Adam: An inquiry into the nature and the causes of wealth of nations. Dublin: Whitestone Chamberlaine, 1776.

Smith, Adam: The Theory of Moral Sentiments [1759], New York: Kelley, 1966.

Smith, Adam: Eine Untersuchung über Natur und Wesen des Volkswohlstandes, 2 Bde., Gießen: Achenbach, 1973.

Smith, Quentin: Atheism, Theism and Big Bang Cosmology. In: Australasian Journal of Philosophy, Volume 69, No. 1, 1991, S. 48-66.

Soeling, Caspar / Voland, Eckart: Toward an evolutionary psychology of religiosity. In: Neuroendocrinology Letters. Special Issue Suppl. 4, Vol. 23, 2002, S. 98-104.

Sophokles: Antigone. Düsseldorf/Zürich: Artemis & Winkler, 1999.

Spitzer, Manfred: Musik im Kopf. Stuttgart: Schattauer, 2003.

Sprenger, Jakob / Institoris, Heinrich: Der Hexenhammer (Malleus maleficarum) von 1487. München: dtv, 1987.

Stöckler, Manfred: Der Riese, das Wasser und die Flucht der Galaxien. Frankfurt a.M.: Keip, 1990.

Streminger, Gerhard: Gottes Güte und die Übel der Welt: das Theodizeeproblem. Tübingen: Mohr, 1992.

Taylor, Richard: Sisyphos und wir. In: Fehige, C.: Der Sinn des Lebens. München: dtv, 2000.

Tegmark, Max: Parallel Universes. In: Barrow, J. D. et al. (Hrsg.): Science and Ultimate Reality. From Quantum to Cosmos. Cambridge: Cambridge University Press, 2003.

Thompson, C.: Game Theories. http://www.walrusmagazine.com.

Thomson, William: Baltimore Lectures on Molecular Dynamics and the Wave Theory of Light. London: Clay, 1904.

Topitsch, Ernst: Erkenntnis und Illusion. 2. überarbeitete u. erw. Aufl. Tübingen: Mohr Siebeck, 1988.

Turkle, Sherry: Leben im Netz. Identität in Zeiten des Internet. Hamburg: Rowohlt, 1999.

Unamuno, M. de: El sentimiento trágico de la vida. En los hombres y en los pueblos. Madrid: Biblioteca Nueva, 1999.

Ussel, Jos van: Sexualunterdrückung. Geschichte der Sexualfeindschaft. Gießen: Focus-Verlag, 1977.

Valla, Lorenzo: De voluptate. De vero falsoque bono. Opera omnia. Basel 1540 (Nachdruck Turin 1962), Bd. III.

Valla, Lorenzo: Vom wahren und falschen Guten. Würzburg: Königshausen und Neumann, 2004.

Veblen, Thorsten: Theorie der feinen Leute. Frankfurt a.M.: Fischer, 1997.

Vilenkin, Alexander: Creation of Universes from Nothing. In: Physics Letters 117 B, 1982, S. 25-28.

Voland, Eckart: Genese und Geltung – Das Legitimationsdilemma der Evolutionären Ethik und ein Vorschlag zu seiner Überwindung. In: Philosophia Naturalis 41, 1, 2004, S. 139-153.

Voland, Eckart / Grammer, Karl: Evolutionary Aesthetics. Berlin: Springer, 2003.

Vollmer, Gerhard: Von den Grenzen der Naturwissenschaft. In: Rundschau 42, 1989, S. 388.

Vollmer, Gerhard: Die vierte bis siebte Kränkung des Menschen – Gehirn, Evolution und Menschenbild, in: Ders.: Auf der Suche nach der Ordnung. Stuttgart: Hirzel, 1995.

Vollmer, Gerhard: Was ist Naturalismus? In: Ders.: Auf der Suche nach der Ordnung, Stuttgart: Hirzel, 1995.

Vollmer, Gerhard: Wieso können wir die Welt erkennen? Stuttgart: Hirzel, 2003.

Voltaire: Élément de la Philosophie de Newton [1738]. dt. Elemente der Philosophie Newtons. Hrsg. von R. Wahsner und H. H. v. Borzeszkowski. Berlin: de Gruyter, 1997.

Voltaire: Die Jungfrau [La Pucelle d'Orleans], Bremen: Schünemann, 1985.

Weber, Max: Gesammelte Aufsätze zur Wissenschaftslehre. Tübingen: Mohr, 1988.

Weber, Max: Wissenschaft als Beruf. Berlin: Duncker und Humblot, 1991.

Weinberg, Steven: Die ersten drei Minuten: der Ursprung des Universums. München: Piper, 1977.

Weinberg, Steven: Der Traum von der Einheit des Universums. München: Bertelsmann, 1993.

Weizsäcker, Carl Christian v.: Logik der Globalisierung. Göttingen: Vandenhoeck & Ruprecht, 1999.

Wetz, Franz Josef: Die Magie der Musik. Warum uns die Töne trösten. Stuttgart: Klett-Cotta, 2004.

Wetz, Franz Josef: Hans Blumenberg zur Einführung. Hamburg: Junius, 1993.

Wetz, Franz Josef: Die Gleichgültigkeit der Welt: philosophische Aufsätze. Frankfurt a.M.: Knecht, 1994.

Wetz, Franz Josef: Die Würde des Menschen ist antastbar: eine Provokation. Stuttgart: Klett-Cotta, 1998.

Weyl, Hermann: Philosophie der Mathematik und Naturwissenschaft. München: Oldenbourg, 1928.

Wilson, Edward Osborne: Consilience: The Unity of Knowledge. New York: Alfred A. Knopf, 1998.

Wilson, Edward Osborne: Die Einheit des Wissens. Berlin: Siedler, 1998.

Wittgenstein, Ludwig: Philosophische Untersuchungen, Frankfurt a.M.: Suhrkamp, 1967.

Wittgenstein, Ludwig: Schriften, Frankfurt a.M.: Suhrkamp, 1960.

Wolfram, Stephen: A new Kind of Science. Champaign: Wolfram Media, 2002.

# Personenregister

Albert, Hans 20
Alfons von Liguori 244
Anaxagoras 52, 123, 125, 198
Anaximander 178
Aretino, Pietro 252f., 259, 263
Aristippos von Kyrene 219, 223-225, 262
Aristoteles 63-65, 74, 121-127, 146-148, 156, 162, 190, 198, 219-222, 228, 232, 237f.
Armstrong, David 62, 70f., 101
Augustinus 129, 182-184, 189, 239f.

Barrow, John 108
Bartley, William 17, 20, 81
Baudelaire, Charles 153
Beauvoir, Simone de 256
Birkhoff, Garrett 106
Boccaccio, Giovanni 251
Boetius von Dacien 190
Bois-Reymond, Emil du 98
Böllinger, Lorenz 268
Boltzmann, Ludwig 101
Borel, Pierre 131
Bracciolini, Poggio 251
Bretonne, Rétif de la 258, 263
Bultmann, Rudolf 194
Bunge, Mario 21-24, 60-62

Calderón, Pedro 149
Cantor, Georg 65
Carnap, Rudolf 14, 20-23, 31, 39, 43, 88, 104, 198
Cauchy, Augustin Louis 99

Cervantes, Miguel de 151f.
Chaitin, Gregory 46f.
Chrysippos von Soloi 128
Churchland, Paul 64, 87
Cicero 187, 226, 231
Clausius, Rudolf 194, 205
Comte, Auguste 103
Conway, John 100
Craig, William Lane 78
Cyrano de Bergerac 131

Darwin, Charles 70, 84, 102
Demokrit 63, 180, 217f., 222, 225
Descartes, René 79, 101, 130f., 141, 149, 192, 262
Deutsch, David 172f.
Dewey, John 52
Diderot, Denis 254
Digges, Thomas 195
Diogenes 225
Donne, John 195
Dörner, Dietrich 74
Dyson, Freeman 108, 204

Eccles, John 79, 85
Eco, Umberto 152
Ehrismann, Theodor 14
Eigen, Manfred 100
Einstein, Albert 30, 45, 68, 82, 103-105, 202
Ellis, George F.R. 118, 204
Empedokles 178
Epikur 64, 123, 125, 128, 132, 180f., 213f., 219, 222, 228-230, 236, 251

Erasmus von Rotterdam 191
Escher, Maurits C. 146, 172
Escobar, Arturo 174
Escrivá de Balaguer, Josemaría 241
Eudoxos von Knidos 219, 224
Euripides 220

Feigl, Herbert 21
Feyerabend, Paul 23
Feynman, Richard 156
Fichte, Johann Gottlieb 31, 196
Forest, Lee de 99
Foucault, Michel 265f., 269
Fraassen, Bas van 43
Frank, Philipp 104
Frankena, William K. 91, 92
Fredkin, Edward 46, 210
Freud, Sigmund 150, 153, 162, 239, 270
Frey, Gerhard 24

Gamow, George 172
Gassendi, Pierre 259
Glansdorff, Paul 116
Goethe, Johann Wolfgang von 195
Gott III, Richard 110f.
Goya, Francisco 151
Gregor IX. 242
Gregor von Nazianz 188
Greinacher, Norbert 183
Gröbner, Wolfgang 18
Grünbaum, Adolf 41, 78, 120

Hartle, Jim 109
Hawking, Stephen 109
Hayek, Friedrich von 139-141, 144
Hegel, G.F.W. 14, 17, 30, 37, 139, 247, 265
Heidegger, Martin 14, 31, 105
Helmholtz, Hermann von 135
Herakleitos 178
Herrmann, Horst 183
Herschel, Friedrich Wilhelm 135
Hesiod 122f., 178, 220
Hilbert, David 103, 141
Hobart, Richard E. 88
Holbach, Paul Dietrich von 137

Hooke, Robert 259
Horaz 214
Humboldt, Alexander von 37
Hume, David 28, 138, 197, 204, 208, 262-264
Huntemann, Georg 92

Indicopleustes, Kosmas 190
Institoris, Heinrich 242

James, William 154
Jean Paul 85, 199
Jendrosch, Thomas 160
Johannes Chrysostomos 184, 238
Jünger, Ernst 270

Kamitz, Reinhard 21
Kant, Immanuel 15, 31, 39, 45, 69, 74, 83, 95, 100, 102, 107, 133-135, 176, 193f., 196f., 246f., 260f., 263
Kepel, Gilles 273
Kierkegaard, Søren 191
Kleanthes von Assos 127, 231
Kopernikus, Nikolaus 194
Kuhn, Thomas 73
Kurzweil, Ray 166
Kyrenaiker 223, 225, 229

La Rochefoucauld, François de 253
Laktanz 189
Lambert, Johann Heinrich 135
LaMettrie, J.O. de 225, 262
Laplace, Pierre Simon de 101, 135-137, 256
Leibniz, G.W. 22, 46, 49, 119, 132f., 148, 197
Leukipp 63, 180, 217
Li, Li-Xin 110f.
Linde, Andrej 158
Lorentz, Hendrik Antoon 102
Loschmidt, Josef 205
Lukrez 64, 124, 180f., 251
Lumsden, Charles J. 115
Luther, Martin 191, 243

Mackie, John Leslie 208
Magnus, Albertus 129

Mandeville, Bernard de  253
Marcuse, Herbert  265
Mechthild von Magdeburg  245
Meinong, Alexius  35, 146
Menger, Carl  140
Monod, Jacques  199
Moore, George Edward  91
Moravec, Hans  163
Mosterín, Jesús  22, 51

Nagel, Ernest  58f.
Nagel, Thomas  87
Neumann, Johann von  106
Newton, Isaac  45, 65, 100f., 131-134, 136, 138, 144, 169, 192, 194, 256, 259
Nietzsche, Friedrich  13, 15, 85, 192, 199, 204, 213, 219, 257
Nikolaus von Kues  130

Onfray, Michel  270
Origenes  129
Ortega y Gasset, José  28, 200, 202
Ovid  225

Paley, William  132
Panaitios  129, 187, 235
Platon  38, 51, 64, 69, 74, 79, 122, 126, 138, 148, 179f., 217, 219f., 226-228, 232, 236-238, 246, 252
Poincaré, Henri  102
Popper, Karl R.  20-22, 31, 38, 43, 45, 47, 79-82, 169, 263
Poseidonios aus Apameia  129
Priestley, Joseph  100
Prigogine, Ilya  116, 140
Puente Ojea, Gonzalo  71
Putnam, Hilary  41, 43, 149, 164

Queraltó, Ramón  30, 236
Quine, Willard van Orman  39f., 59-61, 114

Rahner, Karl  167
Ray, John  132
Rees, Martin  108
Reich, Wilhelm  225
Rescher, Nicholas  22, 42

Richards, David A.J.  270
Romano, Giulio  253
Rorty, Richard  22
Roswitha von Gandersheim  242
Rovelli, Carlo  67
Ruse, Michael  93, 96
Russell, Bertrand  16, 21, 24, 39, 88, 106, 208, 263-265
Ryles, Gilbert  39

Sade, Marquis de  256-261
Scheler, Max  85f., 198, 200
Schelling, F.W.J.  196
Schlick, Moritz  88
Schopenhauer, Arthur  15f., 30, 83, 192, 196, 231
Schrödinger, Erwin  112
Sellars, Roy  69f.
Seneca  231
Siger von Brabant  190, 191
Singer, Wolf  88
Sloterdijk, Peter  48, 185f.
Smart, James J. C.  62
Smith, Adam  99, 138-141, 143f.
Smith, Maynard  26
Smith, Quentin  62, 78
Sokal, Alan  14, 30, 31
Sokrates  83
Spinoza, Baruch  82, 87, 89
Sprenger, Jakob  242
Stegmüller, Wolfgang  14
Straton von Lampsakos  65, 109, 124f., 128, 208

Tegmark, Max  148
Teilhard de Chardin  204, 206
Theodor von Mopsuestia  189
Theophrast  220
Therese von Avila  245
Thomas von Aquin  129, 190f., 239f.
Thomson, William  101
Tipler, Frank  108, 204
Turkle, Sherry  169f.

Unamuno, Miguel de  207

Valla, Lorenzo  251-253
Vilenkin, Alexander  108
Vogel, Christian  26
Vollmer, Gerhard  30, 66
Voltaire  87, 208, 255

Wagner, Richard  247
Weber, Max  29, 85, 104, 200f.
Weinberg, Steven  85, 205
Wetz, Franz Josef  206, 211
Weyl, Hermann  46
Whitehead, A.N.  22

Wilson, Edward O.  25f., 93, 96, 115
Windelband, Wilhelm  105
Windischer, Hans  13
Wittgenstein, Ludwig  16, 36, 42, 47, 77, 104, 213
Wohlgenannt, Rudolf  21
Wolfram, Stephen  46

Zenon von Kition  123, 127, 230

# Sachregister

Affekte 53, 119, 231, 259, 263
Aggression 244, 257f.
Agnostizismus 72
Algorithmische Informationstheorie 49
Alltagswissen 56
Amoral der Ekstase 219, 268
Analytische Philosophie 16, 22, 24, 35f., 39, 44, 47-49, 52, 72, 78, 82, 88, 102, 145, 210
Anarchismus 23
Angelologie 152
Animismus 213
Anthropisches Prinzip 137
Anthropologie 26, 86f., 174, 187, 191, 198, 212, 241, 251, 270
Anthropologie, naturalistische 105
Anthropozentrismus 197, 204
Apokalypse 185, 187
Atomistik 259
Aufklärung 13, 49, 104, 129, 254f., 261, 263, 265, 269, 273

Begierde 231, 237f., 242, 254, 256
Bewusstsein 62, 70, 74, 78, 87, 98, 104, 126, 151, 154, 157, 162, 164, 172, 199, 208, 213, 223
Bewusstsein, unglückliches 17
*Bienenfabel* 253
Blasphemie 31, 272
Brückenprinzip 94f., 116
Bürgerlicher Sexualkodex 264

Casimir-Effekt 157

Chaos 83, 117, 122f., 129f., 134f., 143, 178, 193
Chaotische Inflation 158
Chemie der Gefühle 119, 262
creatio continua 121
Cyberspace 159, 169
Cyborg 163f.

Dämonologie 152
Deismus 132
Dezisionismus 76
Diabologie 152
Drogen 27, 153-155, 172, 218-222, 269-271
Drogen, psychoaktive 219, 231, 268, 270
Drogencalvinismus 270f.
Drogenethik 269
Drogenkonsum 27, 154, 266, 268-271

Eherecht 261
Einheit der Natur 37, 62
Emergenz 89f., 114, 124
Emergenzkonzept 254
Empirismus 60
Empirismus, konstruktiver 43
Empirismus, logischer 15, 17, 48, 52, 60
Endzeitperspektive 184
Entelechie 126
Enthaltsamkeit 243, 251f.
Entropie 205
Entwicklungsgedanke 84, 167, 193, 195

Erbsündenlehre 239
Erhaltungssätze 73, 123
Erklären 42, 65f., 73, 90, 101, 125, 212, 249
Erklärungsebene 93
Erotik 147, 201, 212, 223, 227, 249
Erotik, virtuelle 160-163
Erotographie 163, 253, 263
Eschatologie 107, 176-192, 204f.
Eschatologie, individuelle 177
Eschatologie, kollektive 177
Eschatologie, kosmische 188
Eschatologie, kosmologische 184
Eschatologie, naturalistische 186
Eschatologie, physikalische 108
Eschatologie, platonische 179
Eschatologische Extrapolation 204
Eschatologische Kränkung 207
Eschatologische Verkündigung 194
Eschatologisches Nichts 181
Esoterik 50, 57
Ethik 23, 26, 40f., 86, 93, 96f., 115, 189, 217, 222-225, 231, 232, 236, 239, 251, 253, 257f., 261
Ethik, hedonistische 233
Ethik, Lust- 218f.
Ethik, naturalistische 96, 225
Ethik, pyramidale 236
Ethik, säkulare 258
Eudämonie 10
Eudämonismus 265
Evolution 62, 69f., 84, 93, 102, 113, 136, 141f.
Existenzoperatoren 60
Explanationen 42
Explikationen 42

Feld 64, 68f., 101f., 127
Formalisierung 21, 39, 42
Freihandel 143
Freiheit, virtuelle 266
Freiheitsproblem 100, 260
Fremdorganisation 127, 129f., 133, 136, 138, 144, 236
Freundschaft 230, 233
Friedmann-Welt 110

Fundamentalismus 32, 50, 272
Funktionalismus 166

Gelungenes Leben 10, 51, 96f., 187, 213, 235, 237, 271, 273
Gen-Egoismus 232
Genetisches Prinzip 123, 124
Genidentische Permanenz 169
Gen-Identität 164
Geometrie, nichteuklidische 106
Geschlossenheit, kausale 65, 73, 80
Gleichgewichtsökonomie 140, 144
Globalisierung 143, 165
Glück 10, 209, 224, 229, 233, 236, 248f., 252, 255, 264, 266
Glücksethik 41, 222, 226, 265

Hedonismus 22, 27, 217, 219, 223-225, 228, 232-236, 241, 243, 245, 251f., 258, 271-273
Hedonismus, musikalischer 247
Hedonismus, negativer 229f.
Hedonismus, positiver 230
Hedonismus, psychotroper 270
Hedonistische Optimierung 259
Hermeneutik 87, 105
*Hexenhammer* 242
Hiatus-Problem 74, 80, 86, 125, 262, 270
Historismus 105, 169
Holismus 112
Homosexualität 243, 261, 264

Idealismus 13-15, 37, 43, 69, 173, 196f., 217
Idealismus, virtueller 173
Ideologiekritik 49
Immanenzprinzip 65, 109, 124, 128
Indeterminismus 69, 117, 128, 180
Individualität 232f.
Infernotechnologie 186
Informatik 44f., 49
Intelligibilität 36, 47, 132
Ironie 30, 31

Jenseitserwartung 194
Jenseits-Perspektive 241

Sachregister 295

Jugendschutz 271

Kausalität 68, 79, 84
Keuschheit 243f., 252, 255
Klären 36, 40-42
Knabenliebe 219-221, 226f., 238, 243
Kognitionsforschung 86, 105
Komplexität 41, 45f., 62, 64, 69, 84, 112, 122, 134, 139, 142f., 165, 174f., 177
Konkubinat 95, 261
Konsequentialismus 224
Konstruktiver Rationalismus 142
Kontingenzbewusstsein 23
Kosmogonie 124, 128, 130f., 136, 180
Kosmogonie, zyklische 177
Kosmologie 45, 47, 52, 78, 104f., 107f., 110, 117, 125, 157-159, 176, 181, 190, 192, 202
Kosmologie, physikalische 105
Kosmologie, Superstring- 109
Kosmologische Konstante 203
Kosmologische Perspektive 188
Kosmologische Situation 200
Kritischer Rationalismus 16f., 81f.
Künstliche Intelligenz 74, 105, 165f., 174, 262
Kyrenaiker 223, 225, 229

Laizismus 272
Lamb-shift 157
Langzeitstabilität 129, 136f., 188
Laplacescher Dämon 158
Lebensfreude 31, 53, 217-219, 237, 243, 247
Lebenswelt 21, 57
Leib-Seele-Problem 39, 48, 80, 234, 259
Leidenschaften 119, 185, 219, 230, 237f., 254, 260-264
Letztbegründung 17, 76
Liberalismus 27, 236, 272
Libertinismus 256
Libido-Diskordanz 222
Liebe zu Gott 227

Liebesverflechtung 221
Logik 16, 30, 35, 39, 43f., 47, 49f., 54, 60, 72, 82, 95, 106f., 118, 148, 167, 172f., 207
Logik, parakonsistente 107
Logik, physikalische 106
Logische Analyse 41
Logischer Positivismus 16
Lust 180, 218, 221-225, 228f., 232, 234-239, 240, 243, 251, 262
Lust, katastematische 229, 230
Luststreben 218, 223f., 228, 235, 254

Marienkult 242, 245
Markt 139, 142f.
Masturbation 261
Masturbationsverbot 261
Materialismus 9, 13, 63f., 114, 116, 132, 180, 217, 255
Materialismus, dynamischer 254
Materialismus, eliminativer 29
Materialismus, hedonistischer 218
Materialismus, naturalistischer 249
Mathematik 18, 25, 40, 58, 106, 141, 159, 172, 173
Mechanisierung der Natur 256
Metaphysik 15f., 21, 38f., 64, 107f., 116-121, 158, 167, 176, 211, 213, 218, 233, 245, 253
Modallogik 147
Monismus, ontologischer 69
Monogamie 95
Mooresches Gesetz 166
Moralphilosophie 91, 93
Moraltheologie 244
Musik 19, 54, 180, 201, 223, 245-250, 269
Musik, aleatorische 250
Musik, Instrumental- 247
Mythos 14, 16, 38, 179

Natur des Menschen 28, 50, 92, 95f., 163, 241, 243, 245, 261
Naturalisierung 70, 85, 87, 93, 196, 256, 260

Naturalisierung der Anthropologie 211
Naturalisierung der Philosophie 86
Naturalisierung des Geistes 85-88
Naturalismus 9, 19, 23, 25, 27f., 52, 56, 58, 60-91, 94, 96, 105, 115f., 157, 159, 175, 181, 190, 208, 210, 251-254, 258, 262
Naturalismus, deskriptiver 61
Naturalismus, ethischer 260
Naturalismus, evolutionärer 69
Naturalismus, materialistischer 24
Naturalismus, mechanistischer 259
Naturalismus, normativer 61
Naturalismus, schwacher 70
Naturalismus, starker 71, 78
Naturalistischer Fehlschluss 40, 91, 260
Naturkausalität 70, 74, 87f., 100, 196, 211
Natürliches Sittengesetz 50
Naturphilosophie 24, 26, 63, 225
Naturphilosophie, naturalistische 259
Neurobiologie 25, 29, 44, 49, 54, 77, 86, 89, 114, 198, 211, 262
Neuroinformatik 105
Neurophilosophie 88
Nihilismus 120, 199, 213, 273
Normen 23, 61, 90-94, 217, 220, 226, 235
Ökonomie, virtuelle 171
Ökonomik, evolutionäre 140f., 144
Ontologie 9, 20, 35, 59-62, 64, 68, 81-84, 101, 146, 159, 217f., 234, 262
Ontologie, materialistische 254
Ontologie, naturalistische 61
Ordnungsdenken 236
Orgasmus 20, 155, 221f., 239
Orientierung, normative 51, 53

Päderastie 238, 242
Pankritischer Rationalismus 82
Pantheismus 82, 196
Paralleluniversum 58, 149, 158f.

Parameter, verborgene 69, 80
Paternalismus 27, 154f., 271
Pflichtethik 231
Phasenübergang 12, 89, 174
Physikalische Geometrie 25, 106
Physiko-Theologie 28f., 134, 138
Platonismus 59, 69, 93, 189, 195, 210
Pluralismus, strukturaler 69
Polygamie 95
Polytheismus 138
Positivismus 21
Posthumanität 165
Postmoderne 31, 49
Promiskuität 225, 252
Prostitution 261
Protowissenschaft 39, 118

Quantenfeld, submikroskopisches 68
Quantenfeldtheorie 73, 108, 112, 156
Quantenkosmologie 108f., 159
Quantenmechanik 23, 73, 77, 80, 106, 108, 112f., 156, 159, 172
Quantenvakuum 110, 120, 136, 157, 203

Rationalismus 16, 82, 197
Rationalität 17, 20, 32, 39, 98, 105, 154, 187, 227
Rationalität, wissenschaftliche 118
Raum 66-68, 101, 110, 120, 122f., 130, 161, 192, 195, 197
Raum, virtueller 159-162
Raumzeit 66-68, 73, 77, 79, 101, 106-111, 158, 162, 168-170
Realismus 24, 43f., 57, 70
Realismus, hypothetischer 43
Realismus, platonischer 148
Realität, ultimate 168f.
Rechtfertigungsebene 93
Reduktionismus 25, 37, 111-113, 208, 262
Referenzklasse 60
Regionalisierung der Tugenden 244

# Sachregister

Religion 38, 135, 155, 167f., 184-189, 204, 208-211, 218, 252, 269, 270, 272
Religiosität 208f.
Renaissance 191, 228, 233, 273
Repulsion 134
Ritualismus 266
Robotik 86, 164
Schleifenquantengravitation 67
Scholastik 191, 241
Schwarzes Loch 67, 108, 203
Seele 53, 63-65, 74f., 79, 126, 177, 179f., 186, 189, 210, 213, 217, 226, 233f., 238, 246, 259
Seelenruhe 229
Selbstanwendbarkeit 82
Selbstbeherrschung 220
Selbstentzweiung 235
Selbstorganisation 28, 69, 84f., 115f., 128-135, 138, 140-142, 144, 196
Selbstschädigung 27, 268
Selbstsorge 232-235, 257
Sexualethik 27, 94, 257, 264f., 269
Sexualität 13, 54, 147, 153f., 160f., 163, 184f., 218, 221, 225-229, 231, 238f., 242-244, 249, 255, 258f., 265, 268f.
Sexualität, außereheliche 238, 243, 264
Sexualunterdrückung 27, 95, 265
Sexualwissenschaft 119, 262
Sexuelle Oppression 243
Simulationsargument 149
Sinnerwartung 212
Sinnfrage 52, 249
Sinnlichkeit 233, 238, 246, 255
Sinnproblem 201
Sonderstellung des Menschen 197, 212
Sozialordnung 142, 273
Sozialordnung, spontane 141f.
Soziobiologie 25f., 86, 115, 233
Sparsamkeit 58, 71, 208
Sparsamkeitsprinzip 26, 81, 84

Spiritualismus 116, 255
Staatsräson 231, 235
Standard-FLRW-Modell 202
Sternatmosphäre 103
Subjektivität 52, 86, 104, 191
Supernaturalismus 76, 81
Superstring-Theorie 111, 157, 168
Symposion 221
Synergetik 89, 116, 268
Synopsis 51, 77
Synthetische Philosophie 52

Teleologie 65, 83f., 196
Theismus 82, 138, 182, 196, 209
Theodizee 46, 128, 197, 209
Theologie 16, 18, 38, 128, 176, 192, 194
Thermodynamik 101, 114, 178, 194, 199, 201, 205
Thermodynamik, nichtlineare 89, 117
Thermodynamik, phänomenologische 113
Toleranz 13, 18, 96, 264f., 269f.
Traumvirtualität 150
Trieb, vierter 154
Triebleben 239, 241, 264
Tugenden 230, 238, 251, 253
Tugendlehre 231, 251, 253
Turing-Maschine 75

Ungleichgewichtsthermodynamik 116
Unitarität 159
Unsichtbare Hand 139f.
Verhaltensgenetik 25f., 87, 211, 257
Vernunftkontrolle 228, 237, 270
Virtualität 145, 149, 152, 154, 156, 158f., 161f., 168, 170, 174f.

Wahrheit 18, 28, 190f., 248, 272
Wahrheitsbegriff 40
Wärmetod 201, 205
Wehrpflicht 12, 233
Weltbürgertum 234
Weltenende 194

Weltentstehung 131, 134
Weltorientierung 52
Weltvernunft 128
Werte 12, 19f., 50, 61f., 90-93, 197, 201, 217, 236, 253, 255, 273
Wiederingangsetzung 177, 181
Willensfreiheit 87, 99, 211
Wirbeltheorie 131, 192

Wunder 133
Würde 85, 198, 231
Würdekonzept 198

Zaubersprüche 222
Zelluläre Automaten 100
Zufall 83, 117, 128, 199
Zyklizität 181, 193

Hans Albert
## Das Elend der Theologie
Kritische Auseinandersetzung mit Hans Küng
Neuauflage 2005, 222 Seiten, kartoniert, ISBN 3-86569-001-7, Euro 15.-

Hans Albert setzt sich mit den Schriften des Theologen Hans Küng auseinander, insbesondere mit dessen Kritik des Atheismus und des Kritischen Rationalismus sowie mit der These, dass christlicher Gottesglaube rational begründbar sei. Die Küngschen Gedankengänge, so zeigt Hans Albert, sind typisch für theologisches Denken überhaupt und offenbaren die Schwäche dieser ganzen Wissenschaft: das „Elend der Theologie".

Franz Buggle
## Denn sie wissen nicht, was sie glauben
Oder warum man redlicherweise nicht mehr Christ sein kann
Neuauflage 2004, 446 Seiten, kartoniert, ISBN 3-93271077-0, Euro 24.-

Die Brisanz des Buches liegt darin, dass sich der Autor nicht darauf einlässt, dass zwar die Kirche mangelhaft sein möge, die Bibel aber als ethisches Fundament unverzichtbar. Franz Buggle zeigt dagegen, dass der humanitäre Standard des biblischen Gottes hinter dem seiner allermeisten heutigen Anhänger weit zurückbleibt. Seine Diagnose, dass die Bibel als Basis aller christlichen Religiosität gravierende ethisch-humanitäre & psychologische Defizite aufweist, belegt er mit zahlreichen Textstellen.

Harald Strohm
## Die Gnosis und der Nationalsozialismus
Eine religionspsychologische Studie
Neuauflage 2005, 277 Seiten, kartoniert, ISBN 3-932710-68-1, Euro 18.-

Harald Strohm wirft einen Blick auf die Denktraditionen, an die der nationalsozialistische „Mythus des 20. Jahrhunderts" anknüpfen konnte. Seine religionspsychologische Studie führt zurück bis zu den gnostischen Strömungen der Antike. In Diesseitsverachtung & Lebensangst der Erlösungsreligionen findet er die dualistischen Denkmuster, die sich – aufgegriffen und popularisiert durch die Esoterik der Jahrhundertwende – in Vernichtungslagern, Lebensbornanstalten und „Ostkolonisation" niederschlagen.

Malte W. Ecker
## Kritisch argumentieren
180 Seiten, Grafiken, kartoniert, ISBN 3-86569-017-3,Euro 16.-

Ein Lern- und Übungsbuch das auf Argumentation setzt – nicht auf Überredungsstrategien. Zahlreiche praktische Tipps und Empfehlungen helfen dabei, das Erlernte in Alltag, Studium oder politischer Arbeit umzusetzen.

**Alibri Verlag, Postfach 100 361, 63703 Aschaffenburg**
**Fon 06021 • 581 734, verlag@alibri.de, www.alibri.de**

Michael Schmidt-Salomon
## Manifest des Evolutionären Humanismus
Plädoyer für eine zeitgemäße Leitkultur
Zweite, erweiterte Auflage 2006, 181 Seiten, kartoniert,
ISBN 3-86569-011-4, Euro 10.-

Das *Manifest des Evolutionären Humanismus* liefert eine kompakte Zusammenfassung der Grundpositionen einer „zeitgemäßen Aufklärung" und plädiert für eine „alternative politische Leitkultur", die auf die besten Traditionen von Wissenschaft, Philosophie und Kunst zurückgreift, um das unvollendete Projekt der aufgeklärten Gesellschaft gegen seine Feinde zu verteidigen.

Marvin Chlada
## Heterotopie und Erfahrung
Abriss der Heterotopologie nach Michel Foucault
140 Seiten, Abbildungen, kartoniert, ISBN 3-86569-006-8, Euro 14.-

Die „anderen Orte", an denen im falschen Hier & Jetzt bereits alternative Lebensentwürfe ausprobiert werden können, spielen in Foucaults Denken eine große Rolle. Ein solches Nebeneinander von Lebensweisen zog der französische Philosoph den klassischen Utopien, den gesamtgesellschaftlichen Zukunftsentwürfen, vor. Marvin Chlada spürt diese Ansätze in Foucaults Werk auf, stellt den Zusammenhang mit seiner Herrschaftskritik her & zeigt, wo dieser sich im Diskurs der Utopie selbst verortete.

Hermann Josef Schmidt
## Wider weitere Entnietzschung Nietzsches
## Eine Streitschrift
208 Seiten, kartoniert, ISBN 3-932710-26-6, Euro 14,50

Nietzsches aphoristisch angelegtes Werk ist umstritten; nicht nur bei der Bewertung seiner Aussagen und ihrer Folgen, sondern schon bei der Einschätzung, was er mit dieser oder jener Schrift gemeint haben könnte, gehen die Meinungen weit auseinander. Philosophieprofessor Hermann Josef Schmidt kritisiert an der konventionellen Nietzsche-Forschung, dass sie auf eine „Entschärfung" seines Denkens hin angelegt ist und die gerade beim jungen Nietzsche durchaus vorhandenen aufklärerischen Ansätze nicht sieht – oder nicht sehen will.

Christoph Bördlein
## Das sockenfressende Monster in der Waschmaschine
Eine Einführung ins skeptische Denken
199 Seiten, kartoniert, ISBN 3-932710-34-7, Euro 14.-

**Alibri Verlag, Postfach 100 361, 63703 Aschaffenburg**
**Fon 06021 ♦ 581 734, verlag@alibri.de, www.alibri.de**